中世後期のドイツ文化

Deutsche Kultur im Spätmittelalter 1250-1500

——1250年から1500年まで——

第二版

ハンス・フリードリヒ・ローゼンフェルト
Hans-Friedrich Rosenfeld

ヘルムート・ローゼンフェルト
Hellmut Rosenfeld
【著】

鎌野多美子
【訳】

三修社

中世後期のドイツ文化――一二五〇年から一五〇〇年まで（第二版）／目次

序文……5
第一章　政治的社会の諸基盤……9
一　皇帝と帝国…11
二　諸侯と領邦…24
三　貴族と騎士…35
四　農民と東方植民…45
五　都市と市民…52
（一）都市の発展と特徴／52
（二）帝国都市／57
（三）都市の成長と都市の東方植民／60
（四）マルクトとメッセ／63
（五）都市法とその結果／64
（六）市民宣誓と市民権／67
（七）都市の規模と人口／69
（八）名門（ミニステリアーレン、ラント貴族、遠隔地商人、同業者仲間）／72
（九）遠隔地商人の文化的意義／77
（一〇）手工業者とツンフト／79
（一一）市参事会行政とツンフト蜂起／88
六　社会のアウトサイダー（ユダヤ人、放浪者〔旅芸人・行商人・遍歴学生・吟遊詩人〕、追放者、ハンセン病患者、異端、魔女）…91

第二章　生活条件と生活様式……109

一　暦、時間の尺度、世代、生活リズム…111
二　家、農家、村、ブルク、都市における活動範囲の拡大…119
三　武器、軍事、戦争…131
四　軍事訓練、体育、娯楽と舞踏…137
五　女性、婚姻、家族、性生活、礼儀作法…146
六　衣服、民族衣装、流行、服装に関する規定…159
七　台所、地下室、飲食、家財道具、テーブルマナー…167
八　娯楽ゲーム、社交ゲーム、賭事…173
九　教育と授業、学校と大学…178
一〇　仮装、謝肉祭劇、宗教劇…191
一一　文芸作品、著作・文献、言葉…199
一二　文書、印刷業、書籍出版業…220
（一）　書籍と写本／220
（二）　官房、事務室、書籍販売業者、出版業者／221
（三）　絵草紙、絵入書（祈禱書、暦など）職人、トランプ絵かき、木版本／225
（四）　グーテンベルクと印刷機の発明／226
（五）　グーテンベルク以後の書物と印刷組織／229
一三　建築、彫刻作品、絵画、肖像画、美術工芸、版画…232
（一）　市民性の発展としての建築／232

(二) 絵画の時代における彫刻作品／234
(三) 絵画の発生／236
(四) 身分や地位の類型的描写から肖像画へ／237
(五) 金属手法と美術工芸／239
(六) 新しい版画芸術としての木版画と銅版画／242
一四 自然科学、技術、数学分野における発明と発見、地下資源の利用…246
一五 公衆衛生施設、衛生、医術…262
一六 法、裁判、刑の執行…273
一七 道路、交通、情報機構、商取引、船舶航行…288

第三章 教会、宗教、聖職者の生活……301
一 教会と修道会、司牧と説教…303
二 聖人崇拝、巡礼、兄弟団、免罪…319
三 精神思潮と宗教運動…331

翻訳にあたっての参考文献／353
参考文献／372
索引（地名）／380
（人名）／392
（事項）／424
図版出典一覧／425
訳者あとがき／426

凡例

・本文中にある［　］は訳者による補注である。

・人名は原則的に出生地での呼称を用いたが、慣例に従ったものもある。

序文

一二五〇年から一五〇〇年までの中世後期は、ひとまとまりの時代とは見られないことが多い。一三五〇年、一三七〇年、あるいは一四五〇年に明確な区切りを入れ、これら各時代はそれぞれ全く異質なものと見られているが、本書では時代区分にはこだわらないことにする。一二五〇年［フリードリヒ二世死去］のホーエンシュタウフェン朝の没落は、ヨーロッパにおいてドイツ王国にある種の優位が与えられ、ドイツ王の帝位請求権に誰も異を唱えなかった何世紀にもわたる一時代を終わらせた。それ以来ドイツの西でも東でも諸国家が台頭し、ヨーロッパの主導権はフランスに移った。フランスは先ず南イタリアとシチリアでシュタウフェン家の統治を終結させ、次いで帝国領を無視して東へと領土を拡大する。ドイツ王国は、ジーギスムント［在位一四一〇―三七年］がコンスタンツ公会議との関連でもう一度西欧のトップに躍り出るが、次第にその信望を失う。しかしながら、すでにそれ以前に信望が失われていたのが実態である。その後、マクシミーリアン一世［在位一五〇八―一九年］になってはじめて世界政策で重要な役割を果たすが、それはドイツ王としてではなくハープスブルク家の権力の代理人としてである。

中世後期は、予期せぬ規模での「経済奇跡」が生じたドイツ諸都市の隆盛期である。しかしイタリア以外の都市では、イタリアの諸都市がもつあのような自由と自立はどこにも見られない。おなじように、この時代のドイツを特徴づけるゴシック建築もドイツ以外では見られない。北フランスで生まれたこの芸術様式は、ドイツ特有のゴシック建築、とくにホール式教会堂において、フランスの大聖堂《カテドラル》とは異なっていた。西欧の普遍主義がとりわけ皇帝と教皇という二つの普遍権力の調和の中に現れたとしても、（ヴィッテルスバッハ家の）バイエルン王ルートヴィヒ［在位一三一四―四七年］下でキリスト教は、皇帝・教皇間の激しい対立を経験した。この対立で教皇がおおむね優勢であったが、教皇はこの闘いをローマからではなく、フランス王による一三〇九年から七七年の「バビロン捕囚」時代に教皇庁が置かれた南フランスのアヴィニョンから指揮した。教皇庁がフランスの利益に従わされ、同時に教皇庁の宮殿を建造するのに莫大な出費が必要になったとき、社会に不満が広がった。こうした諸出費は、教皇「グレゴリウス一一世」のローマへの帰還と入れかわりに教会大分裂「一三七八―一四一七年」が起こり、アヴィニョンとローマの対立として二人（最終的には三人）の教皇が現れる一三七七年に、一段と大きくなる「一三七七年に教皇グレゴリウス一一世がローマに帰還し、バビロン捕囚は終わるが、一三七八年グレゴリウス死去後、ローマ市貴族とフランス出身の枢機卿が対立し、ローマとアヴィニョンにそれぞれ自派の教皇、ウルバヌス六世・クレメンス七世を立てて争う」。ドイツは二派に分裂し、コンスタンツ公会議（一四一四年―一八年）で再統一されるまで、両派とも魂救済の説法に力を入れるのである。

哲学分野でも普遍主義の没落は明確になり、普遍概念、一般概念を唯一実在のものと見ていたそれまでの実在論に対抗して、普遍概念は抽象（名だけ）にすぎないとする唯名論が登場する。唯名論にとっては実在するものは個々の事物だけで、それだけが唯一現実なのである。唯名論的見解は個性と偶然に与えられたものを強調し、芸術の世界ではそこからある種の自然主義が生まれる。ヨーロッパ各国からの教師陣をもつパリ大学の優位に象徴される、中世的教養の一体性は崩壊するのである。イタリアの諸大学が重要になってくる一方、ドイツの諸大学の創設（たとえば一三四八年創設のプラハ大学）はパリへ行くドイツ人学生の数を減少させた。この頃になると多くの分野で自国語が普及し始め、ドイツ語は法・文書・歴史記述に使用され、ラテン語は教会および学者間の言葉として残るようになる。

従来の理想像である騎士が盗賊騎士に転落したことが明白になったとき、すべてが神に従って秩序づけられていた昔からの秩序思想《オルドー・ゲダンケ》は大打撃を受け、神が欲した身分制度の原則は崩壊する。都市ではミニステリアーレンや土地所有貴族や富豪になった商人たちが統合して名門や都市貴族という新しい階層となった。すでに一二八六年にはイスニィーの職人の息子、クノデラー・ハインリヒがマインツ大司教になっている。二世代のちには、一市民の息子であるノイマルクトのヨハンは聖職者としての段階を経て司教に、そののち一三五三年にはカール四世［在位一三四六―七八年］の有力宰相にまで出世した。八〇年のちには、出世にとって教会での閲歴の橋渡しはもはや必要でなくなる。たとえばエガーの商人の息子、カスパル・シュリックは大学での短期間の学業の後にジーギスムント王の宰相に出世する（一四三三年）。かれはその地位をアルブレヒト二世［在位一四三八―三九年］とフリードリヒ三世［在位一四四〇―九三年］との政権交代後も維持し、一四二二年に早くも男爵《フライヘル》、一四三三年に伯《グラーフ》、一四三七年には帝国伯《ライヒスグラーフ》となり、ハープスブルク家と親戚関係にあるシュレージエン侯の令嬢と結婚し、ハンガリーのヴァイスキルヒェンの支配権も手に入れている。このような極端な例は稀であっても、出生時における身分原則はいっそう後退していくのである。経済的に成功した者には身分上昇さえ可能な一方、仕事に失敗した者はたいてい市参事会員の地位を失い、名門の地位から退くはめにおちいった。

　他方、危機感に溢れた世論と悲観主義のもとで、教会と帝国の改革の必要性、教会会議の形骸化、異端宗派の誕生、都市でのツンフト闘争、農民一揆、街道の治安悪化、フス戦争による窮迫、トルコ軍侵入の危機、疫病、とりわけペストなどの問題が生じた。それゆえ教訓家や説教師は時代の崩壊と退廃を陰鬱な言葉で描写しているのである。格言詩人タイヒナーは、「時がたてばたつほど、大きくなればなるほど、不確かになるのが世界である」と言っている。一五世紀末には、世界没落ムードはいっそう強まった。大民衆説教師カイザースベルクのガイラーは、「この世がよくなるという希望はもはやない」と述べ、セバスティアン・ブラントは『阿呆船』の中で、「その時が来る、その時がやって来る、わたしは世界の終わりを恐れている、キリストはもはや遠くにいるのではない」と書いている。

　しかしこの悲観的気分は、その時代が示していた斬新な一面を見過ごしている。つまり、都市や村落の東方植民によるドイツ人の生活範囲の著しい拡大、東方ならびに北方へのドイツ文化の伝播、都市や市民の繁栄、市民と関連する商工業の繁栄や新しい経済形態、また二世紀半以上も続き、しかも一五〇〇年頃のリューベックやニュルンベルクまたアウクスブルクやフランクフルトのような諸都市を世界経済の中心にした経済発展を見過ごしているのである。

　そのうえドイツの未来を担う領邦国家が確実に発展していた。一三八九年にすでに暗示されているように、ドイツ南部の都市戦争の結果は、結局都市が政治的には成長できないことを意味していた。当時の批判の声が騎士道の崩壊を嘆いたにせよ、それは火薬や鉄砲の類の発明ではなく、戦術と戦略の変化により新しい軍制が生じていることを見逃していたのである。

ドイツでは托鉢修道会の出現につれ、広範囲の人々の心を魅了する、敬虔で素朴な、キリスト教の新しい信仰のタイプが広まりつつあった。それから生まれた最も素晴しいものは、一三世紀末から一四世紀にかけてのドイツ神秘主義である。神秘主義の真髄は、思弁と忘我から離れて「共同生活を営む同胞」の「新しい敬虔《デヴォーツィオ・モデルナ》」の中に生き続けた。ペストやそのほかの疫病は、鞭打苦行者の宗教運動を高揚させ、一五世紀には大量巡礼・新巡礼地への旅・聖遺物崇拝・奇跡信仰へと展開していった。一方では、自制心のない俗世の逸楽、つまり手に入れた束の間を十分に楽しむ病的欲望がのさばった。それは風俗(浴場・娼家)が赤裸々に物語っている。またダンス熱は病的なほどにまで加熱した。

生真面目な当時の観察者を再三再四不安にさせる、混乱した多くの矛盾が生じた。この現実を意識して、ニーコラウス・クザーヌス[一四一〇―六四年]は、「反対の一致《コインキデンティア・オポジィトールム》」という慰めの考え、つまり神の中にあらゆる対立関係の解消を見出している。

第一章　政治的社会の諸基盤

一　皇帝と帝国

フリードリヒ二世［在位一二二〇―五〇年］の時代に、帝国の勢力は拡大し、その勝利は揺るぎなく見えた。しかしシュタウフェン朝没落後、大空位時代［一二五四―七三年］という「皇帝なき、恐るべき時代」が到来した。外国の支配者たちはドイツ王位、またそれ以上に帝位を狙った。フランスはヨーロッパの支配国家へと地位を高めた。シュタウフェン朝の遺領とドイツ帝国領は様々な支配者や権力者の侵略にまかされた。そのうえ、あらゆる不穏や困窮が生じたにもかかわらず、ドイツ人の間では帝国権力の復興を期待する思いが消えなかった。この帝国再生への願望が、まずビザンティンで生まれ、次いでイタリアでフリードリヒ二世にまつわる伝説に結びついた。皇帝は死んだのではなく山中に生存していて、いつの日にか帰国し、帝国が昔の栄華を取り戻し新生する、という伝説である。ドイツでこの伝説は、過去の輝かしい人物である皇帝フリードリヒ一世（赤ひげ王《バルバロッサ》）［在位一一五二―九〇年］に移された。この帰還信仰に便乗し、長く隠遁していた皇帝だと名乗る冒険家が次々現れた。この「偽フリードリヒ」はハープスブルク家のルードルフ［在位一二七三―九一年］が政権の座についたのちにも出現したのである。この偽者こそが、一連の「偽フリードリヒ」の中で最も有名な男、ヘッセンとノイスで人々の人気を集めたが、ルードルフは直ちにかれを捕らえて一二七六年に火刑に処した。

大空位時代にドイツの世情はますます不安定になったので、教皇は改めてドイツ王の選出を迫った。これに応えて、自分たちの上に実力ある支配者をもちたがらないドイツの選帝侯たちは、スイス伯であるハープスブルク家のルードルフを選んだ。ハープスブルク家のルードルフがエネルギーに満ちた人物と知ってはいたが、一度もドイツ帝国諸侯の仲間入りをしたことがなく財力にも乏しいルードルフは、欲深い選帝侯たちには無害と思えたのである。

外面上、古いドイツ王室の威厳は再現された。ルードルフは戴冠式をカール大帝［シャルルマーニュ、在位八〇〇―八一四年］が建設した古都アーヘンの有名な大聖堂で催し、また老朽化した古い宮殿に住んだ。だが、いったいどんな権力をルードルフは実際に獲得したのであろうか。帝国領はすでにシュタウフェン家の子孫たち、とくにシュヴァーベン大公フィリップ［在位一一九六―一二〇八年］によって大部分私物化され、残りのほとんどは他の人々に勝手に占領されていた。そのうえ帝国固有の都市や修道院さらに騎士さえも帝国直属を宣言しながら、帝国に所属しているのは権利としてだけであり、もはや義務とは感じなかった。国王大権《レガーリエン》、とくに裁判税・関税・鉱山税の徴収、ユダヤ人保護は、一部はすでにフリードリヒ二世によって、また一部は大空位時代の無秩序な時期に、帝国諸侯や他の君主また都市や修道院の手にわたっていた。ルードルフが奪還を考えたシュタウフェン家のシュヴァーベン大公領は細かく分割されていたので、かつての帝国封土として没収するのは一見不可能に見えたに違いない。

　五五歳で支配権を握った王、ルードルフの大胆かつ卓越した着想は、かれのレーン宗主権を認めない、権力を握る帝国諸侯、つまりベーメン［ボヘミア］王プシェミスル・オタカール二世［在位一二五三―七八年］にアハト［追放・破門］を宣告して失脚させ、支配権を獲得することだった。オタカールは、大空位時代の不明確な権利関係を抜け目なく利用してベーメン［チェコの西部、中枢をなす地方で中心都市はプラハ］とメーレン（モラヴィア）［チェコの東部地方］、さらにオーストリア、シュタイアーマルク、ケルンテン、クライン、そしてヴェント（スロヴェニア）の辺境を獲得し、その勢力をほぼアドリア海まで広げ

皇帝が選帝諸侯（マインツ、ケルン、トリーアの大司教、ベーメン、ラインプファルツ、ザクセン、ブランデンブルクの諸侯）と審議しているところ。歴史上重要な帝冠は教皇の三重宝冠に酷似した幻想的な冠に変化している（シュヴァーベンシュピーゲル、アウクスブルク、1472 年）

ていた。ルードルフは教皇から経済援助を受けたが、東方での勢力拡大が困難になっていた帝国諸侯からも支援を受けたので、そしてこの計画を優れた組織力で大胆に指導したので、オタカールを滅ぼす計画は成功した(一二七六年)〔一二七五年に平和喪失刑を受けたオタカールは一二七六、七八年の二度の戦役によって失脚し、七八年の八月マルヒフェルトの戦いで戦死した〕。ルードルフはこの大勝利によって、普通なら嫉妬深い諸侯たちの反対もなく、オーストリアとシュタイアーマルクを二人の息子にレーン〔中世の封建社会で封主が封臣に与える知行、それは支配地であったり、支配権であったり、扶持や禄であったり、官職であったり様々である〕として与えることに、さらに忠実な協力者に勲功としてケルンテンを授与し、ハープスブルク家の支配と結びつけることにも成功した。西方の領地とおなじようにここ東方でも強力な軍隊と経済組織がつくられたので、ルードルフは短期間に強力な支配権を築きあげた。そのうえ自分の娘六人の婚姻政策が功を奏し、これにより他の諸地域できわだった勢力および婚姻によって生じる相続権を手に入れたので、帝国南西部出身のこの名門の権勢は南東に移動し、同時に帝国の重心も南東に移動したのである。

当時、皇帝と帝国はなお一体と言えただろうか。実は「帝国」はますます皇帝とではなく、帝国等族と同一視されるようになった。帝国等族とは、かつてルードルフ選出を自分たちだけで実行した選帝諸侯や、他の帝国諸侯、高位聖職者、帝国騎士など独立領主《ディナスト》と貴族たち、帝国議会に出席できた都市などである。ルードルフは自らの第二課題として、帝国領の返還請求を掲げた。かれは一二八一年に帝国の裁定によって、フリードリヒ二世が〔教皇イノケンティウスから〕破門された一二四五年以来誤って譲与されたり、あるいは横暴に着服されたりした帝国領の返還を請求する権限を獲得できた。しかしその返還請求の対象としては、多くの帝国権力を独占した選帝侯は最初から除外されていた。また反発は極めて大きかったので、ルードルフは取り戻した帝国領の大部分を返還請求に必要な資金獲得のため、担保として手放さなければならなかった。もちろん同時にかれは、かれ自身の支配権をとくに旧シュタウフェン家のシュヴァーベン大公領内で拡大することに熱中した。

ドイツ語圏を越えたローマ帝国領域内で、ルードルフは帝国のため、また普遍的皇帝理念のために何をしたのか。なるほどかれは自分の皇帝戴冠式のことで絶えず教皇と交渉したが、ローマ遠征を企てたとき、聖職選帝侯たちはかれへの支援を断った。ルードルフは皇帝に選出される前に、南イタリアにあるシュタウフェン家の遺産をはっきり放棄することで教皇の支持を得ねばならなかったので、教皇から皇帝戴冠式への援助の確約を得るためイタリア北東部のロマーニャを手放した。そのかわり娘のクレメンティアを［フランスの］アンジュー家のシャルルの子息と結婚させたのを皮切りに、自分もブルグント（ブルゴーニュ）大公の妹エリーザベトと再婚し、最終的には一二九〇年の出征によって、少なくともフライグラーフシャフト［死罪を扱う秘密裁判の裁判長、フライグラーフの領地］であるブルグントへの、自分と帝国の権利を救済しようと試みた。しかしながらドイツ国外地域への帝国の請求権は、フランスの強力な進出とローマ教皇庁の領域拡張計画、さらにイタリアへのアンジュー家の権力拡大と北イタリアの諸都市国家の独立運動のために長くは続かなかった。シュタウフェン家がその普遍性を強調した帝国は、次第にドイツ国家に収斂されていったのである。

この現実とは逆に、理論では、普遍的帝国を要求するドイツ人の権利がもう一度主張された。司教座聖堂参事会員《カノーニカー》の修士《マギスター》ヨルダヌス・フォン・オスナブリュックは『ローマ帝国の優位について』の中で、またケルンの司教座聖堂参事会員アレクサンデル・フォン・ロエスは『ローマ帝国の特権についての覚書』の中で、それぞれはっきりと普遍的帝国を要求することに賛同した。そこには、歴史にあらわれた神の意思によれば、帝国、つまりローマ人の皇帝政治はドイツ人のもの、聖なる教皇職はローマ人あるいはイタリア人のものである、一方学問は西欧の学術の中枢、パリ大学を通してフランス人のものである、と書かれていた。この二書は、とくに一五世紀に広く読まれた。旧帝国思想は、政治上の諸々の悲しい経験にもかかわらず、ドイツ国民の中に深く根をおろしていた。

ルードルフ・フォン・ハープスブルクはラント平和令と皇帝代官諸管区［皇帝代官が常駐する王領地・帝国都市］制の施行により、また盗賊が砦とする城塞の破壊（一二九〇年にはテューリンゲンだけで六六件）や盗賊騎士に対する厳しい取締りによって、国内を擁護し平和樹立に著しい功績をあげた。その結果かれの統治は重税をかけられた都市からも好評を博し、最も偉大な平和皇帝と称えられた。ゴスラーとリューベックだけが認知された帝国都市だった北ドイツは、この圏外にあった。この地方で、ルードルフは総督と教会施設の長たちを任命したが、その中身はオランダのヴィルヘルム［在位一二四七―五六年、皇帝フリードリヒ二世の対立王］下の状況のままだった。つまり人々は帝国に伺いを立てることなく、スカンディナヴィア地方の国々と勝手に協定を結んだり戦争を起こしたりしたが、王はそのことを気にもとめなかったのである。

ルードルフはローマでの戴冠を実現させることができなかったので、生前息子をローマ王に選出することができず、世襲選挙制王位の古い伝統も復元できなかった。それゆえに選帝侯たちはルードルフの死［一二九一年］後、西［ライン地方］から再び力の弱い伯、ナッサウのアードルフを選出した。マインツ大司教は数年後、アードルフがドイツ東部のマルク・マイセンで自分の一族の支配権を築こうとしたとき、諸侯会議によってかれを王座から引き下ろした。ルードルフの長子であるアルブレヒトが殺害された事件［ナッサウ伯アードルフは、ゲルハイムの騎士戦争で戦死し、その後ルードルフの長子アルブレヒト一世は国王に選出され皇帝になったが、弟ルードルフの長子である、甥のヨハンとその徒党によって一三〇八年に殺害された］後、選帝諸侯はアルブレヒトの兄であるトリーア大司教のバルドゥインにすすめられて、新たに西方から有力でない伯、ルクセンブルクのハインリヒを選出した。ルクセンブルク家のハインリヒは、ナッサウ家のアードルフが失脚したことで、息子ヨハンを通して東部に足掛りをつけることに成功した。ヨハンはハープスブルク家の世襲要求に対抗して、ベーメン王に選出された。ハインリヒ七世［在位一三〇八―一三年］はフランス的教育を受けたが、再び帝国理念を掲げた。それゆえハインリヒはダンテから『帝政論』の中で、世界皇帝として絶賛され、のちに『神曲』の中でも称賛された。かれは皇帝派に支援され、北イタリアで帝権の一部を実現することに成功し、六〇年ぶりでドイツ王として再びロンバルディアの鉄王冠を手に入れ、ローマでもアヴィニョンに住む教皇から派遣された使節を通して帝冠を手に入れるが、四〇歳にもならぬうちにイタリアのシエナ近郊で風土病のために死去した。

ヴィッテルスバッハ家の、ルートヴィヒ四世（バイエルン公）［在位一三一四―四七年］は、ルクセンブルク的思考をもった選帝侯グループによって、強大なハープスブルク家のオーストリア美王フリードリヒ二世［在位一三一四―二二年］の対立王に選出［一三一四年、二重選挙］され、かれと同等な発言権を得た。さらにかれは選帝侯たちの憤慨にあいながらも、息子ルートヴィヒに空位のマルク＝ブランデンブルクをレーンとして授与することによって、東方進出に成功する。ルートヴィヒ四世（バイエルン公）もまた、ハープスブルク家との和解による帝国理念を思いつくのである。またかれは教皇ヨハネス二二世［在位一三一六―三四年］の拘束中に、ローマへ遠征し、ミラノでイタリア王となり、ローマでローマ民衆の代表に支持され帝位に就いた［一三二八年］。ルートヴィヒは自分の権勢を過信するあまり、アヴィニョンに居住する教皇を廃し、フランシスコ会修道士ニーコラウス五世を新教皇に立てて失敗した。ニーコラウス五世［在位一四四七―五五年］と同様、かれもまたローマに長くはとどまれなかった。

皇帝と教皇との間で始まった闘いのあいだ、ルートヴィヒは、世俗の事では教皇権よりも帝権に優位を認め、清貧の模範を代表する、戒律の厳しいフランシスコ会修道士をとくに頼りにした。フランシスコ会修道士の中では、唯名論の創始者であるオッカムのウィリアム［一二八〇頃―一三四九年頃］や、著名なイタリア人の政治家かつ医師であり神学者で

ルクセンブルクのハインリヒが王に選出され（1308年）、二人の聖職諸侯に導かれて玉座に座るところ。この古い儀式は公職の神聖さを証明している（バルドゥイン規範集、1341年）

もあるパドヴァのマルジリウス［マルシリオ・ダ・パドヴァ、一二八〇―一三四二年］が秀でていた。マルジリウスは教皇の上に公会議を置き、皇帝に聖職者の権力に対向する独立した権利を承認した。一方、教皇はドイツ国王選挙の承認権を自己の権威のために必要とし、その点でフランスから支援されていたので、ルートヴィヒ皇帝はドイツ民族の国民感情を目覚めさせ、そのうえ選帝諸侯を味方につけることに成功した。選帝諸侯は一三三八年のレンスの選帝侯会議で、かれらが多数決で選出した王は教皇の承認がなくても正統皇帝として通用する、と宣言した。さらに一三三九年には教皇が皇帝戴冠の唯一の権利をもつことを否認した。ドイツ王位に好都合なこの対外政策は、同時に選帝侯たちの価値を高め、それによって帝国の権力は拡大したのである。

ルートヴィヒ自身、一三四五年にオランダ伯領（西フリースラントを含む）とヘネガウ伯領（ゼーラントを含む）を獲得し、ティロールへ食指を動かしたが、権力を強めようとする、このあからさまな行為は諸侯の怒りを招いた。かれが権力の完成と自分の一族のためティロールを手に入れようと、ティロール伯女マルガレーテ・マウルタシュをルクセンブルク家のヨハン・ハインリヒから無理矢理離婚させ、自分の息子ブランデンブルク辺境伯ルートヴィヒと結婚させたとき、ほとんどの人はかれへの服従を拒絶した。パドヴァのマルジリウスが文書で王に離婚をすすめる権利を承認したにもかかわらず、結婚している人へのこの干渉は、当時の人々には恐ろしいものと映ったのである。この行為がもとでルートヴィヒは、ティロールへの請求権を優先的にもつハープスブルク家の人々とも、ルクセンブルク家とも不仲になった。最終的にはルートヴィヒは教皇から新たに破門され、その結果、教皇から支援された対立国王、つまりベーメンのルクセンブルク家のカールが選出されたのである［一三四六年］。

このようにして、東部（ベーメン）に足掛りをつけていたこの西部出身の名門（ルクセンブルク家）が新たに支配権を握ったのである。カール四世はパリで教育を受け、中央から支配する国家に発展しつつあったフランスから多くを学び、西欧文化を東に伝える重要人物のひとりとなった。しかしフランスの文化と行政方法に共感したにもかかわらず、カールはルートヴィヒ四世（バイエルン公）とおなじように、帝国にはブルグントを請求する権利があると固執し続け、一三六五年に南フランスのアルルで自らの戴冠式をおこなった。かれはそれによってまた帝国のレーン宗主権がプロヴァンス地方にも及ぶことを強調したのである。しかしカールがブルグント獲得という帝国の要請を形式的にでも主張したにもかかわらず、一三年後にかれはフランスの王位継承者をブルグントの「前王が死亡し新王が選挙されるまでの間の国王空位時の」帝国代理職に任命し、事実上自らの影響力を断念せねばならなかった。

カールはイタリアに対して政治に介入しないことを予め教皇に約束しなければならなかったが、それはかれの冷静な現実精神と一致していた。かれは一三五四年から五五年のローマ遠征時に、高額の補償金との引換えにせよ、地方権力を帝国摂政のような公的肩書きによって公認し、外面上帝国の権利を確保するにとどめた、そしてミラノでロンバルディア王冠を手に入れ、教皇の派遣使節によってローマで戴冠式をおこなった。かれによるイタリア統一を希望したペトラルカたちの大きな期待を裏切って、かれはその日のうちにローマを去り、当時の報告によれば、たっぷり財宝を手に入れ逃げるようにイタリアをひきはらったのである。

カールはその優れた組織力を、最もよく行政が整い、当時としては最も近代的な国のひとつであった自らの相続国ベーメンにつぎこんだ。かれはプラハに最上級の文化的中心をつくり、ドイツで初めての首都を築いた。一三四八年にカールが創設したプラハ大学は、アルプス以北では初の大学であり、あくまで帝国大学として考えられていたのだった。

皇帝カール四世が家来（カール皇帝妃は古い慣習に従って帝の左後方で、馬に乗って）を従えて、騎馬で帝国議会へ行くところ（ヴェンツェル王のためにつくられた『金印勅書』の豪華写本、1341 年）

一三五六年の『金印勅書』を頂点とするカールの広範囲な立法事業は、ドイツ帝国に対する教皇の介入権を排除し、多数決による王選出の初めての規定を定め、同時に選帝侯の承認が絶対的であることを定めた［それはルートヴィヒ皇帝下での一三三八年と三九年の選帝侯同盟宣言を再確認したことになる］。カール四世は、ドイツ帝国にとって遠大な経済地域構想を描いた初めての皇帝だった。かれは基幹航路（ライン川を模範に）としてエルベ川とオーデル川の開発を、同様にモルダウ川とエルベ川の結合、すなわち北海と黒海の結合を計画し、くわえてハンザ同盟との結びつきを目指した。かれはハープスブルク家とブルノの相続契約（一三六四年）によって、ルクセンブルク家とハープスブルク家という二大名家の和解に成功しただけでなく、それによりハープスブルク家が強大な権力を得る地盤を築くのを助けた。さらにカールは、諸侯への大きな譲歩によって購った長子ヴェンツェルのドイツ王への選出［一三七八年］によって再び王位世襲選挙制への突破口を拓いた。この成果は、やがて無能なヴェンツェル［ヴァーツラフ］の廃位（一四〇〇年）およびヴィッテルスバッハ家のプファルツ伯ループレヒトの王位就任［一四〇〇―一〇年］という幕間劇を経て、次子ジーギスムント［在位一四一〇―三七年］がドイツ王に選ばれる効果を十分にもったことを示した。

父の強力な王朝権力政治のおかげで、同時に自分自身がブランデンブルク選帝侯かつハンガリー王だったので、ジーギスムントは教皇ヨハネス二三世［在位一四一〇―一五年］の保護下、一四一四年にコンスタンツ公会議（一四一四―一八年）を召集させ、もう一度西欧の権力の最高峰に立ち、すべてのカトリック教徒の眼をドイツに引き寄せることができた。コンスタンツ市民リヒェンター

王ヴェンツェルのためにつくられた1356年の『金印勅書』（金色の印を押していたからそう呼ばれた）の豪華写本の表紙。装飾文字が「章」の頭に使用されている。右側には、助けを求められたキリストが悠然と座っている姿が描かれている

ルのウルリヒの報告によれば、その公会議には五人の総大司教、三三人の枢機卿、四四人の大司教、一四五人の司教、九三人の補佐司教、五〇〇人を越す高級聖職者、三七の大学代表者、三九人の大公、一七三人の諸侯と諸伯が参加し、多数の随員を含めば総計七万二〇〇〇人が関与していた。それは当時までにドイツでおこなわれた会議の中で最も大規模なものだった。しかし肝心の目的は、教皇庁大分裂の終結、教会制度現状の改革、異端除去のうち、第一の問題だけが解決されたにすぎなかった。またそれと同時に、公会議が教皇よりも優位に立つことが認められた。ジーギスムントはプラハ大学学長ヤン・フスに自由通行権を確約したにもかかわらず、この公会議でかれの火刑を許可して、ドイツの大半を荒廃に導くフス戦争(一四一九―三六年)を引き起こした。

父のカール四世がコンラート二世(老)〔在位一〇二四―三九年、ザーリアー朝の初代皇帝〕の時代に流行した句「ローマは世界の首領なり、全世界を支配する」を一三五六年の『金印勅書』に書き込ませ、それによって帝国理念を少なくとも論理的に主張したのとおなじように、ジーギスムントも正義と平和を保護するため、また異教徒を改宗させるため、キリスト教徒の世界的首長として自らの権利と義務について述べた。一四二九年と三〇年に、ジーギスムントは普遍的キリスト教徒の世界君主の理念から出発して、リトアニアの有力諸侯ヴィトヴィッツに王冠を与える旨を申し出た。それができたのは、ローマ王(とくに皇帝としてではなく)であったからである。同時にドイツ商人は、東方では皇帝の商人として活動した。帝国の全くの弱さにもかかわらず、普遍的な皇帝理念はまだそれほど強かったのである。

民衆は派手な王に相当な期待をかけた。王は一四三三年の皇帝戴冠式で教皇からフリードリヒという名を受けたので、平和皇帝として帝国中を統治するだろうと、人々は噂した。これには明らかに最終皇帝フリードリヒの伝説が影響している。『皇帝ジーギスムントの改革』と称するかれの改革文書〔一四三九年〕は、神の法を引き合いに社会の編成に努め、とくに隷農制と農民抑圧の廃止をうたっていたが、それはジーギスムントを聖霊王フリードリヒ〔ドイツが崩壊する前に現れて、ドイツを救う伝説の皇帝〕の先触れと思わせた。改革書は急速に広まり、一四七六年以来幾度も再版され、農民戦争を鼓舞する機能を果たした。しかしながらジーギスムント自身は、農民戦争をはげます意図などもっていなかった。むしろかれは長いあいだ、当時帝国諸問題に対して一種の監視権を獲得していた有力な選帝侯たちに対抗する拠り所を、帝国都市と帝国貴族の中につくることを目指していた。

ジーギスムントは先見の明をもって早くからトルコの脅威を認識していたので、自ら出撃し、さらに全キリスト教徒にトルコの脅威を忘れぬよう絶えず警告したにもかかわらず、トルコの進出を抑えられなかった。そのうえ、かつてカール四世がドイツ的なものとチェコ的要素を調和しようと試みたベーメンは、フス革命によって過激なチェコ人の手に落ち、民族主義的貴族のもとで帝国から離れていった。

カール四世がベーメンのカールシュタイン城塞に保管していた帝国の帝権・帝位の象徴［王冠・王笏・宝剣・宝珠］はフス戦争の混乱の結果、一四二三年から二四年のジーギスムントの別法によって帝国都市ニュルンベルクに委ねられ、ここで毎年「聖物拝観」として公開された。王になった者はそれぞれ、第一回目の帝国議会をニュルンベルクで開催しなければならなかったので、プラハを失った今となってはニュルンベルクは「皇帝の座《セデス・インペリイ》」、つまり帝国首都として帝国の中枢になった。ここに東部から中枢が再び戻ってきたとき、まさに南東部ではかつてハインリヒ四世［在位一〇八四—一一〇五年］が帝国諸侯領に昇進させたアクヴィレーヤ総大司教管区が、一四二〇年に非公式に、まもなくまた一四四五年に正式にヴェネツィア共和国を失った。しかしながらジーギスムントが、ハンガリーのラヨシュ（ルートヴィヒ）一世（大王）［在位一三四二—八二年］の娘との婚姻によってハンガリーをアンジュー家所有から自分の一族のものにしたこと、さらにハンガリーを同君連合という形でドイツ帝国に併合したことを忘れてはならない。それゆえハンガリーではドイツの影響が強くなった。ジーギスムントがハープスブルク家と和解したこと、そしてジーギスムントの娘エリーザベトがオーストリア大公アルブレヒト［在位一四〇四—三九年］と結婚したことは、カール四世が着手したことを完成させ、この一族がヨーロッパで影響力を発揮するのに大きく貢献した。

たとえジーギスムントが東方と西方へ眼を向け、それゆえ双頭の鷲を皇帝の紋章としても、いたるところで帝国の領域が崩壊するのを阻止できなかった。イタリアではアンジュー家の権力が強まり、ロートリンゲン大公領は婚姻によっておなじフランスの名門の系統にわたった（一四三一年）。またフランス王族のヴァロワ家の傍系の子孫であるブルゴーニュ公フィリップ（善良公）［一四六七年没］は、ドイツ帝国の一部分を組み入れながらブルグントに強国を建国し、それに、かれの母の遺産として約九〇年間ヴィッテルスバッハ家の所有だったオランダ、ゼーラント、ヘネガウ（一四三三年）、そしてゲルリッツのエリーザベトの所有からカール四世によってドイツの大公領に格上げされたルクセンブルクをつけ加えた（一四四三―五一年）。

ローマで戴冠した最後のドイツ皇帝フリードリヒ三世［在位一四四〇―九三年］によって、ハープスブルク家のドイツ王位は揺るぎないものとなった［以後神聖ローマ帝国崩壊の一八〇六年まで］。フリードリヒはその名前ゆえ、まず熱狂的に歓迎され「第二のアウグストゥス」［尊厳なる者］と称えられた。しかしまもなくかれの無為は皆を失望させ、その五三年間の治世（一四九三年没）は、これまで以上に帝国の弱さを露呈したのである。ドイツ国外にある帝国領域への諦めは、いまや「神聖ローマ帝国」の呼び名に「ドイツ国民の」がつけ加えられたことにもはっきり現れている。フランスのブルグントへの拡張は皇帝フリードリヒ三世の治下、とくに帝国を無視するブルゴーニュ公シャルル（突進公）によって続行された。しかし皇帝フリードリヒ三世はハープスブルク家の財力のために、息子マクシミーリアンと、シャルルの娘で遺産相続人のブルゴーニュ公女マリーア［マリー・ドゥ・ブルゴーニュ］との婚姻によって、この領域（ブルグント）の大部分に当然の権利があるとして、請求権を獲得するのに成功した（一四七七年）。

バーゼル公会議での教会改革に関連して、一四三二年から三三年にニーコラウス・クザーヌスから強く主張され、それ以後決して消えなかった帝国の改革案は、フリードリヒ三世にも繰り返し要求された。しかしかれは帝国改革案を繰り返し回避する術、さらに諸侯の不一致から回答を阻止する術を心得ていた。フリードリヒ三世は、帝国等族が育てあげた帝国連隊を皇帝の私的連隊と、さらに帝国最高法院を王の宮廷裁判所と並行して置こうとする、西方の選帝侯や他の領邦君主の目的を挫折させたのである。

そのような状態は一四七七年（一四八六年にローマ王、一四九三年に皇帝になる前の）、大切な時期に青年の行動力と力強い個人的な賭けでブルグントの遺産を手に入れ、ローヌ川からドーヴァー海峡や北海にまでまたがるこの文化的に高度に発達した中間領域を、ドイツ帝国と結びつけたマクシミーリアンによって初めて変化した。もちろんかれは、それによって国際政治に巻き込まれた。だから王になったとき、帝国等族の助けを必要とし、都市改革を容認することと引換えに、それを得たのである。その結果として著しい進歩が見られたが、それはつまり一四九五年のヴォルムス帝国議会で永久ラント平和令が発布されたことである。これによりフェーデ［中世における個人・家族・部族間の紛争解決のための実力行使］や暴力による権利追求が究極的に禁止され、帝国最高法院令が発布されて、移動する皇帝に随行する帝国宮廷裁判所と並行して、支配者の個人的判断に左右されず、一箇所に常設される最高裁判所が設立されたのである。同時にローマ法が帝国全体に適用されると宣言された。またドイツの帝国最高法院維持のためとマクシミーリアンの政策を支えるために、「一般税《ゲマイネ・プフェニヒ》」が人頭税として四年間導入された。それは帝国強化への有望な開始であったが、同時に痛ましい結果を招いた。自国の解放戦争を帝国直属になる目的と結びつけて、オーストリアならびにブルグント相手に闘ってきたスイス盟約団体は、これらの決議承認を拒否して帝国同盟から脱退したのである。

他方で、ブルグントは帝国といっそう強く結ばれた。一五〇〇年から導入された帝国管区制の枠内に、一五一二年にブルグント管区《クライス》さえでき、そこには上訴審機関が置かれた。マクシミーリアンの玉虫色で、多面的な性格には時代の転換がはっきりあらわれていた。マクシミーリアンは騎士道の没落を憂いて、自らを「最後の騎士」と称した。かれは自分の石棺をつくらせたとき、それに自ら指名した家門の「先祖たち」（とりわけ宮廷王アルトゥスとベルンのディートリヒ）の彫像をすえるよう命じた。またかれは『アンブラスの英雄叙事詩集』を書かせ、騎士文学を維持しようと試みた。他方、かれは歩兵組織の創立者であり、騎兵を重んずる職業軍人としての貴族思考をそれに調和させた。またかれは砲兵隊編成の先駆者であり、沸き起こりつつある人文主義の友かつ推進者であり、芸術家の人格に敬意を表する、大の芸術愛好家だった。さらに登山を通して身体を鍛える近代人でもあった。

二　諸侯と領邦

「侯」という言葉は元来、先頭に立つ者、最も身分の高い者を意味して、ラテン語の「第一人者《プリンケプス》」の訳語として用いられたが、一一二〇年頃から「帝国侯」の意味に固定され、まずは聖職についている帝国諸侯を意味した。初代神聖ローマ皇帝のオットー大帝［在位九六二―九七三年］は、司教を最高位の帝国官吏として起用した。その理由は、司教では部族大公家のように官吏職の遺産としての継承問題が起こらなかったからである。はじめ王の委託を受けてのみ行使された司教権力は、次第に確固たるものになった。古い伯身分秩序とは逆に、まず司教に関税徴収権、貨幣鋳造権、市場開設権、裁判権の行使といった国王大権が授与された。それと同等な権利を、テーゲルンゼー、ザンクト・ガレン、ニーダーミュンスター、ガンデルスハイムのように、多数の帝国修道院および王立修道院の修道院長や女子修道院長は手に入れた。クリューニー教団修道士の改革運動が、王から、司教区や修道院を随意に支配できる権利を剝奪したとき、司教や帝国大修道院長は帝国諸侯となった。皇帝フリードリヒ一世バルバロッサは、オットー大帝よりさらに一歩進んで、一一六八年にヴュルツブルク司教に［一〇四七年からヴュルツブルク司教区と併合されていた］フランケン大公領、一一八〇年にはケルン大司教のフィリップ・フォン・ハインスベルクに勲功としてヴェストファーレン大公領とエンゲルンを譲渡した。エンゲルンは以後、ケルン大司教区と一体化した。一二二〇年に皇帝フリードリヒ二世は、「教会諸侯との協約《コンフォエデラティオ・クム・プリンキピブス・エックレシアティキス》」により、上級裁判権や執行権を含む同様の権利を全司教に与えたので、その結果かれらは決定的に聖職諸侯として承認された。

世俗諸侯もまた似た道をたどった。カール大帝は従来の部族大公領を廃し、それを画一的な伯の官吏組織と取りかえた。以後、非力な諸王の下で伯位は世襲になり、多くの地域で新しい部族大公領が発生した。バイエルン部族大公領とザクセン部族大公領の併合および東方への拡張によって、ヴェルフェン家のハインリヒ獅子公［一一二九―九五年］はまさに王に匹敵する権力を獲得した。獅子公の失脚後［一一七九年のマクデブルク帝国議会で「破門、領土没収、譲位」の判決が下り、世襲領地であるブラウンシュヴァイクとリューネブルク以外の領地没収、七年間の国外追放、しかし教皇・フランス王・フランドル伯の要請で三年間に減刑］、ザクセンの細分化によって、これら新部族大公領の解体過程が始まった。この過程はシュタウフェン家の遺産であるシュヴァーベン大公領で最も徹底的に進行した［獅子公は、母ゲルトルートがオーストリアのハインリヒ・ヤゾミルゴットと再婚した時点で、バイエルン大公領に対する権利を放棄したが、母が死去するやいなや、それは母が生前中だけのことであり、また当時自分は未成年だったのでその放棄は無効だとして、権利を復活させた。その結果オーストリア大公ハインリヒのバイエルン大公領に対する権利が剥奪され、ハインリヒ獅子公に授与された］。ところがまさしくこのとき皇帝フリードリヒ一世バルバロッサは『プリヴィレギウム・ミヌス（小特許状）』を授与することにより、後世に影響を残す先例をつくってしまったのである。つまりバーベンベルク家のハインリヒ・ヤゾミルゴットが東部辺境地域であるオストマルクしか保持していないのに、バルバロッサはバイエルン部族大公領を奪回したヴェルフェン家との和解を有利にするため、東部辺境地域オストマルクが含まれていたバイエルンを細かく分割したのである。バイエルン大公領の放棄の代償としてヤゾミルゴットはオストマルクをオーストリア大公領に昇格してもらい、嗣子のない者の死亡時に生じる継承者の独自決定、母系相続、軍役義務の減免［ハンガリー以外のすべての帝国遠征には自由参加］など数々の特権を与えられた。それゆえ大公称号は分けられるもの、移し得るものとして承認され、諸特権をもつ国家がドイツ帝国内につくられたのである。それは他の諸侯にとって魅力ある目標が示されたことになる。皇帝フリードリヒ二世がイタリア統一のためにその地に拘束されていた間に、諸侯は一二三一年に帝国行政を司る［息子の］若いドイツ王、ハインリヒ七世［一二一一―四二年、在位一二二〇―三四年］から、ランデスヘル（「領邦君主《ドミニ・テラエ》」）としての認知を脅し取った。父のフリードリヒ二世は、個々の領邦内での帝国の直接権力を奪い、地方分権主義に力を貸し、大公たちに勝利を得させたこの宿命的な「諸侯の利益のための取決め《シュタトゥム・イン・ファウォレム・プリンキプム》」を、一二三二年に追認しなければならなかった。

諸侯に理論的に贈られたものをどのようにして現実に手に入れるかは、諸侯自身の問題だった。そこに先ずフリードリヒ二世の常時不在［シチリア統一のために、ほとんどシチリアにいた］によって、次にシュタウフェン家断絶後の大空位時代という絶好の機会が諸侯に訪れたのである。かれらは可能な限り種々の国王大権、とくに高級裁判権、平和保持権、軍隊召集権、関税徴収権、貨幣鋳造権、行政権、租税権、森林権、鉱業権、水利権、ユダヤ人保護の権利などを横領し、我がものにしようと努力した。皇帝フリードリヒ一世バルバロッサが帝国の目的達成のために利用したローマ法は、領邦諸侯の立場をも強めた。さらにフランスやフランドル（フランダース）またピサのようなイタリアの都市国家では、自己の領域内での支配独占権を要求する、新しい支配者概念が台頭し、それが強くなった。だから自国領では誰もが皇帝であろうとし、自分と並んでまた自分の下にいかなる支配秩序も認めない、という謳い文句が生まれたのである。もちろん皇帝フリードリヒ二世がシチリア王国ですでに絶対君主として君臨していたのにくらべ、ドイツがそこに到達する道は遠かったのだが。

諸侯には、中世の封建主義がつくりだした緩やかな人的結合から、堅くつなぎ合わされた領域国家《フレッヒエンシュタート》をつくることが大切だった。だから領邦侯は、一方で外の諸侯たちと競争し、他方内では自分と同等の力のある者たちとも競争した。封土を授かった領邦侯が、この領土内で常に一番の有力者とは限らなかった。たとえばバイエルンでは、しばらくのあいだケルンテン大公領を占有していた家系で、バイエルンに残って、王の宮中伯の称号を有していたオルデンブルク伯一族のほうが、一一八〇年にその国《ラント》を授かったヴィッテルスバッハ一族よりも有力であった。そのため、このような勢力をできるだけ排除すること、皇帝直属の独立領主を陪臣化すること、分散した領地を、つなぎの土地を手に入れて一つにまとめ、共通の法規の下におくことが、必要だった。というのは一人の領邦君主に属する権限はひじょうに多様だったからである。たとえばある領地で君主は相続によって得た大公の諸権利をもち、もう一つの領地では皇帝代官［教会領・帝国直轄領・領邦君主直轄領で領民保護・治安維持・司法などを代行した官吏］としての権限を行使し、第三の土地では領主権をもっていた。大方の領邦諸侯の目的はまた、自国を外に向かって拡げることでもあった。

かれらはこの目的達成のために、先ず進んで都市に頼り、やがて自分で新しい都市を建設し、新しい経済上の発展を助成した。たとえばヴィッテルスバッハ家やツェーリンガー家がそうである。都市は開花し、時代につれて次々と独立し、一部はハンザ同盟に加入し、やがて領邦君主に真の敵を見出すようになり、領邦君主に対抗するために貴族と結びつく。この対立は一五世紀には、たとえば一四四二年に選帝侯であるホーエンツォレルン家のフリードリヒ二世（鉄歯侯）に独立を妨げられた双子都市ベルリン・ケルン［現在のベルリン市の中心部、もともとシュプレー川の渡し場の両側に生まれた小さな商業交易集落でブランデンブルク帝国伯領内にあった］のように、諸侯に有利な結果をもたらすことが多かった。

　領地を拡大するため、あるいはかつて自領に属していた土地を取り戻すためにフェーデや戦争が起こる。また婚姻や相続契約による領地拡大や領地奪回も試みられる。しかしながら結婚政策によって大きな成果をあげたハープスブルク家のように好運な一族は、他の支配者一族には見られない。それでも若干の領邦諸侯は、同君連合において大領域を連結することにしばしば成功している。たとえば一三四五年に皇帝ルートヴィヒ四世の長子、ブランデンブルク辺境伯《マルクグラーフ》ルートヴィヒ・デア・エルテレ［在位一三二三―五一年］はブランデンブルク辺境伯領、ラウジッツ大公領、ティロール伯領、オーバーバイエルン大公領を支配し、ポメルン＝シュテッティーン大公領の請求権も持っていた。さらにかれは王権を根拠にケルンテン大公領やヴェルニゲローデ伯領をも要求した。同時に、かれの兄弟のうち三人がニーダーバイエルン大公領をオランダ伯領と［同君連合によって］連結した。ホーエンツォレルン家のアルブレヒト三世アキレス［ブランデンブルク選帝侯］はその在位期間一四七〇年から八六年までにもう一度フランク王国のアンスバッハ諸侯領とバイロイト諸侯領をブランデンブルク選帝侯領に併合し、ポメルンの一部分ならびにポメルン全土に対するレーン宗主権を手に入れた。ケルンテン大公ハインリヒは一三一〇年頃はベーメン王・メーレン辺境伯・ティロールとゲルツの伯であり、アクヴィレーヤ、トリエント、ブリクセンの教会領代官《フォークト》だった。しかし領地は私物のように分割されたり、交換されたり、担保に入れられたり、売却されたり、相続契約によって見知らぬ一族に譲渡が確約されたりしたので、さらにまた母系相続の場合は領地《ラント》連結は解除されたので、先述のような権力蓄積はまもなくまた崩壊した。

はやくも一三世紀に主として王選出を決定する、三人の教会諸侯〔聖職諸侯〕と四人の世俗諸侯からなる七人の諸侯が頭角を現したこと、カール四世が一三五六年の『金印勅書』の中で選帝権を最終的に法律に定め、長男子相続制に基づき、相続されるべき分割不可の選帝侯国の公的性格を明確にしたことは、帝国や多数の国にとっては重大な意味をもった。

それにより領邦君主の統治権は国およびそこに住む住民への責任感から生まれたものであり、もはや私的干渉には屈しないという領邦君主権の概念がつくられた。同時に、選帝諸侯に国王大権と、控訴審を除いて高級裁判権が与えられることが最終的に決定された。分割相続はありえないとする考えは、たとえば領地の不可分と長男子相続制を勧告するブランデンブルクに有効な一四七三年の〔アルブレヒト・アキレスの〕『アキレスの規則』のように、今や支配者名門に受け入れられ、部分的にはさらに家訓を通して強調された。それにもかかわらず帝国がそれに関心を払わなかったので、こういった分割はなおも続いたのである。

『ザクセンシュピーゲル』の中で名指しで特権を与えられた三人の聖職選帝諸侯、つまりケルン、トリーア、マインツの大司教、おなじように世俗選帝諸侯、つまりライン宮中伯、ザクセン大公、ブランデンブルク辺境伯ならびにベーメン王は、時代に即応して、王選出を聖なる国家的義務とは見なさず、むしろ帝位要求者各人に自分たちの個別要求を突きつけることを可能にする権利として、あるいは自分たちを脅かしたり拘束したりする、強大になりすぎた王権力を阻止できる権利として評価していた。そのため選帝諸侯は帝国議会で選帝諸侯合議体《クリア》として、重大な役割を果たすことになる。

選帝侯決定時に選帝侯から外され、何も獲得できずに引き揚げたオーストリア大公領のため、諸侯「絶対主義」のおそらく最初の代表者たる大公ルードルフ四世は、一三五八年から五九年にかけて偽の文書『プリヴィレギウム・マイウス〔大特許状〕』をつくって、選帝侯とおなじか、むしろそれ以上の地位を獲得しようと試みた。しかしカール四世は、何と皇帝ネロを権利の授与者として名指したこの偽造文書を退けた。それにもかかわらずルードルフ四世はこの方法により、その他の帝国諸侯の中で［ハープスブルク家は他家よりも一段格が上であると主張し］エルツヘルツォーク（大大公）をオーストリア大公領のために獲得した［それ以後、エルツヘルツォークの称号はハープスブルク家にしか用いられない］。これはまた最終的に、皇帝フリードリヒ三世によっても正式に追認された（一四五九年）。帝国諸侯は長い間、伯や独立領主たちと第二の合議体［帝国議会には三つの合議体があった］を分けあわねばならなかった。自分の領邦内におけるこれら中間権力から帝国直属権を剝奪しようとする帝国諸侯の努力はますます強まり、程度と時期にもよるが、若干の国々ではそれに成功していた。

諸侯は自ら隣人に戦いを挑む場合を除き、国内の平和確保を自分たちの第一の義務と考えていた。だから一四一四年にホーエンツォレルン家のフリードリヒ一世がブランデンブルクでクイッツォー一族の城、ロッホー一族の城、プツリッツ一族の城を襲ったように、盗賊貴族の城塞を打ちこわした。それによって諸侯は街道の治安を重視していた都市から好感をもたれた。それなのに一四七三年、バイエルン大公クリストフの部下の武装騎士たちがシュトラースブルクからやってきた宝石商を公道で襲い、全所持品を略奪する事件が生じた。それは帝国内の人々を憤慨させたので、スイス盟約団体はその事件を取りあげ、クリストフの兄弟である大公アルブレヒト四世に損害賠償の支払いを請求した。

安定した統治にはまた中心が不可欠であり、それゆえ居館を必要とする。だから居館はそれぞれの領邦内で様々な時代にできたのである。ロートリンゲンの諸大公が一一五三年にナンシーを居館にしたのに対して、バイエルン大公領にとってミュンヒェンは、ルートヴィヒ二世厳格公が居住して以来（一二五五年以降）の宮廷所在地だった。ケルン選帝侯には一四六九年以前には決まった居館がなかった。選帝侯は従者をひきつれ転々と住居を変えたのである。ブランデンブルクでは、ヨハン・キケロ選帝侯（在位一四八六―九九年）が、ベルリンに常時居住した初めてのホーエンツォレルン家の君主だった。どこでも人々は領邦の税収入の大半が費やされる、程度の差こそあれ賑やかな宮廷所在地に次第に集まった。多くの領邦諸侯は大量負債を抱え、目先の必要に対処するために税収あるいは国土の一部さえ抵当に入れたのである。

さて、こうした財政難を自力で租税の引き上げによって打開することは、諸侯には通常不可能だった。なぜならば、そのあいだにラント等族［領邦議会への出席資格をもつ諸身分］が租税について決定権をもつ存在になっていたからである。一二三一年の帝国決定はすでに改革時に、諸侯をラントの「高貴な人で偉大な人」と同義語にしていた。それは一二八七年の帝国ラント平和令で承認され、この上層階級は「ラント君主」と表現された。ラント君主の中にまもなく新しい下級貴族、つまり騎士階級も加わった。貴族は裁判権と官職を獲得するために、借金や戦争による領邦君主の窮地を利用した。類似の方法で、都市では司法と行政機関が、徐々にではあるが完全に市参事会の手中に陥った。領邦諸侯は、もはや個々の市民に租税やその他の義務を課すことができなくなり、その場合には都市の同意が必要となった。そのうえ聖職者も一般に、不入権や治外法権によって干渉を免れた。しだいに貴族、都市、聖職者これら三群団が租税認可権や領邦侯の行政に対する監督権はもちろんのこと、戦争や平和の決定をも要求できるラント等族になるために連合した。その場合、貴族(騎士階級)と都市は租税と防衛に関して主導的立場に立った。そのうえ役割分担を超越して、ラント等族はしばしばかれらの共有利害に固執した。共通利害とそれから生じる協調は、バイエルンやヴュルテンベルクでのように、昔の部族意識と結びつく連帯感が領国内で生まれるのに少なからず貢献した。

他方、貴族と都市の昔ながらの身分対立が生みだした軍事上の対決は国を荒廃させ、事態の紛糾は生まれたばかりの連帯感をこわしてしまいそうになった。ただし戦士タイプの領邦諸侯は一四世紀後半および一五世紀に、平和を尊重し国政を重視するタイプの支配者にしだいにとってかわられた。戦闘的であっても平和と国政を重視するという、両面をそなえた支配者はごく稀だった。しかし誰にもまして出色だったのは、ブランデンブルク選帝侯アルブレヒト三世アキレスだった。当時の人々がアーサー王の円卓騎士団と比べた豪奢な宮廷生活や華やかな祝宴、そのうえ戦争の数々にもかかわらず、かれは自国を見事に統治し、後継者たちに負債がないようにしただけでなく、四〇万グルデンという法外な財産を残すこともできた。ただしかれは相当な年俸で皇帝に雇われることもいとわなかった。

諸侯と「領邦《ラント》」あるいは「地域《ラントシャフト》」が多面的に協力すれば、諸侯によって築かれ、うまく機能する領邦行政は大きな意味をもった。そのために諸侯はとくにミニステリアーレン、つまり家士出身「騎士」を利用した。一四世紀後半以降、法律を学びローマ法を修得した法律家たちが進出して、騎士にとってかわった。法律家たちは超領邦的要素を代表した。またかれらは頻繁に知識交換をし、それをラントからラントへと伝えた。時が経つにつれ大方の領邦の行政の頂点には、市参事会（宮廷顧問会議）が置かれた。この点で教会諸侯は初め世俗諸侯に先んじていた。しかし両者は各方面で都市の進歩的な行政を模範にした。マクシミーリアン一世の時代には、フランスやブルグントの中央管理行政も模範とされた。

諸領邦では、最高裁判所として宮廷裁判所が置かれた。ラント等族の中で貴族の行動力は諸侯を不安にしたので、諸侯は自国の活動的な貴族を宮廷裁判官に任命して自分の側に置くことを望んだ。しかし中世末期になると法律家のほうが優遇された。諸侯が（とくに中間権力欠如のために）以前から好んで用いたローマ法は、一四九五年公式にドイツ帝国に導入された。裁判所を最高位の制度にしようとする試みにもかかわらず、裁判は全く諸侯の恣意に左右されがちだった。バイエルン大公ルートヴィヒ二世が根拠のない嫉妬から、初めの妻ブラバントのマリーアと彼女の侍女を一二五六年に処刑したのとおなじように、バイエルン＝ミュンヒェン大公エルンストは息子のアルブレヒト三世に合法的な結婚生活を強いて、アルブレヒトの内縁の妻であるアウクスブルクの浴場理髪師兼外科医の娘、アグネス・ベルナウエルを一四三五年に魔女としてドナウ川で溺死させた。

領邦諸侯にとって最も重要だったのは、自国の財政を整えることだったが、大抵の場合、それは難しかった。領邦君主の収入がどんな構成であったかを明らかにするため、ケルン選帝侯国の一四二二年の収入を挙げてみよう。総収入四万八八九八六グルデンのうち七〇パーセントが国王大権（裁判手数料・関税徴収権・貨幣鋳造権・市場開設権）、一九パーセントが領地からの収入、一パーセントは聖職の諸高権、一〇パーセントは諸担保からの収入だった。それに加えてさらに一部ラント等族自身によって管理され、一四五〇年以降にはじめて定期的になる、ラント等族の税収入もあった。担保、さらにまた諸権利や一部領地の売却も重要な役割を果たした。一二五三年にベーメンのオタカール二世はオーバーラウジッツをブランデンブルクに、一三〇三年にヴェッティン家のディーツマンはニーダーラウジッツをおなじくマルク・ブランデンブルク辺境伯に担保として与えた。一二九三年にテューリンゲン方伯アルブレヒトは彼の領地の最上部分をナッサウ王アードルフに売却した。また一四〇〇年にはバイエルン大公ルートヴィヒはベネディクトボイエルンの修道院に一〇〇〇ハンガリーグルデンと引換えに、二〇ペニヒ税の支払いを永久に免除してやった。もちろんこれらはただ財政難克服のための措置にすぎなかった。

重要なことは、諸侯の多くが画期的な経済政策や交通政策を実施したこと、商業を促進し、道路を建設し、自分の国に有利になるような交通体系を構築したことだった。とくに重要だったのは、オーストリア・ザルツブルク・バイエルンの間で繰り返し争いとなった「塩街道」だった。オーストリア大公ルードルフ四世（一三五六年没）のような近代的な支配者は、すでに営業の自由と土地税負担の軽減を考えていた。

経済措置の中には、戦争や凶作また洪水や疫病のために生じる物価高や飢饉に対応する社会的救済政策も含まれていた。穀倉が建設され、飢饉には倉が開けられ、同時にそれにくわえて穀物の最高価格が決定された（たとえば一四一六年にオーストリアで）。一二九三年と一三一七年にバイエルンの諸大公は穀物不足への対策として一年間ビール醸造を禁止した。

都市とおなじように諸侯も権力政策や経済的理由から領内で教会高権を獲得しようと試みた。この、宗教革命時代になって実施される改革は、すでに遠い昔に始まっていたのである。大公ルードルフ四世は全く絶対主義的に、「私の国では私自身が教皇であり、大司教であり、司教であり、司教座聖堂首席助祭であり、司教座聖堂参事会長である」と言っていた。一五世紀末頃、ハープスブルク家の人々は自領内で教会を国家権力に従属させ、教会の地域行政組織を領邦体制に組み入れる目的をおおむね達成した。教皇たちもしばしば、領邦君主に教会統治の重要な権限を与える、いわゆる対諸侯政教条約を結ぶつもりだった。そしてブランデンブルク選帝侯のフリードリヒ二世［在位一四四〇―七〇年］は一四四七年、領内の司教任命という重要な権利、おなじように聖職者の裁判権の制限を手に入れた。そして他の諸侯たちも「改革ならびに査察の権利《ユスレフォルマンディ・エト・ウィジタンディ》」を獲得し、そのうえに教会高権を築いた。その結果、ヴェッティン家の人々は領内の司教たちに誠実の宣誓を請求した。これは明らかに新しい事態が始まっており、すでに中世が広範囲にわたって終わりつつあることを物語っていたのである。

最後にもうひとつ、ドイツ騎士団国家に目を向けよう。異教徒との闘いを目的につくられた、ドイツ騎士団は中世後期も後半になると二重の意味で時代錯誤になっていた。たとえばヤゲロー朝のリトアニア・ポーランドの二重王国が創設された一三八六年以来、まもなくリトアニア人の異教徒は姿を消した。それゆえ十字軍理念の宗教的要因は消失したのである。軍事的変化にともない、戦争のための騎士団の意味も希薄になる。他方、ドイツ騎士団国家ではそれまでもそれから先も長期間にわたってドイツ文化圏で最も近代的な統治がおこなわれていた。テューリンゲンのミニステリアーレン名門出身の、卓越した騎士団総長《ホッホマイスター》ヘルマン・フォン・ザルツァ［在位一二〇九―三九年］の築いた体制下で、フリードリヒ二世の『アウグストゥスの文書』といわれる基本規則はシチリア王国にも影響を及ぼした。つまり厳密に組み立てられた官職組織に支えられた国家絶対主義が生まれたのである。絶対無条件の服従義務のために、騎士団所属の騎士は役人としていつでも交代させられた。また騎士団の騎士は独身ゆえに、役職が世襲化する危険はなかった。基本規則に反して、高位聖職者の絶対権力を人数を限定した委員会によって制限する合議原則が確立していた。終身職である総長は、重要決定、たとえば戦争や和平、領土の獲得や譲渡について決定を下すとき、五人の騎士団最高官職者［軍事・行政・病院・被服・財政を分担］とラント騎士団長、またラント騎士修道会管区長らからなる修道会総会の同意に拘束され、また稀にではあるが総会によって罷免されることさえあった。これと同様、ラント騎士団長も総長の命令に服しただけでなく、重要決定ではそれぞれのラント総会の同意を必要とした。こうしてここには恣意の入り込む余地はほとんどなく、それゆえ強力で有効な支配の道具が存在した。

総長から、ラント騎士団長(ドイツではドイツ騎士団長という)ならびに騎士団管轄区域の頂点にある騎士修道会管区長に至る垂直編制のほかに、専門領域に従っての水平編制があった。それゆえ幾分誇張してではあるが、この組織の最上層部を人は騎士団政府の内閣を形成する所管大臣グループと名づけたりした。騎士団を対外的に代表し、最高の行政長官ならびに司法長官、戦時には最高司令官だった総長と並んで幾人かの「最高官職者」がいた。すなわち総長の代理ならびに騎士団の財産や貯蔵物の管理者としての「騎士修道会大管区長」、財政を担当する「財務長官」、おなじく軍事を担当し、出征時には通常(総長のかわりに)最高指揮者だった「主馬寮長官」がいた。かれはもちろん同時にまた騎士修道会管区も管理しなければならなかった。病院施設や社会福祉の世話をする「養護院長」や被服および軍事装備の世話をする「被服長官」も幹部だった。地域の騎士修道会管区長以外に、かれらにもとくに総長の相談にのることが義務づけられていた。なお騎士修道会諸管区における実用本位の専門化はいっそう徹底していた。

騎士団の宗教的機能が司祭や司教にあったのに対して、行政の担い手は騎士の中から選ばれた。騎士団は自分の領域の四つある司教区のうち三司教区で、騎士団の聖職者たちでもって司教座聖堂参事会を独占することに成功し、司教選挙さえも意のままに動かした。もちろんこうした司教や聖職者になるには、騎士の出生ならびに絶対服従が必要条件だった。市民出身者は助修士としてのみ騎士団にはいれ、本来、病人の看護や下級の任務にあてられていたが、有能な者は出世でき、次第に力を得ていったのである。

いたるところで組織的に入植し、固定の貢租の支払いを条件に土地を分割貸与した騎士団は、自らの土地の生産物を独占的に販売し、ヨーロッパ最大の穀物供給者となった。しかしたとえ優れた組織によって莫大な収益をあげたとしても、そこには騎士団崩壊の芽が育まれていたのである。つまり騎士団は諸都市を敵にまわし、都市はやがて窮地に陥った騎士団を見捨てたのである。

三　貴族と騎士

貴族は土地所有にもとづき、もともとその血統の神聖さが広く認められていた名門出の自由人、つまり自由貴族から構成されていた。この自由貴族と、とくに伯官職や皇帝代官職に上ってきたカロリング王朝初期のフランク族の上級官職貴族が一体化した。それにくらべて他の自由人出身の人たちは、知行《レーン》としての土地を授与されることによって出世した。叙任権闘争以来、ミニステリアーレン身分が登場し、かれらが騎士制度の発展に密接に関わった。諸侯、自由貴族、教会、そしてとくに王は非自由身分の人々を採用し、重装備の騎馬兵士、つまり「騎士」として仕える資格を与えた。かれらはしばしば重要役職も任されたので、その結果、優遇されているとはいえ主人に忠実に奉仕する義務をもつ非自由身分の人々が生まれたのである。皇帝直属の帝国ミニステリアーレンに頼ることのとくに多かった皇帝フリードリヒ一世バルバロッサの下で、かれらはその評判と地位を著しく高めた。皇帝は帝国ミニステリアーレンをしばしば古貴族《ウァアーデル》の人々より重要な役職につけたので、帝国ミニステリアーレンは古貴族より上になった。帝国ミニステリアーレンは帝国の財産管理やそれと類似の任務で立派な業績をあげ、この分野の、複雑で厳しい行政組織を支え、王にのみ直接責任を負う官吏階層を形成した。ドイツでのシュタウフェン朝の勢力衰退につれて、この官吏階層はやがて解体した。しかしながら帝国ミニステリアーレンに固有の利害は、昔のレーン保持者のそれのように力をもちつづけた。つまりかれらの官職レーンは相続可能になる一方、その官吏的性格は次第に弱まっていったのである。

ミニステリアーレン身分は非自由身分から生まれたのであるが、この身分の非自由な性格は依然続いた。それにもかかわらず有力な帝国ミニステリアーレン層の一部は、すでにバルバロッサが時折おこなっていたような、明確な解放宣言によって自由を次第に手に入れ、さらに一部はかれらのもつ並々ならぬ影響力や高い地位、また時には相当な土地所有によって、自らの非自由の出自を巧みに隠した。たとえば中部ラインでは、本来は帝国ミニステリアーレンであるファルケンシュタイン家やホーエンフェルス家の男子たち、またエアバッハ家の侍従職たちは非自由身分の出生を隠すだけでなく、上級貴族にまで出世できたのである。かれらは早くして、空位のレーンやまとまった私有地（完全自有地）を取得する術も心得ていた。司教ミニステリアーレン（帝国ミニステリアーレンとほぼ同地位）は、ブレーメンやヒルデルスハイムではすでに一三世紀初頭に、もともと上級貴族である司教座聖堂参事会員しかもてなかった司教選挙への参加権を要求した。

　残りのミニステリアーレンのうち若干の一族は、早くから出世することに成功した。すでに［ヴェルフェン家の］ハインリヒ獅子公は、ミニステリアーレンを自分の都市の伯や裁判権をもつ代官にしていた。家人の大多数は（おおよそ一一五〇年以来）徐々に非自由身分でなくなっていった。つまり家人の、主人に対する堅い結びつきは、家人たちがレーンさえも別の雇主からもらうことによって緩んだのである。とはいえ家人たちはなお自分の主人の相続人たちに分け与えられるおそれがあったし、また主人の人脈の中で結婚することも義務づけられていた。だから家人たちは自由貴族だけのものだった尊称「高貴な《エーデル》」をしばしば許されたにもかかわらず、一三世紀中はずっと、地域によっては一三世紀以降も、自由貴族と区別されていた。両階層間の結婚はますます頻繁になったが、それは一三世紀中はまだ関係した家族の没落、すなわち「劣った向きへの」下降をもたらした。これはたとえばモーゼル河畔のエルツ家とナーエ河畔のオーバーシュタイン家に起こったことであった。また一二八七年にハープスブルク家のルードルフ王は、ハーナウの貴族エンドレ・ラインハルトが結婚したミニステリアーレンの娘および二人のあいだにできた息子に、「永遠に自由で高貴な生れという栄誉と肩書き」を保証しなければならなかった。オーストリアでは一三〇〇年以降、徐々に両グループ間の相違がなくなっていった。それにくらべてバイエルンでは、家人は一四世紀中はまだ自由貴族と結婚できなかった。この区別は一五世紀になってはじめて緩んだのである。

一三世紀および一四世紀初頭、バイエルンではまだミニステリアーレンの非自由身分がはっきりしていたので、ミニステリアーレンの譲渡についての規定は必要不可欠だったと思われる。この規定によればミニステリアーレンはかれの主人と同地位あるいは上位者にのみ、譲渡することができた。一二九三年にバイエルンのルートヴィヒ厳格公は、諸侯の地位をもつテーゲルンゼー大修道院の内帑管理官に自分のミニステリアーレン、プリンツェナウのフリードリヒを譲った。しかし一三世紀になるとどこでもミニステリアーレンの自尊心が高まり、たとえばしばしば自分たちの名前に、帝国諸侯(および大伯)が自分たち専用に要求しつつあった「神の恵みにより《ディ・グラティア》」をつけ加えたのである。

地域により差異はあったものの、一三世紀後半以降、上級ミニステリアーレンつまりレーン保持者を部下にもつミニステリアーレンは、地方に住む弱小貴族、すなわち昔からの自由貴族のうち経済的にも政治的にも比較的弱い層と融合して「下級貴族」になった。一四〇〇年以後この融合は極めてスムーズにおこなわれたので、もはやミニステリアーレン身分はなくなり、ドイツ貴族は上級貴族と下級貴族とに分かれたのである。それにもかかわらず広い支配領域をもち、君侯を輩出する古い大貴族と姻戚関係を結んだ若干のミニステリアーレンの一族は上級貴族、さらに帝国諸侯身分にさえ昇ることに成功した。

この展開は、自ら諸侯になれなかった限り、大公裁判所あるいは諸侯裁判所で活動するのが特色だった自由貴族(昔からの古貴族)の運命と密接な関係があった。一二世紀以降、とりわけ一三世紀以降、古くからの貴族の一族の崩壊が始まったので、ついに中世末期に諸侯家系以外に古貴族は限られた数だけしかいなくなった。これらの古貴族はたいてい、支配権を相続することや領邦君主の要求を拒否することによって、自分たちを領邦君主にはしないが、しかし名門として際立たせる、帝国直属の地位を獲得していた。

古い名門の断絶には様々な理由があった。かれらは闘いの指揮者として生まれたがゆえに、イタリア遠征、十字軍遠征、帝位紛争など多くの闘いに巻き込まれ、とくに多くの死傷者を出し、また多くのフェーデとそれに結びついた抵抗権もおなじ作用をした。この二つは、武力によって権利要求を貫徹する、世間一般に認められていた手段だった。血の復讐がとくに上級貴族で中世後期、部分的には中世の最後まで残り、それはしばしば一世代ことごとくが死に絶えるといった惨憺《たん》たる結果をもたらした。なお一四三三年にリューベック司教がバーゼル公会議で明らかにしたのによれば、ニーダーザクセンの殺人事件で親族が、名誉にかけても殺人者の家族全員を殺すと決意したので、一つの殺人は一〇あるいはそれ以上の殺人をもたらす結果となった。こうした犯罪はザクセン法によれば罰せられず、金銭で「解決された」。つまりゲルマンの人命金を払えば罰せられなかったのである。それゆえ犯罪は憚るところなく企てられた。また殴るとか他の行為による侮辱に対して、直ちに殺すか少なくとも傷を負わせて報復しなければ不名誉とされたので、これも結果としておなじように多くの殺害をもたらした。

　名門の減少にもかかわらず身分相応の結婚が厳守されたので、結婚の可能性は少なくなっていった。そのうえ近親間での通婚の繰り返しが、出生数の減退や生命力およびエネルギーの衰退をまねき、退化を生みだした。

　もっと命取りになったのは家族間の政策だった。一門の財産の分割をできるだけ妨げるため、当主は弟たちの結婚を阻止したり、同世代の多くの親族を聖職者の道へと歩ませたのである。多くの教会役職、聖職禄、参事会、修道院が上級貴族のためにとっておかれた。司教座聖堂参事会から出発して司教座および大司教座への出世は可能だった。また帝国修道院から出発して、諸侯の地位をもつ大修道院長位に出世するのも容易だった。このような出世はもちろん一族の権力と名声の増大を意味したが、同時にまた一族の中の数多くの、とくに優秀な若者にとって独身を意味した。ここで古貴族の消滅についてほんの二、三例をあげてみよう。ヴェストファーレンでは一一五〇年に約一二〇の自由貴族出身

山々と森の中の岩石の小丘陵に立っている多塔のエルツ城塞(1160年以来エルツ家所有)は、最良に維持されたドイツ一美しい城塞のうちのひとつ

の名門があったが、一四〇〇年には一五、一五五〇年にはわずか九になった。ドイツ南西部でネレンブルク家、ピュレンドルフ家、ハイリゲンベルク家、ブレゲンツ伯家、それにくわえてシュタウフェン家とオーバーシュヴァーベンのヴエルフェン家さえ消滅したことは、結果的に、かつて名声のあった帝国大修道院ライヒェナウやザンクト・ガレンのような昔からの自由貴族の修道院を中世後期に荒廃させることとなり、隆盛期に一〇〇人いた修道士がわずか二人か三人、または長年にわたりたった一人しかいないという事態にまでなった。

一方、強化の進む領邦諸侯領内では、古い名門の消滅は統治する君侯にとっては好都合だった。たとえば、ヴィッテルスバッハ家は消滅しつつある伯の支配者一族の所領を相続や購入、ときには力ずくで手に入れた。つまり一一八九年にレーゲンスブルク伯の一族の所領、一一九六年にシュテッフリング伯家の所領、一二〇四年にシャームおよびフォーブルク、一二二〇年にはキルヒベルクおよびフロンテンハウゼン、一二四八年にアンデックス、一二四九年には（武力によって）ヴァッサーブルク、一二四八年から七二年にファルケンシュタイン、一二八一年にモースブルク＝ロッテンブルクを手に入れたが、このほか空位のレーンとして没収された数多くの小さな領地については言うまでもない。

領邦君主があまり計画的でなかったり、十分な権力や財力をもたないような場合、たいてい母系相続がおこなわれた。母系レーンとして、レーン所有が他者、しばしばミニステリアーレンの手にわたることも稀ではなかった。そのほか自由貴族が、領邦君主たちの圧力から逃れる手段として帝国ミニステリアーレン身分になり（とくにトリーア選帝侯領やヴュルテンベルクで）、その結果一族は断絶した。

しかし下級貴族もまた、上級貴族とおなじような理由から極めて短命だった。かつてのヘッセン修道会管区シュタルケンブルクで一五〇〇年までに台頭した一五五（そのうちの一一九は一三五〇年まで）家族のうち一六世紀にはたったの三一、わずか五分の一しか生き残らなかった。この貴族消滅を阻止したのが、カール四世の導入した功績による貴族位の授与（「位記貴族《ブリーフアーデル》」への昇格）であった。当初は貴族位の授与は国王大権だった。しかしまもなくこの権利も大領邦君主たちから要求され、一四五三年に皇帝フリードリヒ三世により、オーストリアのすべての大公、つまり王家の全王子に授与されたので、ハープスブルク家の国々ではその権利が行使されることが多かった。それによって出生身分という貴族の最も本質的な原則が破られたのである。

ミニステリアーレン身分が騎士制度との関連で発展したとするなら、騎士という概念も幾重にもミニステリアーレンの概念と合致するところがある。騎士をあらわすラテン語の「ミーレス」が実に多義的であるように、それは非常に正体不明の概念である。もともとフラマン語から借用された「リッター」と並んで、同じ意味の中高地ドイツ語「リター」(新高地ドイツ語では「ライター」)は端的に騎手を意味していた。そののち古フランス語「シュヴァリエ」の影響を受け、重装備の騎馬戦士を意味した。しかし社会的構成はこの概念とは関係していなかった。非自由人が主人から土地を授与され、武器調達のための多額の出費または騎馬と必要な副馬(のちには三頭、中世後期になって騎士は、自分が調達した六人から一〇人で構成する「グレーヴェ」、つまり一グループで出陣した)の維持費を自己負担できる能力を与えられたときや、あるいは領地内で生活している非自由人に、主人がこれらの準備を整えてやったときに、ミニステリアーレンとしての騎馬戦士が生まれることになる。そのほか重装備騎馬戦士として闘う準備のある者は、たとえ約束された金銭報酬のために闘い、つまり雇われ騎士として諸侯やとくに王に仕えても、やはり騎士と呼ばれた。そのときかれの出生は問われなかったが、それによって社会的に上昇できたわけでもなかった。しかしさらに「騎士」は宗教的倫理的義務を負った騎馬戦士を意味した。このような騎士像はとくに十字軍遠征により生まれ(キリスト教の兵士)、同時にスペインやオリエントの上級サラセン人騎士との接触によって促進され、次いでフランスや仲介役のフランドルの経済発展を通じて強まった宮廷文化の諸要求と結びついた。この意味ですべての貴族は上は王や皇帝にいたるまで騎士だったのである。騎士とは尊称であり、それゆえに騎士になるためには、まもなくそれにふさわしい出生と華麗な儀式(刀礼、一四世紀以来フランスの模範に従って刀で肩を軽く打って騎士位を授ける騎士叙任式、つまり剣と誓約の教会的神聖化のもとでの刀礼)が必要になった。この叙任式ののち、騎士は外見上の印として金の拍車と留金を身につけた。

この儀式には費用がかかり、騎士にも身分相応の出費が要求されたので、多くの小ミニステリアーレンは騎士位を断念し、近習［騎士に仕える若者］あるいは「貴族出の従者」（往々にして短縮され「従者《クネヒト》」、英語の「騎士《ナイト》」と同義）のままで終わった。中世後期には多くの地域で貴族出の従者身分の集団が、たとえば平和団体の形で活動していた。

その間に、騎士概念はまた新たな別の意味をもつようになった。それは「ヘールシルト」［「レーン」授受をめぐる階層秩序］の最下位を意味し、より正確には「一人きりの騎士《アインシルディゲ・リッター》」ともいった、つまり騎士にふさわしい封臣を自分の下にもたない騎士という意味だった。一二七四年から七五年にかけてアウクスブルクで作成された『シュヴァーベンシュピーゲル』では、「ヘールシルト」の六番目に位置するミニステリアーレンと七番目で最下位の騎士を区別していた。何よりも騎士の生れであること（騎士らしさ）が求められるにつれ職業身分から出生身分になっていたこれら騎士の仲間に、宮廷文化が花開いたこの時代の詩人のほとんどが属した。それどころか、この身分こそが第一線で宮廷文化を支え、上層階級をいわば熱狂させた、といえよう。さらに騎士という言葉がもう一つ別の意味をもつようになったのは、領邦内の貴族と聖職者たちが、とくに「不入権」を楯に、領邦君主たちと争った防衛戦争の中で「ラント等族」に団結し、やがて貴族がたいてい自らを「騎士身分」と称して「騎士の座」（または「貴族の座」）を要求したからであった。

中世後期の経済的発展、とくに貨幣制度の発展は全ラント貴族を苦しめた。とくに苦しい目にあったのはわずかな所領しかもたない下級貴族だった。かれらに従属していた農民は、すでに一三世紀にしばしば、これまでの現物貢租を貨幣地代に切り替えていた。貨幣価値が下落したため、これら地代は生活を維持するのに足りず、いわんや経費のかかる貴族の行事とくに馬上試合を催すのには不足だった。しかしまた定額現物貢租によって従来通りの生活が荘園領主に保証され、そのうえ穀物や他の生産物の価格上昇が幸いしたであろうところでさえ、都市から流入するより高い生活様式（後出第二章六節）を取り入れ、とくに目まぐるしく変わるファッションを追ったり、攻守のための武器をその付属品と一緒に購入するのに足りなかった。だから貴族の多くは債務超過に陥り、先祖伝来の所領・財産を、しばしば買い取った所領を楯に貴族の権利を主張する、嫌われ者の「成金貿易商」に売却せねばならなくなった。従来通り維持し、また新しい武器に対抗して補強するため多額の費用を要した居城が（たとえ周辺住人がブルク権によって協力するよう義務づけられていたとしても）このようにして売却されねばならなかったとき、そこには困った問題が生じた。なぜならブルクの所有およびブルク所有の持ち分は、しばしばある家族を貴族と認定するときの基準だったからである。だから相続配分時に、相続人は執拗に自分の持ち分の権利に固執した。たとえばヴュルテンベルクにある決して広くないブルク、ホーエン・エントリンゲン城では一四一七年には五家族がなんと一〇〇人もの子供をつれて生活していたという。またライフェンベルク城では一三八四年まで、タウヌスにあるハットシュタイン城とラーン河畔のランゲナウ城は三〇人の様々な共同相続人が所有者だった。またあるブルクは三八の相続分に分けられていた。

軍事訓練であると同時に宮廷儀式としても馬上試合はすべての宮廷の祭りには欠かせなかった。婦人たちは専門的知識があり、関心をもって馬上試合を観戦している（マーネスの歌謡写本集、1340 年）

　負債の道を歩みたくなかった者あるいは歩めなかった者、また時代の波に取り残された者は、自分で自分の畑を耕し、都合に応じて時には騎士、時には農民と自称すると非難された騎士農民になった。この騎士農民の大部分はその後全くの農民になり、「午前中は畑へ行き、午後からは馬上試合に出場する連中」は稀にしかいなかった。

　経験豊かな農業経営者として自ら領主が、従属農民の力を借りて大所領を経営する、大農場経営の新スタイルがドイツ東部に台頭した。とくに最初に目立ったのは、最高一二〇フーフェ（一フーフェは約一〇ヘクタール）もの大農場がいくつも出現し、穀物過剰をひきおこしたドイツ騎士団領であった。しかし通常、騎士農場で六フーフェ以上のものはほとんどなかった。六フーフェの面積は、農民の所有地、なかでも農場管理人や村長の農地が達成しうる大きさだった。そのほか、たとえばブランデンブルクでは、貴族は身分の体面が損なわれることのないよう明文をもって穀物取引が許可されていた。つまりそれは安定した生活基盤を築ける新しい方法だったのである。

ほかにも貴族には別の生活不安があった。卓越した皇帝政治が貴族と騎士に与えた数多くの名誉ある職務もまた、華やかなシュタウフェン朝の時代と共に終わりを告げた。とくに大空位時代には貴族の能力と情熱が成果をあげる活動の場がほとんどなくなった。傭兵制度や戦術の変化は重装備した騎馬戦士の意義と必要性を減少させたのである。この流れに逆らって、騎士はますます昔ながらのフェーデの中でかれらの戦闘能力を誇示し、次いで戦いで同輩の騎士と勇気と戦術の腕を競う機会を求めた。戦闘の中でよくやられたのは、有力者や裕福な人を捕らえて身代金を脅しとることだった。騎士クンツ・フォン・カウフンゲンが一四五五年にフェーデを宣言した後、ザクセン選帝侯フリードリヒ(温厚侯)の若い息子二人をアルテンブルク城から誘拐したとき、全ドイツが憤慨した。クンツが奇襲されて捕らえられたとき、フェーデ通告中であったが、人々はかれを処刑した。まもなく多くの騎士たちは都市にフェーデを宣告するほうが、より儲かることを知った。フェーデの償いに都市に属する農民に家畜を提供させたり、都市に出入りする商人から身代金を取り立てることができた。騎士が一一八六年から定められていたフェーデの事前通告(襲撃の三日前)の掟を守らなくなり、また同郷の商人さえ襲うようになったとき、合法的なフェーデ闘争は盗賊行為に変わった。そして強力な中央権力がこれを取り締まれなかった限り、多くの騎士がこの儲かる仕事に携わった。そのさい盗賊騎士たちはフェーデをよしとする考えに立っていたから、当然この力ずくの自己救済権は騎士の名誉を汚すものでありえなかった。それゆえ名門出の貴族すら大々的に盗賊騎士業に加担した。たとえばテクレンブルク伯は、一三六四年から六五年にかけてたった一度の略奪行為で、馬九五頭、乳牛二二七頭、羊一〇〇五頭ならびに銀二五〇マルクを家に持ち帰ったという。そのうえ一五世紀初めに、トリー

都市の富を略奪しようとする騎士たちは見せかけの正当性を手段に、「胡椒の詰まった袋」の山を襲撃しようとルツェルンに挑戦状を突きつけている(ディーボルト・シリングの図版年代記、1513 年)

プゼースの司教座聖堂首席助祭（シュベリーン司教代理人でもあった）は三〇〇人もの貴族騎馬隊を引きつれて、シュトラールズントを宣戦布告なしに襲撃し、略奪した。これによってひき起こされた社会不安は大きく、数多くの取り締まり措置にもかかわらず、事態は改善されなかった（それゆえハープスブルク家のルードルフは一二八九年から九〇年にテューリンゲンで六六の盗賊ブルクを破壊したのである）。帝国と領邦諸侯は弊害を取り除くことに努力したが、成果はほとんど上がらなかった。

はじめて効果のある改善をもたらしたのはフェーデを最終的に禁止した一四九五年の永久ラント平和令であった。しかしそれからのちでさえも、ヨスト・フロイントが帝国都市フランクフルト・アム・マインに仕掛けたフェーデや、フランツ・フォン・ジッキンゲンが一五一七年同市に対しておこなったフェーデが物語るように、決然とした暴力行為に対して都市と帝国はなすすべがなかった。ここで富裕な都市に対する貴族の敵意が明らかになったとしても、両者はまた共通の敵をもっていた。その敵とは、貴族の独立同様に都市の独立を排除しようとした領邦諸侯だった。数ある騎士同盟に加わり、貴族は地域ごとに結束して、あるときは都市に、あるときは都市と結んで領邦諸侯に対抗した。しかし領邦国家においてのみ、貴族は行政や軍隊で新しい任務を得ることができたのである。マクシミーリアン一世が歩兵の傭兵部隊を編成したとき、王は連隊を戦争経験豊かな貴族に任せる一方、若い貴族たちを傭い入れ、かれらを「自ら傭われる一方、自分も部下を傭う」二重傭兵として兵卒から分隊長に育て上げることに努めた。それは貴族の新しい本業、すなわち士官誕生の瞬間であった。行政において貴族は、一五世紀末に「法律家騎士」として貴族と同等の立場に登ってきた法律博士たちに好敵手を見出した。分別のある貴族は息子たちに法律を学ばせ、「法律家でも兵士でもある騎士」として実務分野でも競争に勝ち残れるようにしたのである。

四　農民と東方植民

中世後期の初めまでに、ゲルマン時代の自由農民戦士から、ドイツ語圏内のあらゆるところで、荘園領主に従属する、原則として剣を携帯してはならない「ゲビューレ「農民」」身分ができた。それは、体僕の・所有された・隷属している・貢納義務を負うなど、色々に表現されたが、要するに農民は耕地《ショレ》にしばりつけられ結びついており、妻やとくに指名された子供たちと一緒に土地に付属し、荘園領主によって売却されたり贈呈されたりした。そのほか農民には特定の仕事（賦役）や現物納付の年貢が義務づけられていた。また平和破壊者（裁判でそう判定された者）を追跡する兵役義務、あるいは国防義務があった。それゆえ原始的武器（堆肥用の熊手）で武装して、軍事訓練された小集団に属さねばならなかった。

騎士生れのミニステリアーレンですら体僕として自らの主人によって贈呈された時代に、体僕身分は後世ほどに、またとくに東部でのように屈辱的なものではなかった。西部では、文書に定められた慣習法（判決）や他の法規が、従属農民を領主の横暴から守った。相続財産の分割や売却および贈与によって多数の地主が同じ村に幾重にも関わったことも、領主の農民に対する支配をゆるめるのに役立った。とりわけ農民がしばしば別の土地を、他の領主からレーンとして得ていた場合役立った。総じて西部では、土地はほとんど荘園領主自らによっては耕作されず、むしろ農民に一種の永代借地として引きわたされた。その結果、農民は労働に精を出して工夫をこらすことによって、ささやかながらも幸福をつかめたのである。なお続いた賦役労働でも、農民がより精を出すよう、よい食事が与えられ、また作業場への行進や仕事の後のダンスを景気づけるため、笛が奏でられたりした。

もちろん有力者たちのフェーデや略奪や戦いがあったところでは農民は犠牲者だった。畑は荒らされ、家畜は追い払われ、納屋や家屋が燃やされてしまったからである。それにもかかわらず荘園領主は、期限の来た貢租をしばしば要求した。しかし不作時には貢租が引き下げられることもあった。穀粉は、樹皮やドングリを混ぜて引き伸ばされ、人は根や野生の木の実で飢えを紛らそうとした。しかしペストにより都市の人口が激減したとき、農民には極めて好条件で都市に迎え入れられるチャンスが到来したのである。

その結果、荘園領主の多くは荘民がその地に留まる魅力を与えるため、また自分たちの耕地の労働力を確保するため、荘民の負担を軽減することを余儀なくされた。もちろん農民は法的には土に緊縛されているので、耕地を捨てることは合法的にはできなかった。しかし都市は農村からの移住に頼らざるを得なかったので、何らかのやり方で移住を容易にしたのである。農村出身の有能な非自由民はしばしば都市で急速に上昇をとげたので、そのような者の市参事会への新たな受け入れを禁止することが必要とみなされた。詩人ムスカートブリュート〔後出第二章一節〕も一四三〇年に、農民が市参事会へ入ることに異議を唱えた。「隷属農民」が騎士より上に出世するという事態も生じた。騎士生れのオーストリアの一風刺家がした(一三〇〇年より以前の)報告によれば、農民の息子たちに騎士位を与えるのは金を得るためか、あるいは華麗な騎士装束の従者を引きつれて領主の宮廷で自分を誇示したかったからだった。農民の息子だったフロリアン・ヴァルドアウフは、その勇猛果敢の勲功の褒美として一四八八年皇帝マクシミーリアンによって貴族に叙せられ、一四九〇年にはさらに新たな功績で「黄金の騎士」となった。そののちかれは宮廷顧問官になり大富豪になったので、非常に名高い聖遺物コレクションを購入することができた。

しかし中世の終わりに、大部分の地方で一般的に農民の立場は再び悪化した。それに反して、バイエルンやオーストリアの農民は裕福で高慢だといわれている。隷属農民は、自分たちの土地をたいてい永代使用や永代借地で手に入れていたので、義務を果たしさえすれば、その地に定着して土地を私有地同様に相続する(もちろん売却は不可能だが)ことができた。しかし多くの荘園領主がこの状態を改め、農民夫婦や農民が生きているあいだの一代限りで、あるいは期限付きで農場を貸し与えるようになった。そのさい、わずか五年という短い期間さえ現れた。この変化は荘園領主に、当然借地権を更新、延長しようとする農民に圧力を加え、とくに賃貸期限の切れたときに一段高い賃貸料や負担を要求できるようにしたのである。それにくわえて荘園領主たちは、農民から(制限付き)自治や固有の裁判権を奪い取ろうとした。なぜなら村の農民たちは、たいていかれらの村長(通常隷属農民のひとり)を自分たちで選出できる地方自治体を形成していたからである。農民はこの体制下あるいは荘園管理人(管理人、のちには小領主館所有者)の下に農民裁判所をもっていた。そこでは今日なら警察の取締りの対象となる様々なこと、たとえば耕地強制への違反などについて裁かれたのである。そのうえ領主は狩猟権や漁業権また森林利用権をめぐっても農民と争った。これらすべてが不満やもめごと、さらに折に触れて怒りの小さな爆発を生む原因となった。

　耕地強制は三圃制[春耕圃、秋耕圃、休耕圃からなる]と密接に関係していた。三圃制は一三世紀以降とくに重要性を増した。この時代に馬の役畜としての利用が普及したため、馬を使って生産物を迅速に都市に輸送し、畑の耕作もより迅速かつ集中的におこない、遠方の畑でさえそれほど時間の無駄なく耕作できた。燕麦[馬の飼料]の栽培は、この時点から夏作物として好まれた。冬作物としては多くの場合、古代ゲルマン人がまだ知らなかったライ麦が普及した。そのあとそこは休閑地になった。(アルプスの北西部に住む)シュヴァーベン人とプファルツ地方の人々は、ライ麦よりスペルト小麦を好んだ。かれらは、北ドイツ人がライ麦を「穀物《コルン》」と呼んだように、スペルト小麦を単に「穀物」と呼んだ。昔はゲルマン人の主要作物だった小麦は天候悪化のために、大麦やキビ(南部地域以外では)とおなじように微量しか栽培されなかった。そのほかにも様々な種類の野菜が栽培された。

　都市の商業や産業の発展にともない、人々は新たに手工業に必要な植物の栽培に取り組み、麻と亜麻の種を休閑地に蒔いた。紅色を出す植物セイヨウアカネは多年草植物なので三圃制には適さず、菜園地でつくられた。衣料の生産が増大し、セイヨウアカネの販売がブラウンシュヴァイクやシュパイアー周辺の諸地域に大利益をもたらしたので、アカネ草栽培は著しく増大し、結果として住民の食料を脅かすまでになった。だからこれらの都市の参事会は一四世紀後期および一五世紀にはセイヨウアカネ栽培を制限あるいは完全に禁止することが必要だと判断した。当時の青色染料タイセイは、テューリンゲンのよい財源となり、集散地エアフルトを富裕都市にしたのである。

穀物の刈取りには三日月形をした草刈鎌を用いた。茎は地面から二〇から三〇センチのところで残し、それをすべて地中に鋤き込んで、肥料にした。切り取られた藁は麦藁帽や水泳帽などの編み細工に利用され、葉の部分は家畜用の敷物として利用された。草は大鎌で刈り取られたが、はじめかがみ込んだり跪いたりしなければならなかったので、鎌使用は難しかった。その後、「握り」を斜めに大鎌の柄に組み込むことを学んだので、身体をまっすぐにしたまま刈ることができ、仕事はより短時間で成し遂げられるようになった。束ね仕事をする女性が切り取られた藁をすばやく取りあげて束ねたので、穀物さえ大鎌で刈り取られた。北アルプス地域に、ヴァルス人がこの新しい習慣をもたらしたということである。

農奴のほかに、数は少ないけれど特定の辺境地域（一方はスイス盟約団体で、他方はフリースラントとザクセンの海寄りの地域）では、当時はまだ自由農民がいた。辺境地域ではもの寂しい山地と、自然の危険との絶え間ない闘い、海岸地域では荒々しい海との闘いが男たちを鍛え、並々ならぬ自由への熱望で満たした。そのうえ辺境という状況は住民の自己主張を容易にしたのである。西フリースラントでは一五世紀末まで、東フリースラントではわずか一二八九年までだったのにくらべて、スイス人が長いあいだ自由を主張できたのには様々な理由があった。スイスでは古いヴァルトシュテッテ［フィアヴァルトシュテッテ湖沿岸のスイスのいわゆる原初三州、ウリー、シュヴィーツ、ウンターヴァルデンおよびルツェルンをさす］の農民たちが、少数派の貴族と団結していた。かれらはモルガルテンの戦いでの勝利（一三一五年）の後に、ルツェルン、チューリヒ、ベルンのような重要都市と結びつき、新しい戦闘技術によって名を上げ、恐れられた。それにくらべて純粋な農民であるフリース人は、自分たちの指導者の競争や頻発した血の復讐に巻き込まれて弱体化した。ティロールでは農民たちは（諸都市と協力して）自分たちの諸侯と闘い、完全な独立やラント身分［ラント議会での議席］さえ獲得することに成功した。

ところがドイツ東部では、事情が違った。東部ドイツの植民運動は一二世紀に強力に始められ、一三世紀および一四世紀前半に進展したが、そののち次第に衰退していった。というのは、とくにペストが西部ドイツの住民を激減させたため、植民運動は止んだのである。この東方植民は、様々な身分の協力によって起こった。ヴェルフェン家のハインリヒ獅子公は、リューベックを建設して北東部での都市建設に道をひらいた。東方植民では企業家である遠隔地商人たちの、入念な計画策定によって実施され、ついで東エルベの領邦諸侯に継承された。農民の東方植民でイニシアティブをとったのは、一部はこれら領邦諸侯たとえばポメルンやシュレージエンの諸大公であり、また一部はメクレンブルクのダルグンやポメルンのエルデナ、コルバツ、ベルブックのような修道院であるが、カミンのような司教区も重要な役割を果たした。東方植民には、ギュツコウ諸伯のような貴族も積極的に参加した。ポメルンのヴェデル家やプロイセンのシュタンゲ家のように、多くの貴族一門が大勢入植者になった。東方の新しく建設された諸都市も植民によって生まれた。新都市にとっては、食料を供給する農民が多数入植した周辺地域をもつことが死活問題だった。他方、新設諸村にとってもかれらの余剰生産物を都市で販売できるということは重要なことだった。ドイツ騎士団は極めて体系的に入植をおこなった。騎士団は重要な箇所に都市を建設し、それぞれ都市を囲んで三〇キロの範囲内に村落を配置したのである。

ドイツ文化圏にとってまとまった平地を獲得するためには(もちろん、それは明確な目標ではなかったが)、農民の集中的な入植がとくに必要だった。既存の地域、ことに西部からの入植者が多数入植するための前提条件は、西部での土地開墾がすでに終了し、ある程度の人口密度になって、その結果農民の息子たちに自分の農地をもてる見通しがなくなっていることであった。くわえて(とくにニーダーザクセン地方やヴェストファーレン地方で)領主が土地を自ら利用するため、それまでその土地を利用してきた有能な農民を追い出した。そのため領主は土地を失った農民に、家畜や家財をもたせて、新しい故郷を探すことを許さねばならなかったのである。そのうえ当時、十字軍遠征、イタリア遠征や巡礼を通して人々の視野が広まり、企業家的精神も生まれていた。だから東方入植させるため、新しい国について「乳や蜜の流れる」とか、そこには開墾の自由があるとか、魅力的な宣伝をした。東方入植者たちが「東へ行こう」の歌声と共に自信に満ちて出発したとき、かれらのほとんどはまだ若かった。そして目前の困難を克服し、またねばり強く働き植民事業を完成する体力と持久力をもっていた。

湿地帯や水害地域では、人々は排水や堤防の築造に慣れていたオランダ人やフラマン人を入植させた。なだらかな丘陵を今日なお「フレーミング」と呼ぶ、ブランデンブルクや中部ポメルンで用いられるドイツ語方言の中に、かれらの言語の名残が証明される。ドイツ人入植者たちは、かれらの新式の犂《すき》や軽量の鉤形犂（とくに石や根が多い地に適している）や（土塊を砕いたり、ひっくり返すため犂の刃や撥土板のついた）重い歯車犂を使用することで、スラブ人やプロシア人に優っていたので、開墾に適、不適の関係なく農地を拓くことができたのである。新入植者としてかれらは自分の土地に対してほんのわずかな貢租を納めるだけよく、個人的には自由であり、開墾自由民という恵まれた権利をもって生活した。さらにネーデルラント出身者はほぼ全員、より有利ないわゆるオランダ人権をもっていた。

諸侯、諸修道院、ドイツ騎士団によって移民請負人が任命され、かれらも入植地で土地を手に入れた。これら移民請負人の仕事は自ら、あるいは代理者を通じて入植者を募集したり、家畜を調達して、人と家畜を陸路を通って新しい故郷となる土地へ連れて行くことであった。移民請負人が農民出身の場合は、その功績の報酬として貴族の領主から、一般に通常の二倍あるいはそれ以上の農地、また村長職や酒類小売免許（のちになって村の居酒屋へと発展した）をもらった。

移民請負人が貴族なら、その土地の支配者として残り、永代使用で土地を貸出した。貴族が自ら騎士領としての広大な土地を経営するとき、（とくに種蒔きや収穫時には）労働力が必要になった。はじめ労働力はより劣悪な権利関係の下で暮らしていた土着住民の間で容易に手に入った。しかしまもなくそれだけでは足りなくなり、入植した村の農民たちにも労働を求めはじめた。ここでは古い伝統や領主間の競争もなかったので、村の支配者たちは入植自由農民にますます多くの賦役を要求し、新しい農場領主制を樹立することに成功した。賦役は一年間に数日から、一ヶ月に数日になった。つまり畑での鍬耕や犂を使う畜耕および森での伐採などの諸賦役、補助馬の提供、建築および狩猟に加わる賦役などである。中世末には、農民は週に三日も領主のために働かねばならなくなったので、自分の農地を世話する時間が全くなくなってしまった程だった。それゆえしばしば農民は収穫のため労働者を雇わなければならず、その賃金支払いのため借金を負うに至った。

もちろんこのような展開は、荘園領主が司法の役職を得たうえ、自領で起こったことについて農民に対し裁判権を行使することによってのみ可能だった。一三七五年の『ブランデンブルクのラント法』では、農民は農場主〔大農場の所有者としての封建領主〕に隷属すると記されていた。農場主たちはたいていの場合、村落に対する帝国代官管区の裁判権を手に入れた。バルニム地方の最高裁判権は一九七村落のうちわずか三村落でだけ、なお辺境伯の下にあったが、それ以外では貴族の農場主の手に移っていた。この時点で、入植農民を完全に体僕身分におとしめた展開はすでに完了していたのである。かつて開墾自由民として、明るい見通しと不屈の勇気を抱いて植民事業を始め、それを完成した入植農民は古い西部の地域の農民よりはるかに従属的な立場に陥ったのである。

五　都市と市民

(一)　都市の発展と特徴

中世後期の都市制度の発展は、社会的また文化的生活に劇的変化をもたらした。長年、多くの市民はなお農業で生活していたので、都市が農民的環境から生まれ、都市住民の大部分が農民階級に由来するのは明らかである。遠隔地商業と文化的な生活の中心となる都市の発展は、類まれな現象であった。

農村の住人が、農民としてラント法に、貴族としてレーン法に、賦役農場における非自由民や荘民として荘園法に服していたかにかかわりなく、農村住人を都市住人と区別する都市法の授与が、通常都市建設の出発点とみなされる。くわえて全市民は、政治的にではないが法的に平等であった。

当時の意識では、都市の城塞化［都市の防備を市壁などで囲んで強化すること］も都市法の授与と並んで都市にとって重要であった。もともと「城塞権《ブルクレヒト》」は王にのみ属するものだから、市壁の建設権はその核心をなした。城塞化は都市を敵から防衛し、流浪人や賎民を遠ざけるため、さらに周辺地域への支配確保のために重要だったのである。それは市門の開閉時間に拘束される一方、警備義務や市壁の建設労働への参加を義務づけられた住民同士をより緊密に結びつけるのにも役立った。

一二三一年、ヴォルムス帝国議会は、司教や諸侯にかれらの都市が市壁を備えるか否かの判断を委ねた。それにもかかわらず大多数の都市はなお長いあいだ、堡塁や市壁のないままだった。昔は、堡塁は(石が十分にあった古代ローマの都市以外は)ほとんど土塁や都市濠また防御柵のみだった。そういう状態であったからセバスティアン・フランク(一五三七年）によれば、ウルムは一三〇〇年まで「都市濠と木の柵だけで周りを囲んでいただけで壁はなかった」のである。一二九四年にプリツェミスラフ大公は、ダンツィヒに木製の新防衛施設を建設すべし、と指示した。ハンブルクでは、その新市街地ノイハンブルクがすでに一一八八年にリューベック法に基づいて建設されていたのに対し、一二三〇年以後はじめてそれまでの土塁や防御柵の場所に外壁が築かれた。シュベリーンは一三一三年にはまだ高い板塀で、一三四〇年になってはじめて市壁で囲まれたのである。ワイマールは一四五〇年にはじめて都市の外壁を築いたが、ビッテルフェルトは全く外壁のないままだった。ゲッティンゲンははじめ都市の一部が外壁で囲まれていた（一二五一年）だけで、完全な市壁建設は一四一九年にやっと実現した。

都市の城塞化は、市民が防衛能力を備えていてこそ効力を発揮する。軍役権と軍役義務は中世末まで市民の最も重要な義務であった。しかし中世末になると、職業兵士のほうが武装市民よりも優っていることが明らかになったので、軍役義務は一部または全面的に税金によって代納されることになった。この変化を通じて重要でありつづけたのは、この新しい共同体が果たした機能で、こうして都市はその活動の軸を商工業に置きつつ、市場を開設し、周りのますます広い地域にとり交易の中心になっていったのである。

当時のイタリアの都市共和国、ヴェネツィア、フィレンツェ、ミラノ、ジェノヴァとは対照的に、ドイツの諸都市は領域国家を形成しなかった。たとえばニュルンベルクやウルムまたシュトラースブルクやローテンブルクなどの都市は、比較的小さな都市領域をつくることはできたが、諸侯の領邦国家とは比較にならなかった。都市領域はどこも、北イタリアのように他の都市領域と隣接していない。これに対し、いくつもの領邦国家や都市にまたがる地方は、たとえばテューリンゲン地方が青色染料の原料であるタイセイを取引するエアフルトの商業に重心をおいたように、経済的には都市に順応したとしても、政治や教会に関しては全く固有の組織を保持していた。

ドイツの都市の大多数は建設都市である。建設は様々な時期におこなわれた。最初の建設期は、とくにツェーリンガー家やヴェルフェン家またシュタウフェン家による諸都市建設からなっている。それはツェーリンガー家のフライブルク（一一二〇年）の建設に始まり、ヴェルフェン家のハインリヒ獅子公によって建設された北部のリューベックや南部のミュンヒェンによっても特徴づけられる。ミュンヒェンは、ハインリヒ獅子公によって塩街道のイーザル川の渡し場として建設された。リューベックは商業都市かつ司教都市としてつくられ、中世後期の最も重要な商業の中枢へと発展した。当初はまだこれらの都市には自治が欠け、都市の市壁など防衛施設も貧弱なままだった。

市参事会制度の発生により、一一九〇年にこれらの都市に新しい時代が始まる。のちの皇帝ハインリヒ六世［在位一一九一―九七年］は帝国総督として、一一九〇年にシュパイアーに、議長が毎年かわる、一二人の市長に市政を委ねる命令を下した。これはドイツで初めての都市自治の誕生である。バーゼルやユトレヒトもシュパイアーより少しおくれて、おなじような特権を手に入れた。都市建設の波は一三世紀中続くが、既存の都市がペストによる人口減少で深刻な危機に陥った一三五〇年頃若干弱まった。しかし都市建設は一四〇〇年まで、かなりの地域ではむしろ一五世紀半ばまで続いた。一三世紀の前・後半ともに、それぞれ三〇〇の都市がつくられたといわれる。それゆえ一三〇〇年までに、ドイツの都市数は一〇倍以上になった。シュタウフェン家没落までは、主としてベルン、チューリヒ、ロストック、シュトラールズント、シュテッティーン、ドレースデン、ケムニッツ、ブレスラウのように、将来性のある比較的大きな都市が建設された。一三世紀後半ならび一四世紀には大都市は稀であったが、皆無ではなかった。旧い西部の地域ではたとえばユルツェン、イーザーローン、リューデンシャイト、シュヴェルテ、東部ではスタルガルト、コルベルク、グラウデンツ、リーグニッツそしてプロイセンのケーニヒスベルクなどである。それ以外のところで一四世紀に建設された都市には、都市生活や発展の余地はなかった。それらの多くはわずかな権利しか与えられなかったので、文化史的には「劣等都市」としてまとめられる。一三、一四世紀には建設熱に浮かれ、人々は都市の経済的可能性をしばしば過大評価した。それゆえ都市建設は続行したが、その生活圏は著しく狭くなった。だから中世後期に都市法をもつ多くの集落はもっぱら農業に頼る生活を営み、営業活動はたいてい昔からの村より少ないぐらいだった。その結果、ポメルンのノイエンロスト（新《ノイ》ロストック）はじめ、少なからざる都市が消滅した。

都市建設の波は全ヨーロッパ的現象であり、上部ドイツ［アルプスに近いドイツ、つまりドイツ南部］で都市はイタリアの影響から免れることはできなかったし、ライン地方ではフランスやオランダの影響を受けた。ドイツにおける都市建設の前提条件は、人口過剰と旧来の定住地で耕地拡張が限界に達して開拓の余地がなかったことである。それにくわえて遠隔地商業はヴィーク（商人の休息地）や市《マルクト》から発展し、常設の在外支店を必要とした。貿易に適した港や商業地の建設にともなうバルト海の開発は、何よりも遠隔地商人が進めた計画的事業だった。しかし商人たちは、領邦諸侯や王の助力を必要とした。シュタウフェン家の当主たちやツェーリンガー家やヴェルフェン家（とりわけハインリヒ獅子公）のような先見の明ある領邦君主、またアスカニアー家、ヴェッティン家、ヴィッテルスバッハ家、バーベンベルク家その他の君侯は都市の将来性を認識していた。かれらは経済的発展はもちろん、自らの収入増大を期待した。それゆえに早くも経済的視点から、近隣の領邦諸侯間の競争が始まったのである。

　都市はまた、政治的と同時に軍事的拠点でもあった。それは堅固な城壁や見張塔を備え、人口の集中した大都市にだけあてはまることではなかった。西ザウアーラントの名もない諸地方都市は、ケルン大司教によって市場都市としてよりもむしろヴェストファーレン大公領守護のために築かれたのである。また都市は軍事的対決の最中にも建設された。ブランデンブルク辺境伯アスカニアー家のヴァルデマールは、征服したダンツィヒを失い、レバ川東部の土地を手放さなければならなかった一三一〇年に、ドイツ人都市シュトルプを設立した。だからヴァルデマールの敵であるポメルン公ヴラティスロー四世は自分のビャロガルト［ビャロガルト＝コロブジェク］の国を守るために、同年にノイシュテッティーン市を建設しなければならなかった。それに続いて辺境伯の封臣《ヴァザル》ペーター・フォン・ノイエンブルクは、一度捨てられた都市リューゲンヴァルデを一三一二年に再び入植させて再建している。

　だから都市の発展が、一二三一年以来「領邦君主」として承認された諸侯およびドイツ王位をめぐる名門大貴族の権力争いと並行して進んだのは当然である。都市はしばしば一領国あるいはその一部分の中心となったが、これが闘いや軋轢なしでおこなわれるのはごく稀だった。都市は完全独立を目指したので、支配者が長期滞在によって都市を自分の居所にしたとき、これを権利侵害とみなした。ウィーンの運命がそれを物語っている。都市生活の栄えているあいだ、ウィーンは大公の居所として繁栄を誇ったが、早くも一三世紀になると紛争が起こった。すなわちウィーンは帝国直属を目指して一時期それを手に入れたが、ハープスブルク家二代目、大公アルブレヒト一世(在位一二八二―一三〇八年)の下で、領邦君主への抵抗を捨てねばならなかったのである。その後一四三八年から一五二五年までハープスブルク家の君主はめったにウィーンに滞在しなかった。ウィーンは一三世紀以降、ドイツで最大の一領邦――オーストリア大公領のほかにはシュタイアーマルク、一三三五年以降はケルンテンやクラインも加え、全部で約七万平方キロメートルの広さをもつ――の筆頭都市《フォアオルト》に発展した。筆頭都市になることによってウィーンは、予期せぬ経済発展の可能性を手に入れた。ルードルフ一世は、ドイツ語で記された彼の最も古い文書(一二八一年)の中で、ウィーンを「オーストリアの富める首都」と呼んでいた。初期の領邦諸侯の最も輝かしい代表だったルードルフ四世はウィーン大学創立(一三六五年)にさいし、今回ははっきりと領邦オーストリアに関連づけて、この都市に「首都」の名誉称号を与えた。

　ウィーンよりずっとあとに生まれたベルリンは、一四世紀に辺境都市同盟の筆頭都市になって、ここで同盟会議が開催され、またハンザ同盟の一員になった。一四世紀以降、ベルリンはブランデンブルクに代わって、ノルトマルクのブランデンブルク伯の居所として利用され、一五世紀にはマルク・ブランデンブルク全体のラント等族会議の開催地になる。ウィーン同様ベルリンも領邦君

ウィーンの森の前にウィーンは位置する。1359 年に新しく建設されたシュテファン司教座聖堂がウィーンを見下ろしている。バーベンベルク家とハープスブルク家の居住地として、ウィーンはオーストリアの筆頭都市になった(シェーデルの世界年代記、ニュルンベルク、1493 年)

主からの独立を主張するが、一四四二年と四八年にホーエンツォレルン家のフリードリヒ二世（鉄歯侯）に敗れた。その結果フリードリヒ二世はアルトケルンとアルトベルリン間に存在するシュプレー島［シュプレー川の中州］に選帝侯の城塞を建て、ランゲ・ブリュッケ［長橋］にある双子都市の共通市庁舎を取り壊した。かれの甥であるブランデンブルク選帝侯ヨハン・キケロ（在位一四八六―九九年）の統治下に初めて、ベルリンは恒常的に居館のおかれる都市となった。居館のある都市として、さらにマルク・ブランデンブルク全体の行政の中心として、ベルリンはその重要性を増した。

（二）　帝国都市

主要都市の理想像は、帝国直属になることだった。ほとんどの帝国都市は、シュタウフェン朝時代の建設に始まっていた。シュタウフェン朝は都市を建設することで、王の権勢を強めようとした。先ず第一に、シュタウフェン朝の都市では、都市君主の地位はツェーリンガー朝時代の都市でよりもはるかに強固だったので、王の支配は都市に重くのしかかった。しかし大空位時代および一三世紀末に王権が弱体化した時代には、「国王都市［国王に属する諸都市］」が独立し、次第に帝国都市になる機会が増えた。元来、王が自ら帝国議会で都市を代表していたが、ヴィルヘルム（オランダ王）［一二四七年にホーエンシュタウフェン家のフリードリヒ二世の対立王］は、ラント平和令審議のため都市を初めて帝国議会に参加させ、こうして今や帝国等族に都市代表が加わることになった。それは、とくに司教都市マインツやヴォルムスの遠隔地商人たちによって一二五四年に設立されたライン都市同盟が目的意識をもって追求したラント平和政策の成果だったといえよう。

これらの都市はさしあたり、王が都市を自由に処分できる、とりわけ市壁内での様々な国王大権を一括、あるいは部分的に借金の担保に入れる権利をもつという点で、国王に属する都市だった。バイエルン大公ルートヴィヒやカール四世、そしてカールの息子ヴェンツェルは、この担保権を十分利用した。相当数の都市は二度と担保権を外されることはなかったので、その結果、帝国はハインリヒ七世がトリーア大司教に担保として与えた帝国都市ボッパルトやオーバーヴェーゼル、また再度にわたる担保入れののちに最終的にはクレーヴェ伯領となったデュースブルクのように、相当数の都市を失った。一四世紀になって初めて王の処分権は帝国議会の同意を必要とする、という見解が徐々に普及したのである。

帝国領が最も広がり、シュタウフェン朝の権力が最も強かった、たとえばシュヴァーベン、ライン、ヘッセン、フランケン地方に帝国都市が数多く出現した。それらは決してすべてが大都市とはいえず、むしろ多くはブレンツ川のギーンゲンやアーレン、フェーダー湖の島にあるブーヒャウのように、活発な交通路から外れ一度も市壁をもたず、また村から発生した集落都市のように、一度も経済的また政治的に重要であったことのない、人口の少ない小都市だったのである。

自由帝国都市（フライシュタット）は特別なグループを形成していた。自由帝国都市は第一に、司教である都市君主を追い出し、帝国直属になることに成功した司教都市と理解された。レーゲンスブルク、バーゼル、シュパイアー、ヴォルムス、マインツ、ケルンがそれに入る。マインツが一四六二年に再び大司教に対する自由を失ったので、ブレーメンが帝国議会での完全な代表権をまだ獲得していなかったにもかかわらず、マインツに代わる都市として追加された。「自由帝国都市」は「普通の」帝国都市よりも多くの自由を有し、とくに王に対して宣誓をしなくてもよく、一定額の年間税も払わず、軍務への召集も限定されているという点で、「普通の」帝国都市とは区別されたのである。

帝国都市の最も重要な特権は、帝国議会での議席、つまり帝国議会への参加だった。もちろん明確な取決めがあったわけではない。一二二六年以来帝国都市として認知され、ドイツで最強の都市のひとつであったリューベックは、帝国議会で議席を一度ももったことがなかった。ホルシュタインの名門シャウエンブルク伯家の、伯領に属した都市ハンブルクは帝国直属地域（とくにリッツェビュッテル）を獲得したのち、ジーギスムント皇帝下で帝国都市として取り扱われ、帝国登録簿に記載され、帝国議会にも招かれ、事実何回も代表を送っていた。しかし一四六〇年にオルデンブルクの諸伯がデンマーク王、ノルウェー王、スウェーデン王だったクリスティアン一世と共にシャウエンブルク家を継承したとき、ハンブルクは大国デンマークの力を頼りに、帝国議会への出席要請を無視してドイツ帝国に税金さえ納めなかった。

中世の終わり頃、その数が六〇から七〇にも達した帝国都市では帝国意識が強くなったが、これはもちろん帝国都市が利己的な帝国にとって不利な政策をとることを常に妨げるとは限らなかった。帝国都市は、たとえばアーヘン、ノルトハウゼン、ヴェッツラー、エガーのように王の肖像を、またエスリンゲン、コルマル、ロットヴァイルのように帝国紋章の鷲を、あるいはニュルンベルクのように王冠をかぶった鷲を、自分たちの印章に好んで採用した。これらの帝国都市は、都市自体とその領域を「帝国」と称した。したがって中世を通じて「アーヘン帝国」「インゲルハイム帝国」があったのである。メミンゲンでは一八世紀にはまだ都市の共用地すべては「帝国」と呼ばれ、この呼び名はスイス地域(チューリヒ)やオランダの地域(ナイメヘン)でさえも維持された。ゲーテは依然として、昔からの帝国都市の中核地域シュヴァーベン、フランケン、フランクフルトだけを「帝国」と呼んでいた。

王の大権の一部が帝国都市へ譲渡されることが増えるにつれ、帝国都市が王から独立することも増えた。たとえばフリードリヒ二世がヴォルムスの市民に、かれらの自由の象徴である市庁舎を取り壊すよう強制できたのにくらべて、一四一一年にフランクフルト市参事会は、市庁舎の左右両側の建物に住んでいたジーギ

中世のドイツ最大都市ケルンは数多くの教会や修道院をもち、ライン川航行にとっては倉庫市場、航海にとっては荷積替地だった。荷積みしたコッグ型帆船はケルンからイギリスまで航行した(シェーデルの世界年代記、ニュルンベルク、1493年)

スムント皇帝が二つの建物の間を自由に往き来できるように市庁舎の壁を打ち抜くことを望んだとき、皇帝のこの希望に反抗した。他方、帝国都市は王に対して忠誠の義務、また毎年の税や特別税や軍役服従の義務を負っていた。同時に帝国都市は、税は総額だけが定められ、税の調達方法は帝国都市自らに委ねられるという慣行に固執した。また帝国都市は、この課税を見直そうとするルードルフ一世の企画を断固として拒否した。

帝国都市の自治権は兵士の召集と城塞施設に関する自衛権、さらに他都市との同盟権やフェーデ権、また徐々に獲得された行政と司法の自由においても効果を発揮した。王の死去が都市にとって常に深刻な出来事だったのは、帝国都市は新王に対し忠誠を宣誓するさい、特権確認を請願し、特権を高く買わねばならないことが多かったからである。

（三）　都市の成長と都市の東方植民

一三世紀は母国［エルベ川西のドイツ人の原住地］でも都市が著しく増加したのは明らかである。しかしドイツ人が新たに獲得したエルベ川の東の地域では、都市建設はより急速に進んだ。一二世紀にリューベックおよびバルト海沿岸の主要諸商業地建設で始まった都市中心の東方植民は、一三世紀に海岸沿いや内陸部で続行され、文化的大事業となった。一九三〇年にメクレンブルク地方にあった四二都市のうち一四都市が一三世紀前半、一九都市が一三世紀後半、四都市が一四世紀に建設された。それゆえに古いシュヴェリーンを含む当時の都市全体の九割は、一四〇〇年より以前に生まれているのである。おなじように一九三〇年にポメルン地方にあった六五都市のうち三七都市が一三世紀に、一四都市が一四世紀に建設された。アスカニアー家のブランデンブルク辺境諸伯は、一二三〇年から一二六五年までに二一都市を創設した。シュレージエンでは、一三世紀に六一三都市が生まれた。ドイツ騎士団が一三世紀と一四世紀に建設した数ある都市の中で、ケーニヒスベルクはまもなく特別な意味を獲得し、マリーエンブルクを失ってのち（一四五七年）ドイツ騎士団総長の居住地となった。

これら東部ドイツの都市は、農民の入植の支えとなると同時に、農村の住民や貴族の家族の面倒をみなければならず、かれらを保護し、国土を対外的に守らなければならなかった。都市はまた、都市を取り囲む農村の余剰人口を農村が過疎にならない程度に吸収した。入植農民が入植地で得た良好な環境のため、自分の土地に希望をもてなかった旧い西部地域の農民の若い息子たちほどには、ここでは都市が魅力あるものに映らなかった。

ドイツの都市建設の波は、エルベ川とメーメル川の間の、次第にドイツ的になってゆく東オーデルや中オーデル地域また北オーデル地域へ広がっただけでなく、それをはるかに越えてスラヴの隣国、とくに帝国に属していたベーメン（ボヘミア）へ広がった。ここベーメンでは、一二二〇年に特権を与えられた旧市街地区プラハのように多くの都市、たとえばライトメリッツ、テプリッツ、ピルゼン、ブドヴァイスのような都市、メーレンではオルミュッツ、ブリュン、イグラウのような都市がドイツ法によって建設された。この文化的大事業には、都市法から読み取れるようにドイツの様々な部族が関わった。だからプラハの旧市街地区はニュルンベルク法を、クラインザイテ区はマクデブルク法をもったのである。［チェコとドイツの国境にある］ズデーテン地方南部の諸都市がニュルンベルク法とウィーン法だったのに対して、北ベーメンやメーレンの諸都市はニュルンベルク法とマクデブルク法をもった。

さらにシュレージエンからも、ポーランドにおけるドイツの都市建設はおこなわれ、とりわけ一五、一六世紀に至るまでドイツ的特徴を有したクラカウ（一二五七年）や、ガリチアのレンベルク（一二五九年）のような都市がマクデブルク法に従って建設された。おなじようにハンガリーでも、中世の都市はドイツの影響を受けている。アイゼンブルク、シュトゥルヴァイセンブルク、クラウゼンブルクは一三世紀、ジーベンビュルゲンのヘルマンシュタット、ミュールバッハ、シェースブルクは一四世紀初頭のドイツ建設都市である。実にブダペスト［一八七二年ドナウ川右岸のブダと左岸のペストが併合した］さえ、その名称の文字をあらわす起源となる二つの町、オーフェンとペストは一三世紀から基本的にはドイツ人の都市とみなされていた。すなわちオーフェンの優れた都市法集は一五世紀にはドイツ語で書かれており、ドイツ人の権利をも規定していた。このように、ドイツの都市文化は広く東部や南東部へ拡大したのである。

旧い西部定住地域での都市建設は東部ドイツの植民地域でとおなじく、ペストによる(とくに一三四八年から五一年)人口激減のために、一四世紀半ばに著しく後退した。都市は人口減をたいてい農村からの移住によって急速に穴埋めできたが、逆に農村の人口は激減し、荒廃地が増加し、遠方で新しい生活を築こうとする熱意は著しく薄れた。さらに領邦諸侯や荘園領主も、新しい入植地とおなじく西の定住地域でも、都市が飽和状態にあることを認めた。東方の入植地域でドイツ人の進出に対抗して強化されたスラブ系民族諸国家は、ドイツ人の東方地域へのさらなる進出を阻止した。これによってドイツがおこなった最大の植民事業、それと共に中世の最も価値あるドイツ人の文化的偉業のひとつが終わることになった。

都市建設にさいして、城塞建設や都市防衛に必要な人数を確保するため、既存の農村共同体が新しい都市にそっくり移植されることがしばしば起こった。これは、元の村が荒廃したにもかかわらず、村の耕牧地の配置が新市域のそれとぴったり一致していることからも読みとれる。しかしとくにエルベ川以東の入植地につくられる諸都市のため、建設をおこなう君主(たいてい領邦君主のひとり)あるいは(とくに一四世紀には)小荘園領主が、一人ないし二人の移民請負人または建設請負団体と協力して、必要な入植者を調達した。移民請負人はたいてい母国出身か、ものごとを組織するのに慣れた貴族だった。貴族は自分自身で、あるいは代理人を通して、西部の人口密集地域、とくにヴェストファーレンやライン沿岸地方で、あるいはまたフランドル地方やオランダで、都市居住者や農民の若い息子や田舎の手工業者を募った。

しばしば、南メクレンブルク、ノイマルク、東ポメルンに都市や村々を建設したヴェデル家の伯や君主のような名門貴族が一族をあげて、移民請負人あるいは建設団体の指導的メンバーとして活動した。特色ある都市が建設されるさいには、これら建設団体で専門家も活躍したのは確かである。こうしてバルト海の遠隔地貿易の大都市は、遠隔地商人と領邦君主との協力によって成立した。移民請負人や建設団体の努力は、都市君主から委任されて司る都市官職の授与、あるいは市壁のかなりの部分を自分の分け前として承認されることによって報いられた。たとえば都市プレンツラウの八人の「推進者たち《プロモトレス》」は、重要役職のほかに総面積二五〇フーフェと見積もられた市域の三分の一を共同レーンとして手に入れている。

(四) マルクトとメッセ

都市が建設された後、次に最も重要なのは都市のマルクト(市場)がうまく機能することだった。さらに小都市でさえ、露店の設置場所を割り当て、場所代を徴収し、市場の開設期間や時間、市場の平和、その他の決定事項を遵守させる市場監督を必要とした。より大規模なマルクト、とくに歳市にとって、都市が認可した計量秤や起重機の準備、様々な通貨を両替できること、また債務返済請求を都市の債務原簿に記帳できることが重要だった。大きめの都市では、一五世紀に週市が一週間に分散された。一週間のうち、定まった日々に定まった品物を販売するよう決められたのである。ハンブルクでは他所からの売主は、パンは水曜日と土曜日に限って、亜麻、亜麻布、糸、チーズ、バター、魚は金曜日に限ってマルクトに出すことができた。

遠隔地商業にとって、歳市ははるかに大きな意味をもっていた。歳市は、王が自分の権利を領邦諸侯に譲渡していない限りは、王からの授与を必要とし、またいったん与えられた権利も王によって再び奪われることがあった。歳市は通常長期間に及んだ。フランクフルトでは一四世紀以降は三週間、エアフルトでは四週間にわたった。しかし週市は一四九七年にマクシミーリアン皇帝によって、一四日間に制限された。重要なマルクトには、先ず最初に一三二九年フランクフルトで、「大市《メッセ》」[ミサ]の名称が用いられるようになったが、それはマルクトが祝祭日のミサに続いて開かれたからであった。ダンツィヒの歳市はドミニコ会修道士の修道院が隣接していたので、それに「ドミニク」という名がついた。バイエルン大公ルートヴィヒがすでに一二二七年に記録されているフランクフルトの秋歳市を、一三三〇年に四旬節メッセとして承認したのち、同市は著しい経済的興隆を遂げ、ドイツで最初のメッセ都市となっただけでなく一四世紀には重要な国際交通の中心となった。ライプツィヒでは「メッセ」という言葉は一四九七年になってはじめて出現する。しかしライプツィヒは一四五八年に、すでに一三世紀には現存する復活祭市と秋歳市に、新年歳市をつけ加えた。東方との重要な結びつきにもかかわらず、ライプツィヒは最初まだフランクフルトとは比較にならなかったが、エルツ山地の銀産出と結びついて、一四七〇年以後東ドイツの指導的なメッセ都市となり、同様に帝国の最も重要な金融市場のひとつとなった。

（五）都市法とその結果

マルクトとマルクト開設時の平和は、各都市にとって非常に重要であった。法的に、マルクトの開かれる場所は都市法の授与によってはじめて「都市《キーウィタース》」になった。都市法は都市をラント法から独立させ、たいてい商業についての取決めや手工業の規制を、警察、民事法、刑法、訴訟法の問題と結びつけた。都市法は都市君主に重要な権利を残しながら、同時に都市の制度や行政を規制した。都市法はすでに最初の授与の時点で、さらにその後の発展の間に、次第にゲルマン法の古い考え方、すなわち『ザクセンシュピーゲル』の中でひときわ際立っていた象徴的形式、つまり形式の強制と、『ザクセンシュピーゲル』や法制史が「訴訟の危険」と呼ぶものに対する違反結果の重視から離れた。換言すれば、「不足の危険、すなわち訴訟ルールの違反によって訴訟当事者に生じる不利益そのもの」、たとえば宣誓時の言い間違いや咳払いによって生じる不利益などを考慮しなくなったのである。おなじように市民は裁判での決闘から免がれた、そして犯行の目撃者が純粋に形式的な宣誓保証人にとってかわった。それにくわえて、それまで（貴族においてはそれから先も）法的に認知されていた自力救済（報復）は厳しく禁止された。定まった人命金と賠償金に代わって、一部（苦痛を伴う）刑事罰が、一部は惹起された財産侵害に対する損害賠償義務が出現した。

とりわけ重要なのは、全市民が法廷で平等に扱われたことだった。法廷での平等には人身に関してだけでなく、財産に対する自由の原則が結びついていた。財産保持のもとでの自由通行がはっきり保証された。裕福な市民は自分たちの財産を損なうことなく都市から都市へ幾度でも移住できた。

有名な諺「都市の空気は自由にする」の意味は、この点にある。基本的には、都市には自由な「市民」だけがいた。しかし必ずしも都市住民全員が市民ではなかったので、誰でもが問題なく自由だったわけではない。農村では、隷属身分と体僕身分が支配的だった。中世の終わり頃に、領主支配権の下にある者は体僕というイメージが以前より一段と強まった。農村に定住した手工業者は、たとえ都市で自由身分に生まれていたとしても、隷属民とみられた。それゆえ「都市の空気は自由にする」に「［農村の］空気は非自由にする」という言葉を対置したのである。そこには自由を許さない荘園領主の気配が意味されていた。しかし都市は地方からの移住に頼らざるを得なかった。幼児の高い死亡率やペストの何度もの大流行による住民の著しい減少は、外部からの移住なしでは都市を消滅させていたであろう。「都市の空気は自由にする」という諺は、まさに「移住奨励の呼びかけ」にほかならなかった。一年間［一年と一日］都市で誰にも咎められずに滞在した者(それにはしばしば「市民の義務を果たした者」がつけ加わったが)は、自由民として認められる取決めが早くからできていた。たとえば、ドイツ王ルードルフ・フォン・ハープスブルクがウィーンに対して認めた特権がそれである(一二七八年)。自分の隷属民や体僕が都市へ移住したのに気づいた君主は、彼を取りもどすため都市裁判所に訴えて自分の権利を立証せねばならなかったが、それは屈辱的であり、かつ難題であった。とりわけ立証がわざと困難にされた。たとえばエルザスの国王諸都市では一二二四年に、原告の宣誓保証人として七人の「母系親族」の出廷が義務づけられていた。だからむしろ君主は、逃亡した隷属民がかれに支払わねばならない一人あたりの割当金で満足したのである。通常、当人は自分自身と自分の財産を自由にできた。ただ村に遺した財産から、「ブータイル」あるいは「死亡料」が領主に支払われねばならなかった。また婚姻のさいにも、同意を得るため手数料が取り立てられた。都市君主や後に市参事会は、なお隷属状態にある市民の支払いがあまり高額にならないように監視した。他方、自分たちの隷属民が都市に流れることによって被害を受けた荘園領主は様々な対策を講じ、都市に農村の住人を受け入れることを無理矢理断念させた。

結婚もまた都市で自由を得る手段のひとつだった。従来の法では、夫の身分が絶対的に夫婦の法的身分を決定したのに対して、都市法では、夫婦のうち一方が自由身分であれば他方も自由身分にすると定めていた。「都市の空気は自由にする」という諺は、先ずは都市君主の（非自由身分の）家人として都市にきて、しばしば重要な任務を請け負ったミニステリアーレンにとってもまた重要だった。さらにミニステリアーレンも個人的に自由身分を得、多くは古くから在住している富裕商人と融合して都市貴族となった。そのうえ商人たちさえ、最後の強制、それが古い非自由身分に由来しようと、王あるいは他の都市君主に対し貢納義務を負う者として商人に負わされていたものであろうと、封建的義務から免れることに成功した。

都市法の授与に際しては好んで他都市の経験を手本にし、その場合には住民の大多数の出身都市の先例に合わせた。リューベックはハンブルクと同じく主にゾーストの都市法を受け入れ、それを商業都市や港湾都市に適合するよう改め、リューベック法として後世に伝えた。一三、一四世紀に多数の都市がリューベック法を採り入れ、とくにバルト海沿岸でレヴァルまでの諸都市と北部のナルヴァや北東部のノヴゴロドがリューベック法を採り入れた。しかしリューベック法よりもマクデブルク法やマクデブルク法の変形であるブランデンブルク法、クルム法、ライトメリッツ法やオルミュッツ法のほうがより広く普及した。マクデブルク法による［都市建設特許］授与は、ドイツ移民やドイツ人の移民請負人が関与した都市にのみ及んだ訳ではなかった。それは西スラブ世界の都市法となり、ドイツの文化を北ベーメン、北メーレン、ポーランド、リトアニアを通ってガリチアのルテニア人にまで、また北ハンガリーやベッサラビア、モルダウ川周辺およびワラキアへと広めた。さらにブカレストさえもマクデブルク都市法を採り入れた。中部および南部ベーメンへはニュルンベルク法が広がり、またニュルンベルク法は、エガー法やプラハ法によって若干変形し、さらに遠方へ伝えられた。南部メーレン、部分的にはさらに北メーレンやハンガリーへも、カルパチア山脈までは、ウィーン法とウィーン法に類似の南ドイツの諸法が広がった。法解釈に異論のある場合に、直接あるいは他の「筆頭都市」を経由して、法の母都市［法源都市］に法上の指図を求めることが普通だったため、ドイツ文化の影響は著しく増大したのである。

（六）　市民宣誓と市民権

市民の宣誓をした者、市民権を得たり、生まれながらの市民であった者は、都市法の市民権を完全に享受できた。一五世紀にもなお時々「ブルクレヒト」と呼ばれていた市民権は、しばしば相当額の税金納入と結びついていた。しかしながらこの税金は（とくに中世後期に）、移住が望ましいとされた人々、たとえば専門職人や芸術家、後に学者、法律家、医者などに対して免除された。史料の中で、しばしば市民権の「購入」について語られるが、そのほかにもまだ別の前提条件があった。通常は、先ず一軒の家屋の所有（のちに多世帯用集合住宅が一般的になると、個人の竈《かまど》を備えた一住居の所有）を意味する「自分の煙突」をもっていなければならなかった。とりわけ土地所有は、市民が、自分と住んでいる都市の運命との一体性を感じることのできる最上の保証だった。市民の息子たちは「生まれながらの市民」とみなされ、市民権の取得料を免除された。市民の妻や娘たちは、通常個人としては市民権を認められず、彼女らの血縁関係に基づいてのみ市民権を有していた。外部から来て都市に定住しようとする女性で仕事をもち自立しているかあるいは一人暮らしの女性、たとえば施療院・救貧院・養老院の女子住人やベギン会修道女について、定住の前提条件として市民権取得が定められていた。ベルリンでは、原則的として女性も市民権を得ることができた。とくに女性が寡婦として営業行為を引き継いでいるときはそうであった。

外来者には早くから（ライプツィヒでは既に一四〇〇年頃から）、かれらが「これまでどのように暮らしてきたかを書いた文書や報告書」、とりわけ嫡出の生れであることを証明する出生証書が要求された。またしばしば正当な婚姻による夫婦間に生まれた実の子供であるという出生の証拠も提出を求められた、つまり、志願者の両親は不名誉な職業や身分に属していてはならなかったのである。はじめスラブ系の人々の流入を妨げなかったドイツ東部の諸都市でも、中世末期には、ドイツの血統であることが証明されねばならなかった。

市民の娘あるいは寡婦と結婚した者は、無料、あるいは概してより有利な条件で市民権を取得できた。それは資力のない手工業の職人《ゲゼレ》〔職人試験に合格し、まだ親方ではない〕や仲買人、その他の人々に望ましい社会的上昇の可能性を開いた。すでに名声ある人としてアウクスブルクへ来たフッガー家の人々もまた、同市での市民権を結婚によって手に入れたのである。フランクフルトでは「女性市民」（彼女らはそう呼ばれた）はマイン川橋維持のための分担金を支払い、市長に一定量のワインを提供しさえすればよかった。

市民権取得のための条件を満たせなかった下層階級は、概してほとんどの都市で単に「居合わせる者、居留民」（ラテン語で「同居人《コハビタートル》」）、南部ドイツ語で「ゼルドナー、ゼルダー」（「ゼルデ」＝「居住地」）にすぎなかった。かれらは撤回条件付で滞在を許可され、多くの都市で宣誓をしなければならなかったが、市民宣誓ではなかった。かれらは安定した雇用関係の中で生活し、かれらの家族をしっかり扶養している限り、都市在住を許可されたにすぎなかった。

特別な集団を形成したのが「市外市民」であった。かれらはたしかに多くの点で「市域外市民」と同一であった。両者とも市民権を有していたが、農村に住んでいた。「市域外市民」の名称は多分、かれらが市壁のすぐ外側にではなく、市域の外にある防衛施設すなわち国境防御柵の外側に住居を有していたことから、つけられたのであろう。これに対し「市外市民」はまず第一にミニステリアーレンや自由貴族から成っていた。都市はこうした「市外市民」と防衛契約を結んでいたので、かれらは常時都市に居住していなくても市民権を得た。かれらは定期的に一定期間都市に滞在し、その他要請に応じて警護や防衛の任務を果たすことを義務づけられていた。

（七）　都市の規模と人口

新建設都市は将来の人口増加に備え、余地を確保するため、たいてい広めにつくられていた。一方、旧ローマ都市で中世に残った市街地は、外壁に囲まれた領域というにはほど遠かった。ケルンは九六ヘクタールの広さだったが、中世にはさしあたりライン川に面した東部のわずかな面積にだけ市街地が築かれていた。マインツは一二〇ヘクタールもあったが、中世終わりには広大な部分が未利用のままだった。ローマ時代の帝都トリーアは二八五ヘクタール以上の広さだったが、中世にはそのうちのわずかな部分が市街になっていたにすぎなかった。古代トリーアの規模には、桁外れに発展したケルン以外は、中世のドイツのどの都市も達し得なかったのである。すでに一二世紀初めにはケルンは二三六ヘクタールに増大しており、一一八〇年にはケルンに中世での最大級の拡張(約四〇〇ヘクタール)をもたらす大城塞の建設が始まった。これでケルンは一三世紀のブリュージュ(四三四ヘクタール)のようなフランドル地方の諸都市や、一四世紀のブリュッセル(四四五ヘクタール)やレーヴェン(四一〇ヘクタール)のようなブラバント地方の諸都市の規模に近づいた。しかしケルンは一三世紀には、六四四ヘクタールに拡張したベルギー北西部の河港都市ガンに大きく水をあけられた。さらにシュトラースブルクは、中世ドイツで最も大規模な環状市壁をもっており、その環状市壁は一九三ヘクタールの領域を取り囲んでいた。それに一七八ヘクタールのアウクスブルク、一七五ヘクタールのアーヘン、一五五ヘクタールのメス、一五二ヘクタールのブレスラウ、一三八ヘクタールのニュルンベルク、一二四ヘクタールのミュンスター、一二〇ヘクタールのフランクフルト、一一五ヘクタールのブラウンシュヴァイク、一一〇ヘクタールのマクデブルクやウィーン、一〇七ヘクタールのリューベック、一〇三・五ヘクタールのダンツィヒや一〇二ヘクタールのオスナブリュックならびにゾースト、九五ヘクタールの(一一世紀にはケルンと並んで最大級のドイツ都市だった)レーゲンスブルク、九三ヘクタールのネルトリンゲン、九〇ヘクタールのミュンヒェンが続いた。ゾーストやケルンはすでに一三世紀に最大になった。アーヘン、アウクスブルクは一四世紀に、ブレスラウ、ニュルンベルク、ダンツィヒは一五世紀になってはじめて今の都市の形になった。司教都市パーダーボルンや居城都市カッセルのような著名な都市も、それぞれ三五ヘクタール、三六ヘクタールにとどまり、ユーバーリンゲン、ケンプテン、ビーベラッハのような帝国諸都市もそれぞれ三三ヘクタール、一九ヘクタール、一九ヘクタールにとどまった。

中世の都市の人口について、信頼できる記述はない。折に触れて述べられた数字は、たいてい誇張されている。その理由は、中世の都市は実際よりも強く見られたかったからである。非常時に調査された住民数は極秘にされ、参事会員ですらそれについて知ることは許されなかった。そのため、われわれはたいていの場合、徴税簿と住民名簿、また家屋や竈の届け出に基づいておこなわれた概算に頼らざるを得ない。その算出の結果、大部分の都市で人口密度が一ヘクタール当たり二〇〇人から一〇〇人までであったことが判明する。

中世の終わりに、ドイツでは約三〇〇〇の都市があった。そのうち約二〇〇の都市が一〇〇〇人以上の人口を有していた。約二五〇〇の都市は人口二〇〇人以下の微小都市、あるいは二〇〇人から三〇〇人の小都市だった。一五〇の都市は一〇〇〇から二〇〇〇の人口を有する「有力小都市」のグループだった。五〇の都市だけが、ドイツ経済において重要な役割を果たすことができた。それは二〇〇〇から一万の人口を有する約二五のかなり大きな都市と、一万以上の人口をもつ約一五の大都市からなる。大都市の中でも三万以上(約三万五〇〇〇)の人口をもつケルンは、断然トップの座に立っていた。ケルンは人口三万のロンドンに優ったが、パリ(六万以上)やブルージュやガン(五万)には及ばなかった。それに人口二万四〇〇〇のリューベック、人口約二万のシュトラースブルク、ニュルンベルク、ダンツィヒ、ブレスラウ、ウルムやウィーンが続いた。一万八〇〇〇の人口のエアフルトやアウクスブ

カール五世のインゴルシュタットの前での野営のようすを描いた銅版画(ハンス・ミーリヒ作)。家畜を連れた難民を受け入れるために、また新たに開墾が必要になったときのために、市壁の中には多くの空地が残されているのがわかる

ルク、ほぼ一万五〇〇〇の人口をもつフランクフルトやバーゼル、約一万三〇〇〇のシュトラールズントやロストック、約一万のリューネブルクやエルビングが、それに続いた。ミュンヒェンやライプツィヒでは中世末期に人口が激増し、その結果ミュンヒェンは人口が一万三〇〇〇以上に増加し、ライプツィヒでは四〇〇〇から八〇〇〇になった。八〇〇〇という人口は、オスナブリュックやヴィスマールも同時代に達した数である。それに対してマインツは約六〇〇〇にとどまり、小帝国都市ローテンブルク・オプ・デア・タウバーさえ一度も凌げなかった。グライフスヴァルト、ドルパート、ドレースデン、ユーエヒトラントのフライブルク［スイスの都市フリブール］、ザクセンの重要な鉱山都市フライベルク、帝国都市ユーバーリンゲン、司教都市ザルツブルクもそれぞれ約五〇〇〇の人口を有していたと思われる。それにひきかえザクセン辺境伯領の首都であり司教座所在地のマイセンは、かろうじて二〇〇〇に達していただけである。おそらくフス戦争による大損害の結果であろう。今日では少なく思われる人口ではあるけれども、経済的また文化的生活にとってこれらの都市の重要性を過小評価してはならない。当時の大都市だけが広範囲に及ぶ経済の中枢というわけではなく、小都市もまたしばしば遠隔地商業に積極的に関わり、それにくわえて少なからぬ農産物の供給地域として、重要な機能を果たしたのである。

一三四八年から五一年のペストによる深刻な人口減少後活発になった移住にもかかわらず、一四世紀末と一五世紀には、人口はしばしば停滞どころか減少したことが確かめられるが、これは経済の停滞と関連していた。経済的停滞には様々な原因があるが、とくに大きな原因は自給自足を目指す狭量なツンフト政策の結果だった。そのうえ都市の魅力はツンフトが閉鎖的になり手工業者身分での上昇が困難になって以来、激減した。それゆえに地方から都市に流入する人口が減少したことは驚くにあたらない。しかし少数の都市ではそれから先も人口が増えた。リューベックや、（一三七八年から一四一〇年まで）一万一〇〇〇人から一万四〇〇〇人に増えたロストック、（一四二六年から七二年まで）七八〇〇人から八三〇〇人に増えたゲルリッツがその例である。全般的には二〇〇〇以上の人口の都市では、人口は一三七〇年から一四七〇年までに一五ないし二〇パーセント減少した。一三五〇年に約三万五〇〇〇の人口を有した重要都市ケルンでさえ、内紛が理由で人口が著しく減少し、一五七四年になってやっともとに戻った。一三六四年に五一七六人の納税者を有したアウクスブルクは、この都市でこそ巨大財産が蓄積されたにもかかわらず、一四七五年にやっと四四八五人しかいなかった。フランクフルトで空家数は一四二〇年から六三年のあいだに一六五から四〇三に増えた。ブライスガウのフライブルクは、一三八五年から一五〇〇年までに人口の三分の一以上を失った。それどころか内乱や、絹産業の衰退によって著しい被害を被ったチューリヒは、一三五七年から一四六七年までに人口を三分の二も失った。

（八）名門（ミニステリアーレン、ラント貴族、遠隔地商人、同業者仲間）

都市において決定的な役割を果たす層は、古くから住み着いている名門《ゲシュレヒター》、あるいは多くの人がいうように、都市貴族《パトリーツィア》、都市貴族層だった。「貴族《パトリツィー》」という言葉は、すでに一三〇〇年経済的にとくに発展した［中部ベルギーの］ブラバント地方に現れるが、ドイツではこの表現は中世末に人文主義が盛んになると共にはじめて広まる。「名門」の概念は有名一族のどれか一つに属していることを意味する。なおウィーンでは一三世紀以来「草分市民」、ボンでは「草分住民」、ミュンスターでは「草分人」（エルフマン）といったが、この最後の言葉は当時西から、すなわちフランドル地方の諸都市（とくにアントワープ）から伝わったものであった。

では、どのようにしてかれらが都市の支配層になったのか、その発展過程はまさに多様であった。国王都市や司教座都市のすべてであるいは領邦君主の都市の大半には、非自由身分から育ち、都市君主に仕えて行政の任務を委託されると共に土地を支給されたミニステリアーレンの様々な集団がいた。ミニステリアーレンは、大半の都市で名門の基層を形成した。かれらは都市君主からの委任により、とりわけ審判人として行政につき、司法上、行政上の任務を果たしたのである。都市が新たに建設されたところや都市が農村にまで拡張したところでは、そこに土地をもつ荘園領主たちも既に早くからミニステリアーレンの仲間に加わっていた。さらに自分の領地に居住するラント貴族もしばしば、とくに都市の名門と姻戚関係にあった場合、都市に移住した。それがとくにはっきり確かめられるのはアウクスブルクで、同市に住んだ一二のラント貴族の名門家族のうち、ショーンガウ家、パウムガルトナー家、イムホーフ家が経済的指導層に上昇をとげたのであった。またニュルンベルクでも同じように上昇した名門層が認められる。

ミニステリアーレンの数はラント貴族より常に多かった。とくにミニステリアーレンが様々な出自をもつ場合にその数は増え、たとえばレーゲンスブルクでは、王、バイエルン大公、司教、司教座聖堂参事会、有力修道院、とくに聖エメラン修道院のミニステリアーレンがここに集まっていた。一方、ミニステリアーレンの競争相手になったのは、先見・精励・決断によって富と名声を得た遠隔地商人の集団であった。かれらは、しばしば審判人に対抗して、都市行政を手に入れ、市参事会制度を強化しようと努めた。しかしこの対抗の中でしばしば両グループの融合が生じ、両者は婚姻を通じて互いに結びつき、生活スタイルでも次第に同化していった。遠隔地商人の中からは、限られた、卓優した一部の人々だけがミニステリアーレンと同等の立場になれた。遠隔地商業都市、とくにリュー

絵画は都市貴族の「名門」の舞踏会である。高い櫓の上でオーケストラが演奏し、種々の流行服に身につけた都市貴族たちが悠然とステップを踏みながら二人一組でダンスをしている（アウクスブルクの収集美術品、1500 年頃）

ベックのような海港都市では、事態はむしろ逆だった。ここでは富裕な遠隔地商人が主導権を握り、ミニステリアーレン層を自らに同化させたので、やがて両者は外見上もはや識別できなくなった。

ライン地方やドナウ川流域また東方の中部ドイツの諸都市、たとえばケルン、マインツ、トリーア、レーゲンスブルク、パッサウ、ウィーン、ゴスラー、エアフルトでは、前述の二つのグループに、いわゆる「ハウスゲノッセン」、つまり領邦君主の鋳貨を両替したり入用な貴金属を調達した鋳貨請負人組合の会員が加わった。かれらは非自由身分の出身だったが、時が経つにつれ高い声望と富を得、同じく上層階級に上昇できた。塩のとれる都市で上層階級になったのは製塩業者だった。かれらの一部はミニステリアーレンの出身だったが、また一部は資金提供者として海水が蒸発して塩のたまった窪地や塩湖を差押さえや購入によって所有し、その後徐々に名門に組み込まれていった。

決定的なのは、これらの層が市参事会議席やそれと共に市の官職を独占し、その後諸官職の多かれ少なかれ独占的な処分権を次第に手に入れることに成功したことである。はじめ一三世紀の諸都市で、有力な手工業親方《マイスター》は市参事会に参加していたが、まもなく排除された。リューベック法をもつ都市では、手工業親方が市参事会に関与することは明文をもって禁止され、これらの都市では後になっても親方は都市行政に加われなかった。

都市の上層階級には、必要な貴金属を調達し、また貨幣の製造を監視する「鋳貨請負人組合員」も含まれる（ハンス・ブルクマイルの木版画、1500年）

こうしてかれらだけが市参事会メンバーになりうる、「市参事会員資格を有する一族」の概念が成立する。実際にこの原則を如何に狭くまたは緩く適用するかは、個々の都市で非常に異なっていた。厳しい解釈がおこなわれたのは、とくにニュルンベルクにおいてだった。ここで上層階級といわれたのは、「貴族カースト」と称する二〇の昔からの名門、それと同資格とみなされるより新しい名門、さらに一四四〇年から一五〇四年の間に加わった一五の「認可《ツーゲラッセネン》」名門であった。このようにミニステリアーレンや貴族出身者の割合が大きかったにもかかわらず、商人ないし金融貴族（これには、たとえばカンマーマイスター家、シュタルク家などが属した）がはるかに優勢であった。

それに対してリューベックや他のハンザ同盟都市で事情は全く別である。ここでも自信に満ちた上層階級が形成されたが、かれらは、ニュルンベルクの上層階級よりもはるかに目まぐるしく変わった。海外貿易は独自の危険性を孕んでいたので、信用のある商会でも大損失を被り衰退し、別の商会にとってかわられた。財力だけで上層階級に迎え入れられるのは難しいが、古い名門との婚姻によってそれは実現できた。新しい名門氏族が次々誕生することにより、市参事会議席はより広範な名門の間で分配された。手工業の親方は裕福になってもなお排除されたままであった。

中世のウィーンに、市参事会を独占する都市貴族は存在しなかった。これに対して、一部大公のミニステリアーレン出身の、しかし大部分は資産家になった商人の家系の、極めて自意識の強い上層階級が早くから生まれていた。かれらは自分たちのために「騎士市民」の概念を要求した。騎士市民は一部個人的に騎士位を得たが、全体として騎士の資格を認められることを求めたのである。たいていかれらは都市内外に広大な土地をもっていた。一二七八年以来かれらに与えられたレーン権限により、騎士屋敷や城塞さえかれらのものになっていた。かれらは貨幣利子また自分の所有する肉やパンの販売店、両替所の収益で生活していた。さらにかれらは、とくにワインや穀物、すなわち自らの大ぶどう園の収穫物や十分の一税からの収益を取引し、儲けていた。そのほかに官職を担保に取ったり、かなりの資本が前提となる立替金を用立てたりして、大公の役人、とくに関税徴収人として台頭したのであった。

市参事会上層市民と領邦諸侯のこの密接な関連は、ウィーンにのみ限られていた。しかしよそでも、都市貴族は、たとえ大部分が遠隔地商業や金融業出身であっても、全く騎士市民になった気になって、それにふさわしい生活を送っていた。それゆえケルンの都市貴族はしばしば、一二六二年以来、諸伯や領主を自分たちの仲間に引き込み、上級貴族との結婚に努めた。都市名門はラント貴族と様々な関係を維持し、そのためには出費を惜しまなかった。この友好的関係は姻戚関係になることも稀ではなかったが、それは一四世紀に(ヴェストファーレン以外では)弱まった。ミュンスターでは中世末期まで、このような関係がなお頻繁に生じた。都市貴族は華やかな生活スタイルにあこがれ、豪華な祝典ホールをつくり、さらに立派な市庁舎や粋をこらした井戸や華麗な市門や巨大な塔によって、自分たちの都市が人目をひくよう工夫をこらした。かれらはまた教会に莫大な寄付をした。このような都市貴族商人の理想像を、ルードルフ・フォン・エムス[後出第二章一節]が早くも一二二五年に、ケルンの実情を基にした詩『善良なるゲールハルト』の中で描いている。また名門市民は都市に堅固な家屋や防備を固めた居住塔を建てることが多かった。そのうえかれらは従属的な「被護民《ムントマン》」からなる武装従士隊をさえつくったが、これはアウクスブルクで一三〇三年に、また一四五七年に再度禁止された。

名門市民は動員時に、重装騎兵として従軍した。それゆえ、かれらは騎士の戦闘方法を習得せねばならず、楯や兜を着用し、紋章や印章を身につけた。そしてまた多くの者は、一代限りの騎士位を獲得した。とくにニュルンベルクの名門市民は一五世紀に、時には都市の立場を顧みることなく、騎士のフェーデにさえ巻き込まれた。かれらはもちろん召集された市民兵ないし募集された傭兵隊の指揮官だった。かれらは、許された限りで、貴族の催す馬上試合にも進んで参加して活躍し、またかれら自身の馬上試合も開催した。とりわけ有名だったのは、都市貴族ブルン・フォン・シェーネベックが一二七〇年マクデブルクの同輩(「騎兵隊長」)に頼まれて組織し、「聖杯《グラール》」と命名した馬上試合だった。かれはヴォルフラムの物語『聖　杯《パルツィファル》』にもとづき目指す理想の騎士像を実現するため、この馬上試合「聖杯」を催したのである。詩人としても活躍したブルンは、この馬上試合を一冊の本にまとめた。

はやくも一四世紀後半以来、本来の都市貴族だけでなく、金融業者たちも次第に自分たちの田舎の領地に居を移し始めた。かれらは市民権と都市の住居を保持してはいたが、自分たちの租税上あるいは軍事上の義務を一括払いし(「定額別納」)、経済や行政について都市での活動を放棄した。その結果しばしば都市貴族と金融業者のため保留された市参事会議席は、一部空席のまま残ることとなった。さらに都市に残った都市貴族層もまた、次第に経済界での活動から身を退く考えを強め始めた。ラーフェンスブルクでは一四四四年に、富裕商人が仕事をやめた場合にのみ都市貴族への仲間入りが許されうるという決定がなされた。シュトラースブルクでは、一四七二年から都市貴族への昇格時に、商業や手工業活動をやめることを誓わねばならなかった。まもなくシュトラースブルクの名門は「オティオジィー(怠け者)」と呼ばれるようになる。

こうして多数の都市名門は、かれらがすでに所有していた領地に完全に引き揚げ、たとえばラーフェンスブルク、ウルム、シュトラースブルクやメミンゲンの多くの名門市民(なかでもフェーリン家)のように、ラント貴族に仲間入りしたのである。そして帝国都市ビーベラッハのシャド家は一四四〇年以降、中部ビーベラッハの君主として姿を現した。

(九)　遠隔地商人の文化的意義

たいていのドイツ都市で都市貴族を率いた指導者、さらにこうした貴族と声望を競った有力市民グループは、(われわれが既にみてきたように)大胆で先見の明ある遠隔地商人たちであった。かれらは自分たちの活動範囲を拡大するのに役立つという理由から、一三〇〇年頃普及しつつあった書式「取引・契約など文書作成にあたって必要な」の定着に多大の貢献をした。遠隔地商人の商いにとって在外支店は非常に重要であった。北ドイツ、

遠隔地商人にとって在外支店は重要だった。木版画では商業帳場は大倉庫の広間の横へ移動させている。様々な種類の積荷が荷車で全世界へ運送されるところ(ペトラルカ、フォン・デル・アルツナイ・バイデル・グリュック、アウクスブルク、1532年)

ことにリューベックの遠隔地商人の最大の功績は、ハンザ（都市）同盟〔ドイツ北部の商人および都市が結んだ海外貿易に特権を有する同盟〕の設立であり、また東西間および南北間貿易への同盟の強力な取組みであった。これにより、バルト海は「マーレ・トイトニクム」つまりドイツの海となり、また北海もハンザ同盟によってその特色が形づくられた。新しいコッグ型帆船はスカンディナヴィアのライバル諸都市に対し同盟を優位に立たせた。ハンザ同盟の商人たちはベルゲン、ストックホルム、リガ、レヴァル、ドルパート、ノヴゴロド、フィンランド、またブルージュやロンドンにも定住していた。ハンザ同盟が平和な貿易にいくら重きをおいていたとしても、時には武力にものを言わせることもあった。ハンザ同盟の全盛期は、同盟がその特権を廃止しようとしたデンマークに勝利し、デンマークにおけるドイツ商人の特権を永久に保証した一三七〇年のシュトラールズントの輝かしい平和条約獲得とともに訪れた。

ノルウェー、スウェーデン、フィンランドでの都市建設および拡大に、ドイツの遠隔地貿易が決定的に関与していた。王マグヌス三世（一三七四年没）の命令により、スウェーデン諸都市（ストックホルムさえも）の市参事会議席の半分は、それぞれドイツ人に割当てられた。この割当ては、現実にはしばしば半分を超すこともあった。ドイツ商人が交易語および日常語として用いた低地ドイツ語によって、ハンザ同盟はスカンディナヴィア語圏の言語にも著しい影響を及ぼしたので、これらの国々は自分たちの北欧語の特色を全く失う危険さえ生じたのである。これはドイツ語がかつて他の言語に及ぼした最も強烈な影響だった。

これに対し中部ドイツならびに南部ドイツの商人は南へ、イタリアへ、地中海へ、ヴェネツィアを経由してレヴァント〔地中海東部沿岸地方一帯を指し、中世東方貿易の中継地域〕へと、活発に進出した。かれらは北イタリアの諸都市が達成した新しい経済的成果を受け継ぎ、複式簿記の採用ではドイツ北部の商人に先んじた。そのうえ、かれらはハンザ同盟が概して単純な商品取引に留まっているあいだに、新しい金融業に携わった。アウクスブルクのフッガー家がドイツ資本家としての名声を世界に轟かすよりはるか以前に、ウィーン、レーゲンスブルク、ライン＝ヴェストファーレン、ニュルンベルクの商人たちは王や皇帝、すなわちハープスブルク家のルードルフやバイエルン大公ルートヴィヒおよびカール四世、おなじくイングランド王のエドワード三世〔在位一三二七―七七年〕らの銀行家として活躍していた。どこでも遠隔地商人は、自分たちの息子や仕事仲間の徹底的な専門教育を重視し、それゆえ聖職から切り放された、都市の学校制度をねばり強く支援したのである。

(10)　手工業者とツンフト

中世後期の都市で人口の大多数を占めていたのは手工業者であった。かれらは自分の家族を含めると、大都市の全人口の約五〇から七〇パーセントを占めていた。往々にして製品製造や製品販売時に道路を使用する数多くの作業によって、手工業者たちは都市の景観に決定的な影響を与えた。輸出産業が発展したところでは手工業者数は一五世紀に至るまで著しく増加した。数のうえでは、ほとんどの都市で基礎産業（肉屋・パン屋・仕立屋・靴屋）が多数を占めていた。

一三六三年のニュルンベルクの親方手帳によって、輸出都市の手工業者の多様性と数を示せば、この都市には組織された五〇の手工業が存在し、総勢一二一六人の親方がいた。このうち約四分の一が前述の基礎産業に従事していたが、これら基礎産業はさらに八一人の製靴匠と三一人の修理専門の靴屋、七六人の仕立屋と三〇人の外套仕立屋に細分された。ほとんどこれと同数の親方（三二一人）がいて、かれらは多く個別分野に専門化した金属工であった。毛皮となめし皮革加工業には約二〇〇人の親方が記載されていたが、そのうち五七人が毛皮服裁縫師だったのは、かれらがニュルンベルクの富豪顧客向けとおなじく輸出向け商品をつくっていたことを示していた。繊維産業では八〇人以上の親方が仕事に従事し、その中にはおそらく輸入織物も加工した染物師だけで三四人もいた。八〇人の木工業者のうち三四人は樽作り匠で、かれらは様々な商品をその中に入れて搬送するための樽をつくった。

バルト海沿岸の一都市の経済構造がその手工業の姿をも変えることを、五〇年後の法治都市（旧市街地区）ダンツィヒ（当時人口一万一五〇〇人）の数値が示している。一四一六年のダンツィヒでの一〇八一人という独立手工業者は、ニュルンベルクの独立手工業者数とさほど変わらないが、その構成は違っていた。すなわちダンツィヒの独立手工業者の三分の一以上は醸造業(三七八人)であった。それなのに二七人という樽作り匠の数はニュルンベルクの樽作り匠の数の約五分の一でしかない。それとは対照的にビール輸出都市のハンブルクでは、同時期に、樽作り匠は二〇〇人以上に増えた。以上のことから、ダンツィヒのビール醸造者たちはきっと空《から》になった樽を返してもらったに違いない。また東部の加工用毛皮の産地に非常に近いにもかかわらず、二八人という毛皮服裁縫師の数はニュルンベルクの半分にもならない。それに対して二四人という金細工師の数はニュルンベルクの数に近かった。残念ながら、ロザリオ職人と琥珀職人の数は記載されていない。

　仕事は当初大部分が賃仕事だった、つまり手工業者は顧客から渡された原料をそれぞれ注文に応じて加工したのであり、顧客の家で仕事することも稀ではなかった。資本の要らない賃仕事は、都市建設の時代に新参者にとって足場固めに好都合であった。たとえまもなく手工業者が原料など自分の負担で商品をつくり代金を請求する代価仕事に移っても、賃仕事はなおしばらく続いた。ことに仕立屋で賃仕事は長く続いたが、それは「仕事のために先方に出向く」昔ながらのやり方で、その場合仕立屋は顧客の家に数日あるいは何週間も逗留し、賄いつきで仕立ての賃仕事に専念した。スイス、とりわけバーゼルでは全中世を通じて、パン焼き職人に二種類あって、販売するため菓子類を自分の負担で焼く(「売りに出す」)「ファイラー」と、持ち込まれた粉を報酬をもらって焼く「フォッゲンツェル」(中高ドイツ語で「ヴォッヘンツ」、

織機を動かして糸の製造に携わっている職工。右側では、糸が糸繰車(または糸巻き)に巻きつけられ、経糸フレーム(あるいは経糸巻き上げ機)のところで糸を機械に張るために(縦糸に)配列されている。左は、様々な取っ手のついた踏み式織機で仕事をしているところ(ロデリクス・ツァモレンジス、『シュピーゲル・デス・メンシュリッヒェン・レーベンス』、アウクスブルク、1479 年)

つまり「安い白パン」づくり）とに区別された。

代価仕事に移るため手工業者は資本・仕事場・売場を必要とした。この目的に、ベンチや陳列台や屋台、さらにこうした場所に丸天井の下の空間が用いられた。それはたいてい都市から賃貸あるいは相続不可能なレーンとして与えられ、またしばしば名門市民の所有で、安全な投資対象とみなされていた。また手工業の親方の多くは、自宅に販売店舗をもっていた。手工業者は同時に商人であり、しばしば他都市の市場に出かけていったのである。

旧道路名が裏付けしているように、同業種の手工業者はしばしば同じ通りに住んでいた。だからダンツィヒでは一四世紀には「索条工通り」や「なめし革工通り」ができたのである。まさにこれらの名前は、同じところに住むようになった理由が先ず第一に労働条件が同じであったことを示している。たとえば索条工は鋼を縒《よ》り合わせることができる「長いロープ道」を必要とし、なめし革工はしばしば皮をなめすためと脱毛のため流水を必要としたのである。さらに肉屋もまた、屠畜時に廃物を洗い流すために流水を欠かせなかった。その後同業種の手工業者はしばしば、仕事場から遠く離れたところに売場を並んで開かなければならなかったが、それは都市やツンフト［同職組合］が製品の管理をより容易におこなうためであった。

各都市はすべての必需品が市壁内で賄えることを重視した。そのため主要手工業の業種がすべての都市に存在する必要があった。とはいえ、それが「閉鎖的な都市経済」であったとはいえない。商業の繁栄と工業の成長に伴って大都市には独自性が生まれ、都市独自の生産物は直ちに市外に販路を見出した。新発明といえるのは、一四世紀後半ニュルンベルクで台頭した指ぬ

クリスマスを迎える12月の暦の絵はパン焼き竈が二つあるパン焼き場での多忙な様子を描写している（1499年）

き製造業や、水車で動く針金引伸し機を用いたアーヘンの針製造工程の簡素化であった。

中世後期の新しい手工業はたいてい専門化によって生まれ、また増大する富と関連し、生活水準の向上とそれに伴い拡大する需要や次々と生まれる流行と深くかかわっていた。分業は一般に、一つの製造品をつくる労働が様々な専門労働者によって分担される、すなわち労働過程の水平分割によってではなく、垂直分割によって、成立した。この場合、一人一人の手工業者が特定の完成品の製造に専門化していた。すでに一三六一年、ニュルンベルクの親方リストによれば、金属加工の場合、金細工師、銅細工師と並ぶ鉄細工師も、刃物鍛冶《かじ》(八三人)、刀身鍛冶(八人)、本来は未精練の剣を砥いだがのちに特殊な刀鍛冶となった剣鍛冶(七人)に細分されていた。のちには鋏の刃をつくる業者も鍛冶に加わった。さらに金属を打ち伸ばす職人、つまり甲冑師(一二人)、鎖帷子《くさりかたびら》製造師(四人)、頭巾型兜師(六人)(おくれて兜鍛冶が頭巾型兜師と同列にならぶ)、鉄手甲職人(二一人)、馬轡《うまぐつわ》・拍車・あぶみ造りのグループ、つまり馬のはみ・拍車・あぶみの製造業者(計一九人)が現れた。瓶状容器細工師(一五人)は旅人・兵隊・農民のためにブリキで瓶状飲料容器をつくった。さらに日常生活の需要に応じて平鍋製造師(一二人)、鋳掛《いかけ》屋あるいは鍋釜製造師(八人)、釘士、つまり釘製造工(六人)、板金細工師・真鍮細工師・金属ベルト細工師・錫職人のグループ(計三三人)、製針工と針金細工師(二一人)、ロシア鍵の錠前師(錠前修繕屋二四人)、ツィーゲン鍛冶(おそらく工具製造工)・平刃鍛冶・金属ボタン製造工・研磨工のグループ(計九人)が出現した。のちには鎖製造や皮細工などに用いる錐・穴あけ針(「穿孔器」)鍛冶、スプーン鍛冶、やすり製造工その他が現れた。全部合わせると中世後期に、ドイツでは四五の専門の鍛冶職が存在したのである。

作業工程の水平分割も、全く知られていないわけではなかった。甲冑研磨師が鉄を打ち伸ばす鍛冶職の生産した甲冑にふさわしい光沢をつけ加え、研師が刀鍛冶のつくった刀身を研いで最終の仕上げをしたように、作業工程の中で製品に適切な硬度を与えるための鍛冶工が工程に割って入ることも多かった。このような分業がとくに際立っていたのは、毛織物業においてであった。大規模な織物業中心地では織布工がまず半製品の糸から粗布を織り、それがさらに縮絨工、剪毛工、染色工そして仕上げ工の手にと次々わたり加工されることが、ますます普通になった。これから問屋制度が容易に発展できた。つまり豊かな織布工、裁断工、起毛工が原料を供給し、次の加工に必要な個々の手工業者を完全に賃金労働者の地位におとしいれたのであった。

経済的にみれば、手工業者は都市人口の中産階級を形成していた。かれらはたとえば帝国都市のシュヴェービッシュ・ハルでは、一〇〇から一〇〇〇グルデンぐらいの財産をもっていた。全住民に対するかれらの人数(三五パーセント)は、また住民総財産に占めるかれらの割合(三四パーセント)にほぼ相応していた。

同業の手工業者たちは、早くから組合をつくって結束した。それらの同業組合はひとまとめに「ツンフト」と呼ばれるが、地域によって呼び名が違い、たとえばケルンでは「ガッフェル」、北ドイツでは「アムト」や「ギルド」、ドイツ南東部では「インヌング」、中部ドイツの東では「ツェッヒェン」、それ以外では「ゲヴェルク」、「ハントヴェルク」、「アイヌング」などと呼ばれた。これらの名称の起源は様々である。すでにゲルマン人のあいだで強かった昔からの共同意識と、中世の信徒団体の結びつきが、なお生きていた。しかし、この結合が同業組合の域にまで高まったのは、しばしば住民の負う諸義務をよりよく管理するため都市領主が出した法令のおかげだった。その成立の時期は地域や都市の性格や手工業の業種に応じて様々だった。ケルンではすでに一二世紀前半にツンフトが存在したことが明らかであるが、ボンやボーツェンでは一五世紀になってはじ

スポーツとして戦う馬上試合や華麗さを見せるだけの馬上試合のために、武器製造者は芸術的な甲冑や兜をつくっている(ハンス・ブルクマイルの木版画、1500 年)

めてそれが確かになる。ライプツィヒでは毛皮服裁縫師や皮革白なめし工がようやく一四二三年に、官憲の指示でインヌングをつくらされた。ツンフトは、当該する手工業を監視する権利を完全あるいはほぼ完全に有し、それに関わる諸問題を単独で決定し、さらに組合員に対し一定度の裁判権も有したので、その結果公権力の一部になった。しかしニュルンベルクだけは、名門市民の強力な統治が独立したツンフトの成立を妨げ、手工業を市参事会ならびに参事会に従属する下級裁判所の管理下におくことに成功した。

このように手工業の権利が制限されていたにもかかわらず、ほかならずこのニュルンベルクで世界中が驚くほど上質の手工業が育ったのは、何よりもニュルンベルク市参事会の卓越した行政のおかげであった。市参事会は手工業の要求に配慮し、市参事会自らあるいは参事会に近い遠隔地商人を仲立ちに、貿易による販売の促進に努めた。目先のことしか考えないツンフト根性がなかったため、ニュルンベルクに手工業に根ざした偉大な芸術家がとくに一五世紀から一六世紀への変わり目に多数現れ、その資質を自由に伸ばすことができたのである。

ツンフトの本質は、同じ職種の全手工業者を把握しようと努めることにあった。こうして徐々にツンフト強制が発達し、ツンフトに加入している者、つまり「ツンフトを買った」者だけがその業を営むことができるようになった。一六世紀以来、低地ドイツ語で「プフシャー（もぐり職人）」と誹られる、ツンフトに加入しないで働く手工業者は、徹底的に取り締まられた。おなじように農村では都市法の及ぶ区域、つまり「禁制区域」と呼ばれる都市の一マイル四方で働く手工業者が排撃された。都市の手工業が定員過剰でない限り、人々は農村の手工業者を強制的に都市へ移住させ、市民権を取得したうえ都市から農村の顧客に奉仕するよう勧めた。

もちろん中世の時代が過ぎてもまだ「自由手工業」や「自由技芸」が存在した。それらはツンフトに組織されていなかったので、誰でも自由にその業を営むことができた。たいていのところで、こうした業種に属したのはトランプ描きやトランプ印刷工で、かれらは一三世紀以来イタリアから輸入されたトランプを大量に複写していた。とくに非常に限定された自営組織しか手工業者に許されなかったニュルンベルクでは、「自由手工業」が大きな役割を果たした。市参事会は

「誓約〔正規の〕手工業」の地位を得ようとする自由手工業者、つまり刀身鍛冶、短刀鍛冶、轆轤《ろくろ》木細工師や錫職人の試みにしばしば反対した。しかし一般に、発明や新しい必要から生まれた「自由技芸」に携わる業者が新しいツンフトを結束する事例は絶えなかった。

ツンフトの数は、はじめはわずかだった。一三世紀および一四世紀前半に、ツンフト数が二〇以上になることは極めて稀で、たとえばバーゼルでは一五、マクデブルクでは一二、シュトラースブルクでは二〇、レーゲンスブルクでは一三三〇年になお一三にすぎなかった。専門化にともない一四世紀後半にたいていのところでツンフト数が激増したが、当然その数は個々の都市での手工業の重要性や手工業を営んでいる者の人数、またどれくらいの規模でそれぞれ専門職を一ツンフトに統合するかに左右された。中世ドイツの最大都市ケルンは一三九六年の同盟書によると四二のツンフト(「ガッフェル」)、ニュルンベルクでは同年代には五〇以上の「ハントヴェルク」だったのにくらべ、帝国都市リンダウでは一三七〇年にはわずか八だった。リューベックは一四七一年には五つの「アムト」、一五〇〇年頃にはミュンヒェンでは四六、ウィーンには約一〇〇のツンフトがあったといわれている。

ツンフトの役目は、ツンフト組合員の権利と義務を監視すること、かれらの経済的・社会的・宗教的要求に配慮し、同時に組合員全員の利益を守ることだった。組合員は独立した手工業の親方に限られた。かれらは三ヶ月毎に「朝の話し合い」(なぜなら会合は朝におこなわれたから)に集まり、年に一度、総会である「大・朝の話し合い」を催した。通常議論は、両側に蠟燭を並べ「蓋を取られた櫃《ひつ》」すなわち重要な文書が納められたツンフト・キャビネットの側《そば》でおこなわれた。決定事項はすべて厳重に秘密にされた。「朝の話し合い」とツンフトの指導は、はじめは都市領主や市参事会によって「任命された」ツンフト長老(参事会員《エルダーマン》、蠟燭親方、ツンフト親方、ギルド親方などと呼ばれた)の手にあったが、一三、一四世紀以降、長老は「大・朝の話し合い」で選出された他の幹部たちと協力した。ツンフト親方は都市の参事会に誓いを立てなければならなかった。市参事会に誓いを立てることは、「誓約〔正規の〕手工業」になったことを意味した。

ツンフトの最も重要な目的は、組合員全員に十分な生活を保証することだった。その目的達成のためには、全員に同じ基礎条件を与えるのが最良と考えられた。それゆえ二つの仕事場を所有したり、二つの手工業を営むこと、あるいは副業やたとえば小商いの店を所有することなどは誰にも許されなかった。徒弟や職人の数は(一人から二人まで)厳重に定められた。そのほか出来高払いの仕事請負人が許可されたところでは、同じようにその数が制限された。ペーター・フィッシャーやアルブレヒト・デューラー［ともにドイツ・ルネサンスを代表する彫刻家と画家、ニュルンベルクに住む］のような有名芸術家とて同業組合の一員であるかぎり、これらの規制から逃れることはできなかったのである。

そのうえ労働時間さえツンフトによって定められていた。仕事は夏はたいてい五時、冬は六時に始まり、夜の七時まで続いた。ハンザ同盟のヴェンド人の都市では、平日はなんと朝の三時に始まり、夕方六時に終わった。土曜と祝祭日の前の晩だけ仕事は普段より早く終わった。もちろん祝祭日がとくに多いときには、休みなく仕事が続く週も少なくなかった。

賃仕事の労働報酬や製品の売値もツンフトによって決められ、とくに価格は市政庁との協定で決定されることが多かった。遍歴が慣習と義務になった結果、しばしば都市から都市へ移動した遍歴職人の賃金は、すでに早くから地域に関係なく一定化されようとした。だからハンブルク、リューベック、ロストック、シュトラールズント、グライフスヴァルトの樽職人組合は一三六一年、職人の賃金額を話し合って取り決めた。一三六一年に二五都市の鍛冶ツンフトの代表がブレスラウに集まり、鍛冶職人の労働条件を決定した。

しばしば生産方式や生産高についての規定も詳細に定められ、毛織物作業では布幅・工程数・糸数が定められた。一親方が事業をおこすときに保有できる織機台数、さらに一定時間内に生産される織布生産高も定められた。各親方に同原料を同量だけ配布すれば、これは簡単に規則化できたのである。それゆえツンフトは原料買付けもし、ツンフト自身が経営者や配布者となった。ツンフトは各人にゆとりある生活をもたらす、見通しやすい経営を目的としていたので、組合員はそれ以上のことを望んではならなかった。大資本を要する設備は(都市がこれをしない場合)ツンフトの負担で建設され、組合員は適当な料金で、たとえば織物倉庫、染色場、縮絨場などのような設備を自由に利用できた。

中世の終わりに諸手工業に従業する人数が増えれば増えるほど親方の生活圏は狭まり、ツンフトの規定は厳しくなった。親方数さえ制限され、親方の新規加入は禁じられるか、あるいは実現不能な条件がつけられるようになった。一四二〇年にニュルンベルクでは、親方数は八〇を超えてはならないこと、各親方は最低二〇〇グルデンを所有していなければならないことが定められた。それは当時の親方の富に相応する額だったが、親方になろうとする新米には調達不可能な額であった。

ツンフトによる生産方法の規制は、定評ある工法に固執することとなり、結果的にこれが技術の進歩を妨げた。手工業を大きくした一〇〇パーセント手作りの製品は、機械に似た補助手段を用いた製品に対して保護された。それゆえニュルンベルクでは一四〇三年に(ツンフトが勝ちとった市参事会法令により)、はずみ車を使用し針金を引っ張ってつくる針金生産が、針金製造業者に禁止されたのである。親方たちはこの方法を二度と使わぬこと、また誰にもこの方法を教えぬことを誓約しなければならなかった。

徒弟の採用には(親方の息子に関してはこの限りでないが)市民権取得と似た条件、つまり真正の夫婦間からの出生、東部ではのちにドイツ系であるという条件が要求された。一五世紀以降、たいていの場合「自由身分」も求められたが、これは、農村出身者が「都市の空気は自由にする」という諺の特典にあずかることを不可能にした。徒弟の修業年限はツンフトによって定められたが、職人になるのに特別な資格証明がいるわけではなかった。徒弟や職人は親方の世帯に属し、病気になったときもここで介抱してもらった。一三世紀には違った仕事の方法を知るため、また人生経験を積むのを目的に、職人の遍歴修業が流行した。そして一五世紀にはたいていの手工業で、遍歴が義務になった。またこの時代に「親方［資格］作品」をつくることも習慣になった。

親方たちの反対にもかかわらず職人たちは、一部は宗教上の兄弟団を経て、職人組合を結成するのに成功した。かれらは自分たちの居酒屋をつくり、ここで病気になった仲間の世話もした。また遍歴修業をしている職人仲間への支援、とりわけ職業紹介を制度化した。かれらは賃金闘争や労働闘争のためにも一致団結し、一四世紀には早くもストライキをおこなった。さらにシュパイアーの織布職人は一三五一年にストライキによって賃上げを獲得した。しかもかれらは一五世紀にはストライキを支援して、親方の「ボイコット」、すなわち職人のために親方を仕事場から閉め出すことさえ敢えてした。

（二）市参事会行政とツンフト蜂起

中世の都市制度の目標は、市参事会制度の下での自由な自治であった。はじめ都市はそれぞれ都市領主をもっていたので、都市領主あるいはその代官を相手に、たいてい苦労して自治を勝ちとらねばならなかったが、次いで市民は市長《シュルトハイス》や審判人集団——元々民間出の司法委員会であったが、まもなく行政機能も獲得した——を相手に争わねばならなかった。都市は裁判権とおなじように、行政権も手に入れようとした。都市が流血裁判権［死刑その他の身体刑を科する裁判権］獲得に成功すれば、それをもって都市の独立は認められたのである。たいてい都市は都市領主やその代官の金銭欲を巧みに利用し、さらに担保や買入れによって、次々と権利を獲得することができた。

市参事会制度が徐々に普及したところでは、「ラーツマン」のちには「ラーツヘル」（市参事会員）が、通例一年の任期で選出された。さらにかれらの中から一年ないし二年の任期で、一人あるいは二人の市長が選出された。はじめ手工業者も市参事会員選出に参加できたが、選挙権はまもなく名門市民だけが要求できるようになった。しかも名門の中でも「市参事会員になれる」家柄は限定され、その数はたいていごくわずかで、たとえばミュンスターでは一三五〇年から一四五〇年の間に、一一家族だけがこれに属した。市参事会員の任期は終身の場合が多かった。さらに市参事会の欠員を参事会自身で補うことも、徐々に当たり前になった。こうして純粋に貴族的な都市行政ができたのである。市参事会員たちが名誉職として働いているあいだは都市行政も利己的でなかった。そのため市参事会員数はたいて非常に多かったので、そのつど市参事会員中一部の人々だけが「常任参事会員」として仕事をすればよかった。他方ここから、都市行政が何よりも先ず名門市民の利益を代表し、たとえば裕福な人々よりも貧しい庶民に重くのしかかる間接税を好む危険が生じたのである。

若干の役職を分けあう市参事会員のほか、給料の支払われる官吏はごく少数いるだけで、そのうち最も重要なのは都市書記や市参事会書記であった。書記はラテン語の知識と文書作成について経験を積んだ、教養ある男性でなければならなかった。書記は市長とならんですべての市参事会議や委員会会議に出席する最も重要な行政官だった。たいてい書記は長期雇用か終身雇用だったので、その継続性のために影響力を増した。時とともに書記には法知識と交渉の力量が求められるようになった。都市書記は市参事会記録や市政記録を管理し、行政の合理化に貢献したが、とくに称賛すべき業績は、土地台帳制の確立である。

手工業の自意識が強まるにつれ、閉鎖的な市参事会行政に対する不信が増大した。人々は、大部分手工業から集められた資金の使途について決算報告を求めた。とくに一四世紀および一五世紀にほとんどの都市で暴動、今日では市民蜂起と呼ばれる、いわゆるツンフト闘争が起こった。闘争の指導者の多くは手工業の代表ではなく、商業や企業家的活動で裕福になったが名門市民への途を閉ざされていた市民、あるいは特定の一族の優勢に不満を抱く都市貴族だった。闘争の結果は様々だった。ニュルンベルクやフランクフルトでは、カール四世の支援で都市貴族の支配が再度勝利をおさめた。レーゲンスブルク、シュヴェービッシュ・ハレ、ローテンブルク、エルザスのミュールハウゼンでは、一度勝利したツンフト代表は市参事会に留まりはしたものの少数派になった。ハイルブロン、コンスタンツ、ハーゲナウでは、都市貴族層とツンフトが市参事会員定数を二分した。マクデブルク、ブラウンシュバイク、シュパイアーでは名門市民が力をなくした。マクデブルクでは、名門市民は五つの「大ギルド」に組み込まれねばならなかった。ブラウンシュバイクとシュパイアーでは、かれらは自分たち自身のツンフトをつくり、それぞれ市参事会に代表を送った。シュトラースブルク、コルマル、シュレットシュタット、アウクスブルク、ウルムのツンフトは市参事会で優位を保った。

本当の体制変革が起こったところはどこにもない。古い市参事会制度はなお存続し、都市貴族の代表はたいてい市参事会に留まった。かれらはその業務経験と社会的地位から、強い影響力を及ぼし続けた。ウィーンの年代記作者が一四六二年に報告しているように、ツンフト指導者たちは十分な法知識と政治的経験をもたなかったので、市参事会に選出されないことが多く、従来通り議席を市参事会員層に任すほかなかった。そのうえツンフトでは、たいてい商人的才能で金持ちになった裕福な者や社会的に尊敬される者が指導者に選ばれたので、かれらは手工業者大衆よりもむしろ都市貴族の感覚に近かった。

もちろんそれにもかかわらず、通常、ツンフトの都市行政への強い参加が実現した。ただしその場合もツンフト内の階級制度が全員の民主的参加を許さなかった。その結果、あらゆる競争を排除し都市をできるだけ自分たちだけのものにしようとする、了見の狭いツンフト根性がしばしば支配するようになった。かつては遠隔地商人の広い視野が、利己主義であるにせよ都市全体の利益を促進したが、今やコンスタンツやラーフェンスブルクのような多くの重要商業都市が、つまらない地方都市に成り下がってしまったのである。

六　社会のアウトサイダー（ユダヤ人、放浪者［旅芸人・行商人・遍歴学生・吟遊詩人］、追放者、ハンセン病患者、異端、魔女）

パレスチナがローマ帝国に併合されて以来、ユダヤ人は捕虜・補助部隊・抑留者・商人として、ヨーロッパに移住させられた。アルプス山脈北部のフランク王国［フランク族が五世紀末に建設し、九世紀末まで続いた］がローマ帝国の遺産を継承したとき、ユダヤ人は企業家・商人・裁判官・収税吏・医師・貨幣鋳造人・土地所有農民として存在していた。ヨーロッパに住むユダヤ人の、オリエントに留まるユダヤ教徒との関係は、ユダヤ人を必然的にオリエント貿易の担い手にした。しかし早くも六一四年には洗礼を受けていない（キリスト教徒に改宗していない）ユダヤ人はもはや公職につけなかった。そして六二九年以降、強制洗礼、迫害、追放が始まったのである。それゆえにカロリング王家の人々［カロリング家は七五一年にメロヴィング朝を倒して王朝を築き、カール大帝時代に最盛期を迎えた］によって王室のユダヤ人保護の時代が始まった。ユダヤ人の権利は制限されてはいたが、小売商・船乗り・医師・商人として活動するのは自由だった。したがってかれらはそれから先も、世襲所有地を取得することが可能であった。都市でかれらは互いに身を寄せあって生活していた。つまり一一世紀にはユダヤ人とキリスト教徒の生活はまだ調和を保っていた。たいていユダヤ人は期限付きで市民権を有し、都市の防衛や城塞維持の義務を負っていた。

しかしこの平和的共存は、一〇九六年の第一回十字軍［教皇ウルバヌス二世が召集したクレルモン公会議で聖地奪回のため決定］の開始と共に始まったユダヤ人迫害で終わった。狂信的な十字軍参加者は、ユダヤ人の殺害を神が欲しておられる、と考えたのである。第二回十字軍（一一四六年）をきっかけに起こったユダヤ人迫害は、クレルヴォーのベルンハルト［一〇九一―一一五三年」の権威によってのみ制止できた。そのとき以来ドイツ皇帝たちはユダヤ教徒の保護を引き受けたのである。ユダヤ人保護の国王大権《レガーリエン》「ユダヤ人に保護を与え、その代償としてかれらからの貢租を徴収する権利」と結びついた収入は皇帝の重要な財源となった。その結果たしかに大衆による迫害は阻止できたが、個人的迫害、とりわけいわゆるユダヤ人の儀式殺人を理由とする迫害は日常茶飯事だった。

　大空位時代と同時に、ユダヤ人保護レガーリエンはしばしば領邦君主や都市に移行するか、あるいは皇帝・領邦君主・都市の三権力が同時にこれにもとづいてユダヤ人に課税するようになる。バイエルン大公ルートヴィヒのもとでユダヤ人レーガリエンは完全に金《かね》目当ての取引の対象になった。そのうえ一三四二年に皇帝は一二歳以上で二〇グルデン以上の財産をもつすべてのユダヤ人に追加の人頭税を課しさえした。一三四八年から四九年のペスト流行時に、ユダヤ人は泉を汚染したとの罪をきせられ、それを機に残酷なユダヤ人迫害が発生した。いたるところでユダヤ人が焼き殺され、絞首や車裂きの刑に処せられ、財産を奪われた。担保や借用書は債務者に返還された。シュトラースブルクでは二〇〇〇人のユダヤ人が殺害され、ヴォルムスでは四〇〇人、マインツでは六〇〇〇人が自殺した。

　ペスト鎮静後に、皇帝・諸侯・都市はユダヤ人税を得るために、ユダヤ人の帰還を促した。しかしそのときユダヤ人に過去の債権請求は許されなかった。また在住許可はそのつど期限付きとなり、土地所有はもはや許可されなくなってい

ユダヤ人憎悪はしばしばユダヤ人殺害や火あぶりの刑というかたちで爆発した。ユダヤ人はペスト流行の張本人として、あるいはホスチアの侮辱や儀式殺人の名目で有罪判決を下された（シェーデルの年代記、ニュルンベルク、1493 年）

た。さらに住居も賃貸でのみ与えられた。また皇帝の命により、一定の合間をおいて、いわゆる債務取消しがしばしば実施された。たとえば一三九一年と一四〇五年に、その都市のユダヤ人税額の十分の一税を帝国の金庫に納めれば、キリスト教徒の債務者は自分たちの負債をユダヤ人に返済する義務から免れたのである。一三八五年の都市同盟によって始められた債務取消しは、負債者自身にユダヤ人への利子支払いの一部を免除するにすぎなかったが、その実施に当り、ユダヤ人からニュルンベルクだけでも八万九八六グルデンが脅し取られ、そのうち一万グルデンをドイツ王ヴェンツェルが得た。都市からのを合わせれば、王は脅し取った金のうち計四万グルデンを手に入れた。これは、王が自分の負債返却に緊急に必要とした全額に等しかった。

このように組織的なユダヤ人への搾取と並んで、追放という迫害が起こった。それは時折撤回されたとはいえ、また繰り返し実行された。たとえば一三八六年にシュトラースブルク、一三九〇年にプファルツ、一四〇一年にシュタイアーマルクやケルンテン、一四二四年にケルン、チューリヒ、フライブルク、一四二六年にメーレン、一四二九年にラーフェンスブルク、一四三八年にシュパイアーとマインツ、一四三九年にアウクスブルク、一四五四年にツナイムからユダヤ人が追放された。マインツでは一四四五年にかれらの在住が再び認められ、六七年には大司教から庇護されたが、七五年には再びマインツ、九二年にメクレンブルク、九三年にマクデブルク、九四年にロイトリンゲン、九六年にシュタイアーマルク、九九年にアシャッフェンブルク、ニュルンベルク、ウルムから追放された。

(右側に、規定されたユダヤ人帽子で差別された)ユダヤ人たちは、ユダヤ人特権の認知や皇帝のユダヤ人税について、皇帝が代わるたびに新しく話し合わなければならなかった。この絵はルクセンブルクのハインリヒ七世と交渉(1312年)しているところ(バルドゥイン・コーデックス、1341年)

ユダヤ人は極度の苦境時代にしばしば強制洗礼を受け入れたが、

事態が正常化すればそれはすぐに撤回された。氏族の団結と律法の絆が、かれらを支えたのである。改宗した場合に個人は孤立し、かれの氏族や信徒団体から迫害され、キリスト教徒からは功利主義者として軽蔑された。そのうえ改宗者は、それを禁じた教会の規定や教皇の赦しにもかかわらず、新しい人生を始めるには高利貸し（キリスト教徒には罪である）で儲けた財産を放棄すべきだという口実のもと全財産を没収されたのである。改宗者は無資産になり、質屋もできなくなった。

キリスト教会にとって、ユダヤ人の改宗は救世主確認とキリスト再来に対する保証だった。しばしばユダヤ人は改宗を勧める説教を聴くことを強いられたが、旧約聖書のキリスト教的解釈はかれらに感銘を与えなかった。かえってユダヤ人には、自分の宗教のために迫害される少数派としてエリート意識が芽生え、それはあらゆるキリスト教の原理にも反する反ユダヤ人憎悪によっていっそう強まった。ユダヤ人改宗者の数と社会的地位が繰り返し過大に評価されたのは、人々がユダヤ人およびユダヤ教徒を意味する「ユーデ」という言葉の多義性を誤認したからである。ユーデナウ、ユーデンドルフ、ユーデンブルクのような地名にはゲルマンの人名が生きている。たとえばインドゲルマン語の「ユート」＝「戦い」からなる人名、ユート・ヴィン、ユート・ラート、ユート・ヴァルト、またそれらの短縮形のユードー、ユーデ、ユート（ラテン語の「ユーデウス」）などである。一二世紀以来ケルンに住んだことが明らかな「ユーデ」という名の都市貴族の名門は、改宗したユダヤ人に由来するのではなく、ゲルマン人名の「ユードー」に由来する。フライブルクの貴族であるアルベルトゥス・ユーデウスとヨハン・デア・ユーデとハインツマン・ツェム・ユートは、それとは逆に大聖堂の広場の「ツェム・リッター」という家の隣に立っていた家屋「ツェム・ユート」に因んでつけられた。この家「ツェム・リッター」は家の壁画からその名がついたので、隣の家も「ツェム・ユート」と名乗ったのである。ユダヤ人の改宗の稀なケースに、大修道院長ループレヒト・フォン・ドイツとの話し合い後、一一二八年にヘルマン・ユダエウスがおこなった改宗が入る。改宗したかれにはカッペンベルクにあるプレモントレ会修道院［一一二〇年、フランスのプレモントレに聖ノルベルトスが創立］への入会を通して、キリスト教の共同社会の扉が開かれた。結局、ヘルマン・ユダエウスは聖職者になりシェーダの司教座聖堂首席司祭として死去した。改宗した数少ないユダヤ人は、しだいにユダヤ人に激しい敵意を抱くようになった。たとえば一四七二年に洗礼を受け、ケルン大学の神学教授になったヴィクトール・フォン・カルベンや、一五〇五年に家族全員で改宗し、後にユダヤの本をすべて焼くよう求めて悲しむべき名声を得たヨハネス・ペッファーコルンがその例である。

かつてユダヤ人はキリスト教徒と同じ都市の一画で、拘束されない共同生活を送っていたが、中世末期にかれらは、キリスト教徒から切り離し、その暴力から保護するためと称して、特別の門で隔離した集合居住地区に住まわされた。いずれにせよ各ユダヤ人共同体は一人のユダヤ人団体の長(たいていユダヤ人の法律学者や聖職者であるラビ)を頂く、小さな自治都市であった。ただ時折、一四〇一年にプファルツのループレヒト［ドイツ王一四〇一—一〇年］から任命された帝国ラビや、マインツ大司教アードルフ二世(一四七五年没)に指名された「大司教区の全ユダヤ人の長」のように地域を越えたユダヤ人の長がいた。かれらは、政府がユダヤ人税を徴収するのを助けなければならなかった。ロースハイムのヨーゼルマン(一四七八—一五五四年)ははじめて、ユダヤ人自身によって選ばれ、マクシミーリアン皇帝からも認知された「卑しむべきユダヤ民族の指揮者」だった。かれはユダヤ人の代弁人として二〇から三〇年にわたりキリスト教社会との仲をとりもち、さらに一五三〇年と四五年にはアウクスブルクの帝国議会でも活躍した。

ユダヤ人の長と、信徒団体から選出されたユダヤ人顧問は、信徒団体からの放逐という処罰までの訴訟を、ユダヤ人全員に拘束力をもつトーラ［モーゼ五書の律法］に照らして裁いた。古いユダヤの法原理、「国家の法はユダヤ人を拘束する」に従って、ユダヤ法はそれぞれの地域でおこなわれるユダヤ人法に合わせねばならなかった。ただ宗教的義務(たとえば安息日遵守など)が妨げられている場合には、キリスト教徒のラント法に対する遵守義務はなくなった。一般にシナゴーグが地域団体の中心だった。設備には、聖櫃《ひつ》、祈禱先唱者用聖書台、トーラ朗読用机、永遠の灯火、そして女性たちが安息日の説教を聴く特別の場所、が必要だった。ラビは礼拝を主催し、各男性ユダヤ人にトーラの朗読に交替で、しかも割礼時にもらったヘブライ名で参加するように呼びかけた。日常生活で各ユダヤ人は本来の名前に加えてドイツ風の呼び名をもったが、キリスト教の聖人に因んだ名前はできるだけ避けられた。そのかわりに宗教的に無色な呼び名、たとえばジュースキント［可愛い子］、ジュースマン［やさしい男］、リーバーマン［愛すべき人］、グートマン［善人］、グートトレーベン［豊かな生活］、または即物的な名前、たとえばファルケ［鷹］、ベーア［熊］、ガンス［鵞鳥］、フィッシュ［魚］、ビュッヒェル［ぶなの実］、ゴルドクノップ［金ボタン］、ペッファーコルン［胡椒の実］が好まれた。

女子は主婦あるいは母親という成長後の役割のためにだけ教育されたが、女性のためにはユダヤ・ドイツ語の精神修養文学や詩があった。はるか昔から根づいていた一夫一婦制は一〇三〇年以降、法で定められ、おなじように離婚も法律上女性の同意がある場合にのみ成立した。シナゴーグ［ユダヤ教の教会堂］でおこなわれる公の結婚式では、若者のジャンプやたいまつ踊りを伴う会食が続いた(男女は一緒には踊れなかった)。暦年は宗教上の祭日、とくに金曜日の安息日［ユダヤ教では金曜日の日没から土曜日の日没まで一切の仕事を休む］によって区切りがつけられた。プリム祭(三月一四日)は、謝肉祭(断食祭)風に仮装して、バカ騒ぎや贈物(くるみ・干し葡萄・アーモンド・菓子パン・ワイン・蜜酒)を配りながら、ユダヤ人街をねり歩く民衆の祭りであった。カヌッカ祭(一一月二五日)には、家々の窓に灯をともし、歌や娯楽劇の催し、貧者への施しがおこなわれた。収穫祭である幕屋祭(一〇月一五日—二三日)は祝典の行列がシナゴーグにたどりついて終わったが、行列に最後までつき従った子供たちに女性が菓子やアーモンドを投げ与えた。またヨム・キップール(贖罪節の祝い)には、白い死装束に身を包んだ地域の信徒全員をシナゴーグに集めて罪の告白・和解・贖罪をおこなわせた。

本格的な学校教育は、少年だけを対象とした。それ以外に、マインツ、ヴォルムス、シュパイアー、ボン、ニュルンベルクなど様々な土地に、ユダヤ教の教典であるタルムードを教える高等教育機関があった。学生たちは地域信徒団の裕福なメンバーから宿泊や食事を世話してもらった。そして視野を広める遍歴生活ののち、学生たちは地域信徒団のラビになった。都市で手工業を営むことはユダヤ人に時とともに厳しく禁ぜられたが、ユダヤ人居住地区内ではあらゆる手工業が営まれていた。律法の掟を守らなければならない肉屋やパン屋のほかに、靴屋、裁縫師、左官、画家、製本工、理髪師兼外科医、理髪師、楽士、賽子《サイコロ》やトランプ造り、金細工師などがいた。

中世のユダヤ人が問題なくつけた数少ない職業のひとつは、医者である。医学出版物を通して、オリエントと西洋で名を知られたユダヤ人医師の存在が早くも七世紀以降裏付けられる。エジプトで開業し、リチャード獅子(心)王の侍医に招聘されたが断わったモーゼス・マイモーニデス(一一五五―一二〇四年)は、中世の最も優れた医学書の著者のひとりである。すでにカール禿頭王は、ツェデキアスという名のユダヤ人侍医を(八八〇年頃)抱えていた。またこの慣習は皇帝フリードリヒ三世(一四一四―九三年)まで、止むことなく続いた。皇帝フリードリヒ三世は長い一生のあいだに、約二〇人のドイツ人やイタリア人の侍医と二人のユダヤ人侍医、つまり外科医のヴァルフ(バルフ?)とヤーコプ・ベン・イェヒール・ロアンス(かれのもとで人文主義者ヨハン・ロイヒリンは一四九二、九三年にヘブライ研究を始めた)を抱えていた。ユダヤ人医師の多くは、都市で医師として働ける保護状ならびに開業特権を得た。そのうえ、たとえば一三七三年、バーゼルの名医イェッセルのように、何人かのユダヤ人医師が給料を支払われる都市医師に任命された。イェッセルの後任ユダヤ人外科医師グートレーベンは契約を三回更新され、一三八〇年に給料が二倍以上になった。またフランクフルト・アム・マインも、一三九四年以降ユダヤ人の都市医師を給料を払って雇い入れた。

金融業に精通したユダヤ人は宮廷仲買人や宮廷金融業者、すなわち諸侯や高位の権力者たちの、たえず増大する財政需要をみたすための顧問や管理者になれた。かれらは先ずラビの裁判権から免除され、ついで宮内官として宮廷裁判所の監理下に入ったので、やがて宮廷社会に吸収されて貴族になることも珍しくなかった。このようにユダヤ人の貴族への昇格が始まったのは一五〇八年からであった。また貴族に列することは、キリスト教に自動的に改宗することにつながっていた。しかしこれ以外では中世都市の枠内で、ユダヤ人の職業活動範囲はますます制限された。中世初期に、ユダヤ人の携わる遠隔地商業の最も重要な分野である奴隷貿易は、中世最盛期に微々たるものとなった。またそれ以外の遠隔地商業は、オリエントとの貿易さえも、十字軍遠征以来ますますキリスト教徒企業家にとって代わられた。第四回ラテラノ公会議(一二一五年)は、ユダヤ人がキリスト教徒の営む職業につくことを禁止した。ツンフトやギルドはユダヤ人を閉め出し、ユダヤ人がユダヤ人居住地区以外で手工業に従事すること、また商人になることを不可能にした。だからユダヤ人にはがらくた古物商のほかに両替商と金貸しか残らなかった。

すでに古代オリエントやローマで金《かね》を貸し付けて利息をとることがおこなわれていた。しかしキリスト教の教会は中世の時代を通して、いわゆる教会法上の利息禁止に固執し、聖職者《クレールス》〔僧侶階級〕や俗人に金貸しを厳しく禁じたのである。現物経済から貨幣経済への移行は貸付や金貸しを一段と必要としたのに、利息禁止は第二回および第三回ラテラノ公会議(一一三九年と一一七九年)、第二回リヨン公会議(一二七四年)またヴィエンヌ公会議(一三一一年)と機会あるごとに、繰り返し強調された。これにより長年ユダヤ人だけがうめることのできる市場経済のすきまが生じたのである。聖書の掟(『出エジプト記』二二章二四節、『レビ記』二五章三六節以下、『申命記』二三章二〇節)は、ユダヤ人にユダヤ人から利息を取ることを禁止していた。しかし『タルムード』〔ユダヤ教典〕の完全な利息禁止条項は、一二、一三世紀のユダヤ系ドイツ人法学者たちによって、金を貸すことや利息を取ることはユダヤ人の生活にとって必要不可欠であるという理由から、全員一致で退けられた。

金貸しシステム全体はまだ規格化されていなかった。貸し手のユダヤ人にとってリスクは、繰り返し襲うユダヤ人迫害や追放、債務取消し勅令、そのうえ気ままに課されるユダヤ人税を考えれば、ひじょうに大きかった。それゆえ当時の慣行利率は法外に高くなったのである。オーストリアのフリードリヒ好戦公からの特権(一二四四年)で、一ポンドにつき一週間で八ディナールの利息が許容されるが、これはなんと一七三パーセントの利率である。シュトラウビングやライン都市同盟のラント平和令は、一二五五年に一ポンドにつき一週間二ディナールの利息に制限したが、これでも四三・三パーセントの利率である。フランクフルト・アム・マインでは一三三八年に一ポンドにつき一週間一・五ヘラーで、これは三二・五パーセントの利率である。シュトラースブルクでは一三二四年に一ポンドにつき一週間四ペニヒ、つまり八六・六パーセントである。八六・六パーセントの利率はアウクスブルクでも適用された。通常はアウクスブルクのユダヤ人法とおなじ内容であったミュンヒェンのユダヤ人法は、住民と外国人とでは最大利率に関して差異があり、外国人は六三パーセント、都市住民は四三・三パーセントの利率だった。

利息を取って金を貸すことに対する神学者の姿勢は一様ではなかった。偉大な民衆説教家、レーゲンスブルクのベルトルト(一二七二年没)は、このような高利率を嘆いた。しかしスコラ哲学の教父トマス・アクィナス(一二七四年没)は、本質的には教会法上の利息禁止に固執しつつも、経済社会の必要が利子のついた貸付を求めていることを認めた。高利率に対してトマス・アクィナスは腹立ちを覚えなかったのである。

利息を取って金を貸すことも高すぎる利率も、それ自身では広く世間の怒りを招くことではなかった。事実ユダヤ人の金貸しが急速に築いた富は嫉妬や強欲を呼び起こしはしたものの、中世末期の反ユダヤ主義を促進することはなかった。貸付や利息が問題ではなく、質屋制度の業務そのものに問題があったのである。貸付は担保と引き換えにのみ認められ、担保物件の価値の半値まで貸し付けられた。バイエルン大公シュテファン二世は一三四四年、レーゲンスブルクのユダヤ人ペッファーコルンに自分の王冠を担保として与えた。修道院や聖職者は、金の十字架、聖杯、ミサ典書やそれ以外の書物、また燭台やミサ用礼服すら担保に入れた。そのほかに金、銀、宝石、装身具、鎧、武具、衣服、金物《かなもの》、道具、毛皮・革・毛織物・リンネル、鉄などの原料、馬やそのほかの家畜さえ、何らかの価値あるものすべてを担保に入れ金を借りたのである。

略奪や盗みによって得られたものさえ、中世の盗品故買者法によって合法的に担保に入れられた。給料の低い使用人や労働者、それどころか子供でさえあらゆる盗品を質屋に運び、質屋は客の苦境を利用し、その品物をはるか半値以下で担保に取り、金を貸し付けた。職人は自分の物(たとえば必要不可欠な道具など)が盗まれたことを完全に証明できなければ、一定額を質屋に支払っ

ユダヤ人の金貸しの形態は質屋業で、差し出された有価物件の半値を貸した。一定期間内に借金が返還されない場合は抵当物件を転売した(ハンス・フォルツの木版画、アイネ・ガール・ズプチル・レヒヌンク・ループレヒト・コルペルガース・フォン・デム・ゲスーフ・デル・ユーヅン、ニュルンベルク、1491年)

て、その品物を取り戻さねばならなかった。

いわゆる盗品故買者法と並行して、中世後期の職人問題も重要だった。失業中の職人や所得の少ない職人は、質入れされた原料で完成品をつくるため、また中古品(たとえば衣服など)を修理して新品同様に見せるため、あるいは盗品をわかりにくくするため、質屋たちから重宝がられたのである。

質屋はこのように、担保物件の価値の半値あるいはそれ以下しか貸さなかったので、担保期限が切れたあと高利益で転売できる様々な品物の所有者になった。質屋はこうして安価な品物を売る萬屋《よろずや》や古道具屋になり、ツンフト誓約によって専門労働に縛られた手工業者や、商品を質屋ほど安値で提供できないため売れ行きが激減した小商人たちの、腹立ちや憎悪を買ったのである。手工業者や小商人の苦情の結果は、一五一六年、レーゲンスブルクで起こった長引く難しい訴訟であった。この訴訟でユダヤ人に有利な判決が下されたとき、人々は力ずくでユダヤ人を追放し始めた。

結局この時点で、すでに時代遅れのツンフト規制やギルド制度は、一六、一七世紀にドイツのいたるところで広く台頭してきた将来性豊かな様々な商品を扱う商業と対立していた。ユダヤ人の質屋が、真っ先にこの商業を大々的に営んだのは確かである。それはユダヤ人にとって日々の糧《かて》を得る道であった。なぜなら、かれらは一五世紀末に税や分担金、それにくわえて勝手気ままな追放によって貧窮に陥っていたからである。裕福な借り手がいなくなったので本来の金貸し業はもはや成り立たなかった。そのうえ信用貸しが商人のあいだに徐々に普及しつつあった。多様な商品を扱う商業はユダヤ人にとって窮境からの抜け道であったし、地域を越えての古物取引は、生活に窮した住民にとっても救いであった。フランクフルト・アム・マインでは、手工業者や小商人がユダヤ人の商業に対して激しく抗議したにもかかわらず、市参事会は妥協と日和見政策で、ユダヤ人とキリスト教徒の双方にとり好ましい共同生活を可能にした。しかしフランクフルト以外の都市では、市参事会に先見の明がなく政治的責任感が欠けていたので、最後に、一五一八年のレーゲンスブルクでのように、暴力的なユダヤ人追放が起こったのである。

ユダヤ人は定住していたにもかかわらず、宗教的理由から孤立させられていたが、一方、あらゆる種類の放浪者にもかれらが定住していないことを理由に、有効な法の保護が与えられなかった。昔の法解釈では、家が保護と平和をもたらすものであったから、住居不定者は保護喪失者、平和喪失者であった。したがって教会は、かれらを［ミサ・秘蹟《サクラメント》・祈りなど］神の恩寵を得る手段から除外し、法律に関しても、かれらは保護を受けられなかった。職業柄放浪する人々（一番多かったのが人気のある吟遊詩人や旅芸人たち）に法秩序の一部を任せるため、領邦君主や都市はその地域内で、放浪者たちが自ら選んだ、かれらの「王」を承認することが多かった。この「王」たちは、それぞれ自分の領域で法と秩序を守るよう心がけねばならなかった。そのうち有名なのは「エルザスの放浪者たちの王国」や「ラッポルトシュタインの笛吹き法と笛吹き会議」である。またマインツでは一三五五年に「役者の王《レックス・ヒストリオーヌム》」が話題になった。ライン宮中伯が一三九三年に放浪者たちの王を任命したとき、「放浪者たちの王が慣習に従ってもっている」すべての特権を承認した。

　吟遊詩人や旅芸人たちは各地を転々と、祭りから祭りへ移動した。また宮廷の祭りには多くの吟遊詩人が姿を現した。かれらのほとんどは、器楽演奏のほかに様々な娯楽を観衆に提供する「道化者」である、つまりかれらは手品師、奇術師、綱渡り、曲芸師、軽業師、占師、演歌師［ベンチの上に立って恐ろしい事件などを絵を使って講釈しながら卑俗な歌を歌った］でもあり、小さな滑稽シーン、つまり一種の小演劇を見せることもあった。

　放浪者の中で一段上の階層は、教訓詩人や職匠歌人である。かれらの教訓詩や叙事詩は、処世哲学や宗教問題また神や聖者の称賛を内容とし、ときには政治・社会について意見形成にも取り組んだ。職匠歌人は聴衆を宮廷に求めるが、またどんな聴衆も拒否せず、自作詩のほかにあらゆる種類の有名叙事詩を数多くレパートリーとしてもっていた。時にはラテン語の詩も書いたマルナー［一三世紀、シュヴァーベン出身の教訓詩人、恋愛詩もつくった］はかれの代表作品の中で、聴衆はマルナーにとって大切な教訓詩のかわりに、『ディートリヒの逃亡』、『ロイセンの嵐』、『エックハルトの困窮』、『エッケの死』、『ニーベルンゲンの宝』、『ローター王』のような英雄叙事詩から恋愛詩まで聴きたがり、かれがこれらすべてをレパートリーとしてもっていると思っている、と嘆いていた。

　このような放浪者には、報酬として食事、飲物、宿泊所、金銭また中古衣服が与えられた。吟遊詩人の中で一段と上の層にとっては、諸侯宮廷で臨時あるいは長期に仕えることも、またそのさい、ほかの任務を引き受けることもよくあった。たとえば放浪の職匠歌人、ムスカートブリュートは一四二四年からマインツ司教の宮廷で吟遊弁士（外交文書などを運ぶ急使）として働いている。マルナーが手本にしたヴァルター・フォン・デア・フォーゲルヴァイデ〔後出第二章一一節〕も、詩人としての誇りや独自の政治詩を捨てることのなかった放浪者であったが、皇帝から生活基盤として小さなレーンを授けられた。これは、おそらく帝国ミニステリアーレンの息子であったかれが、放浪者になったことによってその身分に伴う権利を失うことが決してなかったことを証明している。

　さらにまた貧しくて長期間かかる学問を放棄せねばならなかったり、あるいは大学の厳しい寮生活を捨てて気ままな放浪生活を選んだ学生や神学生も放浪者のグループに入った。かれらは生きる歓びや恋愛の歓びで満ち溢れるラテン語の詩を歌ったので、生真面目な教区の司祭たちに好評だったし、またドイツ語の笑劇や笑話でもって、農村の聴衆にも好評を得た。かれらは世間の人々の無知をさんざんからかうが、たとえばハンス・ザックス〔後出第二章一一節〕のつくった『天国からの遍歴学生』などの笑劇や謝肉祭劇がそれを示している。

　別の放浪者グループは馬上試合から馬上試合へわたり歩き、試合進行の手伝いをしたり、優勝者を歓呼で迎えたりした。その時お世辞をふりまいて競技用の武具をもらい、またしばしば宝石で覆われた楯や、気前のよい貴族から馬を手に入れたりすることもあった。こうした紋章に精通した馬上試合の「進行係」から外国語に通じた役人としての伝令官（紋章官でもある）がたえず採用され、か

手品師や大道芸人は路上にてかれらの芸を見てくれそうな観衆を探している。吟遊詩人たちが祭りのために演奏している一方で、物乞いは礼拝堂の入口で恵んでくれる人を待っている（ハウスブーフマイステル、1475年）

れらは紋章の由来を語る詩、戦闘をえがく物語、死者への哀悼歌や年代記をつくり、また国々の間を行き来する聖なる使者として活躍した。

すべての放浪者にとって、重要な問題は老後の生活保証であった。紋章詩人のペーター・ズーヒェンヴィルト(一三二〇―九五年)は、気前のいい君侯のおかげで一三七七年にウィーンで家を手に入れたが、このような幸運にめぐまれた人は極めて稀であった。もう一つの可能性は、教会の老齢者扶助だった。たとえばパッサウの司教座聖堂参事会員オットカル(『ニーベルンゲンの歌』の依頼者の息子)は、一二一〇年に道化師ウルリクスにシュテファン聖堂の隷属民になるように指示したが、それは司教座聖堂参事会による終身扶養を意味していた。だがすべての放浪者がそんなに理解ある後援者をもっていたわけでない。かれらの多くは、一二七〇年に盲目の老人として遍歴中に殺害されたマルナーと同じ運命をたどった。

広義の放浪者には、背負台を背負うので「背負屋」とも呼ばれた巡回職人(研師・鋳掛屋・あらゆる種類の行商人)も入った。一三九〇年以降、ますます増大する紙製造に必要なくず布やぼろを集めた「ヘーデラー(廃品回収業者)」も、放浪者の部類に入った。中世の行商人はしばしば「スコットランド人(ショッテン)」と呼ばれたが、それは、時おり行商をしていたアイルランド・スコットランド出身の遍歴修道士と混同されたためである。行商人《ショッテン》、巡礼者、物乞いは十把一絡げにされていた。中世の諸都市はこの種の人々の群で溢れていたが、かれらは住民の慈善によって辛うじて露命をつなげたのである。

「巡礼者」といえば、先ず第一にサンチャゴ・デ・コンポステラやアルトエッティングなど聖地への巡礼が思い出される。人々は神への誓いに導かれ日程のつまった旅をしたが、十字形の巡礼杖や巡礼装束、巡礼帽につけた貝殻その他の目印によって見分けられた。宿や食事が巡礼者に喜んで施されたのは、施主が自分に代わって聖地で自分の願い事を取りなしてもらうことを巡礼者に期待したからである。もっと人数が多かったのは、物乞い杖をもち、物乞い袋を背に、食物を入れる鉢を手にした物乞いの群で、かれらはその鉢で食物その他の施しを求めた。かれらは、物乞いが生活習慣になってしまった巡礼者たちで、当時の史料によれば、「巡礼杖や物乞い杖を手に世界の果てまでわたり歩き」その巡礼の旅が死によってやっと終わる人々、すなわちマタイ伝二五章三五節がそれを助けることを心温かき人の義務としているあのイエス・キリストの最も貧しい同胞たちに外ならなかった。

これら物乞い巡礼者と並んで、中世末期には全く別種の物乞い、つまり国々を浮浪する者や詐欺師が現れた。一四七九年のヨハン・クネーベルの日記によれば、たとえば「不機嫌者」と呼ばれた偽癲癇《てんかん》持ち、黄疸のふりをする「だんまり屋」、塗薬を使用して仮病を装う「ゼーファー」、健康な腕を三角巾で吊る「ファルケントライガー」、巡礼を装う「カメリーラー」、鎖に繋がれた精神病者のように見せかける「ヴォッパー」、ローマから帰国途中の司祭と称する「グラッテン」など、あらゆる見せかけで同情や気前の良さを引き出し、すきさえあれば盗みをはたらく連中がいた。これらの隠語はすでに一五一〇年に『自由な流浪民』で公表された。かれらは特有の詐欺師言語、いわゆる悪党仲間の隠語をつくりあげたのである。跣足《はだし》修道士のトーマス・ムルネル（一四七五—一五三六年）は、これら詐欺師に対する同時代の怒りを表現して「かれらを全員溺死させるか車裂きもしくは絞首刑に処し、さもなくば仕事につかせ国内をうろつかせないようにする者がいれば、その者は神に偉大な奉仕をしたことになる」と言った。

物乞いは物乞い袋、物乞い杖、物乞い鉢をもって諸国をわたった。トゥールガウ［スイス北東部の州］のヘンデル出身の物乞い一門の紋章（1340 年頃）と、ヨハン・グーテンベルクの先祖のフリエロ・ラフィト（1352 年より前）の印章にそれが描写されている

あらゆる種類の放浪者たちに対して世界は開かれており、かれらの多くは祝祭日や余暇の娯楽の担い手として人気があった。その代わりかれらは危機的情況のもとでは冷遇され、法の保護を受けられなかった。これにくらべ絶望的だったのはハンセン病患者の状況だった。ハンセン病患者は財産や相続権を失い、共同体や入植地から追放され、いわば生きながら死んだも同然だった。隔離される前に、時には教会での儀式があった。ベルギーでは、かれらは死後儀式にそ

って埋葬されさえし、はじめのうちかれらは野中のみすぼらしい小屋「フェルトジィーヒェ」に住まわされたが、一三世紀以降は都市郊外に(ハンセン病患者用の)特別病院が建設された。男女は分けられて、異性間の交際は禁じられ、しばしば会話すら許されなかった。病人は同伴者なしでは外出できず、灰色の衣服をまとい、人とすれ違う前には角笛や鳴子で警告しなければならなかった。この徹底した隔離は健康者にとって一種の自衛行為であったが、病人にとっては残酷なことであった。この隔離に反対する暴動も時には起こった。

同じくらい不当だったのは、一連の職業が不誠実な職業あるいは法の保護から外された職業とみなされ、その結果子供たちが親と別の職業につくことが許されなかったことであった。とりわけ死刑執行人や絞首刑吏は古い表現の「刑吏」(つまり最終裁判執行者)が意味しているように、ただ担当裁判所の判決を執行しただけなのにもかかわらず、法の保護を受けられない職業であった。中世初期に死刑は、裁判所の使丁、一番若い既婚男性、最下級審判人、被害者が属する血族の最長老、有罪とされた共同体全体(「全員が手を下す」形をとった死刑)、あるいは原告自らによって執行されるのが普通であった。ローマ法の影響のもと一二世紀にやっと独自の機関として死刑執行人職が生まれたが、リューベックやアウクスブルクのような大都市でそれは一三世紀以降、小都市ではずっとのちになってはじめて現れた。ついで死刑執行人の義務になった拷問、つまり予審判事の指示に従って自白を強いる拷問がはじめて記録に現れるのは一三三八年であるが、ドイツでは拷問が一五世紀になっては

死刑執行人は全種類の処刑(絵上部、車輪に組み込んだり、車輪に吊ったり)を執行するだけでなく、拷問する仕事もし、判決が下された者をさらし者にする仕事もした(絵中央)。死刑執行人は死獣の皮を剝ぐことや皮を利用すること、同様にそれらの死体を片付けることなどの獣屍処理によって(絵手前)稼いだ

じめて一般的におこなわれるようになった。死刑のほかに、たとえば枝箒や笞で叩く刑から目を突き刺したり舌を抜き取る刑罰まで、執行人の強靱で粗野な資質が必要な数多くの肉体刑があった。絞首刑吏の職務には獣屍処理さえ、つまり獣皮を活用するために獣の腐肉を片付けること、時々は下水溝の清掃のような、汚い仕事や娼家の監視なども含まれた。絞首刑吏の職務やとくに獣屍処理は高収入になったので、この仕事は父から息子に受け継がれ、あぶれた息子たちには新しくつくられた絞首刑吏のポストがあてがわれた。結婚相手は他の絞首刑吏の家庭からしか得られなかったので同業者との固い血縁関係や、何世紀にもわたる闘いの中でこの職務に対する不当な蔑視を克服する職業上の誇りも生まれたのである。

法の保護を失った者と交際する者は、自らも同じ嫌疑をかけられたり追放されたりした。これは犬の皮を皮剝業者から購入した犬皮なめし工にあてはまる。おなじように墓掘人夫も多くのところで、不正直者の中に数え入れられた。それはおそらく、かれらが獣の死体を埋葬することで余分な収入を手に入れたからであろう。しばしばツンフトが、公衆浴場の理髪師兼外科医や理髪師の子供たちを採用するのを拒否したのは、浴場が猥褻な場所と見られていたからである。それ以外の追放された職業、たとえば拘置所の監視人、教会塔のラッパ吹きや鐘つき、材木の番人、羊飼いや牛飼いは、疑いをかけられやすい人気《ひとけ》のない場所での仕事という、その職業の孤独さに風評の多くを負っていた。たいていひっそりした場所にあった製粉所は、民衆の想像力によって性的放埒行為、殺人、魔術や悪魔と関係づけられた。それはまた製粉業者が不正直者に数えられる理由として十分だった。以上でわれわれは、中世末期に多くの不幸や危害をもたらした様々な迷信を列挙したことになる。

魔法や呪術は大昔から、正規の信仰をおぎない、支える手だてとして不可欠であった。人間や動物の病気に対するゲルマンの呪文は、一部は古い形で、一部はキリスト教化した形で残った。キリスト教はあらゆる病や障害に対して、時と共に高まる聖者崇拝を利用して救難聖人［信者が困難に遭遇したとき、その名を唱えて救いを求める守護聖人たち］をつくり出したが、女性、とくに農村の女性は彼女たちの特別関心事（婦人病・恋の欲求・子供が生まれない悩み・害虫の災害・農作物の被害）に関して、救難聖人よりむしろ近づきやすいところにいる救いの神、すなわち魔法や祈禱能力をそなえ民間療法のできる、いわゆる「賢い女たち」にすがったのである。『サリカ法典』のような法律は、先ずこのような医術や魔法に通じた女性たちを、迫害から保護した。カール大帝は、魔女とみなして火刑にした場合に死刑の罰を定めた。

しかしすでに大修道院長プリュムのレギノ（九一五年没）の書いた訴訟時の書類の中で、女性が悪魔に眩惑され、特定の夜獣に乗ってはるかかなたの国々へ飛んでいくことが確信をもって述べられていた。今日のわれわれには魔女軟膏が、脂肪・イヌホオズキ・ベラドンナ・マンドラゴラ・アヘン・毒人参属や麻酔性物質を含む植物からつくられたことがわかっている。女性たちはそれを体に塗りつけ、それがのちに魔女の疑いをかけられた女たちが裁判で認めたように、幻覚を引き起こしたのである。そして偉大なトマス・アクィナスですら、悪魔は人間と性的関係を結ぶ実在する存在であると明言した（『クオドリベット』［混乱］一一章一〇節）。それゆえ、女性たちが性的憧れをこの意味で理解し、美男子姿の悪魔と交わったと認めても不思議でなかった。

異端宗派もまた一三世紀以降、魔術や魔女また悪魔同盟と同一視され、迫害された。非正統派に対する異端審問は、一三世紀には占師・魔術師・魔女に対する異端審問へと広がった。アラスでおこなわれたヴァルド派［リヨンのピエール・ヴァルドによって一二世紀に創設され、ローマ教会制度を否定した一派］の異端信仰に対する裁判の中に（一四五九年）、悪魔たちが魔女たちと一緒に年に一度特定の山で催すという魔女の安息日、かれらの大集会の忠実な描写を見ることができる。

ドイツでは、聖女エリーザベト・フォン・テューリンゲンの聴罪司祭で残忍なコンラート・フォン・マールブルクがはじめ独断で、のちに教皇から全

脂肪・ベラドンナ・マンドラゴラ・アヘンやその他の麻酔効力のある植物から魔女軟膏はつくられ、それを人々は身体に塗った。これは幻覚を引き起こしたので、軟膏を使用した人はこの絵のように悪魔になったと思った（ウルリヒ・モリトール作、『人が魔女と呼ぶ有害な女性たちのこと』、ウルム、1490 年）

権を与えられて、ドイツの土地で初の宗教裁判をおこない、多くの人々を火刑に処した。それに憤慨した貴族が一二三三年にかれを殺害したとき、それは正当な罰とみなされた。以来ドイツでは異端裁判にいくらか慎重になったが、それでも魔術と関わり合う者はすべて教会の厳しい刑罰を受けた。魔女の処刑は一五世紀中葉になってはじめておこなわれ、たとえばそれはハンブルクで一四四四年、ハイデルベルクで一四四六年、バーゼルで一四五一年、ベルンでは一四五四年に起こった。教皇イノケンティウス八世［在位一四八二—九二年］の一四八四年の大勅令は、ドイツ北部やライン地方での出来事、いわゆる悪魔との性的交渉、新生児や動物の子や農作物の魔法による全滅、分娩中の産婦に悪魔がとりつき、悪魔による病気の流行を引き合いに出して、［ドミニコ会の］ハインリヒ・インスティトールとヤーコプ・シュプレンガーを異端審問官に任命した。一四八七年に書かれたヤーコプ・シュプレンガーの『魔女への鉄槌』は九二年に印刷され、魔女裁判にとって便利な手引書になった。魔女火刑の波は高まり、数え切れないほど多くの女性が不当に焼き殺された。最後の魔女処刑は、一七八五年と一七九三年にも起こったのである。

第二章　生活条件と生活様式

一 暦、時間の尺度、世代、生活リズム

人間は時間に制約されている。一日は太陽が子午線を一周するあいだの時間、ひと月（「月」に由来）は地球のまわりを回るときの月の位相、一年は太陽のまわりを回る地球の公転によって定められている。ガイウス・ユリウス・カエサルが一年は一二ヶ月で三六五日と〇・二五日、四年に一度の閏日を設定するまでは、人々は月の位相と太陽の軌道の間の誤差のために一年を正確に計算することができずにいた。

七月を連想させるユリウス暦は、一五八二年にグレゴリオ暦が導入されるまで使用されていた。一週間は七日、太陽と月も惑星に含めて、七惑星で構成する一週間はオリエントで生まれ、西暦一〇〇年頃ローマに継承され、次いで貿易や交易を通じてゲルマン人に継承された。その後、ゲルマン人は七惑星のうち四つをゲルマン神ツィーウ［テュール］・ヴォーダン［オーディン］・ドーナル［トール］・フライアと差し替え、一週間を太陽、月、ツィーウ、ヴォーダン、ドーナル、フライア、サトルヌスとした。かれらは一日の最初の時間にあたる惑星は一日の君主であると信じていたので、日の出をもたらす太陽を君主と考え、一週間は太陽で始まった。その後、北ドイツでツィーウはかれを礼賛する呼び名ツィンクス（裁の神）と替えられ、その結果火曜日《ディーンスターク》が生まれ、やがてアウクスブルクの教区でツィーウの日は「アフターモンターク［月曜日の後］」と呼ばれるようになった。それにくらべてもともとがゴート族［ゲルマン人の一種族］のドイツ南部の地域はエルゲの日（神アレスの日）、プフィンツの日（「五番目の日」）、プフェリンの日（「安息日」の準備日＝金曜日）、（ゾンアーベント＝「日曜日の前日」でなく）ゴート語のザムスターク［安息日］などギリシャの曜日名を使用していた。

カール大帝がローマで使用していた一二ヶ月の名をドイツ語に訳し（ヴィンターモーナト［冬の月］、ホアヌングモーナ

ト〔短すぎる月〕、レンツィンモーナト〔長くなる月〕、オスターモーナト〔復活祭の月〕、ヴィンネモーナト〔家畜を牧場に放つ月〕、ブラッハモーナト〔休閑地を掘り起こす月〕、ヘウィモーナト〔飼料としての干し草をつくる月〕、アランモーナト〔オレンジ月〕、ヴィトゥモーナト〔夏と秋の境の月〕、ヴィンドゥメモーナト〔葡萄収穫月〕、ヘルビストモーナト〔収穫月〕、ハイラークモーナト〔救世主の月〕、ドイツ語の日付表示が生まれたのだが、キリスト教の復活祭が春分後の第一満月後の第一日曜日になったため、その日付は毎年ちがうようになり、それにつれて復活祭の前後の日曜日、キリスト昇天の祝日〔復活祭後四〇日目〕、聖霊降臨祭〔復活祭後の第七日曜日〕も毎年日付が変わった。そのため暦は紛らわしくなったので、日付の確定しているキリスト教の祝祭日や聖人の記念日からそれらの日付を計算するようになり、出廷日や慣習はたいてい特定のキリスト教の祝祭日に変更された。たとえば、出廷日は聖ヴァルプルギス祝日〔五月一日〕、聖マルティヌス祝日〔一一月一一日〕か聖主公現の祝日

印刷された最古暦（1465 年）の半分（一月から六月まで）（作者の名前であるマギステル・ヨハネス・デ・ガムンディアは、二月の一番うしろに記載されている）。上段の円形絵は毎月の特徴的な仕事を描写している。その下の左右の数字は平均的な昼時間と夜時間をあらわしている。その下の段、聖人名の両隣の数字とアルファベットは新月、日曜日、月の公転の算出に用いられた。それゆえこの種の暦は、後世に毎年新しく印刷されたものとは対照的に長期間使用された

(一月六日)、洗礼者ヨハネスの祝日(六月二四日)、聖ミカエル大天使の日(九月二九日)、願いごとや恋愛に関して神に祈願するのは聖アンデレの祝日(一一月三〇日)、騒音行列や悪魔防御は聖ニーコラウス祝日(一二月六日)、アンドレアス祝日、ゲオルク祝日[四月二三日]、聖ペテロの使徒座祝日(二月二二日)、聖主公現の祝日、祈願行列はキリスト昇天の祝日や聖体祝日、贈物の習慣や本来はよみがえってくる死人への供物は聖ニーコラウス祝日(一二月六日)とクリスマスに変更された。

中世前期に人々はゲルマン人であることや、素性・出身が一目瞭然の人名を使用していた。上級階層にはザロモン、アダム、アブラハム、ユディスのような旧約聖書からの名前も残っていたが、七五〇年から一五〇〇年のマインツ、ケルン、トリーアの大司教と司教の名にはドイツ人名が一三六、外国人名はわずか一六だった。その後、中世末期に聖人礼賛がたかまり、子供がこれらの聖人から守ってもらえるようにと、子供の生まれた日の聖人やその地域および在所の聖人、また特別に尊敬されている聖人の名をつけはじめた。それゆえ一二二〇年にベルンでドイツ人名と外国人名の比は七対一だったのに、一三七五年にはそれが一対二、一六世紀半ばには一対一二にもなっていた。どの聖人が好かれるかは地域で異なっていたが、バイエルンではループレヒト(七一五年没)、上オーストリアではフローリアン、マインフランケンではキリアンがそれぞれ地域の守護聖人なので好かれていた。また、海士・旅人・商人の守護聖人である聖ニーコラウスもヨハネスとおなじように民衆に好かれた聖人でニークラス、ニックル、ニック、ネッケル、ニッグ、ニッツ、ニーチェ、ニッセン、クラウス、クラス、コラス、コールハス、クローゼ、クラウエル、クロイ、クレイ、(フリース語で)カイのように聖ニーコラウスの短縮名は圧倒的に多かった。伝説の中で竜と戦う勇士聖ミカエルは一種のドイツ人の守護聖人になり、それゆえミヒェルという名前は愛された。

一日の開始と時間は日常生活と深くかかわっている。ドイツ中世はローマ人から自然のサイクルによる一日の開始と時間の尺度を継承し、昼間は日の出から日没までと定め、季節により昼間の一二時間を長(短)くしたり、逆に夜の時間を短(長)くしたりして調節していた。さらに日の出時の朝の祈禱[聖務日課の第一時課]、早朝のミサ前の朝課(メッテ)、荘厳ミサ前の第三時課、聖務日課の第六時課、昼食前の第九時課、夕食前の晩禱、祈りの時を知らせるアンジェルス鐘の前にある日没時の歌(夜歌)など、聖務日課の定時課や僧侶個人の祈りもこの「自然の」尺度の時間に合わせていた。また聖務日課の定時課は鐘を鳴らして知らせていたので、そのリズムは都市や農村の生活も支配するようになった。

すでに太陽時計や水時計はバビロニア人によって開発され、使用されていた。ヨーロッパでは初めの頃は星を見て朝課の時を知らせていたが、やがて小鈴の目覚ましをつけた水時計を取り入れるようになった。小鈴は水時計の手入れをし、鐘を鳴らして同僚に時を知らせねばならなかった修道士を起こす役割を果たしていた。水時計は四季に応じて時間を調節しながら時刻を知らせることができたが、冬に凍るという短所があった。やがて心棒のついたテンプ輪が減速機のはたらきをする一方で、その錘《おもり》で動かされる振子時計が一二七一年から一三〇〇年のあいだに「ジョバンニ・ディ・ドンディによって」発明されたが、その時計もまた小鈴をつけていて、それによって当直の修道士を起こしていた。この新式の時計は一日を一二あるいは二四に分け、時刻を知らせた。いたるところで振子時計に文字盤がつけられ、古来からやられている方法、つまり「自然」時間にしたがって時計の世話係が鐘を打ち鳴らしながら「一時間であってもその中身は実際は一時間ないものもあり、それ以上のものもあるという、たとえば日の出が七時三〇分で日没が五時四五分とすれば、夜の長さは一三時間四五分で、夜の一時間は約六九分というように」時刻を知らせていた。

まもなく振子時計は修道院や教会の必需品になり、一三〇五年にアウクスブルクの教会にあったのは分かっているが、はじめは教会堂の中にしかなかった。やがて躍動感のある人形や細工をつけた仕掛時計がつくられはじめ、一三五二年から五四年までの歳月をかけてシュトラースブルクの大聖堂に大きな仕掛時計が設置された。それは他の地域でも真似られたが、永久暦と聖人名また獣帯に黄道と白道をつけた文字盤時計で、しかも聖東方三博士たちが一時間ごとに聖母マリアの周囲を回りながらお辞儀し、しかもそれらの人形は雄鳥が鳴き、たくさんの鈴が鳴り響いているあいだ動いた。それに続いて一三五六年から六一年までの歳月をかけてニュルンベルクの聖母教会に、七人の選帝諸侯が皇帝のまわりを回る仕掛時計が設置された。

二四時間制の打鐘装置付公共時計が教会堂内でなく、外に設置されるようになったのは一三三六年のミラノがはじめてだったが、おなじ年にシュレージエンの大公都市ブリークの市庁舎の塔にも打鐘時計が設置された。打鐘装置あるいは鐘楼守が時鐘を鳴らすこのような公共時計は、この時点より都市の生活を支配するようになったが、市庁舎の時計だけでなく宮殿の掛時計や箱型大時計、また富裕な市民の家や修道院のそれも打鐘装置をつけるようになった。その後、旅人が携帯できる時計を求めるようになったので、時計は振子の代わりにバネの弾力を利用したものになり、この種の打鐘時計も一四八〇年頃からフランスの宮廷で使用されていた事実がある。ニュルンベルクの時計職人、ペーター・ヘンラインの功績は一五一一年にバネを利用して安価で高品質の懐中時計をつくったことで、それにより人々は時計を首に吊したり、財布に入れたりして携帯できるようになった。

中世末期に時計が改良を繰り返しながら急速な進歩をとげ、市民にまで普及したのは偶然によるものでなかった。技術は中世後期の人々の求めに応じて進歩していったのである。一二三三年の『グードルーン叙事詩』〔舞台は北ドイツの沿岸地方と海で、三代にわたる運命が三部に分かれて展開する〕に影響を及ぼした時間の経過・時間の制約・ジェネレーション現象〔グードルーンの物語で述べられている〕に対する感情《かんせい》は、当時の年代記の中にはっきり現れていた。中世たけなわの諸世界年代記は宗教上の立場から書かれていたが、中世末期には報道・事実・時代の出来事が重視されるようになり、年代記とまではいえないものもあるにせよ数多くのものが書かれた。一三五〇年にイエーロシンのニーコラウスは『ドイツ騎士団年代記』を文学作品のようにつくり、ケーニヒスホーフのヤーコプ・トヴィンガーの『年代記』(一三八六年)も文頭は世界年代記であるが、しだいにシュトラースブルクの都市史や司教区史に変化している。ヴォルフハーゲンのティレマン・エルヘンは一三三六年から九八年の『リンブルク年代記』を執筆したが、それも一三四七年からは自分自身の経験を題材とし、同時期の叙事詩を時代のドキュメントとして引用したものに変化していた。おなじように散文形式でヨハネス・ローテは一四二一年『ドューリング市年代記』、ジークムント・マイステリンは一四三七年『アウクスブルク市年代記』と一四八八年『ニュルンベルク市年代記』、ウルリヒ・フューエトラーは一四七八年『バイエルンの年代記』を著している。とにかくこれだけ多くの年代記が執筆されたということは、如何に市民が自分たちの住む都市を重視していたかを示している。リヒェンタールのウルリヒは個人的経験にもとづいて一四二〇年から三〇年のコンスタンツ公会議の様子を、またミヒャエル・ベーハイムは時代の証人として『ウィーン市包囲の年代記』（一四七三年）を書いたが、これは書くというよりむしろ口調のよい講演のようであった。その後、職をもつ市民階級の一族史や回想録が注目されるようになり、ドイツ初の製紙工場の建設者（一三九〇年）ウルマン・シュトローメル（一四〇七年没）が一族史、おなじようにニュルンベルクのエンドレス・トゥヒェル（一五〇七年没）やアントン・トゥヒェル（一五二四年没）が回想録を執筆していた。やがてこれらに描写されている、時間の満了・現実的な意識・飾り気のない写真的な客観性は、浪漫的な騎士物語や時間の制約のない理想文学を退けていった。

　人々は時間の経過を日常生活の出来事と結びつけて考えていたので、世代や年齢をイメージ化することが生まれた。民衆諺が「一〇歳は子供、二〇歳は機知と感受性、三〇歳で成人、四〇歳で快く仕事ができ、五〇歳で静かな秋、六〇歳で賢者、七〇歳で再び日向ぼっこ《アーベル》の秋、八〇歳で杖、九〇歳で子供たちからの嘲弄、一〇〇歳で神が汝に加護を、それからが大変だ」と述べているのも、人は時間の経過に抵抗できず、二〇代、三〇代と歳をとっていかなければならず、誰もこれを避けることはできないからであろう。それは人生を美化せず、年齢の経過と肉体的な衰退を現実として受けとめていたからであろう。

　中世の人は運命の車の輪［有為転変のシンボルとして中世美術に現れ、運命の女神フォルトゥナの回す車の輪に人間がしがみついている］の絵を見ながら、人生には山あり谷あり、人の命は必ず尽き、定められた時間は必ず満了することを学びとっていた。しかし不幸は絵画の中だけでなく、現実に運命の車の輪の絵が表現する栄枯盛衰が当てはまる人はいた。人々はこの運命の車の輪を年齢の変化にも当てはめたが、その運命の転変がはっきりわかる最上階級にも当てはめた。それはたいてい「私は支配したい、でも統治する帝国のもちあわせがない《レグナボ・レグノ・ズム・ジネ・レグノ》」の説明つきで王たちを描写していた。しかし王たちの運命だけでなく、一般の人々の、この年齢でこれをするという計画も不幸な出来事によって妨害されることが多かった。

年齢は有機的経過により決定されるのがふつうだが、中世にはいまだ古い考えが通用していた。それは諸侯の血統を神聖視することから生じた自然の成熟、つまり諸侯には時の到来したときがそれをするに熟したときであるという考えで、それは年齢と関係なかった。皇帝オットー三世(九八〇―一〇〇二年)は九八三年三歳で王位につき、一五歳で単独支配者になり、二二歳で死んだ。おなじようにヴェルフェン家の皇帝オットー四世(一一八二―一二一八年)はドイツ王に即位したとき一五歳だった。オットー四世の敵、ホーエンシュタウフェン家のシュヴァーベン大公フィリップ(一一七七―一二〇八年)は一四歳でヴュルツブルク司祭、二一歳でドイツ王に、またシュタウフェン家のコンラート(一二二八―五四年)は七歳でシュヴァーベン大公領を継承し、九歳でドイツ王、二二歳で皇帝になった。コンラーディン(一二五二―六八年)が占領された相続国、イタリアの奪回を試みたときの年齢は一五歳だった。ルクセンブルク家のカール四世(一三一六―七八年)は一五歳でイタリア支配の摂政につき、メーレン辺境伯領とベーメンの行政を継承した。諸侯絶対主義の最も重要な代表人物のひとりとなっていたはずのオーストリア大公アルブレヒト四

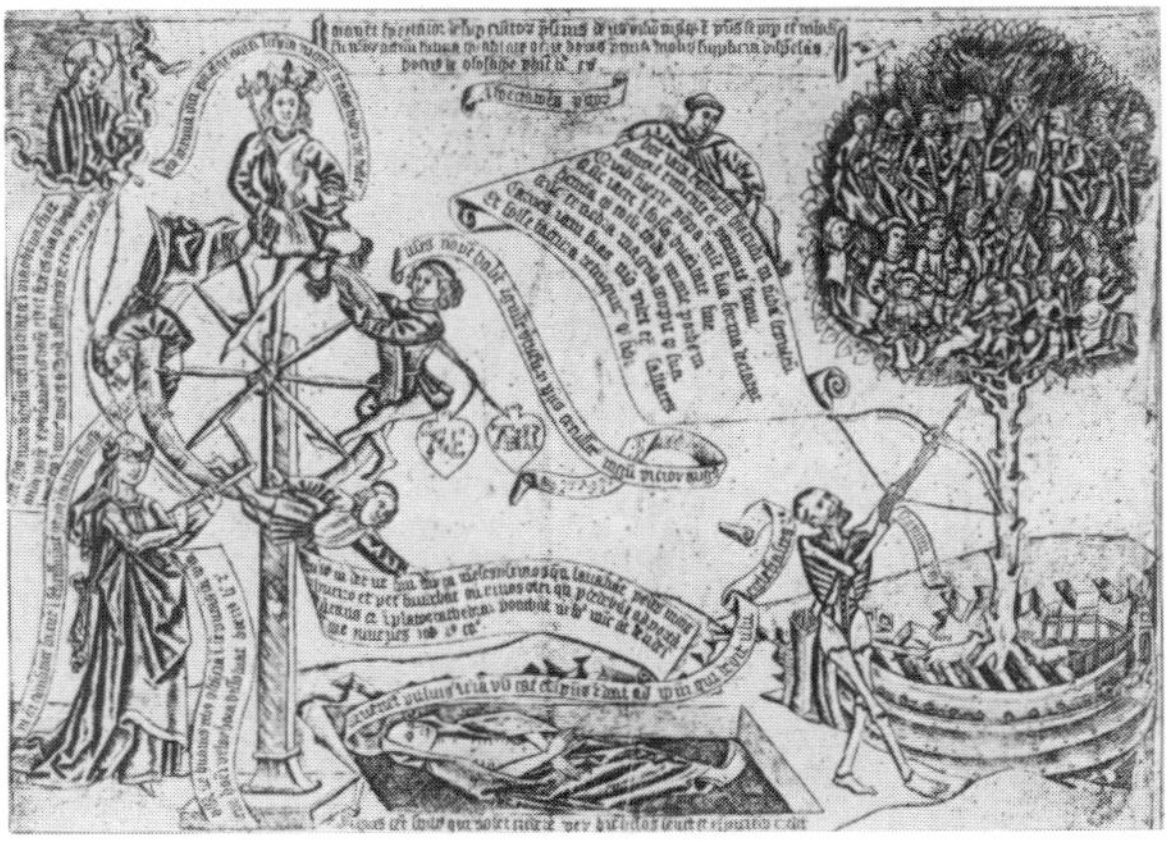

マイスターの銅版画(1464年)には、右側に描かれている船上に生命木が立っている。その木の最上列には教皇が聖職者たちを従えて、その下に皇帝が世俗階級身分をつれて描写されている。死神は無差別にかれらの中から死神の生け贄となる者をえらぼうとしている。他方、二匹の動物(昼と夜)が生命の木の根もとを喰い囓っている。左は盲目の女神、フォルトゥナが運命の車の輪を回している。しかしその実態は、それは神が作動している(左上方)。リボンには数多くのラテン語文字が書かれ、それは読めるようになっている。この絵は幸福、無常、死についての説教時に、「視覚教育用教材」として使用された

世は一九歳で統治権を継承し、二六歳で死んでしまった（一四〇四年）。皇帝カール五世（一五〇〇—五八年）は六歳でオランダ君主、一六歳でスペイン王、一九歳でドイツ皇帝になった。これらのわずかな選りすぐりの人々は高貴な血統ゆえ能力あるものとみなされ、しばしば歴史の短所として、未成熟な人間が無制限の権力を付与されたことを示している。

しかし市民の場合はまったく別だった。ニュルンベルクの様々な官職を経験したウルマン・シュトローメル（一三二九—一四〇七年）は兄弟が七人いて、八一歳で死んだ。自らの一族史を書いたコンラート・パウムガルトナー（一三八〇—一四六四年）は八四歳、ニュルンベルクの建築工事を監督したエンドレス・トゥヒェル（一四二三—一五〇七年）もおなじ八四歳、アウクスブルク人の遠隔地商人で歴史家のブルクハルト・ツィンク（一三九六—一四七四年）は七八歳で死んだ。このように市民は都市の政治や資本経済の社会に参加して人生を全うするなど、特別な不幸や病気に見舞われないかぎり、市民は諸侯や貴族より容易に個人の能力を発揮できたように思われる。

中世末期の時間の感覚や生活のリズムは、概して人生は大量の疫病や伝染病により突然終わることもあるという現実と立ち向かう姿勢を通して特徴づけられていた。年代記は一三四八年から八九年にペストが繰り返し流行したと報告しているので、それについてはよく分かる。まさに都市では衛生上、悪条件の下でペストが猛威をふるっていた。一五世紀もペストが流行した年が多く、シュトラースブルクなどでは死者の数は一三八四年に一万六〇〇〇人を下らなかった。おなじように死者はリューベックで一三八八年に一万六〇〇〇人、ニュルンベルクで一四三七年に一万三〇〇〇人、一四〇二年から六三年にかけて四四九三人、一四九四年に八七八〇人、ケルンで一四五一年に二万一〇〇〇人であった。これらの人数は誇張されているかもしれないが、ペストの場合、死者の数はとかく膨大な数にのぼり、生存者に無常感や死の絶対的な力を、そしてまた誰彼の区別なく人生の幸福や希望は突然終わるということを認識させた。「今日という日を無駄にするな《アルベディエム》」（『ホラティウス頌詩』一部一一章八節）という言葉は人々を励まし、仕事に情熱をもたせ、死に対して宗教的な準備をさせたのである。しかしまた人生の歓喜を十分味わわせた。

二　家、農家、村、ブルク、都市における活動範囲の拡大

定住史は、昔からの穀物耕地(多くは小麦の耕地)である古い耕地と、針葉樹地帯を開墾してライ麦栽培や燕麦栽培、あるいは放牧農場や牧畜業に使用された新しい耕地を分けている。つまり、耕作と東方植民のことである。ドイツ人が開拓した地域の西部帯状地帯と南部帯状地帯にあるケルン、トリーア、マインツ、アウクスブルク、レーゲンスブルク、パッサウ、ウィーンなどは、ローマ人との国境防衛のために開拓した軍事的拠点から生まれ、中世に至るまで発展し、都市に成長したものである。他の地域は農業上の理由で開拓した村落が、諸道路の交差する結節点となり、あるいは城塞を築くことで軍事上の要衝になり、発展して都市になったものである。さらに一四、一五世紀は、農村における耕地の減少期だったことと、ペスト流行などで人口が減少した都市の思惑が一致し、人々が農村から都市へ殺到した時代だった。もちろんそれは都市にとっても好都合であった。

開拓村落にある施設や設備はその村落の発生や変遷を示していることが多い。集合的帯状耕地(開放耕地)村落は、元は古ゲルマンの植民や侵略などによる領土獲得期の農民従士団の小さな村から、そこの住民が共同集合体に憧れたためにできた、一般に散居型の小集落であった。それにくらべて、植民時代の山地鏈村(山地街村)〔農地・草原を背後にもつ家屋が並んだ村〕は独自の特徴をもっていた。たとえば、コミュニケーション(審議・自由時間の活動・ダンスや祭り)の場として利用された村の共有地や草地(アンガー)が中央部にあったアンガー型村落は、中心となるマルクト広場のある植民都市になったと推測される。また直線道路と計画的な施設の整備された街道沿いに家屋が立ち並ぶ街路型村落または列状村落、そして都市は、東方を植民して新しい生活圏を築こうとする冷静な計画に沿って建設されたものであった。

ゲルマン人の領土獲得期の開拓村落にキリスト教が受け入れられた頃は、たいてい教会を建てる場所や司祭の生活に必要な耕地はなかった。それゆえ、従来の共有農地《ゲマールクング》のほかに教会を建てる土地と教会所有の農地を確保しようと、教会固有の小入植地として「坊主」という名称で、それまでの村の共有農地に隣接して新しく土地が開墾された。もちろんその後の拡充時代および植民時代の創設時には、当初から教会や教区は組み込まれていた。まさに中世末期にもなると、教会はかなりの地域で本格的な教会要塞に拡充されるようになった。それは教会が開拓地の全土、あるいは少なくともこの教会城塞にもち込まれた財のすべてを、盗賊や敵から守ろうとしたためであった。このような教会要塞は今日なお下オーストリアやジーベンビュルゲン地方［ルーマニア中央部の地方］またムッテンツ（スイス）でよくみられるが、標石で建設されたこのような教会は堅牢で下位部分に銃眼があったので、有事のさいに村人全員の避難所になれたのである。

集落や人里離れた一軒家の農家は、家畜が逃げたり耕牧地が野生動物から被害を受けないように、たいてい柵で囲まれていた。またこの柵はしばしば藪や施錠できる門のついた土塀で、襲撃に対して一種の防衛施設になるよう道路側につくられていた。いたるところでそれに壁や塔がつけ加えられるようになり、開拓集落は防衛のための村落に変化していった。もちろんその程度の防衛設備では農民は実際の戦争時の軍勢に対して身を守ることはできなかったが、それでもフェーデ群や盗賊群には十分自衛することはできた。

畑仕事の農民。背景には大農家の家屋敷、荘園、（稲妻や落雷の警報を知らせる）鐘塔のある村が描写されている（ヴェルギル版、シュトラースブルク、1502年）

村はしばしば君主代理の住居として賦役農場または荘園、「ケレンホーフ」、つまり現物納付の貢租を収税する領主の収税吏「ケレナリウス」のいる建物（それは大きくて粗末な建物あるいは倉庫だったので、ケレナリウスは「カストネル（箱）」とも呼ばれていた）、そして裁判のおこなわれた人民（裁判）集会所などを備えていた。多くの村は共有財産のパン焼きがまを設備していたし、ビール生産地域には共同のビール醸造所、ワイン生産地域には共同の葡萄搾り機があった。火の粉が飛び散ったり火事の危険性があるという理由で村の鍛冶屋も、共用地の森から伐採した木材で焚き、男女交代制で利用された浴場なども、村のはずれに設備されていた。村の脇には村立の製粉所もあった。それ以外に、村人のひとりが旅人を自宅に泊め、パンやワインで接待したことから発展して、中世後期に農民が仕事を終えた夕方や日曜日に娯楽を楽しむ食堂ができた。それは誰にでもわかるほど儲かったため、それを真似て多くの村で助任司祭が居酒屋を開くようになった。しかし司教区の教会会議はそれに対して禁止令を出し、一三五三年にケルン、一三五四年アイヒシュテット、一四二九年ザルツブルク、一四二一年プラハ、一四三五年シュトラースブルク、一四五六年ブレスラウ、一四六四年コンスタンツ、一四九二年シュヴェリーンで助任司祭が居酒屋を開くのは禁止された。

　人里離れた農家の居住形態は様々であった。森林地域や傾斜した岩盤地域ではとくにブロック建築が適していたが、急傾斜地では基礎に大きな石が必要だった。ブロック建築では、家の四隅に楔《くさび》で固定した柱の重量と、それに相応するどっしりした母屋組屋根の重量が建物に重みを与え、それで家は安定して立っていた。それとは逆に、屋根を支える骨組（小屋組）のある、大きな角柱を使う直立角柱建築では、家は太く大きな支柱と横梁《はり》の十字の力で安定して立っていた。それにくらべて張り出し屋根（ひさし）の下の外壁は薄い板壁や粘土壁で、部屋をつくり出していただけだった。すでにゲルマンの時代に外壁は、ローマ人の煉瓦壁とちがって小枝を編んで粘土を塗ったものであった（「壁」は「編んだもの」という意味）。教会や貴族の建物には標石や赤煉瓦が使用され、そこから中世末期にいわゆる煉瓦ゴシックが生まれた。ラテン語の「瓦《テーグラ》」から生まれた単語「煉瓦《ツィーゲル》」は壁をつくる技術がローマ人から継承されたことを示し、それは農家では木造技術と粘土壁に残っていた。伐採できる森林が不足する（中世はいたるところでそうだったが）地域では小枝の要らない骨格建築や枠組建築［木骨家屋］が流行し、枠組はたいてい粘土で、時には煉瓦で埋められたりした。

低地ドイツや上部［南部］ドイツの農家の居住形態は、家畜小屋兼住居［家畜小屋つきの長い住居］の西ゲルマンの文化圏に属していた。ということは人間と動物がひとつ屋根の下で同居していたのである。シュレースヴィヒ＝ホルシュタイン地方を含む北ゲルマンのイングヴェオーネン族［北海沿岸地方に住んでいた古ゲルマン人の一部族］の文化圏やスラブ文化圏は農場（住居や付属設備を含めて）を、つまり一軒だけでなく複数の家屋、家畜、そのほか農業用の設備などを優遇していた。低地ドイツの家は粘土質の土間玄関［土間が玄関になっていた］が家の大部分を占めていた。玄関は家の中で唯一火元のある場所で、収穫物を満載した荷車を収容し、穀物脱穀のための打穀場に、乳牛や馬の飼料をやりに行く通路に、農機具をおろす場所に、鶏の寝場所などに利用されていた。子供たちはこの土間で育ち、死人もここに安置された。家畜小屋と寝室は、このような機能を備えた玄関のただのつけたしだったのである。

おなじように上部ドイツの家でも人間と動物は同居していた。（納屋の隣にある）打穀場は切妻壁で仕切られ、切妻壁から切妻壁（中打穀場建物）へと続いていた。またこの打穀場によって納屋、家畜小屋、住居は仕切られていた。このような独立した家畜小屋兼住居の一軒家は雪や雨の日が長期間続いたときも十分温かかったので、家畜の世話をするのを楽にした。中世後期には、上部ドイツの家は火元を二箇所にもつようになった。竈《かまど》は台所か玄関のどちらかにあったが、煙突はなく、調理時の煙は屋根裏部屋へ送り込まれ、藁束や他の農作物の乾燥に利用された。そのほかに、家族団欒の場となったタイル張り暖炉のある小部屋があった。

非常に肥沃な中部ドイツでは集中農耕に適した［住居と付属設備を含めての］農家の建築が広まり、土間玄関でおこなわれていた仕事が、中庭でできるようになった。中庭を囲むようにして建てられた家屋はそれぞれ好きなだけ増築でき、またそれぞれ独立していたので火災の危険を少なくした。

どんな建物にとっても屋根の施工技術はその建物の室内設計や耐久性にとって極めて重要であるが、それは中世においてもおなじだった。母屋柱（梁柱）の上にのっている樹幹でつくられた巨大な母屋組屋根は、勾配が小さく大きなスパンをもっていたため、正方形の平面のようだった。屋根の勾配が小さいのは、屋根の裏張りである重い泥炭土の天井と、釘で打ちつけず置いただけの折板は、平屋根の上でしか安定できなかったからである。ほかの建築の型に利用されたローフェン屋根は、屋根の棟柱二本で支えられていた。棟柱といってもそれは、棟木として未加工の樹幹を支えていた、天然のままで太い枝が一本ついた柱であった。つまりその天然で、太い枝がついている樹幹が棟柱として、その屋根を支えていたのである。さらに屋根の棟木にはローフェン、つまり未加工の棒材(丸太材)が細長い枝や靭皮で堅く括りつけられていた。それゆえローフェンは急勾配になったが、藁・樹皮・ベニヤ板・スレートあるいは屋根瓦でつくられていた屋根本体を支えていた。はじめの頃はどの地域においても一般的だった寄棟屋根は、ほとんどの地域で中部ドイツの急勾配の切妻屋根にとってかわられた。そしてこの切妻屋根が広くドイツ人の農家や市民の家の特徴になったのである。

中世末期にはエルベ川西部の低地ドイツから生まれた垂木屋根が急速に広まったので、屋根の棟木や棟柱は要らなくなった。二本ずつの梁(角柱)が互いに傾けて立てられたので家を自由に拡張でき、また屋根の棟木を省くことで屋根裏部屋を完全に利用できるようになった。そのためには垂木と垂木を枘《ほぞ》などで堅く繋いだり、二重つなぎの梁でスパンを広げたり、二本の垂木を基礎柱に固定したりしたが、ここまでくると専門の大工が必要とされた。それでも垂木屋根は流行していった。

このように材料、建築方法、農家の種類、竈、屋根の構造は、地域や時代によって建物の型を特徴づけた。しかし、食事の準備・手仕事・農業・畜産に使用する道具にはさほど違いはなく、家具調度品も数世紀にもわたり重視されていなかった。ある調度品の遺産目録によれば、一七世紀前半になってもニーダーバイエルン地方の農民たちには台所道具・手仕事のための道具・農機具以外には、スプーンなどの台所用具を入れておく引き出しのついた机(たった一個)と、衣服・肌着や小物・シーツなどを入れておく若干の長持［長方形の木箱］しかなかった。もちろん壁に取りつけられたベンチはあったが、それ以外の座る道具は考えられていなかった。種々の道具はたいてい壁に掛けられていただけで、貧しい農民はベッドすらなく、藁袋の中で寝ていた。一七世紀に家財道具がなかったのだから、中世の終わり頃にはあろうはずがなかった。

後期中世になっても部分的には木材建築だった城塞は、居住用であると同時に防衛用の建築でなければならなかった。城塞は不意の襲撃にも対応できねばならず、また所有者いかんで拡大したり縮小したり、軍事状況に応じて有利になったり不利になったりしたため、絶対必要な箇所だけが建築された。城門の環状の壁はハネ橋やつり落とし格子をつけ、有事の場合に襲撃者を射殺できるよう、側射可能な塔のついた個別の門をつけていた。城塞の中核となる塔は最後の稜堡《りょうほ》としてつくられていたので、たいてい丸く極めて堅固で、壁を含めて最高六メートルの厚さがあった。塔の入口はたいてい最上階にあったので、梯子を使用しなければそこへは到達できなかった。塔の下の階は地下牢や貯蔵室として使用され、最上階のみが住居だった。それ以外に本来の住居、つまり本館があり、そこには謁見用の大広間、暖炉付婦人部屋、暖炉はないが小部屋などが整えられていた。城塞にとって絶対必要だったのは家畜小屋と地下から水を汲み上げる井戸だったが、それに加えて城塞の住人の食料を確保するために、現物で年貢を納めていた体僕のいる村落も必要であった。

一四世紀の経済の変化は騎士の軍事的価値、正確には下級貴族騎士の軍事的価値を減少させた。そのうえ、広まりつつある銃砲が城塞の防衛力をも弱めた。山間道路にあるタンネンベルク城塞が火縄銃攻撃で一三九九年に壊滅して以来、城塞は組織的な襲撃には太刀打ちできないことがわかった。やがて一五世紀にもなると、盗賊騎士の城塞はかれらに被害を受けた住民と領邦君主に壊されることがしばしば生じた。

別の貴族たちは自分の農業経営に専念していた。一三七六年のシュトラウビング近郊の貴族所領(居城)ラインの財産目録に多くの体僕のほかに馬一〇頭、ロバ二頭、牛一九頭、子牛二頭、豚三二頭、鵞鳥《がちょう》五羽、鴨六羽、鶏五〇羽、羊四八頭という家畜保有数が提示され、農耕用の犂や別の農機具も多く所有していたのは、所有者が個人農業を営む大農だったことを示している。家具には机五、ベンチ四、長持八、戸棚五、ベッド一五などがあげられているが、それらは

(戸棚五は別問題として)数が多いというだけで、家具の種類が豊富というわけではない。また騎士の鞍が三つしか記載されていないのは、騎士の出兵や馬上試合参加がもはや公式には必要でなかったことを示している。他方、『トリスタン』写本、ディートリヒの叙事詩『ラウリーン王』、フラウエンロープやナイトハルトの女性賛美や嫉妬の歌、フライダンクの教訓詩『分別集』、聖人作品『長老たちの図書』などの豪華写本を一七冊も所有していたことから、騎士が文学に興味をもっていたことがわかる。

もちろん拡充してますます立派な設備を整えた城塞もあった。たとえばホーエンザルツブルク要塞は改築(一四九八年)以来、ザルツブルク大司教の住居用に数部屋を整えていた。それらの入口の間は網状の肋材の丸天井で、部屋の天井は星のように金色のボタンをちりばめた青色の格間天井で、部屋の装飾として帝国紋章、選帝侯の紋章、司教区の紋章、司教貴族の紋章を示すフリーズ[古典建築の小壁、あるいは壁上方の帯状装飾]がついていた。壁は青色を背景に彫刻作品で飾られ、ドアは蔦の形をした飾り金具で芸術的に装飾されていた。暖炉はいろどり豊かなタイル張りで、後期ゴシックの土着の植物モチーフ、救済史、紋章所持者の比喩的な浮彫《レリーフ》のついた陶製の芸術作品だった。諸侯の豪華な部屋のあるこのような城塞は、装飾品と広さにおいてラント貴族の簡素な城塞とは根本的に異なっていた。たとえば前述した貴族の城塞ライン・ブルクは騎士小説を、また別の城塞は当時の叙事詩をモチーフにしたカラー壁画をもっていた。一三八五年にオーストリア大公レーオポルト[三世]が手に入れたボーツェンにあるルンケルシュタイン城塞は、『トリスタン』写本やヴィルント・フォン・グラーフェンベルクの『ヴィーガロイス』やプライエルの『花咲く谷間のガレル』集の絵画で有名である。それもそのはず、それらの絵画の発注者は、レーオポルトの顧問官で領地主務官、また宮廷銀行家でもあったニークラス・ヴィントレル(一四一三年没)であった。いうまでもなく、このような贅《ぜい》を極めた美しい絵画を手に入れられるほど中世後期のラント貴族は富裕ではなかった。

マルクトの立つ広場や交通の要衝から発展した都市、あるいは領邦君主が計画的に建設した都市には将来性があった。司教都市では教会堂のある、統一のとれた司教入植地が中心になっていった。ガウ(ゲルマン民族の行政区)伯のかつての所有であり、その後領邦君侯の所有になった城塞は、都市の中核になることが多かった。商人開拓地を城塞化することの高権はいかなる場合も王の手から離れることはなかったが、それにもかかわらず一二世紀以降、市民は一体となって自治体になり、よその土地から移住してきた非自由民でも上昇できる権利を王から手に入れた。

　都市は全体として一種の城塞《ブルク》の役割を果たしていたので、市民《ビュルガー》(ブルク・ヴァリ＝城塞の防御者)という言葉は都市住人の概念になった。そこはまた防衛のために周囲が壁で囲まれたので、人々は市壁内の面積をフルに活用しようとした。そのため道路は狭くなり、家屋はしばしば高層になり一階上へ上るごとに道路のほうに突き出したので、それは禁止されたり、厳しく制限されたりした。アウクスブルクには道幅が極端に狭く陽光が終日差し込んでこないため、「冬路地」という名のついた街路があったほどである。中世末期に多くの一族は一軒を分かちあって生活していたが、通常市民権は「自分の煙」つまり自分の竈をもっている人しかもらえなかった。屋根裏部屋が藁やその他の品物を保管するのに利用された場合、一番上にある急勾配の天窓は滑車で動く梃子棒[押上ジャッキ]で開閉されたと推測される。一般市民の家でも家財道具は農家とおなじように、タイル張りの竈、壁椅子、暖炉の前の腰掛け、引出しつきの机、衣服を入れる長持やベッドなどの必需品だけに限られていた。

　衛生設備は悪かったが、飲料水はすでに中央給水所から調達されていた。たとえばリューベックの中央給水所は一二九一年以来川の水を供給していた。またバーゼルの司教座聖堂参事会は一三一六年都市行政に配管整備をさせ、木製の管を近隣の水源へ引いた。ハンブルクも一三七〇年以来木管を配管し、ブラウンシュヴァイクは一四世紀に鉄管を通

ボトスの『ザクセン人の年代記』(マインツ、1492年)は、861年に建設された都市ブラウンシュヴァイクを強固な砦として描写している。861年から1492年のあいだにブラウンシュヴァイクはハンザ都市として商業の中心となった

し、ツィタウは一三七四年以降山岳地帯から、ニュルンベルクの井戸「シェーナー・ブルンネン」は帝国森林から水を引いた(一三六二年)。その後、高地にある都市の一部もポンプ装置を使って井戸水を汲み上げるようになったが、汲み井戸や釣瓶井戸しかなかったところでは、汚水による汚染が生じ易かった。

定期的な廃物処理はずっとのちになって考えられるようになった。ニュルンベルクを称賛する一四九〇年の詩には、道路清掃時に猫、鶏、豚の死骸や排泄物の除去を依頼されていた市丁〔市に使われていた下僕〕のことが描写されていた。諸都市の行政は汚水を路上に捨てるのを禁止し、ニュルンベルク、アウクスブルク、ウィーンのような都市は早くから人目に触れないよう、隠された排水溝や配水管、また家々から直に配水管の通る水路(つまり下水道)を設備していた。排水はたいてい川へ流されたが、下水溜に流されることもあった。しかし下水溜に流されても、それは滅多に掃除されることはなかった。

都市の衛生管理は人々が家畜を飼育するようになったため、さらに難しくなった。それでも市民の多くは農業を営んでいたので家畜はつきものだったし、遠隔地商人は自分たちの御者が常に馬を使えるようしておかねばならなかったし、宿屋は宿泊客の輓馬などを家畜小屋につないでおかねばならなかった。またそれ以外の市民も豚や鵞鳥や鶏を飼い、おまけに鶏は路上を走りまわっていた。しかも教皇は特権をもってアントニオ諸修道院に、修道院が所有する豚の首に鈴をつけて、路上に放し、路上に積もった汚物を自由に餌にさせてもよいという許可を公に与えていた。マルクトへつれていかれる食肉用の家畜もおなじように排泄物を落としたが、これが定期的に片づけられたり、手際よく片づけられたりするこ

夜の路上での一場面(セバスティアン・ブラント『阿呆船』、シュトラースブルク、1494年)

とは滅多になかった。

家屋は壁が境界になるのでなく、法的に定められた「前溝《グラーベン》」が境界になり、間隔をあけて建てられた。「前溝」の法的意味は道路側に面して建っている切妻屋根の家屋の場合、所有地の境界は屋根から落ちる雨水が路上に落ちるところとした。溝はしばしば排泄物の貯蔵所に使用されたので、排泄物は路上にあふれ泥と糞便の混合物となった。馬に乗ってロイトリンゲンに立ち寄った皇帝フリードリヒ三世がその中にはまり、股まで埋もれてしまったという笑い話のような事実もある。このような汚物のために、家の入口は数段高く建てられ、道路には歩行者のために敷石が敷かれるようになった。

道路のこのような悲惨な状態を、敷石によって解決しようと思いついたのは至極当然のことであった。敷石を敷くのはイタリアですでに一二、一三世紀に始まっていたが、アルプス以北では一四世紀になってからだった。パリが一番早く、次いで一三三一年にプラハ、一三六八年ニュルンベルク、一三七九年シュトラースブルク近郊のヴィントベルク、一三九九年ベルン、一四〇〇年チューリヒ、一四一六年レーゲンスブルクが石を敷いた。バイエルンの居館都市ランツフートは一四九四年にやっと道路に敷石を敷きはじめた。街路地に街灯はなく、金持ちは夜は下僕にランタンや松明やカンテラを持たせ足下を照らさせた。一般市民は路上の泥濘に溺れないよう、また荒削りの凸凹の円頭石に躓いて腕や足を骨折しないよう、夜はランタンを持って歩いた。

アンガー型村落で村の中央にある空地があらゆる種類のコミュニケーションに利用されたように、都市では中心部に位置するマルクト広場がそれに利用された。北ドイツには都市の中心部に市場平和の警告として、市場権・司法権の象徴である抜き身の剣を持つ騎士の立像、ローラント立像が直立していた。おなじ目的のためにトリーアなど別の地ではマルクト十字架が立っていた。市場《マルクト》の営業活動終了後、つまり全種類の商品の販売を終了したのちにマルクト広場ではいつもの娯楽の催しやダンス、また市民集会などがおこなわれた。都市は中世後期に隆盛期をむかえ、手狭になり、本来のマルクト広場だけでは十分に機能が果たせなくなったので新興地区に「新しいマルクト」、あるいは穀物、魚、炭、馬、食料品のマルクトというように個別の品物を取り扱う特別なマルクトが開かれるようになったが、市場には公式の計量器が必要だった。それが都市君主の所有物であれば「封建領主計量器」と呼ばれた。近隣の住人のためにはもちろんながら、輓馬や市場へ連れていかれる家畜の飲み水のためにも水を汲む井戸が必要だった。またマルクト広場にあるそのような井戸はニュルンベルクの「シェーナー・ブルンネン」(一三六二年)、ブラウンシュバイクの市庁舎前広場の泉(一四〇八年)、ウルムの「フィッシュカステ」(一四八二年)のように芸術的な形につくられることが多かった。

都市の自意識は、一三世紀以降行政の頂点として建築された市庁舎に如実に現れていた。そこでは市参事会と審判が開かれ、租税官吏が働き、法を犯した者が拘留されたが、なお裁判用の設備は貧弱で、市参事会員や租税官吏、また裁判官用の椅子や机がいくつかあるだけで、原告・被告人・弁護人・証人・見物人は立っていなければならなかった。中世後期の市庁舎にはしばしば高貴な一族が都市の公式接待のために、祝宴やダンスに自由に使用できる大広間があった。大都市には一四世紀以来、外からの商人が商品を販売できる百貨店もできていた。その中でもコンスタンツの百貨店は一四一七年、教会統一の復元を図るための教皇選挙会議に協力して場所を提供できるほど大きかった。商業が発展するにつれて、多くのところで塩蔵、穀蔵、織物蔵、生地蔵、亜麻布蔵が建てられ、税関の建物には大きな計量器と踏み車で作動した商品用(荷物用)エレベーターも設備されるようになった。組合館、ツンフト館、ギルド館はこれらの職能組織が同時に政治的機能をもっていたことを示している。やがて都市を防衛するために防御回廊を備えた環状の市壁と跳橋のついた門が築かれ、門の両側には稜堡と見張塔が築かれ、番人たちが火事や襲撃者を見張った。

社交には多くの飲屋やビアハウスやワインハウスが役立った。新しい酒樽の封を切った店などは緑葉の束を店の窓の外にさしていた。一

品物を計量する商人、中央は職務上依頼された貨物計量長。ニュルンベルクにあるアルテン・ワーゲの壁にあるアダム・クラフト作成のレリーフ(1497年)

五世紀にもなると、きちんとベッドと食事のついた、部屋数をたくさんもつ大宿屋「出入り自由な宿」がでてきたが、それまでは個人の家に泊めてもらったり、修道院で宿泊したり、簡素な大衆宿に頼っていた状態だった。公共施設には浴場も含まれ、そこでは木桶での水浴、熱い蒸気の蒸風呂、マッサージ、ひげ剃り、瀉血が提供されていたが、やがてそれに音楽、飲物、食事、その他の娯楽なども加わるようになった。金持ちは貧しい人が無料で入場できるよう(「心を洗う道具として」)浴場を寄付したが、ウィーンでは二九、ブレスラウで一二、フランクフルトで一五の公共の浴場がそろっていた。大富豪は自宅に風呂釜、専用の煙突、浴槽を設置して浴室をつくった。

狭義の意味での都市の社会施設は捨子養育所や施療院であった。それらはしばしば聖霊に捧げられていたが、救貧院や養老院、また医学的な治療が十分でなかったにせよ病院なども社会施設に入った。しばしばハンセン病患者専用に都市郊外に聖ヤコブを守護聖人とするハンセン病の治療施設があった。貧しい寡婦(夫)や未婚者に対して一種の老齢者扶助をしていたのがベギン会諸施設で、ベギン会修道女たちは求めに応じて、わずかな報酬で看護していた。このような社会施設をヨーロッパではじめて公営化したのがアウクスブルクのフッガー家のウルリヒ、ゲオルク、ヤーコプの三人だった(一五一九年)。かれらは壁に囲まれた中に六本の小道と五つの門と一つの教会をそなえた小さな地区を形成し、二階建ての五三棟に合計一〇六所帯の貧困家族や市民が一グルデン(一・七二マルク)の家賃で生活できた「フッガー住宅地区」を創設したのである。それは今日なお当時のままの家賃で、模範的な社会事業として存在している。

三　武器、軍事、戦争

稜堡や鋸壁を強固に築き、見張りを配置し、城塞や都市がいつなんどき不意の攻撃にも反撃でき、いつでも開拓村落を守れる状態でなければならなかったとしたら、迎撃のための緊急出動部隊、防衛能力、兵器使用能力、戦術が世の中や時代の考え方を支配したのは至極当然のことだった。もともとドイツでは一般から動員された国民部隊も戦いに優れていたが、帝国が広大なため遠く離れた戦場へは帝国歩兵部隊では間に合わなかったので敏捷な部隊、つまり騎兵が早急に必要になった。それゆえ兵役義務は貴族の職業戦士に移行したのである。やがて非自由身分の人々が貴族の職業戦士と並ぶようになったが、時代が進むにつれてこれらの非自由身分の人たちはミニステリアーレンに上昇し、古貴族と共に騎士になった。反面、一般からの動員は城塞防御の義務という特殊状況、平和破壊者との戦いや別の緊急時のみに限られるようになった。

しかし騎士部隊は高級レーン保持者や低級レーン保持者、さらに下級レーン保持者やアフター＝レーン保持者「アフター＝レーンとは、封建家臣が自分のレーンからさらに下の家臣にレーンを分け与えること」に区分されていたため、戦争のために騎士を動員するのはますます困難になっていき、早くも一二世紀には臨時雇用の俸給騎士や職業騎馬戦士が生まれたのであるが、かれらは時代が進むにつれて盗賊や強盗に変化していった。それでもかれらは武器や戦法が変化しはじめた中世末の戦争においてなお影響力をもっていた。皇帝フリードリヒ一世バルバロッサ「在位一一五二―九〇年」の『王宮将官協定の規定』（一一五八年）は騎士の武器として剣・投槍・矢・鎧《よろい》・楯・兜《かぶと》を列挙していたが、これらについては中世末もなんら変化はなかった。騎士は平和目的で馬に乗って外出するときは、騎士の証として剣だけを腰にさし、戦場への出撃時には剣以外の武器は副馬にのせて搬送した。

楯は菩提樹の木を革で覆ってつくられ、金具で補強されていた。はじめ楯はアーモンド形で、敵に向けている身体の左側半分、目の高さから膝の下までを保護し、革製の止め輪二つで左腕に掛け携帯されたので、手綱をさばく左手は空いていた。上部が丸いアーモンド形の楯は、鉢形兜の出現で改良せざるをえなくなり、三角形になった。また一三世紀に甲冑はいっそう重くなったため、騎士の負担を軽くしようとますます楯は小さくなった。やがて右側に重い突槍を構えるため、一四世紀に両手が自由に使えるような楯が生まれた。重装騎士は見わけがつかなかったので識別できるよう楯に印が使用され、そこから紋章が生まれたが、印はまた従来の楯の留金に図式化されたりもした。それは「語る《レーデン》」紋章、たとえばヘンネベルク(雌鳥山)の一族をあらわすのに山頂の雌鳥だったり、動物そのもの、あるいは動物の一部分だったりしたが、すべてに象徴的意味はなかった。

鎖帷子《かたびら》と鉄ズボン、そして兜の背面に垂れて頸部をおおう錏《しころ》は初めは環状帷子(鎖帷子)、すなわち小さい鉄のリングの嚙み合わせでできていた。やがて一二五〇年以降、胸・肘・足の鎖帷子は、鉄の板で強化されるようになった(留金鎧)。兜は敵味方を識別するため、あるいは突かれたとき刺激を少なくするために、いわゆる装身具(頭飾り)をつけていた。さらに兜は目や頸部を保護する垂れ革や顎を保護するために、自由に動く兜の頰あて、つまり鎧の中へ差し込める髭といわれるものをつけていた。留金鎧は革製の男子用胴着に細工された細かい数多くの鉄板を組み合せてつくられた鎧、正確には小札《こざね》鎧と交替し、また留金鎧は全身を覆うプレート＝アーマ［鋼板をつないでつくった鎧］と一体化した(一四〇〇年)。しかし、このようなたび重なる改良により甲冑はいちだんと重くなったので、騎士はますます動きにくくなり、そのため力の消耗度はいっそう激しくなった。落馬すれば騎士は身動きひとつできず、軽装備のシルト兵士が落馬騎士の身の安全を確保しながら、戦場から救出するのに頼らざるをえなかった。

いつの時代になっても騎士の好んだ武器は剣だった。ドイツ騎士団所属の騎士は十字軍に従軍する騎士の理想を無言で示そうと全般的に剣の鍔を長くしたので剣は十字形になり、最高位のレーン君主としての神を思い起こさせた。プレート＝アーマへの過渡期には、剣は武装の隙間に間違いなく貫通できるよう先端の尖った刃でなければならなかった。重装備の兵士が落馬したとき、鎧の繋ぎ目から負傷者にとどめ(慈悲の一撃)を刺すため、先端が尖った反りのない細身の短刀(「復活祭」・「恩恵の神」と呼ばれた鎧通し)を使用した。

それ以外の攻撃用武器には最大級三メートルの突槍があった。先ず馬上から槍で敵を攻撃し、槍が折れたなら剣の戦いに移行した。戦いは統一された大群の合戦で始まり、次に一騎打ちになった。戦場を片づける側が勝利者で、戦利品を集めて勝利を表明するために数日間その場に残った。負傷者にはとどめが刺されることが多く、捕虜を取り戻すには身代金が要求された。

十字軍遠征でヨーロッパの騎士はオリエントの訓練された弓兵隊が戦術上優れているのを知った。それゆえ、皇帝フリードリヒ二世[在位一二二〇—五〇年]はすでにイタリア遠征に、編制した俸給騎士の配下にサラセン人の弓兵隊を使っていた。一二〇〇年頃には弓とならんで「弩《いしゆみ》」が出てきたにもかかわらず、はじめこの新しい戦術は使われなかった。弩は弦を巻き上げ機で引っ張って矢を放つ仕掛けで、その命中率は高く、鎖帷子でさえ貫通する威力があったにもかかわらず、それとならんで弓が三〇年戦争まで使用されたのは、弓は弩より使いやすかったからである。弩狙撃兵は二本の弩と助人が二人、二本目の弩を装填する者が一人、楯で弩狙撃兵を保護する者が一人必要だった。弓と弩は戦争において、戦術上正しく編制されたときにのみ、その卓越さを発揮できた。イングランド王エドワード一世(一二三九—一三〇七年)は一二七〇年の十字軍遠征から帰還してのち、一二七七から九八年のウェールズとスコットランドの戦争ではじめて弩の威力を見せつけた。それは山岳戦争だったが、それまでの騎士だけの戦法とはちがっていて、騎士、熟練弓兵、槍兵が一体となって歩調を合わせて敵を倒した。それ以降だれにも、とくにフランドル地方の市民には弓や弩で戦闘力を強化できるのがわかった。イングランド人対フランス人の戦いに諸都市が巻き込まれたとき、両方ともに弓兵隊が活躍した。一三〇二年のコートレイにおけるフランドル地方の諸都市対フランス王フィリップの戦争(騎士の印である金の拍車を七〇〇〇個も戦利品としたので「拍車戦争」と呼ばれた)で、フラマン人[フランドル地方に住むゲルマン系住民」の弓兵隊は活躍したが、かれらだけでなく、優れた指揮下、槍を持った国民部隊も活躍したからこそ、フランス騎士軍を打ち破ることができたのである。世界的に有名なクレシーの戦い(一三四六年)で、イングランド王エドワード三世(一三一二―七七年)は従来と違って、重装騎士を馬からおろし、連丘の上で一万人の弓兵隊とならんで陣につかせた。イギリス側の陣立ては馬をおりた騎士と槍兵の混成部隊を三段にかまえ、側面を弓兵隊がかためるというものだった。伝統の戦法に従って、単身まっしぐらに突き進む騎馬のフランス騎士に対し、側面から弓兵隊が矢を射かける。それをきりぬけて敵軍に突入すれば、歩兵隊が馬上の騎士を取り囲み、槍で突きおとし、重装備で身動き困難なところを攻撃した。この無敵の密集隊《ファランクス》にフランス貴族の騎馬兵は敗れ、一二〇〇人の騎士と八三人の方旗騎士が死んだのであった。イングランドのヘンリー五世は弓兵を使ったこの戦法をアザンクールの戦い(一四一五年)に採り入れた。その戦いで、ヘンリー五世はフランス人の騎馬兵の攻撃をまず先端の尖った杭を地面の中に打ち込んで阻止し、その次に一〇〇〇人の重装騎士の援護下、配置についた八〇〇〇人の弓兵が弓を射かけた。逃げる敵は、武器を持った騎士に追いかけられた。死亡した一万人のフランス兵のうち七〇〇〇人は騎士であったという。それにくらべてイギリス側の死者は一五〇〇人ほどであったという。五倍の兵のフランス騎士軍を敵にしての、この勝利は、新戦法の勝利と評された。

さらに、騎士軍と戦ったさいのスイス国民部隊「歩兵軍」の世界的に有名な勝利のときも、弩隊が活躍した。レーン騎士と俸給騎士の援護下、一般動員された国民部隊は軍紀を守りよく訓練され、全権を有する指導者の指揮命令には絶対服従の歩兵隊であった。また故郷を防衛すると自覚していたスイス人は、集団行動をとらず独自に戦う騎士より団結力があった。武器では、槍と斧が合体し、重装騎士を馬から引き落とすために鎌のついた矛槍が活躍した。

ドイツの二重選挙「一三一四年」後ハープスブルク家のオーストリア美王フリードリヒに抗してスイス森林諸州がルートヴィヒ四世(バイエルン公)に頼ったとき、戦争が生じたが、この戦いでも戦争経験ゆたかなスイス人官僚のヴェルナー・シュタウフファッヒェルは市民と農民で構成されるスイス歩兵軍を指揮し、山岳地帯をうまく利用し、モルガルテンの峠道において、オーストリア大公レーオポルトの騎士軍を「かれはかろうじて逃れたが」ほとんど反撃させることなく全滅させた(一三一五年)。この勝利の直後に森林三州は同盟を更新し、以後かれらは自らを「誓約同盟《アイトゲノッセンシャフト》」と称し、オーストリアからの独立と帝国直属の維持を望み、ルートヴィヒ四世はそれを承認した。その後、かれらは諸侯に対抗するシュヴァーベン都市同盟に参加し、一三八六年のゼムパハの戦いと八八年のネーフェルスの戦いに勝利した。伝説は、後世の一五二二年に戦死した傭兵隊の指揮者アルノルト・フォン・ヴィンケルリートのゼムパハでの戦いを、無数の槍を突き刺されながらも味方のために突破口を開いたゼムパハの「ヴィンケルリート」と二重に写している。実際は、一個連隊で前進するスイス国民(同盟軍)の猛攻撃が、騎士軍の不規則で鈍《のろ》い戦術に勝ったのである。シュタイアーマルク大公レーオポルト三世と騎士軍の多くがそこで戦死した(一三八六年)。

そのうえブルゴーニュ公のシャルル(突進公)がオーストリアから担保入れされた地域を征服しようと起こしたブルグント戦争でも、スイス式新戦法が勝利をおさめた。スイス国民の正方形に密集した軍勢はグランソンの戦いで、砲兵隊や多数の弓兵隊、また熟練の(職業騎馬隊の)「騎馬憲兵」の勇猛果敢な攻撃をものともせず、ブルグント兵に負けなかった(一四七六年三月)。ブルグント歩兵たちは接近戦に乗り出さず逃げたが、スイス部隊は逃げる兵を追わなかったので、三ヶ月後シャルルは再び攻撃にでた。しかしムルテンでのスイス部隊の一致団結した攻撃(一四七六年六月)は、敵方に砲兵隊や弓兵隊がいたのをものともせず勝利した。イングランドの弓兵隊も混ざっていた敵方の歩兵隊は、スイス部隊に打ちのめされた。そのうえ、敵方の騎士たちは逃げる途中主力部隊に虐殺された。虐殺された中には一万人のブルグント騎士と従者もいた。ムルテンでの戦いで、たとえ騎馬軍勢が砲兵隊や弓兵隊で援護されようとも、矛槍を武器とし、規律に従って訓練された歩兵隊のほうが、重装備の騎馬軍より優れているのが世界中に明らかになった。この時点で、騎士の軍事的任務は終わりを告げたのである。この勝利は歩兵組織の時代を開き、それ以来スイス人は傭兵として各国君主から望まれることとなった。

銃砲の出現は、騎士の軍事的衰退とはほとんど関係なかった。すでに十字軍は火薬のような原料を用いた「ギリシャ銃砲」を知っていた。一四世紀に黒色火薬が発明され、ブロンズ鋳造技術の進歩に伴って、改良された携帯火器(小銃)

や火砲(臼砲)が生まれたが、火薬がはじめて使用されたのはフス戦争(一四二〇―三四年)だった。戦争に長けた貴族ツィスカ(一四二四年没)は、車輪をつけた大砲で囲む車陣を騎士軍勢に対置した。砲撃の方向や距離は修正できず、敵に背を向けての前装銃砲の次の装塡までは時間がかかったが、全火砲の一斉砲撃は騎士の士気を喪失させた。皇帝マクシミーリアン(一四五九―一五一九年)は砲兵隊をいっそう強化したが、野戦で敵方に被害を与えることはほとんどできなかった。

なににも増して重要だったのは包囲攻撃時の銃砲であった。うすい壁を打ち砕くことのできる、鎖に吊した破壁器などの包囲攻撃器はすでに知られていた。そのうえ弩の原理に従って、投げ矢・火矢・石の砲丸を投げつける水平砲もあった。さらに、壁に石弾を発射し、壁を倒壊させる銃砲も一四世紀末から水平砲につけ加わった。それに対して包囲された側は攻撃者に石のかたまりを投げつけ、熱い瀝青《れきせい》・水・油・生石灰をかけながら反撃した。フス戦争ではなお、都市の多くは辺境都市ベルナウのようにこの方法で攻撃を防いでいたのである。だから辺境都市ベルナウの民衆格言は「ベルナウの熱い溶解金属は国からフス派を追放した」とうたっているのである。比較的大きめの都市はあらゆる防衛武器を準備し、武器を調整した軍事技師(「ブリデンマイスター」)を抱えていた。それに加えて火縄銃、さらに壁や防護柵に固定した大きな携帯火器もでてきた。それは、固定することで発射したときの反動が緩和されたためである。また攻撃者は身を守りながら敵方の壁に接近しようと「カッツェ」と呼ばれる移動式の屋根を使用した。城塞が大規模な包囲攻撃に破れ、崩壊されたのにくらべ、通常、都市は戦闘準備をした膨大な数の市民の協力体制で、新式の銃砲が使用されても包囲攻撃を抑えることができた。

四　軍事訓練、体育、娯楽と舞踏

戦いは中世には日常茶飯事だったので、人々にとって軍事訓練や肉体鍛錬は重要だった。とりわけ騎士にとって武器を取り扱う訓練は教育の中心だった。そのため少年は七歳から一〇歳で女性の手から離され、男性たちに預けられ、かれらから騎馬や武器の使い方、それ以外にも宮廷の礼儀作法も学び、騎士が外出するときは騎士に仕える者として同伴した。また少年が騎士出身であれば、刀礼によって(カール四世以来)騎士位を授かった。

強靱な身体を維持するため、貴族と騎士のあいだで定期的に馬上試合が催された。それには前座と本試合があり、それぞれに集団馬上試合と個人馬上試合があったが、熟練者たちが本試合で闘い、若者たちは前座でその技を披露した。このようなスポーツとしての馬上試合は祝祭日に女性も含む観衆のいる前でおこなわれたが、それは軍事訓練にもなり、宮廷界での自己証明にも役立ち、さらに騎士が試合時に恋愛対象の女性の好みの色や女性からの贈物を装身具として身につけるかたちで恋愛奉仕とも関連していた。集団試合では二群に分かれ、軽い投槍を武器に、相対して騎乗した。それは馬上試合というより寧ろ婦人に見せるパレードのようなもので、とくに馬上技術を披露した。個人試合は二人の一騎打ちで、はじめ投槍で敵を鞍から突き落とす試みをし、それから楯で敵を防御し、その次に重剣での戦いが続いた。

馬上試合とならんで、(長短はあるが)周期的、あるいは祝祭日に地域を超えての試合もあった。参加者は形式的に公募されたが、応募者は全員、参加資格があるか否か調べられた。参加者は自らの家門が五〇年間継続して馬上試合に参加してきたという証明がたいてい要求されたので、参加者リストは専門知識のある紋章官たちの手で作成され、試合は進行されねばならなかった。したがって、馬上試合や参加者について記載している一五三二年のリクスネルの『馬上試合本』は事実であることがわかる。それによれば一二三五年にヴュルツブルク、一三七四年レーゲンスブルク、一二九六年シュヴァインフルト、一三一一年ラーフェンスブルク、一三七七年インゲルハイム、一三六二年バンベルク、一三七四年エスリンゲン、一三九二年シャフハウゼン、一三九六年再度レーゲンスブルク、一四〇三年ダルムシュタット、一四〇八年ハイルブロン、一四一二年再びレーゲンスブルク、一四三六年シュトゥットガルト、一四三九年ランツフート、また一四五一年、一四八〇年、一四八一年、一四八四年、一四八五年、一四八六年、一四八七年に超地域的なドイツ人の馬上試合がおこなわれた。馬上試合規定(入手できたのは一四七九年の馬上試合規定)によれば、偽りの宣誓をした者、戦場からの逃亡者、異端の者、婦女暴行を犯した者、高利貸し、追剝ぎ、教会上の違反者、姦通者、身分相応でない既婚者、庶出子、「卑劣な商人のように売買や商売をする貴族全員」は馬上試合に参加できなかった。それゆえ都市在住の大多数の都市貴族は馬上試合への参加資格から外された。それに対して、たとえ好まれなかったにせよ中世末期に馬上試合から馬上試合へと移動し、その参加を一種の職業とする騎士は除外されなかったので、かれらは資産家が戦い相手になるのを狙い、戦利品(馬や武具)や高額身代金で十分稼いだ。

馬上試合が純粋にスポーツ的なものであったにせよ、またそれに応じて鋭利でない武器で戦われたにせよ、死亡事故は稀でなかった。一二九〇年のニュルンベルクの馬上試合ではホーエンローエ家のひとり、バイエルン大公ルートヴィヒなどは喉を一突きされて死に、別の諸侯は振り回された槍で面頬を突かれ、目に貫通した。おなじように馬上試合の報告書によるが、一四〇三年のダルムシュタットの馬上試合で一七人の参加者が死んだ。それらはすべて、かれらが試合に熱中しすぎたためであった。騎士が重装備のまま落馬したり、馬が転倒するなどの軽事故は日常茶飯事だったが、無事故の馬上試合もあることはあった。ブランデンブルク＝アンスバッハ辺境伯アルブレヒト(一四一四—八六年)などは馬上試合で無事故を守り通した。そのうえ、かれは馬上試合で無数の勝利をおさめたので「アキレス」と呼ばれ、馬上試合の続きを次回へもちこさないよう頼まれることが多かった。皇帝マクシミーリアンは一四九三年から一五一九年、馬上試合制度を次々新しくつくりだし、さらに馬上試合や騎士の試合また戦闘を描写したドイツ語韻文物語『フライダール』〔皇帝マクシミーリアン作〕によって貴族の馬上試合制度を活気づけようとした。

　時代が進むにつれて都市貴族は貴族の血統であっても高級貴族やラント貴族の馬上試合からも排除されるようになった。それゆえ、かれらはとくに貴族としての自己証明のため、また都市軍隊における騎士の任務および自己訓練のために、小さいながらも自分たちだけの馬上試合を開催するようになった。それらはニュルンベルクで「ゲゼレンシュテッヒェン」と呼ばれ、一三八七年にマルクト広場でおこなわれたが、それは都市国家の上級社会の馬上試合共同体が試合時に「ゲゼレ」という肩書きで呼ばれたからだった。一四四六年の「ゲゼレンシュテッヒェン」は参加人数の多さや行進の豪華さで極めて有名だったので、一五二一年ハンス・ケルンはそれを新市庁舎の天井の一ますに彫刻している。

　騎士の馬上試合とならんで、都市の若者に武器の使い方を教え、機敏さや集中力、また勇気を養うスポーツとして剣術が生まれ、一四世紀に防御術教師による防御術学校、のちの剣術学校や剣術家が存在していたのがわかっている。一四二六年以来ニュルンベルクにこのような剣術学校があったが、一六世紀にはアウクスブルク、ブレスラウ、プラハにもドイツ人の剣術学校ができていた。また一四七〇年に低地ドイツの巻物画家が初期の剣術学校の様子を銅版画にしている。皇帝マクシミーリアンの委託をうけてアルブレヒト・デューラーが一五一二年に描きあげた剣術本（現在ウィーン国立図書館秘蔵）にはビヘンデル（両刃の剣《シュヴェルト》）、ラピエール（細身の両刃の剣《デーゲン》）、ドゥザック（片身の反った剣《サーベル》）、楯、矛槍、棒、ナイフや短剣を使っての基本動作が描かれ、教授されていた。一四八七年に剣術同好会として皇帝特権をもち、フランクフルト・アム・マインに本部のあった「マルクブリューダー」は、中央大会でフランクフルトの秋歳市《メッセ》の名人を選出していた。

　しかし戦法を決定的に変えた中世後期には、鋭敏な武器を使用する剣術より弓や弩を使用しての弓術のほうがますます重要になった。とくに興隆都市はこの新武器を取り入れ、都市の自由を守ろうと強力な職業歩兵隊をつくった。その歩兵は同時に警察任務にあり、とくに田畑の番人や耕牧地の警官（監視員）として、田畑・森林・庭・ぶどう畑・牧場を監視した。またかれらは市参事会メンバーか市の役人であった歩兵隊長の下にいた。歩兵隊長は弓撃、弩撃、銃撃、火薬づくりを指導するのに雇用されていた一方、都市の軍需品を監視し、市民にこれらの武器の扱い方を教えていた。

射手団が記録上はじめて登場するは一三世紀末、オランダ、ニーダーライン、ヴェストファーレン、フランスの各辺境地域で、かれらは主として弩を使っていた。一四世紀に弩射手規約がドルトムント(一三七八年)、ハノーファー(一三九四年)、(弓)射手規約がアムステルダム(一三九四年)、ハインスベルク(一四〇〇年)にあった。中部ドイツでは一四世紀後半以来射手協会(団体)が増え、ミュンヒエンに一三九三年、ネルトリンゲンに一三九六年、ケルハイムに一四〇四年、フランクフルト・アン・デア・オーデルに一四〇六年にあったことが記録されている。規約には、特定の保護聖人(セバスティアン、ゲオルク、ミカエル、アントニウス)の崇拝、保護聖人の礼拝や聖体行列への部外者を入れない結束した参加、死亡した射手協会員の死者ミサが記録されており、射手団が教会上の「兄弟団」と理解されていたことがわかる。毎日曜日、あるいは毎月の射術練習は、例年おこなわれる射術祭への準備だったが、女性にはそのさい男性の射術スポーツの楽しみを理解してもらおうと、木製の鳥を用いて射的会が催された。

剣術学校と浴場。そこには軽率な生活と行為が描写されている。しばしば浴場は時代につれて売春宿となった(巻物画家の銅版画、1460 年)

このような国防スポーツとならんで、自然界に存在している遊びから生まれたスポーツがあった。人間がするスポーツのもとになっている遊びは動物の動きを真似ている。スポーツの目的は余分なエネルギーの発散、偏った肉体的ストレスの解消、身体鍛錬、体力維持、自分の思っている世界とは違うという不満の昇華、とりわけ単調な日常生活に緊張や楽しみを与えることである。『子供の遊び』(ペーター・ブリューゲルは一五六九年作成のその絵画中、ある意味で時代を超越した六〇の遊びをわかり易く描いている)には、今日なくなった多くの文化が描写されていた。馬上試合や射撃祭のような大人のスポーツには必要であったにせよ、走る、跳ぶ、石投げ、槍投げ、格闘という五つの根源的な、闘争的な性格のものが優先されていた。

走る訓練は太古の時代から男子として当たり前のことであった。ホメロスの『イーリアス』では主人公の勇士アキレスは「足が速い」といわれ、『ニーベルンゲンの歌』(一二〇三年)ではジークフリート、ギーゼルヘル、ハーゲンなどの勇士は「速い」と形容されていた。『ニーベルンゲンの歌』で王たちが競争大会を開催している場面があるが、それは事実に基づいていた。ときの統治大公の弟バイエルン公クリストフ(一四九三年没)は、一四〇七年のアウクスブルク射術祭でおこなわれた競争大会で競走と跳躍で一番だった。一四四八年のミュンヒェン市の文書からわかるように、競争大会は都市で定期的に開催されただけでなく、それどころか「女性や子女たち」のためにも開催されていた。通常の競争大会に付加価値がつくのは競馬があるか否かで決まった。競馬はバイエルンで最も人気があり、教会祭や歳市には欠かせない大衆娯楽だった。ミュンヒェンでおこなわれた最初の競馬は一四四八年の歳市でおこなわれた「ヤコビダルト」だった。また「リングシュテッヒェン」、「クランツライテン」、「ユングフェルシュテッヒェン」、「ローラントライテン」のような一般大衆に人気のある一種の馬術競技が地方でおこなわれていた。それは昔は祭式(礼拝)の延長と考えられていたが、実際は祭式を大衆娯楽に融合させた純粋な成功例(試金石)だったと推測される。

跳躍は走るのと関連していることが多いが、中世の文学でも跳躍と走ることは常におなじものとして扱われていた。「跳躍」は遠くへ跳ぶことを意味し、高く跳ぶことではなかった。チューリヒでおこなわれた一四六五年の競技では、その場から助走なし、助走つき、片足でという三種の跳躍があった。さらに自然運動のものでは、どこでも練習できる石投げもあった。競技では五〇ポンドまでの石が次々投げられたが、それは市民だけでなく宮廷でもおこなわれた。有名な『マーネスの歌謡写本集』（一三五〇年）のリーエンツ城伯の歌集に添える挿絵は、砲丸投げをする騎士の装飾画だった。槍投げは完全な宮廷スポーツで、「小投槍」を用いてする狩猟の予行演習であったのに対して、ゲルマンの初期からあった有名な槍投げは試合には採用されなくなった。

投球運動には砲丸投げ以外に球を転がすゲームも入った。それは大した面積を必要としなかったので、中世後期ドイツの市民層で野外運動としておこなわれていた。球は木製で、中心に鉛を入れていることが多かった。ボーツェン、ボッセン、クーゲルン、リングシュピール、シャイベン、ヴァーレンといわれる様々な呼び名は一つの競技が変種したもので、その人気度がうかがえる。「輪遊戯」というと、今日のクロッケーに匹敵する、木製の球を転がすゲームが連想される。球を転がしてピンを倒す「九柱戯」はすでに一三〇〇年に出現し、一五世紀にはギャンブルだったが、一六世紀以降公営の九柱戯場が建設されることにより大衆スポーツになった。

それ以上に広まったのが球技で、それはすでにゲルマン初期から知られ、ボールは羊毛のつまった革製品だった。子供はキャッチボール、修道院付属学校の生徒は投擲競技、吟遊詩人はボールをたくさん使って曲芸をした。球技はドイツではとくに夏におこなわれ、「初夏のスポーツ」と呼ばれていた。それは春到来の印としてのスポーツだった。ナイトハルト・フォン・ロイエンタール（一二三〇年頃）はボールで遊んでいる村の娘たちを歌集にしている。一四三七年バーゼルでエネーア・シルヴィオ・ピッコローミニがボール遊び以外の、鉄輪を吊ってする球技を目撃していた。それは、「輪　で　打　つ《ドウルヒ・デン・リング・シュラーゲン》」と呼ばれる球技で、フラマン地方では「木　球　で　打　つ《ドウルヒ・ディ・クロートポルト・シュラーゲン》」といわれた。多くの都市では悪天候でも球技ができるよう「屋内球技場」が建てられた。一番古い球技はニーダーライン地方の言葉で「カッチュ」（ボール）、アーヘンで「カッチュホーフ」、ケルンで「カッツバーン」と呼ばれていた。オーストリア人の医師グアリノーニ（一六一〇年）はネットラケットでするテニス、素手でするハンドテニス、木製ラケット棒でするファウスト＝バル球技、ゴルフのようなスティック球技、木製ラケットでするテニス、ゴルフのように穴に球を入れる球技、ラウンダース、バドミントン、そして包囲された群（狩人とウサギ）を射落とす競技など合わせて九種類を球技として列挙していた。そのうち数種類は中世後期にも知られていたと思われる。

全身を使う体育としての格闘技は昔からおこなわれていた。抜き身の武器を使っての試合は生死をかける戦いに移行することが多かったので、剣術と真剣勝負はおなじように見られていた。それだから一五一二年にデューラーが描いた皇帝マクシミーリアンのための剣術本もその真剣勝負を題材としていた。一五世紀になお宮廷層は真剣勝負に熱中して、ベーメンの一貴族の紀行文(一四六五—六七年)にブルゴーニュ公フィリップのブリュッセルにある宮廷で武装した騎士同士の勝負がおこなわれたことが記載されている。このように人々はスポーツをするのを非常に喜んだので、ニュルンベルク市参事会は一四三四年草原を買って、剣術や他のスポーツをするために屋根をつけた場所を提供した。

すでに昔からゲルマン人に知られていたスポーツは水泳で、中世にいたるところで人気があった。カール大帝とフリードリヒ一世バルバロッサはそれが得意だったし、皇帝オットー二世は九八二年のコントローネの敗戦のとき、完全武装のまま船上から海へ飛び込み自力で岸に泳ぎ着いたという逸話もある。テューリンゲン人のヨハネス・ローテは『騎士規定』(一四一五年)の中で、戦争に備えて騎士全員に平泳ぎと背泳を習得するよう勧めている。

あらゆるスポーツの中で一番古いのはアイススケートで、すでに何千年も前からあった。石器時代や青銅器時代の底のあるスケート靴は馬骨でつくられていて、革紐用に穴がついていた。この馬骨製のスケート靴は中世にも使用されていたが、一四世紀にはじめて鉄製のレールのついた木製のスケート靴になり、とくに冬に凍った運河や河川がスケートリンクに利用されたオランダではそうであった。先述した一四六五年から六七年のベーメン貴族の紀行文にはブリュッセルでおこなわれた二八人のスケート競走が描写され、滑る人の敏捷性と迅速性を称賛していた。オランダのアイススケートはドイツの沿岸地域に影響を及ぼしたが、その存在はドイツではほとんど知られていなかった。

ドミニコ会修道士マイスター・インゴルト・ヴィルトは一四三二年『黄金のゲーム』の中で、踊ることもそこに入れていた。そのうえ、かれはそれを走ること、跳ぶこと、格闘すること、また「体力を維持するためのスポーツ」と同等に取り扱っていたが、それは中世後期的な考えであった。タキトゥスの『ゲルマーニア』(紀元一〇〇年)に、ゲルマンの若者の宗教的儀式、諸剣舞が描写されていたように、もともと舞踏は大衆の宗教上の祭式と結びついていた。そしてこの儀式上の剣舞が中世の手工業者の剣舞や輪舞、またミュンヒェン桶屋組合の桶屋踊りに生きているのは確かである。手工業者の祭り好きと自尊心にみちた表現力は、所属共同体の舞踏が何にも左右されない独自のものになるように力を貸した。しかしそういう中でも、中世初期には埋葬時の舞踏や舞踏歌は教会から幾度も禁止されていた。それは舞踏や舞踏歌に異教徒の儀式が生きていると思われていたからであったが、アッペンツェルの人々は一二七一年のザンクト・ガレンの大修道院長の埋葬時になおそのような踊りを舞っていた。そしてまた別の場所でも「ジィジィザンク」(墓での葬送歌)や「ゼスピロン」(墓での踊り)が踊られていた。

生きる力と歓びの表現としての踊りはいたるところで見られた。輪舞であるライゲント踊り、リング踊り、クライス踊りは戸外でおこなわれ、人々の感情を表現していた。踊っている人々がおなじ調子をとれるよう、先唱者は(指揮棒を持って)舞踏歌を歌って音頭をとった。このようなリング踊りやライゲント踊りはとくに農民のあいだに残り、春には宮廷の人々もこれに似たリング踊りを踊って楽しんでいた。

イスラエル・ヴァン・メッケネムの銅版画や、同時代にエラスムス・グラッセルが制作したミュンヒェン旧市庁舎(一四八〇年)の木彫作品「モリスカダンサー」が完璧な姿で示しているように、踊りは明らかに求愛とわかる見事な身振りをつけていた。踊りは踊りでも中世後期に発生した舞踏病は特別なものだった。一三七四年ライン゠モーゼル地域に流行病のように襲ったヨハネ踊りは、そのことを歴史的に裏付けている。その踊りは少年少女、男性女性たちが職業・年齢に関係なく家から出ていき、荒々しく跳んで浮かれ騒ぎ、意識不明になるまで無理な姿勢で踊り続けた。一四一八年にシュトラースブルクでこのような熱狂的な踊りが発生したのは有名だが、そのとき病的な踊り熱を鎮静するためにファイト礼拝堂が使われたので、その病人はファイトダンサー(舞踏疾患者)と呼ばれたくらいである。

宮廷では踊る人は手をつないで、歌声やバイオリンの伴奏に従って半ステップで自由自在に動き回るというように踊り方を変えて楽しむようになった。それは「男女のダンス」と呼ばれ、都市の上流社会に受け継がれたが、一四世紀にはこの集団ダンスから紳士淑女が腕を抱きしめあうカップルダンスが生まれた。しかし、ウルム市参事会は一四〇六年にこの「秩序なき」ダンスに反対し、また他所では教会や都市も反対したが、その伝統的な踊り方や既定の踊り方また節度などは初めのあいだしか守られなかった。とくに農村や小市民においては、ダンスは生きている歓びや性愛を表現する陽気な舞踏会になった。しかしそれは禁欲的な説教師にとっては気に入られず、シュトラースブルクの大民衆説教師ガイラー・フォン・カイザースベルク(一五一〇年没)はダンスに断固反対し、「当世ではダンスという名目で、場所柄をわきまえぬ前代未聞の卑猥行為がおこなわれている。しかも羊飼いダンス、農民ダンス、ロマン語地域ダンス、貴族ダンス、大学生ダンス、鍋製造業者ダンス、物乞いダンスなど驚くほど多くのダンスが創作され、それらを全部あげようと思えば一週間あっても時間が足りない。そのうえ無骨者が現れ、ダンスする振りをして女性や生娘をやたらと振り回し、高く放り投げ、彼女らを前後左右から、また女性の恥部まで覗き見し、不潔に汚らしく踊っている。それにもかかわらずかれらは人気があり、宮廷に出入りするまでになっている。かれらが生娘や女性たちを高くあげてやると、娘たちは喜び、恋が芽生えている。いったい男どもは、娘たちを回しながら彼女らのどこを見ているのか。とんでもない、恥さらしな猥褻な行為だ。とんでもない」と嘆いた。

ミュンヒナー・レジィデンツでの舞踏会。左側のバルコニーでは、楽士たちはスローテンポのダンス音楽を演奏している。別の見物人のあいだ、右側に、宮廷道化師が出番を待っている。後方ホールの張り出しで、トランプをしている大公アルブレヒト四世とその妻。窓はミュンヒナー・シュトラーセとミュンヒナー・トーアの方角を向いている(マティアス・ツァージンガーの銅版画、1500 年)

五　女性、婚姻、家族、性生活、礼儀作法

男性は出生および職業によって「神から配置された」身分秩序に、同時に実社会の秩序、兵役義務、政治的な生活に組み入れられていた。さらに、男性は自分の家族の長、すなわち妻子や奉公人の主人であった。このようなゲルマン人の家族は法的拘束力のある氏族規定による、共同社会の構成要素だったのである。

男性とは対照的に、女性は職をもっていないかぎり法律上、権利能力を有していなかった。女性は結婚するまで父親、兄弟、血縁男子の後見権に属し、結婚後は夫の後見権に、寡婦としては息子か血縁男子の後見権に属していた。女性は妻としてのみ（多くの鍵をベルトに吊し）家の鍵の支配権をにぎることで威信と権利を享受できたので、愛情や好感度を重視しないで結婚した。配偶者はたいてい法的後見人が見つけるのがふつうだったが、身分（たいていは同じ身分）や財産、また後見人のメリットに照らし合わせて探し出された。またアウクスブルクの大商人で年代記作者のブルクハルト・ツィンクのように名のある大商人は、下級貴族の女性と結婚し、ますます名声を高めていった。メリットをうまく計算に入れて結婚したかれは、その後一四四一年にニーダーバイエルン地方の富豪ハインリヒ金持公の顧問官の未亡人、ドロテア・クエレンベックと再婚してその地位を上昇させた。

中世末期は各階層で例外なく女性過剰が生じたが、一例を挙げれば、ニュルンベルクで一四四九年に男子一〇〇〇人に対し女性一一六八人、バーセルで一二四六人であった。女性過剰となったのには種々の原因があるが、結局は男性が少なくなったからである。結婚適齢期の男性数が減少したのには戦争やフェーデによって多くの人が死亡したことにもあるが、それだけでなく男性がとくに修道会への入会、おなじく結婚禁止が義務づけられていた世俗聖職者（修道士階

級）の道を選んだからであった。女性過剰は中世末期の社会的な重要問題になった。というのは、貴族層、都市貴族層、大市民階層の未婚女性は次世代との衝突をよく招いたので、両親のもとに長くいられなかったためである。その解決策として修道院があり、未婚者や寡婦は経済の保証と仕事のある女子修道院へ入会したので、好むと好まざるとにかかわらず彼女らは修道女の誓約に甘んじなければならなかった。そのような社会問題解決のために、シュトラースブルクなどではドミニコ会の男子修道院ひとつに八つの女子修道院が付属しており、そこの住人は都市貴族層だけであった。また貧しい人々のためにベギン会施設が建設され、そこで未婚者や寡婦は半ば修道院的な共同生活をし、写本、糸紡ぎ、機織り、あるいは病人看護のような仕事をして収入を得、共同会計で暮らしをたてていた。

女性の職業は少なかったが、早くからゲルマン民族は医術に関する女性の能力を認識していた。能力のある女性は中世に外科医や産婆として働いていたが、『悪魔の網』（一四二〇年）［作者不詳］のように女性について否定的な見解も多かった。「賢い女性」と呼ばれる女性は患者の心理をよく理解していたので、民間療法や魔術的な祈りや呪文を使って治療していたのである。

女性は概して最古の生業につくことが多かった。一三世紀以降都市それぞれに公営の売春宿があったが、一二七三年アウクスブルクにできたのが初めてで、次いで一二七八年にウィーン、一二九七年にハンブルクに建てられた。娼家があった街路には「バラ路地・バラ山・バラ谷」のような名前がつけられ、自分の所領地に娼家がつくられた都市や財団施設、また諸侯や教会侯はそれに対して多額の使用料を納めさせた。売春税は皇帝や統治中の諸侯からレーンとして他者に譲渡されることが多かった。女主人や寡婦がそこを監視していたが、往々にして死刑執行人も監視役だった。もちろんユダヤ人、既婚男性、聖職者はそれを利用できなかった。

女主人には食事、ベッド、洗濯費用として少女たちに請求できる金額や、食事代として客たちに請求してよい金額が規定されていた。既婚女性や都市在住の女性市民が娼家で働くことは一般的に厳しく禁止されていたので、婦女売買がおこなわれていた。そのため孤児や私生児、そして体僕や路上でやつれた者は商品のように売られたり、抵当として与えられたり、担保入れされたりした。南ドイツのシュヴァーベン地方は主な婦女輸出国だった。彼女たちは囚人のように扱われ、辱められることが多かった。売春婦の悲惨な状態を見てニュルンベルク参事会は一四七〇年、売春婦たちを少なくとも教会へ行かせてやるべしという命令を出したが、そのさい彼女らは赤いショールや緑のコート、あるいは黄色いスカーフなどの特別服の着用を義務づけられ、識別された。また死亡時は皮剝場に埋葬された。その状態から救い出すため、ベルトルト・フォン・レーゲンスブルク（一二七二年没）などは他の人々と協力して、彼女らが結婚しやすいよう資金集めをしてやった。

しかし売春婦たちは自分たちの仕事を合法的な職業で、非公式ながらも社会に参加していると思い、寓話的な姿の役者としてパリスの審判［アテナ、ヘラ、アフロディテ三女神の美貌争いの審判をパリスがした］の衣服をまとっていない三女神の姿で、公のパレードに参加していた。一般客は都市参事会に宿泊所を世話してもらえたが、それ以外の賓客は売春宿で休息した。それゆえ皇帝ジーギスムントは一四一三年に家来たちをひきつれてベルンの売春宿に、一四三四年にウルムの売春宿に数週間滞在した。売春宿から締め出された既婚者や聖職者は、個人の宿泊所に案内されるか、戸外で生業をおこなう巡回売春婦につきまとっていた。コンスタンツ公会議（一四一四—一八年）には一五〇〇人、バーゼル公会議（一四三一—四九年）には一八〇〇人の売春婦が随行したが、出征時には毎回、大勢の売春婦が随行していた。

女性の別の職業は湯女であった。湯女は浴場に水を運んだり、風呂場や風呂の用具を洗ったり、浴槽にお湯を入れて準備したり、時には客にマッサージをしなければならなかった。彼女らの報酬は鋏や吸玉で瀉血したり外科処置したりする風呂場男のわずか半分だったので、彼女らは浴場諸規則にもかかわらず性欲の強い既婚男性や司教座聖堂参事会員、また修道士や旅行中の高貴人を相手に少ない収入を増やしていた。

職人の道は女性には閉ざされていたが、居酒屋の女主人、小売商人、水運び人、石炭運搬人、糸繰り女、亜麻布の織工、道路清掃人として働くことはできた。しかし、ケルンの糸作り職と黄金の糸繰り女のように、若干の大都市では女性の職業やツンフトは存在した。ツンフトの多くは女性を見習い工として、たとえば糸紡ぎ、糸ひき、亜麻布織り、羊毛織りや羊毛をすく見習い工として雇用していた。彼女らは一日中はたらき、雇主の気紛れにもしっかり耐えた。ただし雇主の家族の一員に属し、老後は死ぬまで世話してもらえた。

手工業者の妻のほとんどは経営に参加し、また一緒に仕事していたので、ツンフトは彼女らに夫の死後も、工場を続けることを許可していた。しかしその期間はたいてい一年と一日だったので寡婦に再婚するよう強制した。そのため親方になろうとして、親方の年増の寡婦と結婚する職人《ゲゼレ》も多かった。

結婚は公式な婚約と、法的後見人から夫への花嫁引渡しによって成立した。夫は法的に妻の代理となり、妻の財産を管理し、無制限の懲罰権さえ有していた。中世後期の物語文学はとくに妻にさんざんに殴られ（一番目の殴打）、女房の尻に敷かれる亭主の話でいっぱいであるが、これは人生においては法の条文ではなく、個人の強さが事を決定するということを示していた。他面、夫の殴打（二番目の殴打）は、二つの戯本があらわしているように忠誠と愛情の印と評価された。三番目の殴打は、オーバープファルツでは結婚式の招待客が花嫁を白樺の木の笞で殴りながら教会の入口から教会の中にある座席まで追いやり、東プロイセンでは婚礼ベッドに入る前に花嫁は力いっぱい笞で打たれ、また別の土地では花婿は荘重な祝福後そのまま教会の中で男子たちに笞で打たれるなど、結婚式の殴打の慣習として今世紀まで維持されている。これらはイムマーマンの『オーバーホーフ』にも記録されている、いわゆる「殴打の清め」である。ここに太古の不可思議な慣習、生命と生産力を呼び起こすという笞の殴打が生きているのである。

結婚相手それぞれが自由意志で結婚するという意思表示、あるいは結婚を前提として性的関係があるという結婚の秘蹟を確

夫は法的には妻の後見人だったので、妻が家で支配権を握り、それどころか「怒る妻」として夫を叩いている絵は、「逆様の世界」のように見える。このような夫婦の対決は爆笑を呼び起こし、虐待されている夫は小気味よい（ハンス・フォルツ、『デル・ベーゼ・ラオッホ［悪しき家庭］』、ニュルンベルク、1480年）

認することにより、キリスト教の教会は一二世紀以降、花嫁が自分の意志に反して結婚することを阻止していたが、その後体僕の結婚さえ君主の同意を必要としなくなっていった。シュヴェリーンの教会会議は一四九二年、しばしば伝説で語られる禁欲主義の「ヨセフ結婚」(性的に節制した婚姻)の広まりを防ぐために、この見せかけだけのごまかしの結婚に刑罰を与えた。のちのちまでも影響を残したゲルマン人の結婚の考え方も教会も、秘密婚を拒否し、公開を要求するようになった。通常は、氏族《ジッペ》の代表者と花嫁の後見人が「共同代弁者」として法的行為をおこなった。教会は、主任司祭が新郎新婦の二人に共同宣言をたてさせる(ただし以前のように結婚式場において)ことを先ず徹底させ、その後結婚式のその日にいわゆる「新郎新婦のためのミサ」において若い二人が市民の目前で祝福されることを長年の歳月をかけて達成していった。それにもかかわらずトリエント公会議(一五四五—六三年)まで、結婚の秘蹟は非公開で教会抜きでおこなわれても法的に有効だと誰もが思っていた。教会の定めた婚姻を阻止できる障害物に、結婚未成年(男子一四歳以下、女子一二歳以下)、結婚に不向きな状況(アルコール依存症や精神病)、強制猥褻罪、性交不能、血縁者、養子縁組や名親による精神上の親族、また人々をよく憤慨させた不可解な鑑定なども含まれていた。

結婚披露には、たいていは嫁入り支度品を運んでいく、新一族の「隊列」(婚礼行列)が必要だった。共同宣言者から支度品が手渡しされてのち親戚と近隣者一同が招待される、いわゆる「会食」(婚礼の祝宴)が催された。はじめに新しい親族、最後に新郎新婦のダンスは今日なお引渡慣習として残っている。音楽と瀬戸物を割る音により、悪霊を追い払う太古の風習はもともとは婚礼の祝宴の後でおこなわれていたが、その後、結婚式の前の晩(婚礼前夜の大騒ぎ)に移行された。初夜の後、多くのところで新婚夫婦に鶏のグリル(ローストチキン)とワインがベッドに運ばれるようになった。

初夜のあとに正式な夫婦になった生活共同体は、財産法上の全効力を有して始まった。だからこそ証人たちの目前で床入りの儀が、とくに諸侯においてはおこなわれる必要があった。床入りの儀には新婦の父は一般的に沢山の子宝に恵まれることを述べるのが多かった。一五世紀になって、公式な床入りの儀は象徴的な儀式にとってかわられるようになった。一般市民の場合は衣装をつけた二人がベッドカバーにくるまれるようになり、政権の座に君臨する君侯の場合は新婦の出迎えに派遣された使者が代理として武装のままで、裸の剣を自分と新婦のあいだに置くことによって床入りの儀式をおこなった。この役をバイエルン大公ルートヴィヒは皇帝マクシミーリアンとブルゴーニュ公女マリーアとの婚礼時の一四七四年に、エルボロ・フォン・ポルハイムはマクシミーリアンとアンナ・フォン・ブレターグネとの婚姻時の一四八三年に司った。

結婚の主な目的は昔から合法的な生殖だったので、夫婦が子宝に恵まれず、その原因が夫にある場合、夫は他の男性に代理を頼むことができた。このような場合、はじめマルティン・ルター(一四八三―一五四六年)は夫の兄弟か友人との性的関係を認めていた(のちになってルターはこの代わりに離婚か再婚を勧めた)。ただし、堕胎は許可されていなかった。父親は昔から、赤子が洗礼を受ける前に、子を床から拾い上げることで合法的に認知するか、あるいはその子を捨てさせるかの権利を要求していた。また国家と教会は私生児を捨てることさえ禁止したがその効果はなく、教会・市庁舎・女子修道院・牧師の家の前などに捨てられることがよく生じた。そのため寄付が集められ、捨子養育所が建設されたが、それだけでなく捨子が一組の夫婦に拾われ育てられることもよくあった。

夫婦はたいてい子宝に恵まれたが、子供たちの多くは早死にした。分娩のさい、新生児を産湯に入れるのに経験豊かな近所の女性や産婆(バーデムッター、バーデムーメ)が手助けした。産後の母親と新生児は悪の一瞥、叫び、魔女、悪霊にとくに狙われていると思われたので、この期間は紡ぐことや織ることは中止された。新生児を少しでも早く教会の力で守ってもらえるように、洗礼は出産の翌日か翌々日にはおこなわれたが、産後の女性は六週間後の出産のお礼参りの礼拝まで不潔とされていたので、また母親はなおベッドに横たわっていなければならなかったので、産婆か近隣者あるいは別の女性が新生児を教会へつれていった。トマス・アクィナス(一二七四年没)のときはまだ、全身を聖水に浸す全身洗礼が望ましい形とみなされていた。頭だけが軽く濡らされる点滴洗礼は一五世紀におこなわれるようになった。また新生児の生命が危険なときは素人でも応急洗礼をおこなえた。つまり、司祭が間に合わないときは俗人が急場洗礼をおこなえた。父親は子供に一族の伝統的な名前をつけたが、中世後期に流行したように、わが子が特定の聖人の加護を授かるように聖人の名前をつける父親もいた。

子供を乳母に育てさせるようになったのは中世後期になってからで、それまでは母親はたとえ諸侯夫人であっても自分の母乳で育てていた。九世紀以降、揺れる木製の寝台、揺り籠が普及した。子供が歩きはじめると、こまが四つ付いた架台の中に立たせた。また女の子は人形、男の子は棒の先端に馬首をつけた春駒、動く騎士人形、風車を玩具にもらった。日常教育に笞は惜しまなかったが、裕福な庶民の家では母親は一日中子供たちの相手ができ、糸繰りや機織り、また別の手仕事のかたわら気の散ることがなかったので、調和のとれた家庭生活がおくれていた。

その理想像はヴォルフラム・フォン・エシェンバッハの『パルツィファル』が示している(一二〇五年頃)。かれにとって性的関係を含めての「正規の結婚における愛《ミンネ》」は、聖杯の中に象徴される宗教的完璧に向かう努力とならんで重要であった。エシェンバッハが『パルツィファル』を創作してから約二七〇年のちに、バンベルクの司教座聖堂参事会員アルブレヒト・フォン・アイプが『結婚生活書』(一四七二年)を著し、その中で結婚および家族生活を精いっぱいに称賛していた。

「結婚は有益なことである。それにより家、都市、国は建設され、発展し、平和でいることができる。結婚によって多くの争いや戦争はしずまり、知らない人同士から親戚や良友をつくりだし、人類を不滅にすることができる。結婚は楽しく、面白く、魅力的である。父親、母親、子供という名称以上に楽しい魅力的な呼び名があるだろうか。子供だか

恵まれた地位にある夫婦の子供部屋には八人の子供たちが描写されている。一人は実用的な歩行器の中で、他の子供たちは遊びながら、一番下の子は母親の胸の中で描写されている。祖母は糸繰りに従事している。カーテンの向こうには夫婦の寝室がある(フランツェスコ・ペトラルカ、『フォン・デル・アルツナイ・バイデル・グリュック[二人の幸福の薬]』、アウクスブルク、1532 年)

らこそ親の首にぶら下がれる。夫婦が真の愛情をもち正しければ喜びと痛みは共有であり、夫婦は財を享受し、嫌なことはそれゆえ軽くなる」

しかし、多くの人がこの理想的な結婚生活をおくれたと思うなら、全社会層、とくに政治的理由で結婚した諸侯層で夫婦間以外の性的関係が多かったことを見逃していることになる。エノー伯ヴィルヘルム四世(一二四七年没)は伯ゆえに妻をもたず、夫から誘拐した愛人の腕の中で死んだ。一四七五年ランツフートで皇帝と諸侯同席のもとで、ポーランド皇女との結婚式の披露宴をあげたバイエルンのゲオルク金持公は、嫁入持参金が十分でなかったとして妻をブルクハウゼン城塞に追放し、自らはランツフートの王宮で別の女性たちと交遊していた。また一四七七年にヴュルテンベルク伯エーバハルトの父親は手紙の中で、息子のエーバハルトが仲間連中とキルハイム修道院を夜の乱飲乱舞の酒宴に濫用し、それは売春宿よりひどい状態だと叱責した。貴族もまた平然と市民女性や体僕、また売春婦やそれ以外の女性を相手におなじようなことをしていた。ツィンメルの年代記によれば、隣の貴族は定期的に猥褻の狂宴のために二四人の貴族修道女が生活しているオーベルンドルフ修道院に会合し、闇の中で無差別に相手を選ぶ遊びをし、ある貴族は自分の妹を夜の相手に捕らえても、それで狂宴が中止になることはなかった。

圧倒的に力のあった『初夜の法規《ユスプルマエノクティス》』(いわゆる新婦全員が初夜を荘園領主と過ごさねばならなかったということ)はもちろん作り話であり、それはむしろ結婚許可と結びついていた税を描写するための滑稽な表現である。しかしそれなくしては、女性の体僕は荘園領主から性的関係を強制されたであろう。他の者は稼ぐため、あるいは民衆本『懺悔』が的確に描写しているように、荘園領主の夫への怒りをこのような手段でしずめるために、自ら好んでそれに応じたのであろう。

都市領域のほうが貴族の支配する地より品行方正だったということでは決してない。富裕な商人は高齢で若い女性と結婚したが、彼女らは結婚生活で不満足だったので若い男性と関係をもつことが多かった。一四七六年に報告されているように、リューベックでは上層階級の市民女性は酒場で密かに船員と関係しようと厚いヴェールを被っていた。著名な人文主義者でのちに司教になったエネーア・シルヴィオ・ピッコローミニは一四四八年に、ウィーン女性は全員姦通者か、男性は全員詐欺師か売春婦である妻のひもだという印象を受けていた。

職人階級にとって問題はまた違っていた。徒弟奉公の年季と職人試験を済ませていた多くのゲゼレは、かれらの親方の死後、自分自身が親方になろうとかなり年増の寡婦と結婚し、家庭外で若い女性と楽しんでいた。当時の文学から十分知られるこの問題は、結婚相手の性的不能や長期疾病時に生じていたので、懺悔を勧める説教師は、事情を詳細に調査せず安易にこのような猥褻行為に走ることを嘆いた。しかしながらゲゼレや下僕、また下女などは生涯合法的な結婚ができなかったことを忘れてはならない。だから多くはいわゆる五月婚や夏婚といわれる恋愛関係を見つけ、戸外でおこなわねばならなかった。それができない場合、かれらは性欲を満たすために売春婦や偶然の機会に頼らざるをえなかった。性交渉が路上や面前で平然とおこなわれたので、ニュルンベルク市参事会は囲いをした敷地の使用を許可しなければならなくなり、ユーデンヒューゲルやプレレル、またヴィルボッツブルンネンとシュタイネルネン・ブリュッケ間にある草原を使用するのを許可した。

独身を強要されていた人に、世俗聖職者も含まれていた。第二回ラテラノ公会議(一一三九年)が何百年間もの論争後に、聖職者全員にはじめて独身制を定めたのは、聖職者の身分に高尚な価値を与えるという動機からでもあったが、結婚により、司祭が家族に教会の財産を遺贈し、それが減少しないようにという思惑とも結びついていた。その結果、すでにパプヌティウス司教(三六〇年没)が予言したように猥褻行為、姦通、同棲が生じた。とくに貴族や諸侯階級出身の高位の聖職者はこの命令に届せず、夫婦のように生活していた。一二八四年、一三五四年、一四五七年のアイヒシュテットのような教会会議は聖職者の同棲を撲滅しようと、一四五六年の勅令で聖職者たちを停職や聖務禁止、また破門制裁や禁固の処罰で脅迫したが、その効果はなかった。なぜなら司教座聖堂参事会員教会禄の所有者たちは、かれらより身分の低い(助祭叙階から出発した)高位の叙階者の言うことなどには耳を傾けず、独身制原則を守らなかったからである。いずれにせよ公式見解は夫婦同然の同棲を黙認していたが、それは故人となったレーゲンスブルクの司教座聖堂参事会員、フロイデンベルク(一四三六年没)の兄弟が訴えを起こしたときに明確になった。その訴訟は、故人となった司教座聖堂参事会員の愛人とその子供たちが手中にしていた家屋、ならびに全財産の細部に至るまでの引渡しを要求するために起こされたのであるが、裁判所は原告の意に反して、「その聖職者は長いあいだこの地に定住し、一〇年間そこに住んでいた。生きていたならこれから先もそこに住んでいたであろう。愛人と子供もいたし、これから先も一緒に住んでいたであろう。したがって参事会はかれが自主的に譲渡したものを、しかも生前中にそれについて残念がったり大げさにしたりしなかったものを、愛人にやらないとか、愛人がさらに友人にやってもよいとかを、判断する義務はない」という判決を下した。

それゆえ聖職者たちは憚ることなく夫婦同然の生活ができ、子供をつくり、教育し、世間の顰蹙《ひんしゅく》を買うこともなく、愛人と子供に、夫婦にかなった諸財産権を譲り渡すことができたのである。

日常生活には結婚や出産とおなじように死や葬儀も含まれる。周知のとおり、それらは慣習に従っていた。死といっても、もちろん家に住んでいた場合のことである。何人の住所不定者が路上脇で死に、無造作に埋葬されたか、どれほどの人が救貧院、施療院、ハンセン病患者専用の建物でひっそり死に、無頓着に皮剝場や墓地の隅に埋められたかはどの年代記も述べていない。しかし一三四八年以来のペスト流行時に膨大な数の人たちが死んだとき、これまでの慣習はすべて無用となった。死にかけている人は看護を受けることもなく、死者は死んだそのままの状態で放置された。覆面して棺を運ぶ人が募集され、かれらは棺をぼろ車にのせて引っ張り、手っとりばやく掘られた大衆墓地に死体を投げ捨てた。

個人の家で死と関連する昔からの慣習は、今日現在まで維持されている。死にかけている人に楽になるように羽毛枕は取り除かれ(「不安定な羽毛のために」)、ベッドをずらし、窓を開け、屋根の瓦を一枚ひっくり返し、聖なる蠟燭を一本灯した。その後に鐘が鳴り、祈りやそれ以外の教会上の作法、最後に聖体拝領がくる。聖体拝領をしてのちに死が生じる。死後は鉢植えの草花や他の物はひっくり返し、ワイン樽を叩き、家の中の眠っているものを覚まし、動物たちに家の主人の死を知らせた。死者が家にいるあいだは騒音や音の出る仕事はさけられ、同様に糸繰のような回る仕事も避けられた。遺体は湯潅《ゆかん》され、死装束を付け、鏡は覆われ、窓やドアは埋葬まで開かれたままだった。そのさい、できる限り丁寧に保管されてきた結婚式のときの衣装が死装束に使われた。このような敬虔さと愛情あふれる配慮の裏には、死者はこれから先も生き続けるという信仰が隠されていた。それゆえ他所で死んだ人や溺死した人もまた、「かれらが休息できるよう」葬儀をしてもらったのである。

不幸のあった家や教会で遺体を棺に入れて安置するのは、もともとはふつう死者と一緒に墓の中まで入っていく粗末な板（レーブレット、ライヒェンブレット）の上でおこなわれていた。皇帝ハインリヒ四世の妻ベルタの遺体安置に使用された樫製の死人用戸板は、シュパイアー大聖堂の皇帝霊廟にある。今日なおルーポルディンクで見られるように、いたるところで死人用戸板に名称・番号・内容説明などの文字を記し、死者を心に記憶するため路傍に展示することはふつうだった。中世末期に高貴な人は簡素な六角形の棺箱（棺木、箱、トラウフ、ホール、厨子）を使用しはじめたので、パリやリューベックの死の舞踏の中で、このような棺箱を脇にかかえた人影が描写されてい

会葬。血縁者と友人たちは死んだ女性を死体用の戸板にのせて教会の恵みを受けるために運ぶ。一方、寡夫と子供たちは忌中の家の前に立って後に残っている（フランツェスコ・ペトラルカ、『フォン・デル・アルツナイ・バイデル・グリュック』、アウクスブルク、1532 年）

る。

死は葬式をふれまわる女性により死者の隣人や友人に知らされた。そのとき葬式を伝える女性たちが決して家に入らなかったのは、許可されていなかったためである。そののち遺体は友人や隣人に担がれて教会へ運ばれ、翌日か翌々日に墓地に運ばれた。遺体は故人のよみがえりの確証のために足は祭壇のほう、目線は東、つまりキリストの墓に向けて安置された。ただし聖職者は頭を祭壇に向けて、いわば別れを告げる姿勢で同士のほうを向いて安置された。教会では葬儀は死者のために聖母や聖人に取り次ぎを求める代願の祈りをし、聖水をかけ、お香を焚いておこなわれ、そのうち後の二つは墓地でもう一度おこなわれた。追悼説教は一七世紀になってできたものである。死者に最後の栄誉を与えるということは暗黙の規則だったので、隣家はそれぞれ少なくとも住人一人を連れて代表者にならねばならなかった。聖水と香で清められ、儀式のおこなわれた墓は死者に永遠の休息を与えたであろう。富裕な者は教会の中に休息地を求めるようになり、教会で高位高官の聖職者の葬儀がおこなわれるのが急増した。

結婚は普通一般の経歴に入るので自由意思で結婚しなかったにせよ、あるいは結婚が許可されていない使用人やゲゼレのような社会層にあろうとも、独身で死んだ人は軽視されたので、この足りないところは象徴的に補われることが多く、葬儀の列にヴェールをかぶった架空の新婦が参列し、死冠には子宝の役を果たす人形が編み込まれたりした。自殺した者は玄関から運び出されてはならず、窓から出され、清められていない場所に埋められた。葬儀後、死者の家で飲物つきの会食「死者の会食」が催された。いたるところで死者のために席が一つ空けられているのは、この風習はキリスト以前の「ミンネ酒宴」、すなわち死者に敬意を表する酒宴の存続と見ることができる。地域によって「死者の会食」は葬儀後三〇日目に、つまり服喪期間が明ける死者ミサの日に延期された。

ゲルマン初期には、死人は生前同様訴訟を起こすことのできる人格として通用していた。人は死体を裁判所に運び、訴訟を起こさせた。「生きている遺体」へのこの信仰は、他の現象にもあらわれている。クリスマス［一二月二五日］から主の公現の祝日［一月六日］までの一二夜（ツヴェルフテン、ムッターネヒテ、ラオッホネヒテといわれている）は死者が家に帰ってくる日々である。だから死者のために食事や飲物を食卓にならべたのである。それは現在のクリスマスの豪華な食卓の原型であった。この期間に青年団員の独身男性が死者の仮装をして、死者の名を使って食事や飲物を要求し、その返礼に豊作を祈願して夜に畑で踊った。また多くの地域で、生きている者が死者と、あたかも死者が生きているかのように話をした。「生きている遺体」への信仰が如何に強かったかは、世界都市ミュンヒェンの端に位置する墓地で、二〇世紀半ばになっても恭しく一二枚のベーコンと別の食料が墓に供えられていたことでもわかる。

六　衣服、民族衣装、流行、服装に関する規定

中世末期にはどういう衣服が流行したのだろうか。中世末期まで乗馬に専用の衣服はなかったが、必要に応じて、尻と大腿部を覆い、腰のところで紐で結んだ乗馬ズボン(古高ドイツ語で「ブルオホ」、英語で「ブリーチズ」、つまり「臀部に所属しているもの」)が作られた。それにくらべて、ケルト語を言語とするケルト人地域では馬が引く古代戦車と、それに適した腰巻き(「キルトスカート」として)がなお使用されていた。この乗馬ズボンは中世にズボン下や入浴パンツのように小さくなっていた。ストッキング(「ズボン」)は臀部のところまで伸び、乗馬ズボンのところで留められていた。「ストッキング一対」という慣用句は、この二本に分かれたズボンの脚の部分を意味しているのである。分かれた二本のストッキングは中世末にはじめて尻の部分とくっつきタイツになった。ラント貴族が暖かい季節にむきだしの脚で、つまりズボンをはかずに歩いたとしたら、それは礼儀作法に欠ける行為だったのである。

手工業の職人はむき出しの脚で、シャツだけ着て仕事するのがほとんどであった。一三三四年のベルリンの服装規定は職人がこの服装で外出するのを禁止した。女中、農民の娘、下僕はほとんど裸足で歩いていたが、寒い季節や祭日には謝肉祭劇で述べられているように鹿葺を編んだ靴を履いた。これがゲルマン人の履いていた靴で、のちの農民戦争(一四九二年から一五一七年における西南ドイツの農民一揆)時の旗印になった、いわゆる(くるぶしの上で紐を結ぶ)農民靴である。それにくらべて市民は留金つきの短靴を愛用していた。それはとくべつ底もなく柔らかい革でできていたので、悪天候にはぬかるみの道路を脚を汚さず歩けるよう市民は携帯していた背の高い木沓を履いた。一四世紀半から靴の先端は長くなりはじめ(爪先が嘴状の靴)、爪先を詰めた嘴のような極端に先の長い靴は先を紐で脚の高さまで上げ

なければならなかった。もちろん都市の役所はこのような突拍子もないことに反対しはじめ、一四七〇年にベルンでは靴の先は指骨の長さまで、レーゲンスブルクでは一四八五年に指骨二本の長さまでに規制された。一五世紀に節度ある高さの横結びの紐靴と、膝の高さのところで裏返した縁のついている金持ち用の乗馬用長靴がでてきた。男性は一三世紀に下着としてのシャツ以外に、とくに上層階級が愛用していた頭からかぶりベルトでしめる長いスカートをはいていた。それは上流階級では脚までの長さだったが、袖は肘まで短かったり、ノースリーブだったりしたので胸のカットと脇のところで肌着が見えた。一三四八年と四九年のペスト流行後、生きている歓びが満ちあふれ、人々は生まれ変わったように感じ、肉体を露出したがった。スカートはますます短くなり膝まで、最終的に恥部が見えるところまでになったが、結局脚をズボンで覆うスタイルが首位を占め、短い男子用胴着にズボンが接続された。しかし都市貴族は騎士の目印として、腰のベルトに短剣を差し込んだ袋や、ベルトの装飾品として音の出る鎖や鈴をつけていた。ヴァームスと呼ばれる男子用胴着の上に、肩に掛ける「提灯袖《ちょうちんそで》の上着」(「タッペルト」)が着用され、その提灯袖は変形して膝までくる長さのケープになった。

一五世紀に地方色豊かな様々な流行がでてきた。部分的にふっくらしたツァッテル「けむくじゃらに垂れ下がった歯牙状あ

憧れの貴婦人の前に跪く、宮廷恋愛歌人シェンク・フォン・リンブルクは体にぴったり合った環状帷子を身につけ、その上に紋章付き陣羽織を着ている。そのかれに、羽根で美しく装飾した鉢型兜を差し出す貴婦人はウエストのない、下に垂れた、片方がいくらか端折れた服を着ている。首のカットの狭い服は1300年頃のものである。髪(既婚者は隠した)は当時の流行に従って肩のところで垂らし、顎リボンのついた冠の装飾用頭帯(ギザギザのスカーフ)で整頓されている(マーネスの歌謡写本集、グルンドシュトックマイステル、1300年後まもなく)

るいは樫の葉の形をした布製のもの」がつき、長さが膝まであるスモックのようなハイネックの上着とならんで、足元まで垂れるベルトなしの衣服がでてきたが、その袖はゆとりのある大きな袖で尖っていて極端に長かった。一四六五年以降、胸の切れ《スリット》が大きく入った男子用の長い上着「シャウベ」がでてきた。都市貴族の若者は一四五〇年以降体を露出する傾向にあったので、ウエストの上で演出された上着は大腿部から腰までを露出しようと横にスリットを入れ、肌着や胸元が見えるよう胸のカットを大きくした。しばしば上着は極端に短く、体にぴったりひっつくズボンの上から性器を覆いかぶせていた恥部カプセルが見えた。

早くも一三世紀半ばには男性は髪を耳の後ろになでつけず、耳や額の上まで伸ばすようになっていた。一三五〇年頃に髪は短くなったが、その後一三九〇年頃には極端に短くなったので首筋と耳の上指一本のところを剃るようになった。口髭《ひげ》や(先をひねって尖らせた)八文字髭が流行した。一四五〇年頃から再び髪を伸ばし、一四七〇年以降はしばしば髪にこてをきつくあて、縮れ毛を女性のように肩や首まで垂らし、おまけに前髪は眉まで伸ばしていた。

女性の服装は一三世紀には大変地味だった。上着は上半身を締めつけて、胸元を強調し、生地をたっぷり使用して、足まで垂らしていた。旅行用衣服には装飾用の長い袖とフードの付いた肩掛けがあった。髪はそのまま垂らすか、おさげにするかにして

クルレ(縮れ髪)と先の尖った靴は教授もまた流行を追っていたことを物語っている。教授は幅広いシャウベ服とその下にヴァームスといわれる男子用肌着を着用している。学生たちはセンスの悪さを顧みず、様々な方法で流行に追いつこうとしている。右後方の学生は、腰のところで切れ目の入っているスカートをはいている(ヒエロニムス・ブルンシュヴィヒ、『ヒルルギア』、シュトラースブルク、1497年)

いたが、頭のおしゃれには、顎から頭にかけて二度巻きした細いショールがアクセサリーに利用されていた。また一四世紀も女性の衣服は地味だった。襞《ひだ》の大きい上着は肌着についた腰紐のあたりについているポケットに手が届くようにスリットが垂直に入り、地面につくほど長かった。そして少女たちは髪をそのまま肩まで垂らし、既婚者は包んだり、分けたり、おさげにしたり、留めたりした。女性と少女はたいてい髪に輪(「花冠状頭飾り」)をつけていたが、金持ちはそれを冠のようにぎざぎざにし絹、銀、金、宝石で飾っていた(「王冠花飾り」)。

一五世紀に男性衣服が肉体を露出する傾向にあったのに対し、女性の衣服は一段ときついデコルテとコルセットでしめつけ、胸を強調するというスタイルが流行した。筒形袖は漏斗状に広がり、膨らみのついた(パフスリーブ)スリットをつけ、肌着もコルセットのようにきつく締めつけ、袖をつけた。おさげや束髪の髷《まげ》から、市民女性が愛用したスカーフの変形「角型頭巾」ができた。スカーフは額から顎まで垂らされ、横から見れば羽根のようだった。諸侯階級や別の高貴な女性には、もっぱら真鍮の針金を球形に曲げてつくった背の高い様々な頭巾(ブルゴーニュ帽)が好まれた。

当時の服装規定は商業的理由から贅沢に反対していた。ニュルンベルクでは女性が金・銀・真珠・宝石などでおさげを飾ったり、大きなショールやスカーフを身につけたり、絹服を着たり、絹・金・銀・モールで飾りつけした服、ローマ風上着、髪留め、指輪、オコジョの毛皮、クルゼン(毛皮の上着)を着用するのは禁じられ、家畜からとった二着分の毛皮(色彩飾豊かな毛皮)しか使用できなかった。ウルムでは都

女性は1480年頃、ウエストを高くし、紐を巻いてくびれを強調した長い衣服を着た。胸元のカットは時代につれてますます広くなった。髪は耳の上まで、1465年から角のような形のもので覆われた(右)。1485年からネットで膨らみを二つつくり、結んだ(ハンス・フォン・ヴィントレル、『美徳の花』、アウクスブルク、1486年)

市貴族の夫人や手工業者の夫人には真珠や金刺繡、また絹のショールは禁止されたが、絹の刺繡は許可されていた。また銀のベルト、ハンドバッグ、短刀には最高値が定められていた。一三六一年ランツフートでショールが禁止され、一四〇五年ミュンヒェンで色彩豊かな毛皮を裏地に使用するのは禁止された。また外套と上着は最高、指二本の長さまで地面に垂れてもよかった。ティロール人の詩人オスヴァルト・フォン・ヴォルケンシュタインは、当時流行した、地面に触れる服を一四一五年にフランスで目撃していた。どんな衣服でも騎士や都市貴族には特権として認められることが多かったので、女性は衣服を垂らし、それはライオンや孔雀の尾より長かった。貂《てん》・黒狐・ビーバー・カワウソ・オコジョ・黒貂の毛皮が重宝されたが、そのほとんどは諸侯に使用されていた。

　カトリックの聖職者が着用していた衣服は、キリスト教初期の伝統を継承していた。はじめ司祭は頭からすっぽりかぶる袖なしトゥニカ(古代ローマなどの男女が着用した下着や家庭着)を着用していたが、その後、細い袖のついたトゥニカも礼拝用の下着や日常用の下着になった。トゥニカには針金が組み込まれていたので下方へ伸ばすことができ、この下着(「聖職者の着る通常服スータン」)の上にスーパートゥニカと呼ばれる、腕を通すためにスリットのついた鐘形衣服(カッパ・クラウザ)を着用した。それは俗人にも着用されたが、そのようなことにはおかまいなく、やがて司祭衣服の象徴になっていった。教会は聖職者が質素な服を着用し、俗人と区別され、少しでも異なった特徴を維持するのを望んでいたので、一二一五年の第四回ラテラノ公会議は司祭にふさわしい「コロナとトンスラ」(聖職者の花冠状に剃髪した頭)の髪型を勧め、短すぎたり、引きずるほど長すぎたりする袖無しの衣服を拒否し、節度のある衣服を要求した。したがって金や銀細工の髪留めや革製の腰紐、品のない指輪、赤や緑の布地、爪先が嘴状の靴などは終始一貫して禁止された。また履物も衣服の一部と見られるようになり、司教の装束にはサンダル、司祭のには靴と定められたので、靴を履かないでタイツだけの装束でのミサ司式は禁止された。

　こてで縮らせた髪(ラフ)が一二七九年にミュンスターで、生地にかかわりなく、折りのある服と市松模様の服が一三一〇年にトリーアで、縁飾りのついた法衣やセパレートのもの、裾にツァッテルのついた上着、模様入りの赤や緑の靴が一三一一年にヴィエンヌで禁止されたが、これらの禁止は聖職者たちが流行に敏感だったことを示している。それ以外にも、一三一五年にミュンスターで金銀の胸飾りや飾りピンのついたラフな服とミシン目の入った靴が禁止され、二年後には赤色の服、赤やサフラン黄色の亜麻布製の縁なし帽子が禁止された。さらに一三三七年のケルン教会会議は禁止する流行衣服をリストにし、模様入りのカラフルな服、格子縞あるいは縦縞の入った赤や緑の服、赤や青また緑色のズボン、金銀でできた腰紐、高価で贅沢な装飾をほどこした短刀や短剣、髭や長髪などが記載された。教会は聖職者用衣服が世俗化するのを阻止しようとしたが、特定の形や色を明確には定めなかった。反宗教改革期(一六―一七世紀)にはじめて黒色が(フェリペ二世下で貴族の色として)命じられたので、それ以後、新・旧教の教会で黒色が広まっていった。

一三世紀以降、大学が増加し、パリ大学は一二三一年に教皇グレゴリウス九世［在位一二二七―四一年］により認可された。多くの地域で神学部は最上位に位置し、教授や学生の服は広く聖職者の服を真似たので、聖職者の服装は一種の学者の服装となった。一三八九年のケルン大学創設時、修士《マギスター》と学生はソルボンヌ大学の修士や学生とおなじように完全に一枚物のトゥニカ(「カッパ・クラウザ」)を着用していた。一三四八年と四九年のペスト流行後の衣服は世俗的で、生きている喜びが表現され、学生はイタリアやそれ以外の地でも学者の平凡な衣服に抵抗した。ライプツィヒでは一四一二年に学生が武器を携帯するのが禁止され、一四

15世紀の学者もまた伝統的なスータンとその上に袖無しのスーパートゥニカを着ていた。フードの代わりに、セバスティアン・ブラントの『阿呆船』(バーゼル、1494年)の木版画には象徴的な特徴となった道化帽が見える。聖書台と本棚の上には、白黒で印刷された皮と木で表紙のつくられた、片面刷りの大型本が並べてある。学者は当時モダンだった眼鏡を鼻の上にかけ、分厚い本を捲っている。右手には笏のようなハエ払い用の払子を持っている

四〇年にはフード代わりにコートやマントと対になった羽根飾りつきの新しいタイプの帽子が禁止された。一四五八年におしゃれな衣服が禁止され、一枚物のトゥニカ着用が再度義務になったとき、学生たちは教会入口に張られた指示を破って、それに反発した。一四八二年に学長がだらしない服装や卑猥な肉体露出、また武器携帯に対して処罰したとき、学長や教授たちに対する脅迫的なデモンストレーションが生じた。長さの定まった一枚物のトゥニカを着用することが再び義務化された一四四四年、ハイデルベルクではすでに修士も流行服を着用しはじめていた。フランクフルト・アン・デア・オーデルでは市参事会は流行服に対して禁足処分、罰金、追放、入学拒否、試験取消しの措置をとり、義務化された衣服を着用せずにおこなった討論会を認めなかった。したがって、のちに有名になった説教師、ガイラー・フォン・カイザースベルクの修士受験（一四六三—六四年）も認められることはなかった。

修道会は既定の修道会の服装に拘束されたので流行とは無縁だった。聖職者同様、ベネディクト会修道士は、聖職者が長法服として着用していた革や布製の腰紐と帽子のついたローマのトゥニカを継承した。さらに肩から足まで垂れ、頭からすっぽりかぶれるように上の部分がくりぬかれた、上半身を覆う幅の広い布帯の、労働用エプロンから生まれた肩衣がつけ加わった。それはククレと呼ばれ、襞の多い袖幅のゆったりした衣服で、荘重な聖務共唱の祈りや説教時に着用され、シトー会修道士はそれとよく似た修道士服を修道院内で白、外では黒を着用していた。ドミニコ会修道士はフードと肩衣のついたウール製の白服を教会の祭事に着用し、フードのついた黒いマントを説教と告解のときに前を少し開いて着用していた。フランシスコ会修道士は修道会の創立者を真似て、白いロープつきの修道服を着用した。それはのちに厳しい規律で茶色に変わった。

労働時の農民服は中世には終始、簡素な紐で絞められ、膝までの長さだった。しかし農民は祝祭日に騎士や市民とおなじ服装にしようと、そのつど新しい流行を取り入れた。一四九四年のセバスティアン・ブラントの『阿呆船』は、農民がライデン人のドリル織やメヒェル布、また灰色の労働着の代わりに、襟を大きくくった色鮮やかな衣服を着用するのを非難していた。その時点では都市の流行を真似ることから卒業して、流行や、都市で着用される衣服を頑固に拒否する、地域に結びついた保守的な農民の伝統的な衣服になるまでには、まだほど遠かったのである。

全く不本意に、ユダヤ人は中世末には特別衣服に甘んじなければならなかった。「タルムート」の受容以来、アジアでは(一一世紀)ユダヤ人は髭ともみあげで識別されていた。一二一五年のラテラノ公会議で教皇イノケンティウス三世[在位一一九八—一二一六年]はユダヤ人とキリスト教徒の衣服を識別するよう要求したが、実質的な提案はしなかった。若干の地域で既におこなわれていたが、それまで唯一の特徴だったいわゆるユダヤ人帽は一二六七年にウィーン公会議ではじめて、ドイツに強制されるようになった。その帽子は、中世の絵画に黄色のヘルメットのようなボタンのついた頭巾として描写されている。あまたのユダヤ人追放で多くの犠牲者をだした中世後期の反ユダヤ主義は、教皇がユダヤ人を特徴づける新たな衣服を徹底的に導入するまで終息しなかった。近代の思想家として有名な枢機卿(教皇の最高顧問)のニーコラウス・クザーヌス(一四〇一—六四年)は自ら反ユダヤ主義の刑吏となり、教皇の派遣使節として一四五一年に数多くのドイツ人管区長で構成される教会会議(バンベルク、ヴュルツブルク、アウクスブルク、ケルン、ミュンスター、マインツなど)で、ユダヤ人を特徴づけるために黄色の輪を衣服につけさせた。それは、ユダヤ人を軽蔑するために無理矢理押しつけ、徹底させた中世の衣服規定であった。

七　台所、地下室、飲食、家財道具、テーブルマナー

子供の頃から、人間は食事の喜びを全身で覚えている。家庭では、食べることと食事を準備することは密接に関係している。料理するには台所が必要で、「自分の煙」をもつ人だけが市民権をもてた。竈《かまど》は太古の時代から家の中央にあり、竈の火が踏みならされた土の上でおこされようが、一段高くなった石の上、あるいは石で築かれた竈の中でおこされようが、日中は火を焚き、夜は灰をかぶせて、いたるところで火は丁寧に守られていた。特別なときにだけ、火は厳かに新しくおこされたのである。昔のような竈の神聖化は今日なお古来の慣習の形で残っている。一例をあげれば、新郎新婦が竈を三周すること、またブルヒャルト・フォン・ヴォルムス（一〇二四年没）が危険なこととしながらも述べているように、家の諸守護神に子供を守ってもらおうと新生児を竈の上に置くことなどである。

はじめ竈の位置は部屋の中央にあり、煙は屋根の煙道を通って排出されていた。その後、竈を壁の辺に移し、煙筒付の暖炉をつくった。木がよく燃えるように空気の流れをよくしようと薪をのせる鉄製の台がつくられた。しかし、竈の用具で最も重要だったのは、火加減に応じて、それを使ってやかんや鍋を、吊し棒についている様々な高さの歯に掛けることのできた自在鉤だった。それはなお中世にも竈や家所有のシンボルとして、新しい所有者への家の引渡時の法的機能をもっていた。ハンス・フォルツは『台所用具の詩』（一五〇〇年）に、台所の自在鉤以外に、火をおこす道具、硫黄、松の木片、薪、鞴《ふいご》、自由自在に火を扱うための火掻や攪拌棒《かくはん》、焼網、三脚台、やかん、回転式の焼串、重要な竈器具としてフライパンや鍋（陶製の深鍋）、暖炉の中の食品保温庫（オーブン）、料理用スプーン、泡をすくう道具（網じゃくし）、装飾ナイフ、肉切り包丁、まな板、肉切り台、調理台（仕事台）、おろし金、陶器のおろし器、すり棒とすり鉢、

こし器、鍋の蓋《ふた》（容器、箱などの蓋）、卵入れ、容器としての鉢、木製や錫製の皿、保管用の鉢、調達したものを入れておく皿、皿を入れておく籠、洗い桶、調味料用の塩鉢、芥子《からし》鉢、ジャム鉢、酢を入れる取っ手のついた壺などを、台所用具として列挙していた。

中世の食事の大半は穀物料理で、主としてすりつぶした穀粒に水や乳や塩を入れ、穀物粥になるまで陶鍋で煮ていた。中部および南部ドイツでは中世にはまだキビ粥が主流であったが、それにくらべて北ヨーロッパでは早くから燕麦ムース（燕麦粥）で、やがて大麦粥やライ麦粥に変化していった。シュヴァーベン地方や南フランケン地方はスペルト小麦が主流で、それが特徴だった。このような粥の汁が吹きこぼれ、石やフライパンの上で激しく熱せられたとき、長期間保存のきく今日のクネッケブロートに似たフラーデンブロート（煎餅）が生まれたのである。そのうちパン生地を膨らます材料として酵母や酵母菌を添加したので、柔らかく膨らんだ新鮮なパンができた。はじめそれは上級階級の贅沢品だったが、そのうち都市では住民全員にいきわたるようになった。

村では今日なお使用されている、基本的には厚い粘土製のオーブン、共同のパン焼竈をつくった。その中で火をおこし、木を焚いて、焚き終わって灰を集め、取り出して、そこにパン生地を入れて焼いていた。都市ではパン屋の生業ができ、できあがったものはパン屋で売られた。中世後期にゼンメルベック、ブロートベック、ヴァイスベック（白パン）、シュヴァルツベック（黒パン）、ヴェックベッカー（小型白パン）、クーヘンベック、フラーダー、レープツェルタ

若い人たちは結婚し、所帯を持つときに、どのような調度品が必要なのか、ハンス・パウル（ニュルンベルク、1475年）の木版絵双紙は、24コマでそれら必需品を描いている。上段左端からベッド、壷、樽、食卓、洗面セット一式とタオルかけ、やかん、柄杓、鞴・火掻・箒・錐、二段目左側に容器、武具用品、右側に缶や箱などの容器、三段目左側に馬、武器、右側に蓋付きの小容器、糸紡ぎ器一式、馬の櫛、家畜用ブラシ、最下段には大鎌、熊手、犬に食われぬ高さにソーセージを吊すための長棒など様々なものが描写されている

ーなどが個別につくられた。このように自分でつくったものを売るパン職人以外に、スイスなど多くの地域で顧客から材料の粉を受け取ってつくるパン職人がいた。

また穀類の粥やパンとならんで、乳製品・凝固したミルク・バター・チーズ・クヴァルク（凝乳）などが食べられていた。卵は煮たり、炒めたり、油で焼いたり、スクランブルエッグなどに調理された。裕福な都市住人は都市の内外に果樹園をもっていたので新鮮な野菜や果物を自ら収穫して楽しみ、それらを乾燥させて冬の保存食にしていた。当時は既に保存方法もできていた。大きな都市では野菜市（緑の野菜市、キャベツ市）が催され、野菜（「薬草」）には主としてカブ類・キャベツ類・漬けたキャベツ（「クムポスト」）・豆・えんどう豆・レタス・玉葱・草の茎、果物には林檎・梨・サクランボ・プラム・スモモ・苺・ラズベリー・キイチゴなどがあった。またパンを焼く粉は貴重だったので、スイスのアルプス地方では乾燥した梨や林檎でパン生地を伸ばして焼いた（「梨パン」）。

肉は野生動物や家畜の肉を使用していた。肉は煮たり、ゆでたり、焼いたり、乾燥したり、いぶして薫製にしたり、人の嗜好に応じて調理し、鹿やノロ鹿、猪、兎、雌のオオライチョウのほか、主として牛、豚、羊、山羊、鵞鳥、鶏を食していた。肉は長い断食期間中は禁止されていたので、その間は魚が食べられていた。つまり、鱒《ます》や鮭、河かます、ちょうざめ、ばーべる［にごいの類］、河めんたい［たら科の淡水魚］、河ひめます、てんち［ヨーロッパ産の鯉の一種］、ヨーロッパうぐい、はぜ、鯉、八つ目うなぎ、うなぎなどが食べられていた。海魚はうつぼなどが食されたが、最もよく食べられたのは一二世紀以来重要な貿易商品になっていた鰊《にしん》だった。魚は焼いたり、薫製にしたり、胡椒や薬味汁で煮たりしていた。薬味には生命に必要な塩以外にも胡椒、サフラン、パセリ、芥子、生姜、シナモン、ナツメグ、メース、チョージ（ゲビュルツネルケン）、カルダモン（生姜の一種）などたくさんあった。甘味料として蜂蜜を使用していたが、一二〇〇年以降、裕福な人は少なくともオリエントからの砂糖を使用できた。

農村では穀類が主食だったが、都市では肉の消費量が著しく増え、労働者、職人、下僕でさえ、毎日二回肉のある食事をしていた。亜鉛細工師の娘とアウクスブルクのパン屋との結婚式（一四九三年）に、七二〇人の招待客が八日間にわたって食べた量が記録されているが、それによれば二〇頭の牛、肥育子牛四六頭、肥育豚九五頭、子山羊四九頭、孔雀二五羽、鵞鳥一六〇〇羽、家禽五〇〇羽、鹿三〇頭、雄のオオライチョウ一五羽、ソーセージ九〇〇本、河かます一万五〇〇〇匹、ぺるか〔すずきの一種〕、うなぎ、ます、えびが食べられた。農民はふつう秋だけ動物を殺生したので、薫製肉、ハム、ベーコン、ソーセージや煙道に吊した薫製品、穀類の食物、卵、乳製品、魚、鶏などを食べることが多かった。それらに加えて、とくに一五世紀以降、桶に塩漬したものがでてきた。

宮殿、城塞、修道院、そして裕福な家々には色々な種類の農作物や野菜や果物、またワインやビールを貯蔵するための地下室があった。そこに簡単に貯蔵できなかったものは先ず水と蜂蜜を入れて煮て、次に、発酵させてできた蜜酒にホップとサルビアを混ぜ、それを樹脂を塗った樽に保存していた。それは下層階級の主な飲物で、個人の家でつくられもしたが、レープクーヘンをつくる職人が生産し、販売した。それとおなじように果実や葡萄や苺類の実でつくって、量り売りされた「果実酒《リト》」は貴重がられた。

ゲルマン人はすでに大麦や小麦に薬味、薬草、蜂蜜を加えて、発酵した液体（ビール）を生産していた。その後、発芽した大麦を炙《あぶ》って乾燥させ、煮て、保存しやすいように、麦芽をつくるその大麦の煮出し汁にホップをつけ足してビールをつくった（最古の修道院醸造所として、すでに一〇四〇年に醸造権が保証されていたフライジング市のベネディクト会修道院ヴァイエンシュテファンがある）。しだいにビールは大衆飲料の蜜酒を押しのけていった。ほとんどの村に共同の小さなビール醸造所がつくられ、ビールの生産量は増加した。また数は少ないが修道院、あるいは都市のビール醸造所は独自の醸造方法を発展させていった。エアフルトの黒ビールやそれに似たブラウンシュヴァイクのムンメは長いあいだ有名だった。オランダやニーダーライン地方ではスカンディナヴィアのグルートビール（大麦ビール）のように、添加物としてホップを入れるかわりセイヨウヤチヤナギ（ミリカ・ガレ・エル）を入れ、強くて酔いやすいビールをつくった。グリューテル、グロイテル、デ・グリューテルという名字はグルートビールの醸造業者に用いられた呼び名であった。今日ボックビールとして有名な南ドイツのアルコール度の高いビールは、本来バイエルン地方に輸出されたブラウンシュヴァイク地方のアインベックで生産されたビール、旧名「アインベックのビール」を誤って、その後おなじ醸造法でボックビールとして生産されたものであった。

ゲルマン人は葡萄栽培をローマ人から学んだ。中世には葡萄の木はライン地方のマイン河畔やモーゼル河畔だけでなく、ドイツ中いたるところ、イーザル河畔でも植えられていた。葡萄に適していない地域のワインは出来も悪かったので、蜂蜜や薬味を入れて飲めるよう工夫していた。飲めないぐらいワインが酸っぱすぎたときも捨てないで漆喰に混ぜて利用されたが、それによって瓦の強度がいっそう増したからである。修道院や高身分の君主は南ティロールにワイン園をもち、人気のあったティロールワインを荷運び用の動物(ラバやロバ)にのせて、アルプス越えをして輸出していた。それ以外に、アルコール度の高い東方の甘いワインは東方ワイン、ハンガリーワイン、ギリシャワインとしてすでに中世に有名で人気があった。

飲用容器には木彫り、あるいは轆轤《ろくろ》にかけた木製の杯や陶土(粘土)製の器、十字軍の参加者たちが持ち帰ったクリスタルグラス、田舎で自ら吹いてつくられた手作りの「クトロルフェ」、首の細い胴の膨らんだグラス、それと類似の「アングスター」(首がねじれていて飲むのに時間がかかるフラスコ形酒器、一五世紀から一七世紀に愛用された)などが使用されていた。それに加えて中世後期には「クラウツトルンク」と呼ばれた器や、緑色の留金のついた「ヌッペングラス」がつくられるようになった。もちろん金や銀の杯もあったし、くわしくいえば球形の「ハナップ」や二つそろって並んでいるような形の球形杯「ドッペルショイアー」、「コップ」(ラテン語の「クーパ＝飲用容器」)、荘重に細工された蓋付のポカーレやアーチ形になった脚のない皿のような杯もあった。

このような高価な飲用容器にくらべ、食用容器はずっと質素だった。当時はまだ個人用の皿はなく、それぞれ自分専用の食事用スプーンを流動食や粥状食物の入っている共同鉢の中へ突っ込んだり、自分のパン切れを浸したりして食べていた。スプーンは球形で短い握り柄がついていたが、それはスプーンを拳いっぱいで握ったためである。もともとスプーンは木製だったが、中世後期に錫製になった。また上流社会の人々は、見事に細工された銀や別の高価な素材でつくられたスプーンを使用していた。肉や魚の食事にはパン切れを一種の皿にして使った。フォークはまだ食器に含まれていなかったので、肉は先の尖ったナイフで突き刺し、鉢から取り出していた。台所では調理したての熱い肉を取りあげ、肉の切り身を上流客用のパンの上に置くために二股に分かれたフォークを使用していたが、当時それはまだ食器とは考えられていず、単に台所用品であった。だから一般市民はそれぞれ、フォークがわりにもなる自分専用の折りたたみ式ナイフを持参していた。大きめの宴会では固定された食台のほかに、取り外しのできる、円か四角形の板が架台や台架の上に置かれ、食事の終わった後にそれは取り外し、片づけられていた。そこから慣用句として「食卓を片づける（板を持ち上げる）」が生まれたのである。

食事時は礼儀作法が重視された。それは「テーブルマナー」として詩にもなったぐらいである。一四七一年のテーブルマナーには、口いっぱいに物を含んで飲物を飲んではいけない、口から口へとまわし飲みする前に口元を拭いて清潔にしなければならない、肉を齧りとったあとの骨や果物の皮はテーブルに置いてあるそれ専用の籠に入れるか、テーブルの下へ捨てなければならない、テーブルに唾を吐いたり、ナイフで歯を掃除したりしてはいけないなど、たくさんあった。女性は食事時に喋りすぎないよう心がけねばならず、また飲食の量も適度にしておかねばならなかった。客が出された食事を旺盛に食べれば、それは主催者側にとって誉れとなっていた。テーブルは給仕しやすいよう平行に並べられることが多く、宮廷では執事が身分や地位に応じて座席を決めた。諸侯は自分専用のテーブルで食事をしたが、かれが客を特別に自分のテーブルに招待するとき、それは客にとって名誉なこととされていた。中世の半ば頃に男女は組になって座るようになったが、食事が終わり、本来の酒宴が始まると女性は退席しなければならなかった。酒宴では適度なアルコール量や屋敷に応じたマナーは滅多に守られず、乾杯の作法にしたがって好むと好まざるにかかわらず、酒は無理強いされた。また宮廷の宴会には音楽、パントマイム、踊り、加えて饗宴につきものの余興は欠かせなかった。宴会場で働く者は出席者から小銭をもらったり、残りの食事にありつけたりした。

八　娯楽ゲーム、社交ゲーム、賭事

イマヌエル・カント（一七二四―一八〇四年）が的確に述べているように、遊びは「自由意志で自分が選択した仕事であり自己目的」である。青年の運動競技が一種の体育あるいはスポーツと評価されるなら、本来の娯楽競技はとにかく、目的の定まった実用本位の制度から解放されている。強制や辛い仕事から解放された人間は、余暇に緊張したものをほぐしたりリラックスしたりするために、束縛されない同胞とのコミュニケーションを求めた。

それについては数多くの子供の遊びが証言している。太古のものは、ホメロスが『イーリアス』の中ですでに述べているように、ひとりでも他者とでも競争できる独楽《こま》まわしであった。独楽まわしはトリーゼル、ブルミール、ダンツェル、ピルツ、トリレル、フルリプープ、シュナルヒハンス、トルジェ、ブルンコップ、クルーゼル、ブルムクイゼル、シュヌルクルーゼル、ハーレルガイスという呼び名で今日まで継続されている。すでに中世にはビー玉遊びも知られており、シュッセルン、フレルン、クニッケル、シュッケル、コイルヒェン、クルッケルン、ブッゲル、マルメルン、ムルメルン、ピッケル、レーペル、ブレッケルと呼ばれていた。

たいてい成人の娯楽ゲームは中世には「糸つむぎ室」に集中していた。そこにはとくに未婚の男女が集まり、「冗談を言うゲーム」、「謎解きゲーム」や（余興をして担保の品物を返してもらう）「担保遊び」などの娯楽ゲーム、また罰金ゲームなどをして遊んでいた。ヨハン・フィッシャルトは『つくりばなし集』（一五一七年）の二五章の中で、八〇〇以上の糸つむぎ室のゲームをあげている。かれはそのうちの二〇〇を、手本としたフランソワ・ラブレー〔一四九四頃―一五五三年頃、フランスの人文学者で物語作家〕の『ガルガンチュワとパンタグリュエル』（一五三四年）から取り出していたが、これらの娯楽ゲームの大部分は中世に生まれた。それらのゲームの中に「モリスカダンス」がでてきた場合は、それは明らかに一五世紀の彫刻芸術や謝肉祭劇で積極的に表現されたように、ゲーム用に形成された求愛ダンスである。それは、糸つむぎ室のゲームが男女が知り合うことや結婚紹介にも役立っていたことの証明になる。もちろんフィッシャルトが名づけたゲーム、「去れ《シャバップ》」もこの分野に入った。

フィッシャルトの糸つむぎ室ゲームに含まれる「トリックレトラック」は、「プフ」〔西洋双六の一種〕に似た古い盤上ゲームで、フーゴ・フォン・トリムベルクの『疾走者』(一三〇〇年、一万一三九八詩行)に「ヴルフツァーベル」〔賽子遊戯盤〕、レーゲンスブルグで一四五二年に「シュポンツァーゲル」の名称で紹介されていた。双六盤の裏面にはたいてい西洋連珠やチェッカーゲーム用に盤面がついていたので、マイスター・インゴルトはそれらを一四三二年「盤を使ってのゲーム」として紹介していたが、ゲームが賭事に濫用されたところでは、市参事会員たちはしばしば最高率を固定したり、完全に禁止したりして対処しなければならなかった。

高位層の盤上ゲームはチェス(「シャッハツァーベル」)だった。それは、将来騎士になる資格をもつ若者全員が習得しなければならなかった騎士の七技のひとつであった。チェス発明は紀元前三〇〇年頃の古代インドでの「賽子《さいころ》四チェス」であった。それは「カトランジャ」(四軍勢チェス)と呼ばれ、四色に分けられた形姿〔人形〕の軍団で構成される八個の駒で、それには王様と古代インドの軍勢の四形姿(戦闘象、戦車、騎士隊、歩兵)が描かれていた。どの形姿が動くかは五、四、三、二の目のついた細長い賽子で決められた。それは総合的な判断力と偶然性が混合したゲームで、指導層の人はチェスを通じて戦術を練習したのである。チェス(「シャッハ」は「シャー」＝「王」を思い出させる)は純粋な思考ゲームとして「王様二人《ツヴァイシャッハ》」(「シャトラン」)という呼び名で、ペルシアからスペイン、ビザンツを経由してヨーロッパ民族に伝わったが、かれらは軍隊構成を身分構成と誤解したので、ドミニコ会修道士ヤコーブス・デ・チェッソーリス(一二八〇年)はチェスを寓意的な身分風刺に利用し、ドイツ人の説教師はこの例に従った。しかし「王様ゲーム」自身は高位身分のゲームにとどまった。中世のチェス描写は、騎士と恋人の二人がチェスをしている描写が多い。それはあたかも恋の世界(恋愛術)がゲームの中へ書き写されたかのように、あるいは恋人の人格や性格の強さを探るためゲームを利用しているかのように見える。

賽子ゲームは昔から大衆に人気があり、ゲルマン人が熱狂的に賽子ゲームにとりつかれ、財産や家族や自由を賭けていたことが、すでにタキトゥスの『ゲルマーニア』(紀元後一一〇年頃)に記載されていた。おなじように中世にも賽子ゲームは賭博になったため、市民の経済力を心配する市役所や領邦君主、また教会会議や公会議はそれに反対したが効果はなかった。賽子の呼び名がバッセン、パッセン、コッフェルン、コーフェン、コーベルン、トッペルシュピール、ドッペルン、トッペルン、ハスハルト(アラビア語の「ジャザラ」から)、シャンツェンと様々だったのは地域によって呼び名やゲームの仕方も違っていたことを示している。また賽子は骨や象牙でできていて、素手で投げられていた。ウィーンのペーター・ズーヒェンヴィルト(一三八〇年頃)は賽子ゲームでの負けを黒色であらわしていたが、それは市民や農民や放浪者が互いに誰にもひけをとらぬほどゲームに熱中していたことを示していた。

まさにおなじころ一三七七年に余暇利用の革命として、近くのオリエントからトランプゲームが入ってきた。それは多分ゲームがおこなわれるフィールド、円形の皮でできた平面の上で土製形姿を使っておこなわれた古代インドの賽子ゲームからできたものと推量できる。それゆえチェスの形姿の四色がトランプの四色に残り、チェスの古い軍勢が王、二枚の下士官、兵士を代表する数字カードの中に残っているのである。数字カードの一〇はそれまでは軍旗を握る両手だったが、それがドイツでしばしば色のついた軍旗に置き換えられたのは、軍旗棒を掲げている人は軍隊の中間下士官であることを数字カード一〇で明確にさせるためだった。

マムルーク朝[マムルーク出身の軍人がエジプトで築いた王朝、一二五〇―一五一七年]はペルシアのカード「ガンジファ」を「カンジャファ」という名で継承していたので、ペルシアからマムルーク朝へトランプが伝播したのは明らかである。マムルーク朝のゲームには「ナイブ」と「ヴィツェーナイブ」という軍事上の地位、つまり軍事下士官(ハルゲ)が出てくるので、イタリア人ははじめこのゲームを「ナイブジ」と呼んでいた。同様に、マムルーク朝の「ダナール」がヨーロッパで最も価値の低い小銭をあらわす「金貨」の意味であっても、マムルーク朝から伝わった色と数字カード上の指示に従ってゲームを進めることも継承していた。マムルーク朝の幕僚ポロ(四人ずつ組んだ二組でおこなう騎乗球技)の色がイタリアで元帥杖で代用されたのは、ポロ騎乗球技はヨーロッパで知られていなかったためである。

マムルーク朝でのトランプゲームは高額を賭ける賭博だったことが年代記からわかる。この賭博性はいち早くヨーロッパに受け継がれたが、一三七七年三月早くもフィレンツェ市の協議会は経済的に悪影響を与えるとの理由で、九八対二五でこの新しく輸入されたゲームを完全禁止するよう決定した。年々猛スピードで広がっていくトランプゲームをくい止めようと、それはフィレンツェとおなじ年にフランスとドイツでも禁止され、さらに教会を通じて「悪魔の祈禱書(トランプ)」の烙印を押されたが、トランプ熱はそんなことをものともしなかった。一方、トランプや他の賭事ゲームはフランシスコ会修道士のヨハネス・フォン・カピストーヌス(一三八六―一四五六年)の説得力のある懺悔説教により、イタリアやドイツで山のように焼却されたが、いくら焼却されても彫刻技術の発明により、カードは複写され、直ちに補充されたので新しく出回る数のほうがはるかに多かった。

マムルーク朝から入ってきたイタリアのトランプカードの絵、剣・裁判官杖・脚付酒杯・金貨は、ドイツでオークの実・葉・ハート・鈴、フランスでクラブ・スペード・ハート・ダイヤ(ひし形)になった。トランプが完全にドイツのものになったのはカードの絵に加えて花、動物、紋章、帽子や帽子についている羽根、財布、ワイン樽、魚、蛙、風笛や音叉に至るまで、種々様々なものが描かれ、色づけされたことでもわかる。トランプは領主の宮廷にも伝播し、一三九二年にフランス王シャルル六世[在位一三八〇―一四二二年]のために一度にトランプゲーム三式が芸術家の手で描かれたほどであった。シャルル六世の義父バイエルン公ルートヴィヒ[髭公]は一四三〇年に猟獣トランプ、別の諸侯は一四四〇年に『アンブラスの英雄叙事詩集』から素材をとって鷹狩トランプをカラーでつくらせた。一五世紀半ば以降トランプ人口がますます増え、カード需要がますます増大してくるのに乗じて、銅板線刻画家は動物や植物を描いた銅版画のカードを色づけして新版を次々つくった。下層階級は型に入れ大量生産した質素で安価なもので満足していたが、木版トランプの多くは、男性が裸の女性や卑猥な描写を悦ぶのを計算に入れて生産されていた。他方、ドイツ人のトランプカード工は版木で複写して、フランス・イタリア・オリエントの人々の好む色づけをして輸出用トランプをつくっていたが、それはトランプが世界的になったということを示している。

トランプゲームが流行したのは、視覚的に目立つもののない徹頭徹尾地味で質素だった社会でトランプカードが目立ったからであるが、流行の原因はそれだけではなかった。それは、比較的簡単で単調な賽子ゲームに対してカード数の多いトランプゲームは組合せが数多いことと、それによる世俗離れした緊張感や真の娯楽を提供したからであった。同様にトランプゲームの呼び名が多いのは、遊び方やゲームの規則が色々あったことを示している。例を挙げれば、アハトカルテ(一四四八年)、アルルーネン(一四七九年)、ベシャンツ(一四四八年)、ボッケン、ベッケン、スラーェン・イン・ディ・カルテン(一四三九年、一四七五年、一四九八年)、クラアイベン、デス・キュニクス・シュピーレン、シュピーレ・イム・キュンク・トゥン、ルスツリス・シュピーレン(一四四〇年)、レース(一四四三年)、ムーテン、ムッテン、マウテン(一四六二年、九八年)、プッケンメンデルス(一四九〇年)、クヴェンツリス、クヴェァンツェン(一四四八年)、ルーセン、ラウシェン(一四八四年)、シャンツェン(一四八四年)、シュメンツリス(一四四三年)、シュパンネン(一四七五年)、イム・トゥルム(一四二六年)、ツェーン・アウゲン、ツエーン・プンデ(一四九八年)などである。頻繁に叙述されている(悪党)七人が悪魔の役割を演じるカルニュッフェルゲームのやり方はよく知られている。要するに、トランプゲームは賭事として経済的破綻をもたらしたものの、中世後期の全国民の余暇利用にとって重大な意味をもち、そのうえ、遠方にまで広まるだけの変化に富んだ緊張味のある面白い娯楽としての全条件を満たしていたのである。

九　教育と授業、学校と大学

女の子はのちに主婦として家事や畑での簡単な仕事ができるように、母親の手で育て上げられた。上流階級では女子は女性教育者(「厳格な女性家庭教師」)のもとで裁縫、編物などの「貴族の」女性の仕事や礼儀作法を学び、また一定期間、女子修道院に預けられ、そこで読み書きを習い、文学の知識も学んだ。

騎士層の少年は成人男性から馬術や剣術など騎士のたしなみを教授してもらうため、七歳で母親の手から離され、宮廷で騎士作法、武器知識、チェス、音楽、いくらかフランス語を学んだ。また社会経験を積むため、世の中を見てまわることも稀ではなかった。詩人オスヴァルト・フォン・ヴォルケンシュタインは一〇歳(一三八七年)から船漕ぎの下僕、［戦勝部隊のあとについて軍需品・衣服・糧食などを運ぶ］輜重《しちょう》隊の荷役人夫、馬丁としてヨーロッパやオリエントをまわり、広く世俗知識を積んだ。皇帝ジーギスムントの歴史編集者エーバーハルト・ヴィンデッケが、一三九三年故郷をあとにしたときは一一歳になったばかりであった。のちのバイエルン大公アルブレヒトの内帑管理官ヨハン・シルトベルガーが一三九四年に社会へ出たときは一四歳だった。実社会は最良の教師だったのである。

騎士には読み書きの能力が必要だとは限らなかった。重い武器を扱わねばならなかった騎士の手には、軽い羽根ペンを使用するのは難しかった。『パルツィファル』の作者ヴォルフラム・フォン・エシェンバッハ(一二二〇年没)も読み書きはできなかったと、自ら述べていた。さらにかれはフランス語を実践で学び、同時代の文学知識は宮廷でおこなわれた朗読を通して得たということである。かれ自身述べているように読み書きができなかったとしたら、その作品は口述して書記に書かせたと推測される。吟遊詩人で政治家だったウルリヒ・フォン・リヒテンシュタイン(一二七四年没)は作詞と作曲はしたが、読み書きはできなかった。手紙を受け取ったとき、かれは読みのできる近習の手助けに頼った。騎士や貴族としての誇りが、三文文士の仕事を習得するのを阻止したと思われる。ただし、宮廷叙事詩人ハルトマン・フォン・アウエ(一一七〇―一二〇五年)は例外で、「よく読書し、教養がある騎士」という言葉どおり、ライヒェナウの修道院学校で学んだと推測されるその読書能力とラテン語知識は有名である。

　カール大帝(七四二―八一四年)の時代に聖職者養成学校が必要だとわかったので、七八九年のアーヘン教会会議で各修道院に学校を創立することが定められた。カールの聖職者試験『勅令集』は書くこと、読むこと、歌うこと、いくらかラテン語ができること、正確に計算できること、祈りや歌、宗教上の祭日暦、儀式を憶える能力だけを要求していた。それらはやがてフルダ、ザンクト・ガレン、ライヒェナウ、ヒルザウ、ヴァイセンブルクの修道院学校のように優れた精神文化を育成する場となっていった。入学は七歳から八歳で、一五歳で生徒は修道士になるか否か、修道生活に入るか否かを決定し、一八歳で誓約を取り消すことができ、二四歳までに司祭叙階式を受けるか否かを決心すればよかった。その後一〇世紀にもなれば、司教座聖堂学校や司教座聖堂付属学校(修道院付属学校)もつくられるようになった。それらの学校は聖務共唱の祈りを務める司教座聖堂参事会員の後継者の教育を目的としていたので、貴族出身であることが入学条件であった。その後、この種の学校は「二重学校」、すなわち自分たちの後継者のための学校とそれ以外の人々、つまり助修士、貧しい庶子、軍務能力に欠ける貴族、新米の教区司祭、すべての層の市民のための学校に変化した。また、そこへの入学はほとんど聖グレゴリウスの日(三月一二日)におこなわれた。

　このような学校のトップには付属神学校長がいて、校長は「若人の指導者」、そのほか補助教員として遍歴学生、歌の教師として合唱指揮者を雇用していた。学校での躾《しつけ》は厳しく、規律をまもり注意力を促すために魔法の杖として笞《むち》が使用された。七歳から一〇歳まで基礎学校で旧約聖書の詩篇を講読し、書くこと、ラテン語会話、歌、暦上の祭日と信仰(主なる罪、慈悲の行為、懺悔)を習い、翌年七つの「教養学科《アルテース・リベラーレス》」を学んだ。その七自由(教養)学科のうち上位「四学科《クヴァドリヴィウム》」(代数・幾何・天文・音楽)は教会祭日の算出や象徴的数解釈、聖歌の練習の枠からほとんど出なかった。より重要なのは七自由(教養)学科のうちの下位「三学科《トリヴィウム》」(文法・修辞学・弁証法)で、そのうち文法は最上位にあった。学校では形態論(語形論)に『ドーナート』、構文論に初期構文論と『注入教授法』が使用されていた。修辞学の授業では文体論と韻律論が教授され、自分で韻文が書けるよう教育された。弁証法は哲学と学術的教養の基礎となり、スコラ哲学が広まったので文法の影響力は後退し、スコラ哲学的な思考パターンと討論方法が重視されるようになった。しかし授業はたいてい講読から始まった。イソップ、カトー、アウィアヌスと道徳的なトゥリウス[キケロ・マルクス・トゥリウス]以外に、キリスト教徒であるなしにかかわらず、あらゆる分野の歴史作家、神話作家、有名作家が登場した。これらの作家は歴史的、神話学的、地理学的に解説されていた。聖書、教父、教会法、説教、典礼(礼拝式)を教えた神学の専門科目は、極力これらの一般教養を修了した後に教授された。そのため修道会は主な修道院に修道会講座を設立し、各司教座教会は授業を受けもたせるために神学者一人をそこへ派遣していた。

すでに以前から独自の教区学校を設立する要求があった。一二一五年の第四回ラテラノ公会議は、全教会に貧しい生徒のための無償授業をするよう教師に依頼すべしと決定したので、かれらに読み方、教会の典礼、歌が教授されるようになった。かれらはこの無償の授業を受け、合唱団員やミサの侍者になり、勉強を続けて、問答形式の授業において教区主任司祭を支え、最終的に自らも地方の司牧職につく生徒もいた。

すべての高等知識の基礎である七自由学科、つまり左から弁証法、修辞学、文法、代数、音楽、幾何学、天文学が女性に擬人化され、描写されている。木版画家は七自由学科の重要性を、七自由学科の上にいる三つの頭をもつ翼のついた形姿によって強調している。その形姿はフィロゾフィア・ナチュラリスとマラキス[自然と道徳の哲学](下、両隅にはアリストテレスとセネカ)同様に、フィロゾフィア・ディヴィナ[神の哲学]、上方に教父であるアウグスティヌス、グレゴリウス、ヒエロニムス、アンブルジウス)も具現している(グレゴール・ライシュ：マルガリータ・フィロゾフィカ、シュトラースブルク、1508年)

この貧者を対象にした教区学校のほかに、一三世紀以降、恵まれた生活環境にある市民層のための市立学校が増えた。経済の隆盛により、都市の自意識がたかまり、より高い教養を求め、教会の目的から離れた学校を求めるようになったのである。もちろんそのためには教会の教育独占権を要求する司教から、同意を得なければならなかった。このような市立学校や市参事会学校は一三世紀以降ドイツの諸都市、一二六〇年にヴォルムス、六二年リューベック、六六年ブレスラウ、六九年ヴィスマール、八一年ハンブルク、八七年オステロオーデ、一三〇〇年エルビング、九年リーグニッツ、二〇年キール、五五年ケーニヒスベルク、三八年シュテンダール、四〇年ヴェーゼル、四一年ヒルデスハイム、四八年ハノーファー、五〇年ダンツィヒ、六五年ノイルピン、七七年にオルデンブルクにできた。これらの学校では数年間の教育課程で、読み書き・算術・歌・宗教・初級ラテン語が教授された。それとは対照的に「七自由（教養）学科」は司教座聖堂学校や司教座聖堂付属学校で引き続き残った。それでも市参事会学校をギムナジウムやラテン語学校に改組することも多かったが、もちろんそれは一三〇九年のブレスラウのように司教の許可を得たときのみであった。

市参事会がつくる学校は教養を広く求める都市貴族と金持ちに配慮していた。他方、営業職にある市民は自分とその後継者のために実務を教える学校を求めたため、全く新スタイルの学校であるドイツ語書記学校などが生まれた。この種の学校は最初にブリュッセルで計画され、諸ブラバント大公の仲介で一三二〇年に初めて教会から少年のための書き方教室五校、少女のための書き方教室四校の建設許可がもらえた。それに続いてオランダの諸都市以外ではリューベック（一四一八年）やブラウンシュヴァイク（一四二〇年）のようなハンザ都市にも書記学校がつくられた。一五四〇年までほとんどのドイツ都市はたいてい遍歴学生（大学生）出身の教師を雇用していた。授業では読み書きが中心で、営業上の文書、売買契約書、債務証書、代理権や実生活のうえでの様々な書類の作成方法も教えられていた。また実務計算などは専門の教師が教えた。

教師は上段に座り、子供たちは椅子やベンチに座っていた。文房具には、木筆で文字を刻み込んだ蠟版、チョーク、文字を消すための海綿、石盤（筆記用の粘板岩の薄板）、鉛筆や鵞鳥の羽軸（鵞ペン）、胆汁インキ、紙ノートがあり、文字を乾かすのにまき砂を、鵞ペンを尖らせるためにナイフを使用していた。学校に納入する金額はエガーの学校規定（一三五〇年頃）に従い、教師への支払いが三ヶ月ニグルデン、授業の補助に対して一週間一デナールだった。聖ガルスの日（一〇月一六日）から聖ヴァルプルギスの日（五月一日）まで毎日、生徒は暖炉用に薪一本を持参しなければならなかった。聖燭祭［二月二日］や（祝祭・葬送などの）数々の行列行進時に生徒が掲げた蠟燭の使い残りは（わずかな副収入として）教師に残された。

農村は初めドイツ語綴り方学校を躊躇していた。とはいうものの、ディンケルスビュールの都市貴族オスヴァルト・ベルヴィングなどはかれの支配下にある小さな村落ショプフローエに学校を創立し、仕立屋に経営させたことで有名である。一四八一年に設立したその学校の特徴は、教会の常明灯のための土地債務帳に単語を音節に分けて書く練習をさせることだった。たとえば若干の文字の音節変化を土地債務帳の四つの枠の中に書き込ませていた。やがて多くの都市で学校に所属しない独立した教師が読み方や商業算術を教える私塾もでてきた。

基礎学校や教会学校また都市のラテン語学校の傍らに、一三世紀以降、上級学校や大学ができてきた。修道会は中央に総合的な神学校を設立する必要性を感じ、ケルンとパリに「シュトゥーディウム・ゲネラーレ」［大学の初期状態の学校］を一種の修道院大学として設立した。それ以外の、総合的な大学教育へ変化しようとするもう一つのきっかけは法学の変化（解除）であった。イタリアでは征服者ゲルマンの法と集大成されたローマ法間の調整がおこなわれたが、この自然発生した展開に一〇八八年以来ボローニャの法学校は抵抗し、ラントの法を斟酌せず、あくまでローマ法の有効性を主張していた。対中間権力紛争の中でボローニャの法律学者たちに友好的だった皇帝フリードリヒ一世バルバロッサの政策とそこへの交通の便のよさが、外国からますます多くの教師や遍歴学生をボローニャへ来させることにつながった。皇帝フリードリヒ一世バルバロッサは一一五五年に、ボローニャ大学と都市共和国ボローニャとの訴訟時に大学から助けを求められ、一一五八年に遍歴学生と教授陣はどの地に滞在しようとも地域裁判所からの治外法権にあることを保証した。それは結局、全大学で貫徹されるようになる学術研究の自由の基盤となったが、まずはヨーロッパ全土から教師や学生が殺到するボローニャ法律大学で実行された。一三世紀初頭にボローニャ大学は一万人の構成員をもったので、人数の多さから同郷会を必要とした。そのため一二五〇年以来、主として二グループ、つまりイタリア人グループと外国人グループがあり、両グループはそれぞれその下に三つの小グループをつくっていた。そのうちの一小グループはドイツ人で、五年毎に会頭を選出していた。医学生や学芸学部の学生が独立した共同体として資金援助されなかったのとは対照的に(一二九五―一三一八年)、ボローニャ市は有名な大学を自分の市壁内にもっている利点を自覚していたので、ローマ法と教会法の教授四人の雇用のための資金を負担した。教皇が一三六〇年に神学の総合学部を認可したとき、小人数であっても神学生は学芸学部の学生に加わって大学に補充された。また大学は総合的に見て、遍歴学生だけが決議権をもつ学生大学であった。かれらは教授陣を雇い、二五歳以上で未婚者である者を校長に据えた。かれらのほとんどはすでに実生活で立派な地位にあったので、大学で学問を続けたかっただけであった。

それに比べてパリ大学は全く異なった成立過程と構造をもっていた。パリには早くも一一世紀にノートルダム司教座聖堂付属学校、大修道院聖ジェヌヴィエーヴ学校、修道院付属サン・ヴィクトール学校が創立されていたので、とくにドイツ人やイギリス人はその三校に通っていた。それ以外に、一二世紀にピエール・アベラール(一〇七九―一一四二年、フランスのスコラ哲学者)のような有名教師の周辺に集まった学芸学部や神学部の私立学校が数多くできた。これらの「パリの遍歴学生」は一二〇〇年に王から法的に独立した共同体の地位を得て、司教の聖職裁判所だけの管轄下にあった。一二〇七年頃にもなれば(ボローニャ大学とは反対に)「マギスター大学」つまり教授大学が設立された。この教授大学は完全独立を目指して闘いを始め、最終的に一二三一年、教皇グレゴリウス九世［在位一二二七―四一年］が大学に規則を与えてから教授《マギスター》だけが決議権をもつようになった。学芸学部［中世の大学で教養学科を教える学部］は神学、法学(教会法と教会法)、医学部などの上級学部への準備であった。大学にも手工業のツンフトのように徒弟《レーアリング》(遍歴学生)、職人《ゲゼレ》(バカラリウス、のちにバカラウリウスに変更)、親方《マイスター》(学芸学部の修士《マギスター》、上層学部の博士《ドクトル》)の地位があり、修士および博士の学位を取得する者は自分の学部で一定期間無給で講義することを義務づけられていた。学芸学部は大きい学部だったので学生は出身地により四つの同郷会のいずれかに属していた。そのひとつに「イギリス同郷会」があり、それは一三三一年に上部ドイツ、低地ドイツ、グレート・ブリテン島の住民（イギリス人）に細分されたが、上部、低地ドイツとあるのはドイツの遍歴学生が圧倒的に多かったことを示している。学芸学部のこの四同郷会は会頭を選び、かれは最終的に大学の長にまで昇進することができた。

ドミニコ会修道士は一二一九年以来パリで活躍し、教団（修道会）用に、聖ヤコブ修道院に「シュトゥーディウム・ゲネラーレ」を設立していた。このドミニコ会修道士の例にシトー会修道士が続き、一二四七年にベネディクト修道会もこれらに続いた。若干の混乱後、これらの三修道会の「シュトゥーディウム・ゲネラーレ」はそれぞれ大学に併合された。これらの三修道会はそれぞれ二人の神学教授を立てたが、それ以外の六人の神学教授の職は教区司祭に残されていた。一三世紀半ば以降、神学部は建物をいくつも建て、その中で修士と学生が共同の財布で生活していたため、その建物は「袋《ブルザ》」と呼ばれた（そこからドイツ語「学生《ブルスゲゼル》」を経由して「若者《ブルシェ》」ができた）。「コレーギウム・ソルボンヌ」（一二五七年ローベル・ドゥ・ソルボン創設）は、創設者ソルボンの名をとって最終的に総合大学「ソルボンヌ」と名づけられた。

大学の組織は複雑な一種の連邦共和国に似ていた。ソルボンヌ総合大学は三つの上級学部、（総長をたてた）四同郷会、学生修道士の三修道院、修道院付属学校サン・ヴィクトールと個別の合議体を併合していた。ソルボンヌ大学は教皇のみを最高首領にしていたので、世界大学だと思われていた。またそこの優秀な教授陣はトマス・アクィナス、アルベルトゥス・マグヌス（もとはボルシュテット伯）、ロジャ・ベーコン、ドゥンス・スコトゥス、ウィリアム・フォン・オッカムなど外国人であった。一三七八年の教皇二重選挙後、大学の過半数がアヴィニョンにいるフランスの対立教皇を支持すると決定したとき、ドイツ人とイギリス人の修士や大学生の多くは一三八三年にパリを去った（多くはウィーンへ行った）。

一四世紀半ば以来、ドイツで創立された諸大学はソルボンヌ総合大学を模範としていた。その最初の大学は、パリ大学の遍歴学生だったルクセンブルク家出身の皇帝カール四世が創設したプラハ大学であった。かれは一三四八年ベーメン王として教皇から許可をもらい、帝国大学としてプラハに大学を建てたが、ローマ法は一三九〇年になって初めて教授されるようになった。そこからプラハは公式に中部および東ヨーロッパの文化の中枢になるはずであった。ウルバヌス六世は一三六六年ベーメンの全修道院に、学問のために修道士をプラハ大学へ行かせるよう、また有能な神学者を教授陣としてプラハの修道士寮に動員するよう命じた。しかしベーメン王でドイツ王ヴェンツェルが教皇庁大分裂の争いで、大学制度を独断で変更し、ベーメン同郷会に三議決権を与えたのに対し、バイエルン同郷会・ザクセン同郷会・ポーランド同郷会には一括して一議決権しか与えなかったため、これまでのプラハ大学の普遍的意義はベーメンの地方大学に下落した。そのため、ドイツ人の修士や大学生は一四〇九年にプラハを去り、その大部分はライプツィヒへ行った。

中部ならびに東ヨーロッパの文化上の主導権争いの中、カール四世の娘婿で領邦君主の代表者であるオーストリアのルードルフ四世は一三六五年、プラハ大学を模範としてウィーン大学を創設した。そこへ一三七八年にパリから流出した教授陣や遍歴学生が押しよせた。神学者で国法学者でもあったハインリヒ・フォン・ランゲンシュタインはその中のひとりだったが、のちにかれはウィーン大学の中核になった。この状況下、教皇ウルバヌス六世［在位一三七八―八九年］はそれまで許可していなかった神学部を許可した（一三八四年）。聖シュテファン司教座聖堂付属学校はウィーン大学に併合され、付属学校の教師は大学の教授《マギスター》として承認された。このようにして、ウィーン大学は一四九五年まで保持することになる大学の完全主権を獲得したのである。

選帝侯プファルツ伯ループレヒト一世はウィーン大学の繁栄を傍観しているだけでなく、パリ大学から来たマルジリウス・フォン・インゲンの助力を得て、一三七三年にドイツ西部で初の大学を独自に準備し、その後、一三八五年に教皇ウルバヌス六世から寄付行為書（創設許可文書）を得て、一三八六年に学芸学部教授四人だけでハイデルベルク大学を創設した。ローマ法と医学は一三九〇年に初めて教授されるようになった。ハイデルベルク大学が隆盛しはじめたのは選帝侯フリードリヒ一世が新規則を与えて（一四五七年）からで、大学はドイツ人文主義の中枢となったが、それにはハイデルベルク大学の教授陣のうち「ドイツの教育者」でドイツ民衆初の歴史編集者（一四七一―八四年、一四九八―一五〇一年の歴史編集)、ヤーコプ・ヴィンプフェリング(一四五〇—一五二八年)が活躍した。

領邦君主が設立したハイデルベルク大学の傍らへ、エアフルトとケルンに二つの都市大学が歩み出てきた。タイセイ染料の取引で裕福になったエアフルト市には学芸学部中心の司教座聖堂付属学校が数多くあり、多くの学生がそこを訪れていた。それらは一三六二年、一括して学芸学部の「シュトゥーディウム・ゲネラーレ」に昇進した。その後アヴィニョンに在住する対立教皇が一三七九から八〇年にかけて、神学部を備えた「総合学部」を認め、同様に教皇ウルバヌス六世が一三八九年に創設を認可し、一三九二年に初代校長が選出された。やがてエアフルト大学はルターの宗教改革を準備するという、旧来の人文主義の重要な育成場所となっていった。

ドイツ最大の都市ケルンは、イングランドやオランダや北海沿岸諸都市と交易する商業都市であると同時に、一九の小教区教会、一〇〇の礼拝堂、二二の修道院、一一の修道院寮、「三博士」の聖遺物をもつ巡礼霊場のある、ドイツきっての教会の中心だった。ドミニコ会修道士とフランシスコ会修道士は早くもここに「シュトゥーディウム・ゲネラーレ」を設立していたので、大学創設にはまさにうってつけだった。ケルン市参事会は托鉢修道会に斡旋してもらい、一三八八年に教皇ウルバヌス六世から神学、教会法、「設置された諸学科」(七自由学科・医学・ローマ法などが考えられる)を備えた「総合学部」の設置を許可された。教皇は特権と聖職者の教会禄を利用して、総合研究施設である大学を支援した。また都市は教授陣の俸給を出し、法学部や学芸学部の学生のために一四二〇年「スコラ学部《ショラ・アルティウム》」をつくった。エアフルトとは反対に、ケルンはスコラ哲学の中心地であった。

ライプツィヒは急速に興隆し、ドイツ北東部の大歳市《メッセ》都市に発展しつつある商業都市であった。一四〇九年の夏にドイツ人の修士と遍歴学生がプラハから流出したとき、マイセン辺境伯フリードリヒ(好戦侯)とヴィルヘルム・フォン・テューリンゲン方伯が教皇アレクサンデル五世[在位一四〇九—一〇年]からライプツィヒ大学開設の認可を獲得し、それはその年のうちに開学された。またコンスタンツ公会議の教会改革の影響で、一四一九年にロストック大学はメクレンブルクの諸大公によって創設された。正確には、かれらは都市と共同で大学を創設したのである。ロストック市は一八二七年まで資金援助団をもち、教授陣の一部の俸給を支払っていた。しかしコンスタンツにいる教皇マルティヌス〔マルティン〕五世〔在位一四一七—三一年〕の創設許可書(一四一九年)はなお神学部を除外していた。それは一四三二年に教皇エウゲニウス〔オイゲン〕四世〔在位一四三一—四七年〕により、ようやく許可されたのである。教授陣はたいていライプツィヒ大学やエアフルト大学から来ていたが、都市貴族とツンフトとの紛争やバーゼル公会議のロストックについての禁止令の結果、かれらは一四三六年にグライフスヴァルトへ流出してしまい、関係が改善された一四四三年に初めてグライフスヴァルトからロストックへもどってきた。領邦君主が創設した大学にはロストック大学以外に、グライフスヴァルト(一四五六年)、フライブルク(一四五七年)、バーゼル(一四五九年)、インゴルシュタット(一四七二年)、テュービンゲン(一四七七年)、マインツ(一四七七年)、ヴィッテンベルク(一五〇二年)、フランクフルト・アン・デア・オーデル(一五〇六年)大学があった。

これらの大学が創設された意義は、諸大学が、ヨーロッパでの民族国家の隆盛期にほぼ全域で民族主義的な組織に抵抗し、分散された権利に反対して国際的な拘束力をもつ権利をもちだし、またスコラ哲学的方法において一般的な学問の方法を編み出し、学者言語としてラテン語を教養と学問の国際言語に宣言したことであった。

大学入学には年齢制限など何の前提条件もなかった。多くは少年で入学したが、そうでない場合は立派な職にある成人男性になって大学に通っていた。スイスの宗教改革者ヨハン・ハインリヒ・ブリンゲルは一四歳でケルン大学に入学し、一七歳で修士になった。ルターの大敵であるヨハネス・エックは一二歳で入学し(一五〇九年)、一六歳で修士に、のちに名誉称号「ゲルマーニア国の指導者《プラエケプトル・ゲルマニアエ》」を授与されたフィリップ・メランヒトンも一二歳で入学、おなじく一六歳で修士になった。著名な哲学者フィリップ・ニーコラウス・クザーヌスは二三歳でパドヴァで「博士決定《ドクトル・デクレトルム》」を取得し、三六歳で新たにボローニャ大学のドイツ同郷会に教授として雇用された(一四三七年)。年齢の差に関係なく学生が互いにおなじ目標を目指して努力できたのは、紛れもなく学問の事実に則した客観性のためであった。順を追って段階的にされる学問は、長い年月を要した。多くの学生は卒業を必要としなかったが、必要な人は「学芸学部の修士《マギステル・アルティウム》」で満足した。

「学芸学部の修士」の獲得にフィリップ・メランヒトンは五年間（一五〇九―一四年）かかっているが、学位取得には神学部が一番長い年月を要した（一〇から一二年）。ゲルハルト・ブラントは一四一〇年にハイデルベルクで神学部の学生になり、一四一五年「国民の急使《クルゾール・プブリクス》」、一四一七年「ゼンテンティアリウス」、一四二一年に「教授する資格《リケンティア・ドケンディ》」をもらった。それが授与されたのは学問を始めてから一一年後だった。そのような長い学問は、金持ちか、修道院の構成員として経済的に保証されている者しか修められなかった。

　中世の大学は組織的に民主主義だったというだけでなく、教授陣の大半は単なる住民居住地区の出身者で構成されていた。それは、都市や国家においてはほとんどが貴族や都市貴族の範囲内で職があるのとは対照的に、学問の世界では、能力・勤勉・持久力が報いられたということである。入学手続をした学生数は多かったが、長期間の学問を必要とする博士学位を取得して終えた人は極めて少数だった。他方、大学教授の職は度外視して、博士学位の取得が何かの職の前提条件になるということはなかった。しかしながら大学教授の職にも博士学位取得が絶対必要ということもなかった。なぜなら新設大学の教授職は、学位をもっていない人に領邦君主から与えられることが多かったためであった。人文主義のツェルティスについていえば、（ザクセン選帝侯フリードリヒ三世の指示に基づいて）皇帝がかれに与えた「詩人としての月桂冠《ディヒテルロルベール》」の戴冠式（一四八七年）は、「教授する資格」として全大学に通用した。また大学を中途退学した人でも名門一族の出身であれば、あるいは後援者がいれば、問題なく大学教育を修了した人として高位の職につくこともできた。

　大学で一般知識として講義された内容や、それぞれの分野の学術論争の内容は決して独自の学術研究ではなく、継承されてきた古代や中世の権威者からの知識であった。医学研究者がガレノス（一二九頃―二〇〇年頃、ギリシャ以来の医学を集成した医学者、ローマに出てマルクス・アウレリウスの侍医となった）や別の権威の著書を説明するのがふつうで、死体を解剖するのは滅多になかったことだった。しかし、もし死体が解剖できたとしたら、それは真に評価されるべき進歩だった。中世末期の優秀な教授陣でも、著書の中でのみ新しい知識を発表し、講義中に述べるのは稀であった。スコラ哲学が継承した知識を批判的理性に委ねたのに対して、個別の大学で認められ台頭しつつあった人文主義は、これらスコラ哲学的な手法を「あらさがし」とみなし、人間を人文主義の教養の中心にし、古代作家のタキトゥスから人文主義の人間像をつくりあげた。それはインゴルシュタット大学開設（一四七二年）時の大公の参事、マルティン・マイルの式辞中でも述べられている。かれの言葉を借りれば、大学を設立する意義は「学問や教育の価値は、学問や教育は幸福な素晴しい人生への入口であり、学問や教育の力が人間を神の類似物に高め、未知の世界に導き入れ、日常生活の向上を助ける」からである。スコラ哲学的教育を重視する大学は学術的伝統の推進と浸透だけを考え、学問することによって人がより幸福になれるか否か、活動的な生活をする能力が培われるか否かなどは考えもしなかった。

人文主義的教養を考え、詩学講座が学芸学部に新設されることが多かった。これらの講座は通例の講義には入らず、それを担当する教授が見つかったときのみ開講されていた。ペトルス・アントニウス・デ・ヴィネアリイスは一四六四年にバーゼルで、ハインリヒ・ベーベルは一四九六年テュービンゲンでこのような講座を担当し、セバスティアン・ブラントも一四九六年短期間であるがバーゼルでそれを担当した。古代神学作家のテキスト出版は、このような講座と結びついていた。また聖書のテキスト出版に取り組むことは、ギリシャ語やヘブライ語を取り入れることにつながった。ヨハン・ロイヒリンは一四七四年以降まずギリシャ語、次いでヘブライ語と取り組み、その後インゴルシュタットとテュービンゲンでギリシャ語とヘブライ語の二言語を教授した。ヤーコプ・ヴィンプフェリングは古典文学の文献に取り組んだとき、タキトゥスの『ゲルマーニア』に出会い、ゲルマン人の祖先に対する誇りに目覚めた。大方の人文主義者は人文主義の巡回説教師として各地をまわり、臨時に教授職を引き受けていた。かれらは古い大学の国際的な連帯とは対照的に、民族思想の宣伝者となった。それは世俗化の時代と民族的学問の時代の始まりであったが、かれらには学問のすべてにつながる忍耐と根気が圧倒的に欠けていた。

人文主義にはさらに古代演劇を甦らせる試みも必要であったから、ハイデルベルク大学学芸学部長だったヤーコプ・ヴィンプフェリングは、一四八〇年に一六人の修士の学位授与式を利用して、教会禄の奪い合いを問題にとりあげ、新ラテン語で書いた人文主義の作品『シュティルホウ』を上演させた。ヴィンプフェリングに続いたのがヨハネス・ロイヒリンで、かれは一四九六年にハイデルベルクで情実人事に反対する『ゼルギウス』、一四九七年いかさま弁護士のコメディー『ヘンノー』(『マイストレ・パテリン』を模範として)を上演し、大成功をおさめた。この種のドラマは、それからのちも人文主義者たちにより講義中に解説されたり、評価されたりし、一五〇四年エアフルト大学の講義でヒエロニムス・エムゼルが『ゼルギウス』を取りあげたように、進歩的な人たちがいる大学の人文主義期の特徴となった。

10 仮装、謝肉祭劇、宗教劇

人文主義が新ラテン語で書いたコメディーは、はじめから人間的向上と人間愛獲得《フマニテート》のための文学作品を目指してつくられていたが、中世本来の劇は全く別のものであった。それは民衆の深い信仰心に発し、構想的に中世の共同体の文化から生まれたものだった。おなじことが謝肉祭劇や、全くちがう性格をもつ宗教劇にもいえる。宗教劇は新しい時代のテキスト以外にはるか昔の形式のものも保存されていたので、発展の過程を詳細に知ることができる。古代ギリシャ悲劇がミサ聖祭のディオニュソス礼拝式の一部（いわゆるディオニュソス酒神賛歌）から生まれたように、宗教劇の最古の形式は中世の進句（トロープス）のパントマイム的描写、つまり復活祭の典礼における合唱と、進句を交互に歌うだけのパントマイム的な表現から生まれた。

これらの合唱は、聖別のためにキリストを墓に訪れたマリアたちと天使がキリストの遺体がなくなって空《から》になった墓でやりとりしている会話を三行のラテン語の中で再現していた。まずこれらの歌のあいだ、教会の端からミサ用の衣装を着て、容器を手にした司祭三人がキリストの墓を象徴している祭壇に向かって歩む。三人が向かっていく祭壇のところで、別の司祭がひとりでパントマイム的に天使を表現している。その三人が祭壇に到着したところで、四人全員がいっしょに歌いはじめ合唱団と化したとき、単なるパントマイム的な描写は小さな劇の一コマとなり、聖書の中にある復活という出来事と結びつく場面が誕生したのである。決定的、象徴的ストーリーとして、キリストが地獄の入口をこじ開け、アダムとイヴまた予言者たちを数珠つなぎに古聖所リンボ［洗礼を受けなかった幼児や、キリスト以前の正しい人たちの霊魂が住むとされる、地獄と天国の中間の場所］から天国へ導く晴れやかな場面がつけ加えられた。

ほんのわずかなラテン語の歌で上演されるこれらの場面は、国語のドイツ語テキストで説明されたので聴衆にはいちだんとわかりやすくなった。これらの劇はすべてミサ聖祭に挿入され、キリストがよみがえる復活祭の歓声となって幕を閉じた。ますます聴衆の注目を集めるために、とりわけ他の場面との対比によって天国(超越的世界)の神聖を明確にさせようと滑稽な場面も挿入するようになっていった。例をあげれば、キリストが地獄を訪れたあと悪魔が地獄を新たに満杯にするにはどのようにすればよいのかと不安気に、神の恩赦を哀願する罪人たちを引きずるように連れて行こうとする場面が挿入されたところなどである。それは満足した爆笑と歓声を誘うためだったが、マリア三人がキリストの墓に行く途中の場面に「軟膏買い」が挿入され、やがてそれは礼儀作法をわきまえぬ詐欺師のような遍歴小売商人の謝肉祭劇に似た場面へと拡張されていった。

一三九一年中部ドイツから伝わりライン地方で書かれたと推測される話、『インスブルックの復活祭劇』中の滑稽で軽薄な小売商人劇は全一三一七詩行中、五〇〇詩行を占めていた。一四六四年にリューベック市のために詩作された『レデンティンの復活祭劇』中の挿入劇は、当時のペスト大災害に直面し、共演者が二一人の悪魔劇になり、それがテキストの大半を占めていた。著者は都市に住む聴衆に懺悔を促そうとし、平凡な男性をターゲットにして、中身の薄すぎるパンを焼いたり、劣悪なパン生地を使用したパン屋、粗悪な革で靴をつくった靴屋、材料を着服した仕立屋、ビールやワインを水で薄めた飲食店の経営者などを舞台の上で地獄へ歩ませた。このような復活祭劇を教会堂内で上演せず、マルクト広場や教会堂の前で上演した理由は、計算ずくで挿入した滑稽な場面が教会の神聖さを汚すのを恐れたためではなく、共演者数が多いのでそれなりの広さを必要としたからだった。

復活祭劇は、よみがえったキリストとよみがえりそのものを喜ぶだけの劇であった。しかし一四世紀以降、キリストの生涯とキリストの受難を追体験したいという欲求が強くなり、それまでと全くちがう性格の宗教劇になった。キリストよみがえりの受難劇は、拷問に苦しむ人間キリストを写実的に描写していたが、その背後には「同情《コンパシオ》」があった。つまり観衆はキリストと共によみがえるために、キリストと共に苦しみ、死にたいのである。この劇はますます大がかりになり、何回も上演され、上演中はたいてい市門は閉じられていた。その期間中は都市全体が舞台そのものになり、事実、都市の全住民は何百人もいる共演者のひとりか、心を魅了された観客として深く上演に参加しているかのいずれかだった。

今日では主役のみ司祭が演じ、それ以外の役は一般俗人が演じている。上演の実行組織を引き受けるため独自の兄弟団ができることが多かった。新しい場面に変わるとき、観衆は劇中の共演者そのものだったので、自分たちの感情を露わに出した。それゆえ、観衆はテキスト中に数多く挿入された「シルエット」の天使の大声で、冷静になるよう幾度となく呼び戻されなければならなかった。バルデマル・フォン・ペーターヴァイル（一三八四年没）の『フランクフルトのキリスト受難劇』は五〇シーンもあり、約二〇〇人の出演者がいて、まる二日間続いた。その劇の総出演者数は一四九八年に二八〇人にものぼり、まる五日間も続いた。この受難劇の中には、マクダレーナのマリアの生涯と改宗が五箇所に取り入れられていたが、それは幕間劇によって中断される五幕ものの劇で、マリアはダンスや日常の娯楽に現つをぬかす若い少女として描写されていた。修道女の忠告と改宗が続き、最終的にマリアが自分の罪を悟ったとき、罪が許され神の加護を共に願ってくれる観衆に免じて彼女の改宗は生じた。したがって受難劇は宗教改革前夜の堅い信仰心のあらわれであることは間違いない。

カトリックの地域では、キリスト受難劇は中断されることなく続いた。たとえば『ティロールのキリスト受難劇』は一三八〇年から一五八〇年までの二〇〇年間、上演された。なお一五八五年にフィリンゲンに改作を重ねた『ドーナウエッシンゲンのキリスト受難劇』上演のための兄弟団が、またルツェルンに一四七〇年「キリストの受難劇」を上演するための兄弟団がつくられた。後者の会員数は一四九二年から一五〇二年まで（単純な市民から指導的立場の政治家まで）四〇〇人で、一六一六年まで数年間のサイクルでその劇の上演を続けていた。それは大がかりな舞台装置のある様々な大葡萄市でおこなわれ、各人自由に参加でき、三〇〇以上の役柄があった。

復活祭劇や受難劇のほかに、まもなくキリスト降誕劇や聖人劇がでてきた。もっとも頻繁に上演された最後の審判劇は、たいてい教会年暦の終わりに読まれる聖書の朗読をしていた。一〇人の乙女の劇は（『マティアス』二五章、一節―三節で説明されている）キリストの来迎にたとえて世界の終わりを上演していた。聖母マリアの願いにもかかわらず愚かな女たちの恩赦がすべて拒否された一三二一年のアイゼナハの上演は、フリードリヒ（豪胆）方伯を震撼させ、それがもとでかれは死んだということである。また、反キリスト（悪魔）劇が台頭したのも、世界は終わるという終末的世界観のあらわれであった。一一六〇年の『テーゲルンゼーの反キリスト劇』はシュタウフェン朝の時代につくられたこの種の作品で、皇帝と反キリストを相対して立てていた。中世後期はこのような劇に、一三五三年の『非キリスト教の謝肉祭劇』やニュルンベルクの謝肉祭劇作家ハンス・フォルツの『ブルグント諸公の劇』のように現代史的な風刺をつけた。とくに注目されるのは公明正大な者と不正な者についての判決の（『マティアス』二五章三一節、四六節に関連する）最後の審判劇である。テキストは一三〇〇年頃できたのは確かで、少しずつ加筆され、一五一〇年まで何回もミュンヒェン市庁舎前の広場で上演されたが、真の信仰心は初回の上演と同じように印象的な姿で維持されていた。

無数にあった宗教劇は、中世の教会がキリスト教以前の信仰心を清算して、キリスト教の中に統一しようとした本音を忘れさせた。グレゴリウス大教皇（六〇七年没）は非キリスト教徒の寺院をキリスト教会に、非キリスト教徒の供物を教会堂奉献式の神を称賛する祝宴に変更させるよう、つまりキリスト教に同化させるように勧告していた。それゆえドーナル神信仰地域はペーター教会、ヴォーダン神信仰地域はシュテファン教会、ツィーウ神信仰地域はミヒャエル教会になった。死者を追悼する会食はマリア、ヨハネス、マルティンのミンネ酒宴になり、キリストの誕生祭は供物と酒宴の伴う冬至の期間におかれた。キリストより以前は豊作祈願には馬で村を一周していたが、それが教会の周囲をまわるシュテファニィー乗馬（騎馬行）やゲオルク乗馬、おなじくレオナルド巡回騎馬行になり、それらは今日なお七〇〇箇所で見られる。それらについてラバーヌス・マウルス（八五六年没）は述べているが、そのさい、教会を周回する馬がたてがみを長時間かけて丁寧に編まれ、穴熊の毛皮のついた鈴をつけているのは右側から来る魔神に対抗するためであると詳細に説明している。また騎馬迂回の担い手や、豊作祈願のために馬に乗って村を巡回する行列の担い手たち、そしてそれらの行事と関連する競争レースの担い手たちは、それ以前はもっぱら死神を仮装で表現していた若者たちであった。

リエージュの修道女ユリアーナ（一二五八年没）の単なる空想により、その修道院では一二四六年にキリストの「聖体の祝日」が導入され、一二五三年教皇ウルバヌス四世［在位一二六一―一六四年］は全教会にそれを導入するよう命令し、それを一三一四年教皇クレメンス五世［在位一三〇五―一四年］は追認した。この聖体行列は早くも一二七九年にケルン、一三〇一年にヒルデスハイム、一三〇五年にアウクスブルク、一三二二年にブリクセン、一三四三年にミュンヒェンでおこなわれた。それらはとくにドイツでは耕地での礼拝行列と結びついていた。その行列のさいには、天候の恵みと耕牧地の恵みが得られるように四方位（東西南北）に向かって祈られた。農耕民や葡萄栽培兼葡萄酒製造業者には、耕地の礼拝行列は自然災害を追い払い、農場や家族に恵みをもたらすものと思われていた。その行列にマリア像あるいは聖人像が運ばれる場合、帰還時に、像は恵みを後に残すために行列方向に背を向けて立たされた。要するに礼拝行列は農場や耕牧地の文化遺産で、それはタキトゥスが『ゲルマーニア』の中に記載している豊作女神ネルトゥスの巡回とよく似ていた。行列時に発砲や笞打ちまた鈴や鐘を鳴らすのは、魔神を防御するために音を出す太古の風習だった。葡萄栽培地方ではウルバーン聖人が担がれ、ボーツェンで一四二一年にゲオルク聖人とマルガレーテ聖女が運ばれたが、それはゲオルクはバッタやイナゴなどの直翅類の昆虫と他の有害小動物、とくに害虫を根絶する聖人と思われていたためであった。それゆえ、いたるところで聖ゲオルクのドラマチックな「竜の一刺し」劇が生まれた。さらにキリスト教にいっそう同化させるため、聖体行列に復活祭劇やキリスト受難劇を結びつけることが多く、キリスト教に関係する場面・礼拝行列劇・宗教劇が描かれた馬車も行列に加わるようになった。

最もはっきりしているのはキリスト教以前の風俗習慣が謝肉祭に生き続けていることである。「謝肉祭［懺悔火曜日］」（南部ドイツでは「ファッシング」とも呼ばれる）は、四旬節の断食期間に入る前の晩である。もともとそれは「ファシャング、ファストシャング」と呼ばれ、断食［四旬節、つまり復活祭前の六週間、灰の水曜日から復活祭の前日までの日曜日を除く四〇日間」に入る前に酒を飲むことを意味している。カーニヴアルは「船車《カルス・ナヴァリス》」から生まれたのでなく、「肉を取り去る《カルネ・レヴァーレ》」から発し、茶化して「肉よサラバ《カルネ・ヴァーレ》」に変えたのである。それは、キリスト教の四〇日間の断食を意味する表現だった。人々は肉なし、アルコールなし、性交なし、笑いなし、ダンスなし、娯楽なしの復活祭の準備期間が始まる前に、もう一度満腹を味わって楽しんだ。贅沢三昧の飲食、それに伴うドンチャン騒ぎの中にキリスト教以前の太古の風習、つまりキリスト教以外の年祭、一年の変わり目の仮装風習が混ざっている。この期間に若者は動物や別の仮面をつけて死者を具現し、死者の名前で踊り、耕牧地やそれ以外の生産物の豊作を祈願した。それをあらわしたニュルンベルクの描写は「髭付仮面をつけた手工業者の謝肉祭行列」の名で、ティロールの描写は「仮面行列」の名で継続された。仮面は亡霊、死者の霊、死の魔神を表現し、仮面をつけた若者たちは生きている人から飲食物を懇願するかわりに、走ったり、跳躍したり、踊ったりして豊作を保証した。謝肉祭に関連して、発砲や笞で音をたてたり、鈴や鐘で騒音をたてることは魔神に対抗する古来の騒音魔術である。謝肉祭でおこなわれることは、太古のもの

エラスムス・グラッセルが旧ミュンヒェン市庁舎のために制作したモリスカ・ダンサー10体のうちの3体。元々、モリスカダンサーは踊りによって女性に求婚する16体のダンサーだった。求婚のテーマは多くの謝肉祭劇で扱われている。ダンサーは、かれらが謝肉祭ダンスにおいて如何に感情をゆたかに表現できたか、陽気な、人生の歓喜の証である。同時に作品は当時の木版芸術が優れていたことを物語っている

と新しいものとが混ざり合ってできたものである。その混ざり具合に応じて、仮面と風習は多様に入れ替わった。

その粗末で未熟な上演（謝肉祭劇）は一四世紀以降、謝肉祭の本来の行動から離れていった。それは、若者が少人数の組で、飲食店に押し寄せ、飲んだり踊ったりしている人々のあいだに空間をつくり、数行の韻文で劇を上演していた。最古の形式は、通し劇（一連の劇）とレビュー［音楽と舞踊を主とした華やかな劇］であったが、それらはなにか筋書きがあるのでなく、個々の役者が互いに自己紹介し特徴づけ、触れまわり役は観客から施物（献金）を集め、謝肉祭の慌ただしさの中へもどるだけのものだった。しかし、独り語りをしていた参加者に互いに競争意識が芽生え、そのうえ勝者に賞品が与えられ、また地位の高い人が審査員に選ばれるようになったとき、謝肉祭劇は発展しはじめた。

しばしば実際の価値と反対に描写されているが、一番の道化者で、たいていはこっぴどく殴られ、女房の尻に敷かれている亭主に関する劇がほとんどだった。しかしその道化役が主役だったのである。上演された劇のパターンは審判されたので、昔は大衆習慣の中で一般的だった下級裁判所（即決裁判所）にもっていかれた。そこではたいていの場合、社会的・人道的に反しはするものの法的には告訴できない違反行為が糾弾された。しばしばそれは結婚生活での愚行に関することで、性生活も粗野であれ、はっきり論じられた。その結果、他意のない謝肉祭劇は極めて重要な社会政策的な意味をもつようになった。どこでも口外できるというものでない、やっかいなことが率直に話し合われ、性問題やいろいろな夫婦問題についても取り扱われた。劇は感情の興奮や抑鬱を述べることに利用され、それらを昇華し、問題や困難を笑いに変えた。それはまた共通のものとして認識されたので国家政策上、重要になっていった。一五一〇年ニュルンベルクでインフルエンザが猛威を振るい『タナヴェシェル』劇が上演されたが、劇中擬人化された「病気」が法廷に呼び出され、各身分階級の代表者がそれぞれ告訴を述べ、そしてその後「病気」は判決を下され、斬首された。このように、現実には克服できない「病気」は劇の中で克服され、精神的耐久力が強化されたのである。

それゆえ、軽薄で表現力に乏しい、原始的で粗末な形式の謝肉祭劇は極めて重要な社会的、共同体的機能をもつようになった。ハンス・ザックス（一四九四—一五七六年）のような民衆詩人はこれに糸口を見つけ、ここから出発し、小さいながらも傑作をつくり、このような謝肉祭劇からいちだんと高度で真剣な劇をつくりだした。北ドイツでは原始的な形式の謝肉祭劇は生まれなかったが、近隣の謝肉祭劇を手本として真面目な劇を上演した。ニュルンベルクでは、都市貴族が道徳的な劇を謝肉祭劇へと受け継いだ。かれらは一四三〇年から七八年までオランダの「アーベル劇」(真剣な内容の騎士劇)、一四七九年から一五一五年までオランダの「レーデリッケル」(寓話的演劇の育成のために宗教的信心会から台頭した団体)の教訓的な宗教劇(勧善懲悪劇)にならった。その極めつけは『ヘンゼリン』劇(一四八四年)であった。それは、主人公が教皇、皇帝、あらゆる身分階級の人に正義を探し求めるが得られず、最終的にそれは自分の胸の中に見つかるという劇である。そこでは、道案内人のヘンゼリンは「道理」を探し求める道化であった。リューベックでは、舞台はすでに政治的役割を果たす武器と認められていた。デンマーク王とシュレースヴィヒ=ホルシュタイン公は、リューベック市と結束したディトマルシェン〔西部ホルシュタインの海岸地方、中世後期には農民共和国だった〕の農民との戦いに一五〇〇年二月一七日壊滅的な敗北を喫したが、それより以上に一四日後にリューベック(一五〇〇年三月三日)で上演された劇のほうが怖いと感じた。三月三日のその劇は、二月一七日の出来事を劇的に描写していた。それは諸侯の横暴に対する農民と市民の勝利を表現し、舞台を初めてフリードリヒ・フォン・シラー〔一七五九―一八〇五年〕の意図する倫理的な(倫理を問う)場にしたものであった。

二　文芸作品、著作・文献、言葉

封建制度の崩壊が進むにつれて、宮廷社会も、常に新たな矛盾に直面し、崩壊しはじめた。そしてシュタウフェン朝の没落と共に、中高ドイツ語での騎士文学の全盛期も終わりを遂げた。一方、市民階級の興隆は文学作品や文学活動に現れたが、名声を得た市民も行動力と大胆さで金持ちになった商人も作品には現れなかった。しかし皇帝オットーがマクデブルク司教区を建設した〔治世冒頭に東方布教の起点としてマクデブルク司教区を新設し、そこに聖マウリティウス修道院を設立し、それを九六八年教皇の承認をとりつけてマクデブルク大司教座教会へ昇格させた〕頃を舞台にして、モンフォールの諸領主のミニステリアーレンであったルードルフ・フォン・エムスは、勃興しつつある新しい階級に属する一商人が作品の主人公になるという『善良なるゲールハルト』(一二二〇年頃)を創作した。その作品の中でエムスは献身的な隣人愛により、神の大恩寵を得た一遠隔地商人を称賛していた。善良なゲールハルトはアーサー王の騎士でなく富裕なケルンの豪商であるが、いかにも騎士のようで、宮廷風であった。それはニーダーライン＝フランケン境界地域で生まれた聖人伝説がもとになっていた。この小叙事詩、いわゆる物語文学には商人が現実生活と違った姿で現れていたのであるが、遠隔地商人の危険や念願や憧憬が『フォルトゥナートゥス』〔作者不明の民衆本〕(一四八〇年と一五〇九年印刷)の中に、お伽噺的に描写されていたのは近代の終わりになってやっとわかったことである。

著者が作品の中で身分教義と取り組むさいは、古くから教会上認知されていた身分階級の三位一体、すなわち聖職者、貴族、農民階級に固執した。しかし市民出の遍歴詩人フライダンク(一二三〇年頃)〔箴言文学の重要な代表者〕は、神からつくられた社会生活上の三身分「農民、騎士、坊主」のほかに、第四番目の暴利(つまり貨幣経済および利子)をあげ、災いをもたらす暴利をむさぼる人間に悪魔の烙印を押した。概して文芸作品はバンベルクの学校教師フーゴ・フォン・トリムベルク(一二三〇―一三一三年)であろうと、マインツの格言詩人ハインリヒ・フラウエンロープ(一三一八年没)や遍歴詩人ズーヘンジン(一三九〇年頃)や一五〇〇年頃の職匠歌人ヨルク・シラーであろうと、古代の三位一体の域を出ることはなかった。また自分の手で物をつくり生活する(農民階級から台頭した)手工業者も農民階級に含まれていた。フライダンクとおなじように、商人の「暴利」を指摘するフーゴ・フォン・トリムベルクも商人を職能階級と認めなかった。かれはこの暴利をむさぼる人間を特種グループとして、ユダヤ人や異教徒よりも低く位置づけていた。それとは逆に、ニュルンベルクの職匠歌人ハンス・フォルツ(一四四〇―一五一三年)は農民階級の公民権の剝奪を先取りして、農民階級にかわり「殊に卑劣な者」をその特徴を述べないままに都市の市民階級に組み入れた。

大市民階級(都市貴族と金持ちの遠隔地商人)は自分たちの経済的、政治的課題のほかに文学にも関心をもっていた。かれらは文芸作品の依頼主としては一番早く、それらの作品の中で市民の生活を特徴づけたと思われる。かれらは初め宮廷騎士文学に、まもなく歴史文学にも関心を向けていった。ゴットフリート・フォン・シュトラースブルクの後継者で、伝統的な諸形式を取り入れた形式作家のコンラート・フォン・ヴュルツブルク(一二八七年没)は新興階級である中世のいわゆる「第四階級」、すなわち市民階級出身であったが、バーゼルで高位聖職者や名門都市貴族また裕福市民からも積極的に支援を受け、宮廷精神と宮廷叙事詩を創作しつづけた。またヴォルフラム・フォン・エシェンバッハの『パルツィファル』やそれに書き足された『新ティートゥレル』など、宮廷古典文学の作品も幾度も写本され、ついに一四九七年には印刷されている。コンラートが友情小説『エンゲルハルトとエンゲルトルート』〔ゴットフリートの『トリスタン』と、ハルトマンの『哀れなハインリヒ』のモティーフが絡み合った友情物語〕を創作して過去を賛美する現在の悲嘆者になったのは、そこに描かれているような誠実さは現実にはもはや存在しなかったからである。かれはまた膨大なトロヤ物語『トロイアの書』(トロイア戦役)で、中世に愛されたテーマを取りあげた(しかしこの作品の執筆中一二八七年に死亡)。なにしろフランク人〔西ゲルマンの一種族〕はローマ人のようにトロイアに由来するから、コンラートもまたしかりであった。読者は好みの戦争描写や恋愛もの、また珍しい冒険に夢中になり、これらの五万詩行の韻文が基本的理念に欠けているのをすっかり忘れてしまった。はからずもコンラートの作品は一五世紀まで愛読されたのだから、かれは決して嘆かなければならないほど独りぼっちではなかったのである。

トロイア・テーマのように、アレクサンダー文芸は中世に人気があった。ルードルフ・フォン・エムスは一二三〇年頃歴史上のアレクサンダーを頻繁に描写した(『アレクサンダー』)。かれは初め騎士的宮廷文学を創作していたが、やがてこのような歴史文学に転向していった。またウルリヒ・フォン・エッツェンバッハ(一二八〇年頃)はラテン語の文献からアレクサンダーの伝説や逸話を数多く集め、『アレクサンダー』の中で披露した。かれにはアレクサンダーは宮廷騎士、ミンネ勇士、世界の征服者、神よりの使者であった。『アレクサンダー』の中で市民の現実的精神らしいものは、ワイン地下室やローストビーフステーキを称賛するところのみである。人々に愛されたアレクサンダー物語は韻文でも散文でも書き続けられたが、医師ヨハネス・ハルトリープによるものが最後である。ヨハネスはバイエルン大公アルブレヒト三世の娘と結婚していた一方、アグネス・ベルナウエルとも結婚[秘密婚]していたが、アレクサンダー物語を義父にあたるバイエルン大公にささげた(一四五〇年)のである。この散文物語は大成功をおさめ、一四七二年から一五一四年に一一回も複製された。

宮廷騎士物語の変わらぬ人気は未完成作品が続出したことでもわ

ゴットフリート・フォン・シュトラースブルクの禁じられた愛の苦しみと喜びの物語(1215年頃)、『トリスタン』は中世後期に幾度も書き写され読まれた。1280年のミュンヒェン版にはイラストがつけられた。家畜泥棒として巨人ウルガンが見える。トリスタンは馬で巨人の後を追い、岩の上から巨人の片手を切り落とし、巨人を激流の中へ突き落としている。それに対して、大公ギィランは妖精から贈られた魔法の小犬ペティツクライウをトリスタンに報酬として喜んで与えた。トリスタンはその犬を離ればなれになっている恋人イゾルデにおくる

かる。シャルフェンベルクのアルブレヒトという名の一詩人が一二七〇年にヴォルフラム・フォン・エシェンバッハの一七〇詩節からなる『ティートゥレル』断片〔『パルツィファル』に幾度か登場する敬虔な女隠者ジグーネの生涯を物語っている〕を五〇〇〇詩節以上に広げ、『新ティートゥレル』を書いたが、その際かれはヴォルフラムの作品の断片を挿話として、異教徒との戦い、騎士の槍試合、絢爛たる祝祭を豊富に盛り込んだ長大な物語の中に取り入れ、ジグーネとシーオナトゥランダーの運命を余すところなく述べ、またヴォルフラムの個性に、暗い秘密にみちた表現様式に調子を合わせた。また、聖杯〔中世ヨーロッパの伝説で、選ばれた人にだけ見えるという奇跡の秘宝〕の種類と歴史や、騎士の規範などもつけ加えた。『新ティートゥレル』は当時ヴォルフラムの最も重要な作品と思われ、少なくとも四四回写しを重ね、一四九七年には印刷された。皇帝ルートヴィヒ四世（バイエルン公）〔在位一三一四―四七年〕は聖杯を奉る聖堂の精細な描写に刺激され、騎士の老後のための養老院としてエッタール修道院を創設したほどである。養老院を「修道院」と命名したのは、それは修道院に付属し、教会が所有しているからであった。それはまた皇帝ルートヴィヒ四世の敵、皇帝カール四世〔在位一三四七―七八年〕を刺激し、かれの愛するカールシュタイン城塞に礼拝堂をつくらせることになった。ザイン伯のゲルハルトは一四九一年遺言の中で、ドイツに本は数多くあるけれども、真の教えが書かれているのは『新ティートゥレル』のみで、その教訓に従うよう息子たちに命じていた。

複雑な『ティートゥレル』詩節は中世末期に抜群の人気があったので、ウルリヒ・フューエトラーは長大な『冒険の書』（一四七八年）と、四万詩節のアーサー王物語〔ケルト人の伝説的英雄アーサー王を中心の題材とした一連の騎士道物語〕を要約した『ランスロット』（三万九〇〇〇韻）をすべてこの『ティートゥレル』詩の形式で詩作しなければならなかった。一方で、『新ティートゥレル』とコンラート・フォン・ヴュルツブルクの『黄金の鍛冶師』は一四、一五世紀の華麗文体の模範となった。それは（後期ゴシック建築の過剰装飾と比較して）二格迂言法、対比構成、特殊な直喩、言葉遊び（語呂合わせ）、風変わりな韻を使うヴォルフラム・フォン・エシェンバッハやゴットフリート・フォン・シュトラースブルクの文体様式と結びつき、その節度を超えていた。

華麗文体の叙事詩にはヨハン・フォン・ヴュルツブルクの『ヴィルヘルム・フォン・オーストリア』(一三九四年)も入った。そこには、オーストリア大公の館での出来事を土台としながらも、自由な感情に溢れるヴィルヘルムとアジルの変わらぬ恋愛が幼少時代からヴィルヘルムの死により終止符が打たれるまでが描かれている。この作品が如何に人気があったかは、散文に変更され、一四八一年なお印刷されたことでもよくわかる。ヴィルヘルムとアジルは模範的な愛のカップルとして見られ、一三九五年、『トリスタンとイゾルデ』と共にボーツェンにあるルンケルシュタイン城塞の壁画に描写された。中世末期に、離ればなれになった愛する二人が交わした、まき砂で封印された恋文を、硫酸紙に書き、巻いて、紐で結んで、恋愛相手にとどけさせるのが流行したが、これは『ヴィルヘルム・フォン・オーストリア』が文学上の恋文のジャンルに影響を及ぼした証である。その作品と同じ時期に、医師ハインリヒ・フォン・ノイシュタットがギリシャの恋愛物語かつ冒険物語をラテン語からドイツ語に翻訳し、『アポローニウス・フォン・テュールラント』を書いた。そのさいモティーフをたくさん入れて原作を二倍(二万六四〇詩行韻)に拡張したのは、当時はモティーフを盛りだくさん入れるのが流行だったためである。

一四世紀後半に宮廷物語は途絶えたが、ブルグントでは諸侯が後援者になったので一五世紀に再び騎士ルネサンスが生まれた。とくに宮中伯夫人メヒティルト(一四一八—八二年)、彼女は前部オーストリア［ドイツ南西部にあったハープスブルク家の領地、エルザス・ブライスガウ・フォーアアルベルクなど］大公《エルツヘルツォーク》アルブレヒト六世の未亡人だが、彼女は初期人文主義が騎士文学を支援したように、ネッカー河畔のロッテンブルクの寡婦財産を投資して騎士文学を支援したので、彼女のまわりにはそれに関係する人々が集まった。ヘルマン・フォン・ザクセンハイムなどは、宮廷物語とミンネアレゴリーの結合だった『メーリン』(一四五三年)を書いて彼女に贈っている。また彼女と活発に文通していたバイエルン大公の市参事ヤーコプ・プテリヒ・フォン・ライヒェルトハウゼン(一四〇〇—六〇年)はヴォルフラム・フォン・エシェンバッハの熱烈な崇拝者、宮廷文学作品の熱烈な蒐集家、諸侯以外で初の書籍愛好家のひとりであり、『冒険の書』の著者ウルリヒ・フューエトラーを騎士文学に紹介した人物でもあった。そのうえ、一五世紀にニーダーライン［ライン川のボンの辺りから河口までの部分を指す］の騎士物語の粗野な形式が、オランダやフランドル地方から大量に入ってきた。その最たるものがカール大帝にまつわる伝説集『カールマイネット』だったが、それは伝説が生まれた地域からリプアーリ語［エルフェル山脈からアーヘンに至る地域の方言］に翻訳されたときに、そこですでに大ざっぱに要約されていた。

初期宮廷文学においてのフランドルのミニステリアーレンであったハインリヒ・フォン・フェルデケ［主要作品『エネイーデ』］のように、また一二七〇年にオストファーレン人のベルトルト・フォン・ホレが自作の宮廷韻文物語三作を創作したように、人数は少なくても、低地ドイツ人が高地ドイツ語で詩作して宮廷文学のために活躍した。そしてハンザ同盟に加入している低地ドイツの諸都市の興隆により、低地ドイツ文学もその刺激を強烈に受けた。その代表作が冒険を描いた韻文物語『リンブルクの子供たち』（一四七九―八〇年）を翻訳したティーフに、中部オランダの手本にならってブルージュで書かれていたが、低俗趣味の物語であった。それ以外に、中部ドイツのテキストがハンザ都市ブレスラウ（一四六五年頃）で散文に変更されたが、それがドイツ語の韻文叙事詩が散文に書き換えられた初の作品であった。

宮廷騎士物語とならんで、英雄時代の有名な歌謡《リート》を拡張した英雄叙事詩はますます膨大な韻文物語になっていった。それはまた初めの頃は宮廷読者層を対象にしていたが、モティーフに飢える読者を満足させながら、その対象の輪を広げていった。『ニーベルンゲンの歌』［成立一二〇〇年頃で作者不明の英雄叙事詩］のような英雄文学はなお昔のような倫理観にみちて冒険的だったが、著者は空想する歓び創作する歓びにあふれ、宮廷調の韻を踏んだ対詩行を用いず、詩節形式を用いたので、それは宮廷物語とは対照的なものになった。そして、この新形式の作品も後述のディートリヒ叙事詩なども太古物語の一環として、昔のように匿名にされていた。たとえば、作者不明になっているディートリヒ叙事詩『ディートリヒの逃亡』と『ラヴェンナの戦い』［ラヴェンナにおけるディートリヒ・フォン・ベルンの戦いを描いたドイツ叙事詩］などでは、フン族襲来のときに戦って死んだゴート族のエルマンリヒの物語［フン族とゴート族との戦い］と、とくにテオドリウス大王（ディートリヒ・フォン・ベルン）によるイタリア征服が伺い知れる。それ以外にはディートリヒ・フォン・ベルンが地域伝説と結びついたり（『エッケの歌』・『ラウリーン王』）、ゴート族でバイエルン人のかれがフランク人の英雄ジークフリートより優れているのが描かれていた（『大きなバラの庭』）。つまり、それらの詩ではディートリヒは極めて民衆的であり、決して宮廷的な名騎士の典型として登場することはなかった。ディートリヒはバイエルンやオーストリアの民間伝承では人気のある英雄なので、すでに枝分かれしていたヴォルフディートリヒ文学作品さえ、今日なおディートリヒ文学の生き残りと見られがちである。ウィーンのエスコラピオス修道会士が執筆した『ニーベルンゲンの歌』（一四五〇年頃）が粗野にブルジョア化されているのにくらべ、一五二七年に印刷された『不死身のジークフリートの歌』は明らかに一三世紀の『ニーベルンゲンの歌』に依拠しない太古の歌謡を忠実に再現していた。それはジークフリートの青春時代の行動をうたった短い歌、ジークフリートがドラッヘンシュタインからクリームヒルトを解放した叙事詩的な歌である。カスパール・フォン・デア・レーンの『若きヒルデブラントの歌』〔ゲルマン伝説でディートリヒ・フォン・ベルンの師伝剣術指南番ヒルデブラントの叙事詩〕（一四七二年）さえ英雄叙事詩という以外に、太古歌謡の生き残りを思わせる。低地ドイツ語の歌『エルメンリケの死』は、一五六〇年になおビラ《フリーゲンデス・ブラット》として印刷されていたが、それは、『エッダ』歌謡集〔古代北欧の神々や英雄たちの業績を歌った九世紀から一二世紀の集成、一七世紀に古写本が発見された〕の中に載っている初期高地ドイツ語で書かれた感動的な『ハムディの歌』がもとになっている。

韻文物語や大英雄叙事詩とならんで、中世末期には「創作文学」と名づけられた小叙事詩が増えてきた。宮廷韻文物語以外に、市民階級のシュトリッカー〔ドイツの笑話物語の創始者、主要作

数多い写本や断片は『ニーベルンゲンの歌』が中世末期まで人気があったことを証明している。1441年になってもなお、色とりどりの絵の写本がつくられた。絵は、ブルグントの王たちがベヒラルンのエツェルへの旅の途中で、貴族のリューティゲルとその妻から歓待されているところ。かれらはエツェルホーフ陥落の前にここで最後の宴を催している

品『哀歌』『坊主アーミス』『花咲く谷のダーニエル』『巨人』など」が一二五〇年頃数々の教訓的な笑話を創作した。コンラート・フォン・ヴュルツブルクの『心臓の噺』は、ドイツで初の悲劇的な結末をむかえるノヴェレ（短編小説）である。夫から愛人の「心臓」を食事として出され、夫人はそれ以後すべての食物を拒否し、愛人を追って死ぬという結末である。このような深刻な韻文ノヴェレの最たるものが、ヴェルンヘル・デア・ガルテネーレが書いた『農民ヘルムブレヒト』（一二八〇年頃）で、自分の身分から逃げ出して盗賊騎士の運搬人夫になり、全農民を苦しめる禍の種子となり、裁判により体刑を受け、昔の農民仲間の手にかかって果てるという、悲惨な最期を遂げる農民の息子の話である。中世末期に新ジャンル「報告《メーレ》」は初め宮廷層だけにしか読まれなかったが、広く男性社会に読まれる最も人気のある娯楽用読物になった。色好みの騎士、淫らな聖職者、恋に狂った女性、ずるがしこい遍歴学生、経験に乏しい修道女と修道士、裏切られた夫、嘲弄あるいは復讐する恋人、妾を囲う豪商、一瞬を利用する売春仲介人、それとは逆に誘惑に負けない妻、忠実な女中、賢い下僕らが、生活に密着した娯楽・処世術・時代批評を一括提供するリアルでユーモア溢れる話である。作家は圧倒的に市民が多かったが、笑話『ウィーン人の航海』の著者フロイデンレーレのように貴族、また遍歴していく人々も作家であることがあった。

このような、事実に対する喜びや歴史的出来事に目覚めつつある意識が、韻文形式の年代記を生むことになった。まず聖書にもとづく普遍性を描写したルードルフ・フォン・エムスの『世界年代記』（一二五〇年）、次に世界の出来事をウィーン市民の立場から観察したヤンゼン・エニケルの『世界年代記』（一二七五年）が登場した。そのとき『ルートヴィヒ敬虔帝の十字軍』（一三〇一年）のように重要な個別の出来事、オットカルの『オーストリア韻文年代記』（一三一五年頃）やニーコラウス・イエーロシンの『ドイツ騎士団年代記』（一三四五年頃）のように土着の領邦史、職匠詩人ミヒャエル・ベーハイムの『ウィーン人の本』（一四六五年）のように自分の住んでいる都市に目が向けられた。事実に則した現実把握主義は、韻文で歴史を描写していた年代記をやがて散文で書くように変化させていった。例を挙げれば、コンスタンツ人ウルリヒ・フォン・リヒェンタールのコンスタンツ公会議（一四二〇―三〇年）の描写、市参事会書記ヨハネス・ローデの一二七六年までの『リューベック年代記』、ヒンリク・フォン・ランメシュプリンゲ《ヒンリク・ヴァン・デン・ローネン》の一三七二年までの『マクデブルクの審判人年代記』などであった。ティレマン・エルヘン・フォン・ヴォルフハーゲンの一三九八年までの『リンブルク年代記』などは文化史的に極めて興味深いだけでなく、当時の流行をも描写していた。アウクスブルクやニュルンベルク、またそれ以外の都市の年代記も数多くでてきたが、それらは全部あるいは一部が自己体験から書かれていた。

当時は多難で、努力しても世の中と神が調和した栄華はくることはない、と人々は思っていた。全世界は神に方向づけられたものと考え、神から配置された身分の中で、個人に確実な加護を与えた等級制主義は唯名論の批評を受けて粉砕した。人々は神とのつながりが確約されていない不安定な中で心の拠り所を求め、それゆえ真に宗教的な作品に関心をもつようになった。それだから、ヘッセン地方の『救済』(一三二〇年)は信者たちに必ず救済されるという確証を与えようと、天に召された死者たちが神のもとで祝宴を催す感動的な筋書きになったのである。それに対してハインリヒ・フォン・ノイシュタットの『神の降臨について』(一三一〇年)は、人類を救済するためのキリストの死に、震撼させる『最後の審判』をつけ加えた。ドイツ騎士団を描いた多くの文芸作品は、騎士団騎士に信仰心と戦闘精神を伝えるために旧約聖書からモティーフを取りあげていた。ヤコーブス・ド・ヴォラギネ(一二八〇年頃)の『黄金聖人伝』に続き、膨大な聖人物語集『殉教者伝説集《パシオナール》』(一三〇〇年頃)が多くの聖人物語を有名にし、それまでドイツであまり知られていなかった聖人を礼賛した。そして個別に聖人伝(聖クリストフォルス、聖アレクシウス、聖カタリーナ、聖マルガレーテなど)は信仰することを奨励するために、いたるところで文学的に改作されていった。

一三四八年以降のペスト大流行は再び死や死後の世界に対する不安感を強めさせ、現世を肯定させた後、否応なしに新たに死文学に歩ませた。はやくもコンラート・フォン・ヴュルツブルクは『この世の報い』で、背中が虫けらや蛇に食い破られている美人「浮世夫人」を描写していた［浮世の悦楽に身を委ねた騎士は魅惑的な美しさの「浮世夫人」の醜悪な背中を見て、宗教的内省に到達する］。このような死のビジョンは、死の舞踏［中世後期の絵画に好んで取り入れられた輪舞、あらゆる身分・年齢層の人間の踊り相手として骸骨が描かれ、死の絶大な力と死の前には万人は平等であることが示されている］を言葉や絵で表現し、時間的にまだ間に合うあいだに後悔と懺悔を促したのである。説明図付本『死亡術』は生あるものは死ぬことを教え、最期の時間に対して精神的な慰めを与えようとした。ザーツ人で書記のヨハン・フォン・テプル(ザーツともいう)は妻が死んだ悲しみからペンを取り、個性的な『ベーメンの農夫』(一四〇一年)を創作した。寡夫《やもめ》は「死」との口論の中で妻の死を激しく嘆き、「死」が人間は肉体的に衰弱し、死に至るのであると死の物理的必然性を強調しているのに、寡夫は「死」の主張の正当性を疑っている。テプルはドイツ文学の知識を十分そなえてはいるが、文体を完璧にしようとするあまり、完全形式を求めてラテン語の修辞学に依存しすぎた。かれはまたカール四世の重要な書記局長ヨハン・フォン・ノイマルクト［ベーメン東部出身、ノイマルクトの教区司祭、ライトミシュル司教、一三五三年カール四世に書記局長に登用された人文主義者で語学に優れていた］がドイツの官房言語を改革することも求めていた。『ベーメンの農夫』は文芸・修辞学の新しい散文の資料となり［テプルはこれをイタリア・ルネサンス文学の模範に倣って散文で書いた］、優秀な言語芸術を生みだした。作品の終わりは感動的な代願の祈りとなっており、もろもろの激しい昂ぶりの後で中世的安全性、つまり神の中へもどっていく。それが如何に当時の思潮に応じているかは多くの図解入りの複製が示している。

叙事文学同様に抒情詩も宮廷調の形式と内容から出発したが、やがて市民的精神を浸透させるまでになった。宮廷恋愛《ミンネ》抒情詩はシュタウフェン時代の終焉期に形式的に頂点に達し、その後、吟遊詩人タンホイザー［創作期一二二六―六六年］や他の多くのパロディー作家が高いミンネあるいは農民の娘との恋愛に方向転換していった。「ミンネ」とはもともと「回想、心からなる追想」の意で、高いミンネの本質は世俗的な禁欲で、ミンネ愛とは理想的な努力と奉仕、崇拝である。時代につれて古典的ミンネ抒情詩の規則と形式が硬直して単なるセレモニー化しはじめたため、タンホイザーや他のパロディー作家はそれに対する抗議としての作品をつくるようになった。スイスに位置するクリンゲナウの貴族領主たちに仕えたミニステリアーレンで、のち貴族になったシュタインマルは本歌の「歓喜あふれる」五月を歌った宮廷的讃歌を秋の歌に変え、その中で、収穫の秋は酒をがぶ飲みし大食らいする秋であると歌い、昼間の歌謡場面を家畜小屋にいる下僕や下女にうつし、作品中の「秋の歌」の中で鉢いっぱいの食べ物やぜいたくな飲物をたっぷり味わうことを称賛した。宮廷的な外来語を用いて巧みにパロディー化し、伝統的なミンネザングに背を向けていった吟遊詩人のタンホイザーに影響されて、チューリヒ市民のヨハネス・ハードラウプ（一三二〇年頃）は貴婦人に向ける恋愛歌や妙味少ないパロディーまた美食家の歌をもう一度ひとつにまとめあげた。自領をフォーアアルルベルクからシュタイアーマルクまで拡張した意欲的な君主ユーゴ・フォン・モンフォール伯［一三五七―一四二三年］は恋愛《ミンネ》抒情詩の落伍者であった［かれは宮廷末期のミンネを継承したが、宮廷の貴婦人を歌いあげたのでなく、自分の妻を歌った］。この散文に近い韻文は、かれの二番目の妻の死を悼んでいる箇所と三番目の妻を幸せを運んでくる女性として称賛している箇所が感動的である。かれは自作の歌謡（作曲した作品）を伝統に逆らって宮廷音楽士に任せた。しかしそれ以上に強くわれわれの心を捕らえるのは一風変わった人物オスヴァルト・フォン・ヴォルケンシュタイン（一三七七―一四四五年）で、かれの詩は輜重隊の荷役人夫や船漕の下僕としての自分の不安定な人生、ジーギスムント皇帝やジーギスムント王妃、また他の王妃たちとの交わりも写し出している。興味をそそる戦闘歌、全身全霊で求愛しても実らなかったザビーネ・イェーガーへの恋愛歌、妻への愛をあらわす韻文や妻との対話、現世的なパロディーや聖母マリアの歌《リート》を歌おうとも、かれはいつも理性的だった。しかし音楽史は対位法で作成されているかれの多声（ポリフォニー）の作品同様、かれの単音（単旋律）の楽章の新しさを称賛している。かれに続いてハインリヒ・フォン・ラウフェンベルクが優れた宗教歌謡を創作した。ハインリヒの『私は故郷にいて、全世界に慰安を伝えたかった』（一四三〇年）は、今日なお福音書の教会賛美歌集に載っている。

　騎士階級の恋愛歌《ミンネザング》［騎士の恋愛対象とされる女性は身分が高く既婚者であること

オスヴァルト・フォン・ヴォルケンシュタイン（1377-1445）は、少年期から世界をわたり歩き、生前、多くの係争に巻き込まれた。かれの恋愛詩は血の気の多い人生を補充している。かれの作曲は有名だが、その中でも『マリーエンリーダー』はとくに有名である。インスブルック時代のオスヴァルトの1442年のこの肖像画は、本人そのままの姿で描かれている絵としてはドイツ詩人の中では初めてである

が前提で、騎士にとっては崇拝するだけの存在である。彼女のために騎士はあらゆる危険を冒してまでも尽くすことになるが、たいていは何の報酬もないという話の歌」とならんで遍歴人や市民出身の作家の歌謡格言詩、つまり職匠歌《マイスターゲザング》がある。これらの遍歴職匠歌人が一三世紀以来手に入れていた「マイスター」というタイトルには、かれらが自作の詩の中でよく披露する学者風・神学風心情の自尊心や、韻律を伴いますます芸術的になっていく音楽形式への誇りがあらわれている。ハインリヒ・フォン・マイセン（聖母マリア賛美歌に従って「フラウエンロープ」とも呼ばれる）は自分の華麗なスタイルを自慢し、ラインマル・フォン・ハーゲナウ［ミンネのあらゆる苦痛と悩みを模範的に耐えることが人間を真に高貴な志に導くという主題を歌う巨匠］やヴォルフラムやヴァルターがただ気泡のように歌っているのにくらべ、自分は「薬缶《やかん》の底から歌う」と豪語していた。マルナー（一二七〇年没）はテーマに飢えた聴衆が教訓的な歌謡格言詩ではなく、叙事詩的な太古の歌謡や恋愛歌を求めると嘆いていた。有名な遍歴職匠歌人ムスカートブリュート（一三九〇―一四六〇年）は人生最後の数十年間（一四二四年以来）をマインツ大司教の歌人兼「吟遊弁士［外交文書などを運ぶ急使］」として働き、生活を安定させた。定住市民もこの秘密にみちた職匠歌人の芸術に心を奪われたことは、ハーゲナウの貴族で審判人のコンラート・ダンクロッツハイム（一三七二―一四四四年）が作曲した優れた歌謡二曲が示している。

大部分が手工業者で構成される都市の職匠歌人学校はもちろん合唱兄弟団から生まれた。最初は一二人の名人（ヴォルフラム、ヴァルター、フラウエンロープが含まれた）の曲を真似ていたが、やがて自分の名前をつけて作曲していくようになった。一四九二年以前にはこのような職匠歌人学校はどこにも見当たらなかった。とはいっても、アウクスブルク（一四四九年）とニュルンベルクは例外で、そこでは一四五九年にヴォルムスから来た外科医のハンス・フォルツ（一五一三年没）が職匠歌人かつ謝肉祭劇作家として活躍していた。おなじように後世には靴職匠のハンス・ザックス（一四九四―一五七六年）も成功をおさめた。

ミンネザングから韻や詩節形式をなくすことで特徴づけられた別の芸術形式、つまり一種の社交歌が生まれた。それらは後の吟遊詩人のダンスメロディー（ダンスの種類）のように共同社会に関係していたが、人々はそれらの歌を自分の気に入った「文言」に変えたり、詩節を排除したり、連想ゲーム的に浮かんでくる他の歌の詩節を組み入れたりして、「(長期間歌っているあいだに)本歌を変えてしまった」。社交歌が流行するのに一役買ったのは市民階級の人々だったが、往々にして貴族もそうであった。その単純性と、万人に共通の感情を表現したこれら一五世紀の共同社会歌の多くはフォルクスリート〔民謡〕として出版されたが、とくに印象深いのはフォルクスバラード〔物語詩〕であった。それは一三世紀の(英雄)叙事詩のエピソードや歴史歌謡から生まれた英雄叙事詩、あるいは「作家が創作した英雄叙事詩」だった。たとえば、歴史上の吟遊詩人タンホイザーとヴェーヌスベルク伝説を結びつけた初の作品『タンホイザーの歌』や、吟遊詩人ハインリヒ・フォン・モールンゲン〔代表作『きぬぎぬの歌』〕を帰還伝説に組み入れたモーリンガーのバラードなどである。または民謡に引き継がれた唯一の詩、ヴァルター・フォン・デア・フォーゲルヴァイデの詩節を使用していた。

職匠歌の中で頻繁に教訓が述べられ下地ができていたので、教訓詩〔文学〕が聴衆や読者を得たのも不思議なことではなかった。バンベルクの学校教師フーゴ・フォン・トリムベルクは『疾走者』(一三〇〇年頃)で社会全体を描写し、市民的な観点から二万四六〇〇詩行でもって社会生活全般にわたり各身分階級の罪や弱点を批評した。それは洗練されていなかっただけでなく、ミンネ奉仕や競技試合を強く拒絶していた。他方、騎士が習得しなければならなかったチェスは教訓的に解釈され、身分風刺詩(文学)に用いられていた。イタリア人のヤコーブス・デ・チェッソーリスは一二七五年にチェス説明本をラテン語で書いてチェスに道を開き、ハインリヒ・フォン・ベーリンゲンがそれを自由に改作していた(一二九〇年)。スイス人の教区付司祭《ロイトプリスター》コンラート・フォン・アメンハウゼンはこのテキストを拡張し、一万八九四八詩行を用いて『チェス遊戯盤本』を執筆したが、その中では職業を題材にしている章が優れていた。またティロール人の法廷管理人ハンス・フォン・ヴィントラーは一四一一年古代イタリアの詩をもとに『美徳の花』(当時はいくらか新しかった)を創作したが、逸話を多く挿入し、当時を風刺的に考察(ことに貴族について)していた。それはまた当時の極めて興味のある迷信を一覧表にすることにより、その古代イタリアの詩を拡大していた。節度を守る限り、寓話《アレゴリー》は造形芸術と同じように時代が好んだ抽象的形式で、精神的なもの、形而上的なものを具体的に説明するための形式であった。とくにミンネを具象的なものによって比喩的に表現するミンネアレゴリーが数多くでてきた。

教訓文学に、スイス人のハインリヒ・ヴィッテンヴィラーの『指輪』(一四一〇年)も入る。そこでは農民笑話が滑稽で風刺的な叙事詩に拡張されているが、それは生活領域すべてについて百科全書的に教えていた。『指輪』は、魔女・小人・英雄伝説の勇士や巨人が割り込み、農民の息子ベルチ・トリーフナスだけが生き延びる悲惨な農民戦争で終わっているが、著者が、最終的に作品中の主人公ベルチを後のグリメルスハウゼンの『阿呆物語《ジンプリチウス・ジンプリツィシムス》』のように隠者にし、主人公ベルチが礼儀作法をわきまえず常道を逸したあらゆる間違いをした後、改心させていることはよく見過ごされている。それは、法律家で人文主義者のセバスティアン・ブラント〔一四五七―一五二一年〕の『阿呆船』〔一四九四年、バーゼルで出版〕同様、あらゆる愚行を認識し、愚行を中止するよう警告していた。当時の愚者絵草紙を継承しているブラントの風刺は『指輪』のように筋書きの中に組み込まれた風刺でなく、歯に衣を着せない露骨な風刺であった。理想国に向かって航海する阿呆船の船上で、一〇〇人以上の阿呆が集合するさまを描いているが、これらの阿呆たちの一人一人は人間的な愚かしさや社会的弊害の擬人化であって、それぞれ特徴づけられている。個別的な愚行や間違ったおこないは古代や中世の例また諺や格言を用い、品なき叱責の中で解説されていた。ブラントは、愚行について教え人間を向上させようと考えていたが、基本的にはペシミストで、世界は没落寸前にあり、現実には向上しても遅すぎるという考えであった。テキストはあまり面白くなく、批評も狭量である。ドイツ語で書かれたこの二行詩形式の『阿呆船』が一六〇〇年まで二六版を重ね、いくつも模作され、翻訳され、注釈されて大成功をおさめたのは、著者と出版人が一一二章の各章に素晴しい木版画の挿絵を入れたからであった(そのうちの多くは若き日のアルブレヒト・デューラーの作品である)。テキストと絵が連結する初の大衆諷刺作品としては、この『阿呆船』が世界的に優れた文学作品として残った。

中世にとっての文芸作品はいずれも韻文作品であった。だから一無名人が(オランダの原本を模倣して)『ランスロット』〔アーサ王の要約〕の歴史を散文物語として書いたのは(一二五〇年)大胆な行為だったのである。それは膨大な量だっただけでなく、ドイツ語が美しく表現されていたのでひときわ際立っていた。それに続く作品は長い間でてこなかったが、それから一五〇年経ってはじめて、ドイツ語散文の娯楽文学が生まれた。というのは、ネルトリンゲン市参事会員のハンス・マイールが一三九一年、グイード・ダ・コロンナ《グィード・デ・コロムニス》の『トロイア崩壊の歴史』を娯楽用読物にしようとドイツ語散文に書き換え、それを『トロイアの書』と題して世に出し、それが広く読まれたのである。一五世紀、外国の血筋を引いた二人の諸侯夫人、サヴォア伯の孫娘で伯夫人エリーザベト・フォン・ナッサウ=ツヴァイブリュッケン（一四五六年没）とスコットランド王ヤーコプ一世（スチュアート家）の娘でティロール大公夫人エレオローネが人気を博した。前者はフランスの『武勲詩《シャンソン・デ・ゲステ》』、後者は通俗小説の世界をドイツ語散文に翻訳した。二人の散文小説は贅沢な貴族の娯楽にと考えられていたが、その後本格的な民衆通俗本になった。それらは散文で書かれていたので全社会層の娯楽需要をみたしたが、とくに『フーグシャプラー』が愛読されたのは英雄、フランス王ユーゴ・カペが肉屋の娘の子孫として王の玉座に昇るという内容だったからであった。フランス語やラテン語の原本をドイツ語散文に翻訳し、人気を博したそれらの作品とならんで、アイルハルト・フォン・オーベルクの『トリスタンとイゾルデ』、ヴィルント・フォン・グラーフェンベルクの『ヴィーガロイス』、ヨハン・フォン・ヴュルツブルクの

ハンブルクの「フーグシャプラー―写本」の1465年の装飾画。表題の主人公が大胆な行為ののち、フランスの女王から公式に食事に招待される場面をあらわしている。王の娘は恋をして、愛の印としてかれに孔雀の丸焼きを差し出す。エリーザベト・フォン・ナッサウ=ツヴァイブリュッケンの散文物語は時代の好みにマッチしたので、木版画イラストで一種の民衆本として『フーグシャプラー』のタイトルで、シュトラースブルクで1500年と1508年、またそれからのちも幾度も印刷された

『ヴィルヘルム・フォン・オーストリア』、中期ラテン語の『エルンスト公』〔皇帝オットーの継子、バイエルン公エルンストは皇帝側近の陰謀にあい国外に追放されるが、遠い国で様々な冒険を体験し、戦利品の山を持ちかえり、皇帝の許しを得る〕のように、宮廷文学前の韻文物語や初期宮廷文学の韻文物語は、散文の前に崩壊し始めた。女性が創作した運命物語の最初の作品がテューリング・フォン・リンゴルティンゲン（一四八三年没）の『メルジーネ』で、それは感動的で人々の同情を誘った。それは魔法にかけられた妖精の話で、その妖精は人間によって魔法が解かれると信じているが、実現しないという話である。また、宗教的なもの、ノヴェレ的なもの、お伽噺的なものは散文で書くのが盛んになった当時の聖人伝に合致していた。散文で描かれた聖人伝の数々が一冊の聖人伝集になり、一四七一年から七二年に二巻からなる膨大な『諸聖人の生涯と苦悩』のタイトルで出版された。それは部分的には変更されたものの一五二一年までに五〇回も新しく出版され、オランダ語にも翻訳された。

一方、民衆に広く視線を向けたドイツ語の説教はベルトルト・フォン・レーゲンスブルク（一二七二年没）によって予期せぬ頂点を迎えた。それまでは概して神学用にはラテン語が用いられたのに対し、神秘主義文学の大部分は女子修道士や宗教に関心をもつ女性のために書かれたのでドイツ語散文が使用された。一三世紀後半にメヒティルト・フォン・マクデブルクのような女性やダーフィト・フォン・アウクスブルクのようなフランシスコ会修道士たちが空想による神秘文学を創作した。また一四世紀にはドミニコ会修道士で神秘主義者のマイスター・エックハルト（一二六〇—一三二七年）、ヨハネス・タウラー（一三〇一—六一年）、ハインリヒ・ゾイゼ（一二九五頃—一三六六年）は説教と礼拝式などの宗教的儀式をより印象深くしようとドイツ語を話すさいに余韻が残るように、具象表現力に満ち、精神面を表現できる言葉を探した。「心に銘記させる(einprägen)」、「把握する(begreifen)」、「影響力(Einfluß)」、「納得できる、深い印象を与える(einleuchten)」、「性質(Eigenschaft)」、「落ち着き払った(gelassen)」のような表現や他の多くの抽象的な観念語は、言いはかれないものを言葉に表現しようと創られた神秘主義の造語であった。それによって情緒の新領域が「開拓」され、精神的内面を表現するこれらの言葉は広く使用されるようになった。また神の恩寵に恵まれない者にも神秘的な体験をさせようと、神秘主義を理解させるために絵草紙を使って一種の練習方法が考えられた。修道女の魂を直視しようとする神秘主義の姿勢は、ドイツ語で伝記や自叙伝を執筆することへと発展していった。クリスティーネ・エルスベト・シュターゲルは力強い具象表現力で、ゾイゼ伝記やトースの修道女たちの生涯を描いた。エーブナーやマルガレーテ・エーブナーそしてルールマン・メルスヴィンはゾイゼ伝記のほかにもトースの修道女たちの生涯を描いたエルスベトに賛同し、人生を世俗領域で振り返ることにも価値を置き、神秘主義的な伝記や自叙伝を書いた。このように女性神秘主義は著しく成長していった。それ以外に、皇帝カール四世は自分の息子たちに三〇歳までの自分史を描いてみせた(もちろんラテン語で)。また、ニュルンベルク近郊のドイツ初の製紙工場の創設者ウルマン・シュトローメル(一三四九―一四〇七年)の『わが一門と冒険の書』は、巡礼の報告と冷静な人生の年代記であった。

神秘主義が新造語をつくるのに対抗し、古典研究を基礎とした初期人文主義は古代の模範に従ってドイツ語を豊かにしようと試み、すでに述べた印象的な修辞学的文体の『ベーメンの農夫』(一四〇一年)で成功した。またバンベルク司教座聖堂参事会員のアルブレヒト・フォン・アイプ(一四二〇―七五年)はラテン語教育を受けていたので、プラウトゥス[ローマの喜劇詩人・紀元前二五四―一八四年]の作品を無理なくドイツ語に翻訳した。エネーア・シルヴィオ・ピッコローミニの友人で、方伯夫人メヒティルトに気に入られていたエスリンゲン参事会書記のニークラス・フォン・ヴィーレ(一四七八年没)はドイツ語を「より優美に」するためだけにラテン語の構文「無条件の奪格」や「不定法時の対格」を安易に取り入れ、自分流に翻訳したが、それは、もし後世の人々が彼の悪例を真似ていたなら(若干の後続者はいたが)、ドイツ語の発展にとって取り返しのつかないことになっていたであろう程の邪道であった。

さて、ここで中世末期におけるドイツ語の発展について述べることにしよう。シュタウフェン朝の没落以降、可能な限り方言を含まない形式、とりわけ韻文形式を目指した中高ドイツ語が文学に用いられるのは減退した。そのうえ、ハルトマン・フォン・アウエやゴットフリート・フォン・シュトラースブルクは自分たちの権威を利用して、バイエルン語の er kom や中部ドイツ語の er guam のかわりに er kam にしたように、数少ないがアレマン語[西南ドイツおよびスイスに住んでいた古代ゲルマンの一種であるアレマン族の言葉」の形式に権威をもたせた。マルティン・ルターにとって gehn や stehn は「散文に適合した」唯一の方言形式であった。かれが Das Wort sie sollen lassen stahn を Plan に韻を踏ませているのは、いわゆるハルトマン・フォン・アウエの手本に従って詩作していたのである。一三世紀後半からいたるところで方言が進出しはじめ、古バイエルン語の両数形式 es, enl, enker、現在は複数形式に用いられる ihr, euch, euer など数多くの古い方言形態がでてきた。それゆえドイツの方言の相違を論理的に知ることもできる。フーゴ・フォン・トリムベルクは『疾走者』（一三〇〇年頃）の中でドイツ語の方言の特徴を述べていたが、それはドイツでは初の試みであった。

地方形式、つまり方言の台頭は hat, Rat に対する東シュヴァーベン語の haut, raut のように、開花期に得られた画一的な文章語が崩壊したことを意味していた。他方、ドイツ語は領域的にも社会的にも力ずくでその基盤を手に入れた。東方植民によりドイツ語は東部へ、さらに防衛関係や貿易を通じて外国語領域へまでも進出したが、その多くは低地ドイツ語の形で前進していた。低地ドイツ語はハンザ同盟の台頭によって重要になり、超地域的な文書語となり、当時ハンザ貿易によってドイツの海となったバルト海の交易語となり、そのうえ、わずかな規模であっても北海の一部も支配していた。それ以上に、低地ドイツ語は北の外交語となったのでスカンディナヴィアの王たちは古文書や文書に低地ドイツ語を使用していた。それから一〇〇年間静かだったが、やがて低地ドイツ語文学が目覚め、低地ドイツ語は高地ドイツ語から永久的に分裂する危険が生じた。それは、オランダが国際法上一六四八年までドイツ帝国に所属してい

ヨハン・フォン・テプルはルネサンス的文体の『ベーメンの農夫』の中で、自らを著しく進歩的に表現した。かれはエーゲルニクラス教会に寄付した『ヒエロニムス・オッフィツィウム［職責］』の表紙絵の中に、中世的敬虔において（獅子の棘を抜いてやっている）聖ヒエロニムスの横で救いを乞う罪人として自らを描いている

たにもかかわらず、オランダ語とも分裂していた。ドイツ北部との密接な交易、南から来る人文主義、同様に南から進出してくるローマ法、加えてハンザの後退は、とりあえず低地ドイツ語がこの高地ドイツ語から分裂するのを防いだ。宗教改革も母語である低地ドイツ語を尊重していたが、高地ドイツ語の中心地ヴィッテンベルクから四方に広がった高地ドイツ語の文学作品［つまり聖書］は、ドイツ語統一にとって一役果たすことになった。つまり、その結果、ドイツ語崩壊の危機は一掃されたのである。

方言を強調し、進出させた勢力に対し、初期の超地域的勢力が反対行動をとった（方言の拡張を阻止した）。一三四七年から九〇年間ルクセンブルク家の治下にあり、中核がベーメン（プラハ）にあった帝政は威信拡大のために規則化された公用語（官用語）が必要だったに違いない。それゆえカール四世は優秀な宮廷書記局長のヨハン・フォン・ノイマルクトを助手にし、新高ドイツ語によく似た文章語の言語スタイルを形成した。しかしそれはベーメンとシュレージエンを越えて、ドイツ語の言語地域全土に浸透するだけの力を持ってはいなかった。

一四三七年からハープスブルク家は再びウィーンに居住し、そこから統治していた。皇帝官房はハープスブルク家の治下においても言語を規則化し、統一しようと試みたが、そのさいバイエルンの方言の特徴も一緒に入ってきた。ハープスブルク家は帝国の西部にも統治領域を所有していたので、確固たるものでなかったにせよ、皇帝官房語として「共通ドイツ語」を求める声がでてきたのである。その間に、バイエルン語の二重母音化(mîn niuwez hûs が mein neues Haus［私の新しい家］になる）がバイエルン言語地域を越えて遠くまで進出したこと、他方、liep, grout, büecher が lib, gut, Bücher になるように、中部ドイツ語の（二重母音の）単母音化なども南部へ広がった（初期の足跡はすでにレーゲンスブルクの取引事務所で）ことは重要なことであった。西中部ドイツ語はライン地方から広まったが、とくにマインツから広まった。それは、マインツの大司教でもある選帝侯の官房で、帝国議会の決議（帝国決議の結果）が編集されたためであった。一方、ドイツ東部では広大な領域を含む領土が生じ、様々な一族出身の入植者が混合したので、東中部ドイツ語での交易語は発展することになった。その交易語を歳市《メッセ》の中心地に発展するライプツィヒが継承し、それが基本的にはドイツ騎士団国家プロイセンでも通用するようになった。

ザクセン選帝侯国の官房は規則化された言語形式を求めていたので、結果として、後世に統一言語が生まれる数多くの要素が与えられた。それは、ルター言語にとっては重要なことだったのである。

ドイツ語が地理的に拡大したのと同様、ドイツ語言語にとって画期的だったのがラテン語に対するドイツ語の社会的上昇であった。一三世紀にドイツ語は文書や法律用語に使用される言語としてその地位を固め、一二三五年にドイツ語で書かれた初の帝国法と王の記録書(証書)が王ルードルフ・フォン・ハープスブルクの下で刊行された。そして多くの都市が長いあいだ几帳面にラテン語を使用していたのとは対照的に、ラテン語で教育された聖職者は書記に就業することはできなくなっていた。下級貴族たちが率先して、ドイツ語で記録することに移行した一四、一五世紀は、ドイツ語で書簡を交換するようになった時代である。その結果、書簡用に「呼称・挨拶・終辞」の一定の慣用句ができた。はじめのうちは契約だけでなく取引メモにもラテン語を使用していた商人たちは、しだいにドイツ語で商業帳簿を書くようになっていき、さらに一般生活範囲に至るまでドイツ語を書きはじめるようになっ

官房での光景。旅用の杖や護身用武器としてしばしば槍を携帯する使者が封印された手紙を配達し、また別の手紙を配達のために預かっている。右側で聖職者の官房長が書記に口述して書かせている(「フィア・ヒストーリエン［四物語］」、バンベルク、1460年)

た。それはイタリアとの通商や貨幣制度により多くの外来語を受け入れたドイツ語に、全く新しい世界が開かれたということであった。

　神秘主義によりドイツ語は表現方法においてそれまで以上に豊かになり、説教や散文文学のおかげで柔軟性を帯び、散文の文学作品によってますます芸術的な文体になっていった。それゆえ古代の言語に依拠する必要性はなくなった。諸官房でドイツ語を使用したことは近代の超地域的な数々の課題を生み、新高ドイツ語［近代標準ドイツ語］の文章語［標準的書き言葉］に基礎をつくるという余分なことをしたが、これは近代の如何なる事業にもひけをとらないものであった。またマルティン・ルター［一四八三―一五四六年］のような言語芸術家は聖書翻訳［一五二一―二二年］や広く読まれた著書『キリスト教徒の自由』［一五二〇年］により、新高ドイツ語を完全なものにし、ドイツ語言語圏すべての共有財産にしたのである。

三　文書、印刷業、書籍出版業

キリスト誕生の頃にはライン川右岸のゲルマン人の支配層はヨーロッパの強国であった古代ローマ人と交渉するために、ラテン語を話すことも書くこともできていた。ローマ人が蠟を塗った象牙や柘植の板に文書やメモを書いていたとき、ゲルマン人は自国で採れるブナの木からつくった蠟板に書いていた。それがまだ木簡だったとき、中世初期の言葉でいえば、かれらは「ブナの木」に書いていたのである。この蠟板は短いメモには中世が終わってもなお使用されていた。

（一）　書籍と写本

古代の文字文化はキリスト教と共にドイツに入ってきたので、新設されたベネディクト会修道院は文化の中心、あるいは学問の育成の場となった。古代には膨大なテキストはインクで書かれたパピルス紙や羊皮紙の巻物ではなく、硬い羊皮紙をひと重ねずつ、紐を通して綴じてつくられていた。修道院執事室は古代文化やキリスト教文化の文書をすべて写本するのが神意にかなったことと考え、鼠や火事などにより損傷したテキストも写本し、そのうえ修道院の図書を増やそうと、手元にないものは別の修道院から借りて写本していた。修道院への贈与を記録した数多くの羊皮紙証書は証書箱に収納され、それは鼠にかじられたり、火事などで読みにくくなったとき修復されたが、そのさい目立たぬ程度に修道院の得になるよう修正されることも稀ではなかった。また修道院のパトロンである諸侯用には、金・宝石・七宝焼で装飾し、装丁した貴重な挿絵の入った豪華な写本がつくられた。

司教座と司教座聖堂参事会は写本や蔵書を所有していたが、それらは統治者が文学に興味あるか否かに大いに影響を受けていた。ましてや向学心旺盛な諸侯の蔵書は然りであった。それらのうちのテキストが民衆語で書かれていたとしたら、それは多かれ少なかれ偶然、あるいは特定の嗜好から生じたものであった。著名な『フォーラウの写本』（一一八五年頃）のようなドイツ語の宗教文芸作品の写本集は、教会を宗教的に宣伝することにより、教皇と皇帝の不一致が俗人世界にもたらした動揺を鎮めようと意図して、一般大衆の言葉で書かれたものであった。

世俗文学への関心は、シュタウフェン朝の一二〇〇年頃に生まれた。世俗諸侯と聖職諸侯は貴族文化の理想として騎士文学を求め、雛型としてフランス語の諸テキストを入手し、それらを韻文小説につくりかえた。それ以外には、司祭のヴォルフガー・フォン・パッサウが一二〇三年『ニーベルンゲンの歌』を詩作したように、流行する英雄時代の歌謡《リート》から英雄叙事詩がつくられた。これらの『ニーベルンゲンの歌』や『アーサー王物語』のような英雄叙事詩は諸侯居城や騎士城塞の書庫を満たしていた。『ニーベルンゲンの歌』は書庫が三五回、ヴォルフラム・フォン・エシェンバッハの『パルツィファル』は八四回、おなじくヴォルフラムの『ヴィレハルム』は七七回も火事にあったのに写本や断片が残っているということは、貴族や都市貴族の層が本マニアであったことを示している。眼鏡の発明によって読書ができるようになり、読者の仲間入りをした都市の年寄衆は騎士文学や英雄叙事詩のほかに自らのための文学、つまり冷静な事実（専門書、年代記）や宗教的な疑問を取り扱った作品を求めた。それゆえヨハン・フォン・テプルの『ベーメンの農夫』はフス紛争でベーメンにあったそれのすべてが損失したにもかかわらず、一六冊もの写本（一四四九―一五二〇年）が残ったのである。

（二）官房、事務室、書籍販売業者、出版業者

王、諸侯、司祭、都市の各官房には事務に熟知した聖職者が働いていた。この官房書記の仕事はしばしば都市の高位の官職や教会禄を伴う職（地位）、また聖職者へつながる道であった。かれらの主な仕事は、官房手引書（『書記術《アルス・ノタリア》』）や

申告用紙見本集や書類見本集を参考にしながらも、書簡の交換と法律書類の文書作成に必要な書面を構成することにあった。しかしそれだけでなく、かれらは写本することでも副収入を得ていたので、マイセン市の書記ヨハネス・パウリは一四四七年のアンナベルクの『聖アレクシウス』写本の中で、なおも「書く人」と自称している。

新設大学、とりわけ教皇庁の特権を得たパリ大学は教科書を必要とした。制作と販売は、宣誓して大学に抱合されていた書記《シュタティオナリイ》に委託されていたが、かれは本製造・販売・出版の三役をひとりでこなし、そのうえ教材に使われる本も写本していた。イングランド王エドワード三世の官房長で初の大蒐書家である司教リヒャルト・ド・バリー（一二八一―一三四五年）などはフランス、イタリア、ドイツで様々な文献を手に入れ、蒐集熱を満たしていた。もちろんそれは都市においてであったが。

都市では書くことは市民の職業になった。書記はまた「読み手」でもあったので、字が読めない人の委託を受けて書簡を朗読したり、手紙の返事やそれ以外の文書も書いたり、また本の大小を問わず写本もしていた。

読書の需要が高くなったので一五世紀には自分のリスクで本を制作し、販売する販売部付出版業などの新しい職業が生まれた。そのひとりに初めは書方教師だったハーゲナウのディーボルト・ラウバーがいて、かれは一四二七年から六七年の一時期、一六人の従業員を雇用する製本工場を経営

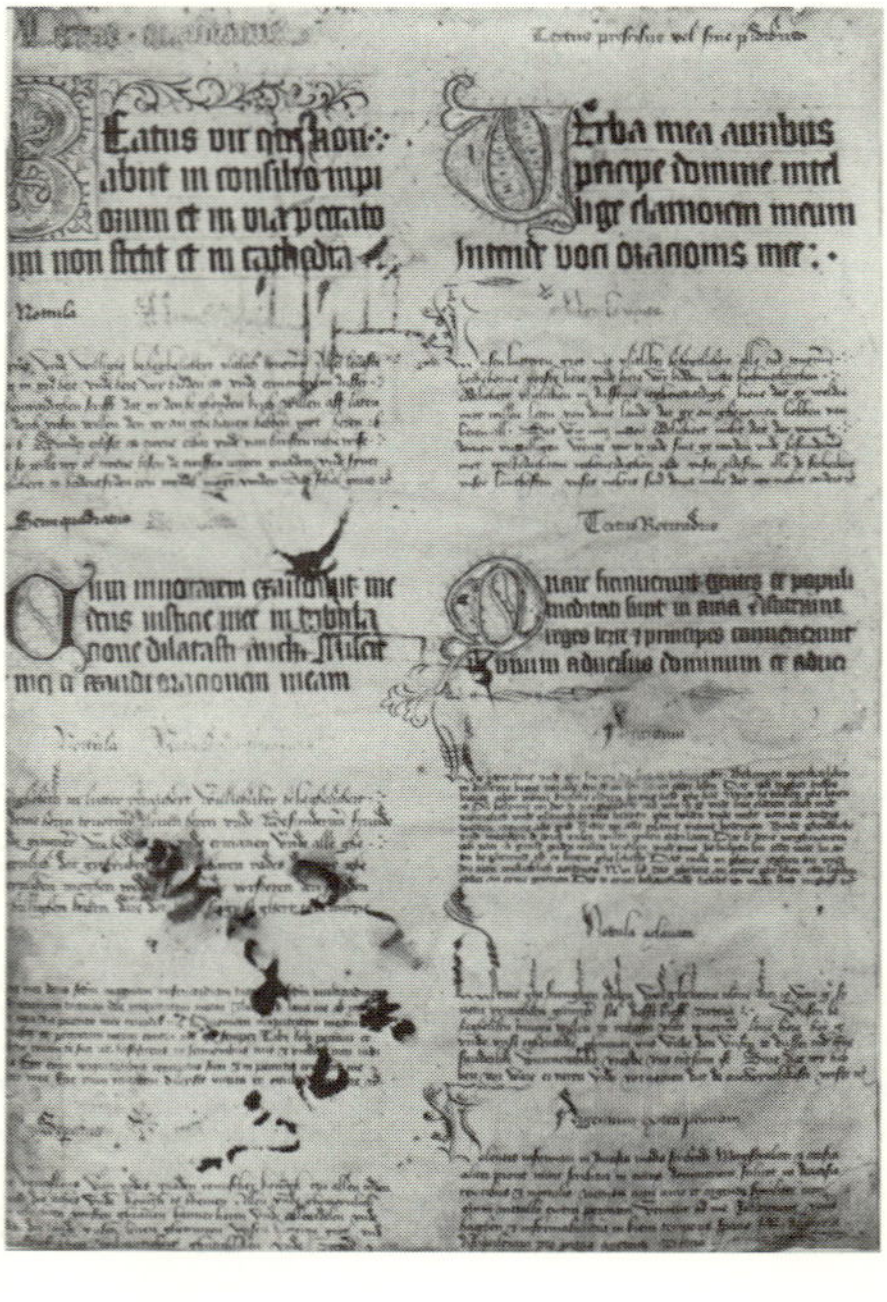

写本業は様々な本や文書の文字をマスターしなければならなかった。ボーデンヴェルデル出身の写本の大家ヨハン・フォン・ハーゲン（15世紀前半）は、顧客のために見本用図版を作成していた。文学作品用文字、華麗な手書き文字、一般テキスト用文字、ラテン語やドイツ語文書用文字を選択できるように作成した

していた。そこでは見本はひと重ねずつそれぞれ文書係に配分されて、先ずイラスト用に余白があけられ、それからそれは六人の挿絵画家によって挿絵でうめられた。ハーゲナウの代官の職が一四五五年リュツェルシュタインに移されたとき、それまで公務(職務)で本を購入していた顧客が急速に減少したので、ラウバーは副収入の道を探さねばならず、官房書記になった。

ディーボルト・ラウバーの顧客層は挿絵入りのドイツ語本を愛好する侯、伯、貴族、都市貴族、裕福市民の高位層で、全員が二〇〇キロ以内に在住していた。ある顧客などは同時に七冊の本を購入しているが、それはもはや本一冊だけを買うのでなく、小さくても個人の書庫を計画していたことを示している。

ディーボルト・ラウバーは実に驚くほどたくさんの種類の本をもっていた。聖書、聖書からの個別の本(賛美歌集《プサルター》など)、ルードルフ・フォン・エムスの『世界年代記』(史書形式でふつうは天地創造から世界の終末までを扱う)のほかに、『魂の慰め』、『ロザリオ』、『キリストの母へのアンゼルムスの質問』、おなじように聖アレクシウス伝、聖マルガレーテ伝、聖オレンデル伝[吟遊叙事詩]、東方の三博士伝説、(『パシオナール』という表題で)ヤコーブス・ド・ヴォラギネの『黄金聖人伝』を所有していた。また『ベリアル訴訟』のような宗教的な法律文学、テプルの『ベーメンの農

聖書解釈の類型学的な記録文書『ビブリア、パウペルム（貧窮時の本)』。この絵には、「ラーテット・パーテット(latet patet)」の様式に従って、悪魔によるキリスト誘惑が前もって描かれている(キリスト的公示はすでに旧約聖書の中に密かに含まれている)。また生命の禁断の木の傍でのアダムとイヴの誘惑、またヤコブへのごくわずかな代償[聖書、創25、29-34から]を払ってのエザウスの長子相続権購入が描かれている。1465年の厚綴の木版画本は、ラテン語表題(筆記体活字の一般的な簡略)をつけている。ラテン語知識に乏しい低位聖職者用に、1471年にドイツ語で書かれて出版された

夫』からの農夫と死とのあいだの論争、フライダンクの『分別集』、トーマジーンの『ロマンス語地域の客』、コンラート・フォン・アメンハウゼンの『チェス遊戯盤本』、ボーナーの『寓話集』のような教授法理論だけでなく、『ザーロモとマルコルフ』、シュトリッカーの『坊主アーミス』〔後世のオイレンシュピーゲルの先駆となった笑話集、笑話の外観を装っているが、とくに高位の聖職者を批判している〕、アペットの『(二つの取っ手のついた大型の)桶の下の騎士』、コンラート・フォン・ヴュルツブルクの『心臓の噺』のような純粋な娯楽文学、『ヴィルギナールとヴォルフディートリヒ』のような英雄叙事詩のほかに、ハルトマン・フォン・アウエの『イーヴァン』、ヴォルフラム・フォン・エシェンバッハの『パルツィファル』と『ヴィレハルム』、ゴットフリート・フォン・シュトラースブルクの『トリスタンとイゾルデ』、フレックの『フルワーレとブランシュフルール』、シュトリッカーの『カール』、ルードルフ・フォン・エムスの『ヴィルヘルム・フォン・オルレアンス』のような隆盛期の宮廷韻文小説もあった。これらの本が聖職者の顧客向けに即売できるようにラウバーが常時準備していたすべてであった。事実これ以上多様なラテン語の書籍を望むのは無理であっただろう。

かれはこの好奇心をそそるタイトルの本で上層階級の好み、とりわけ前世紀の騎士文学を愛読するロマンティックで保守的な貴族の好みを捕らえていた。バイエルンのラント裁判官ヤーコプ・ピューテリヒ・フォン・ライヒェルツハウゼンの特別書簡(一四六二年)は、この種の本一六四冊をかれ個人の所有として列挙していた。もちろん大富豪の諸侯は本蒐集のためにとくに販売部付出版人を必要とすることはなかった。四万行の韻文の『冒険の書』などは、バイエルン大公アルブレヒト四世が一四七八年に宮廷画家のウルリヒ・フューエトラーに郷愁を誘う騎士物語を依頼し、生まれたものであった。また最後の騎士、皇帝マクシミーリアンも似たようなことをした。かれは一五〇二年から一四年にハンス・リートに『アンブラスの英雄叙事詩集』、アーサー王〔五世紀末から六世紀にかけて英国を統治したといわれるケルト民族の伝統的王〕に関する物語、英雄叙事詩、また様々な種類の韻文物語を創作させた。図書印刷業がはやくも世界中に広まっていたのとは対照的に、これらの蒐書家には写本だけが価値ある蒐集対象だったのである。

(三)　絵草紙、絵入書(祈禱書、暦など)職人、トランプ絵かき、木版本

中世後期に図書が増加したのは販売部付作業所をもった出版業者によるものでなく、下層階級の大衆職人がつくったブロートサイト［片面刷りの端物印刷物］によるものであった。中世末期の修道院の僧房や市民の小部屋を飾った絵草紙は托鉢修道会、とくにドミニコ会の女子修道院の司牧的な奉仕に根ざしていた。著名な神秘主義者ハインリヒ・ゾイゼ(一二九五―一三六六年)は羊皮紙に絵と文章をかいて、神秘形式の手引書付絵草紙を制作し、それを自分の「宗教上の娘たち」におくっていた。時間が経つにつれて絵草紙は神をミンネ的な恋愛対象として描くことから、韻文で書かれた対話のついた二〇シーンで描写するように変化していった。また一三四八年以来のペスト大流行の直後に、諸人に悔悛を呼び覚ます声明として絵草紙に骸骨踊りが描写されるようになった。聖遺物が奉られている地へ巡礼するときには、また一四人の救難聖人の名を読みあげるための小聖画像(「祈禱書」「絵入書」)が大衆に愛好された。祈禱書や暦などを作る職人は一三七七年に台頭してきたゲーム用トランプも製造した(トランプ絵かき)が、そのさい聖像やトランプの複製を速くつくるために木版を取り入れていたので、日付入りの最古の木版画が一四二三年の短い散文付のクリストフォルス(三世紀頃の殉職者・聖人・旅人の保護聖人)像であるのも決して偶然ではない。このように絵草紙さえ木版によって何枚も複製され、韻文も木に彫り込まれるようになった。それ以外に世俗の描写、とくに愚者の描写が宗教的テーマをもつようになったのは、原始的な謝肉祭劇を絵草紙形式にしたためである。

一四三〇年以後多くの絵草紙が木版本として制作されたのは、大衆に安価な読物を提供するためであった。『黙示録』、『死亡術』、『告解心得書』、『貧窮時の本』、『人道主義の救世主の再現』、『骸骨踊り』などは主として薄給の助任司祭を対象としていた。それは、助任司祭が予備知識がないにもかかわらず教会禄受領者である高位の聖職者に代わって主任司祭の仕事を実践しなければならず、心の憂いを軽減してくれる参考資料を必要としていたからであった。それ以外に、一般大衆を対象にした人気のあった占星術、運命予言、天気予報の基となる暦や惑星本、とりわけラテン語学校に欠くことのできない文法書がでてきた。これらに関することは一六世紀までたいてい木版画形式で書かれていたの

で、印刷された木版画本はグーテンベルクより二五年も前に存在していたことになる。すなわち、木版画本はグーテンベルクとは何の関係もなかったのである。

（四）グーテンベルクと印刷機の発明

ヨハン・グーテンベルク（一三九九―一四六八年）はシュトラースブルクの法廷で印刷術の初実験について説明したとき（一四三九年）、印刷術を「冒険と芸術」という言葉で表現していたが、それは中世最盛期に人は冒険を騎士が試練に耐えなければならない不意の出来事ととらえていたためであった。発明家グーテンベルクはここ近代との境界、近代への過渡期に、自らを一四九二年に新天地を発見するクリストファー・コロンブスのように技術世界に新開地をもたらす冒険家だと思っていたのである。

かれはしばしば主張されるように、職業訓練を終えた金細工師ではなかった。マインツの都市貴族の息子だったかれは職を手にしてはならなかった（専門技術を習得してはならなかった）ので、独学で技術に関する知識を身につけたに違いない。一四二八年の都市貴族追放後、かれは最終的にシュトラースブルクに移り（一四三四―四四年）、授業料を払う生徒たちと一緒にそこで宝石研磨、金属鏡製造、初の印刷実験の技術問題など、技術の開発に専念した。実験はすぐには成功しなかったが、一四四八年からマインツで継続され、グーテンベルクはそこで経済力に優れたパトロン（とりわけ弁護士ヨハネス・フスト）たちを見つけ、実験に必要な経費と問題解決に必要な専門家の人件費を調達できた。専門家の中では、一四四九年から五一年までパリで文章作成の大家として活躍したペーター・シェッフェル（一五〇三年没）が最も重要な人物であった。

グーテンベルクの印刷実験（一四三六―五四年）はラウバーがドイツ語の写本を速やかに量産しようとして仕事の分担をしたのと同じ時期に生じたが、二人のあいだには何の関係もなかった。グーテンベルクはラテン語の教本だけを考え

1499年にリヨンのフスツ近郊で印刷された「ダンゼ・マカブレ」本の中で、死が植字工を植字台から、印刷工を印刷業から、図書販売業者をカウンターから引き裂こうとしている。平日におけるこのような死の突発的な出現はハンス・ホルバインの死の舞踏の手本となった

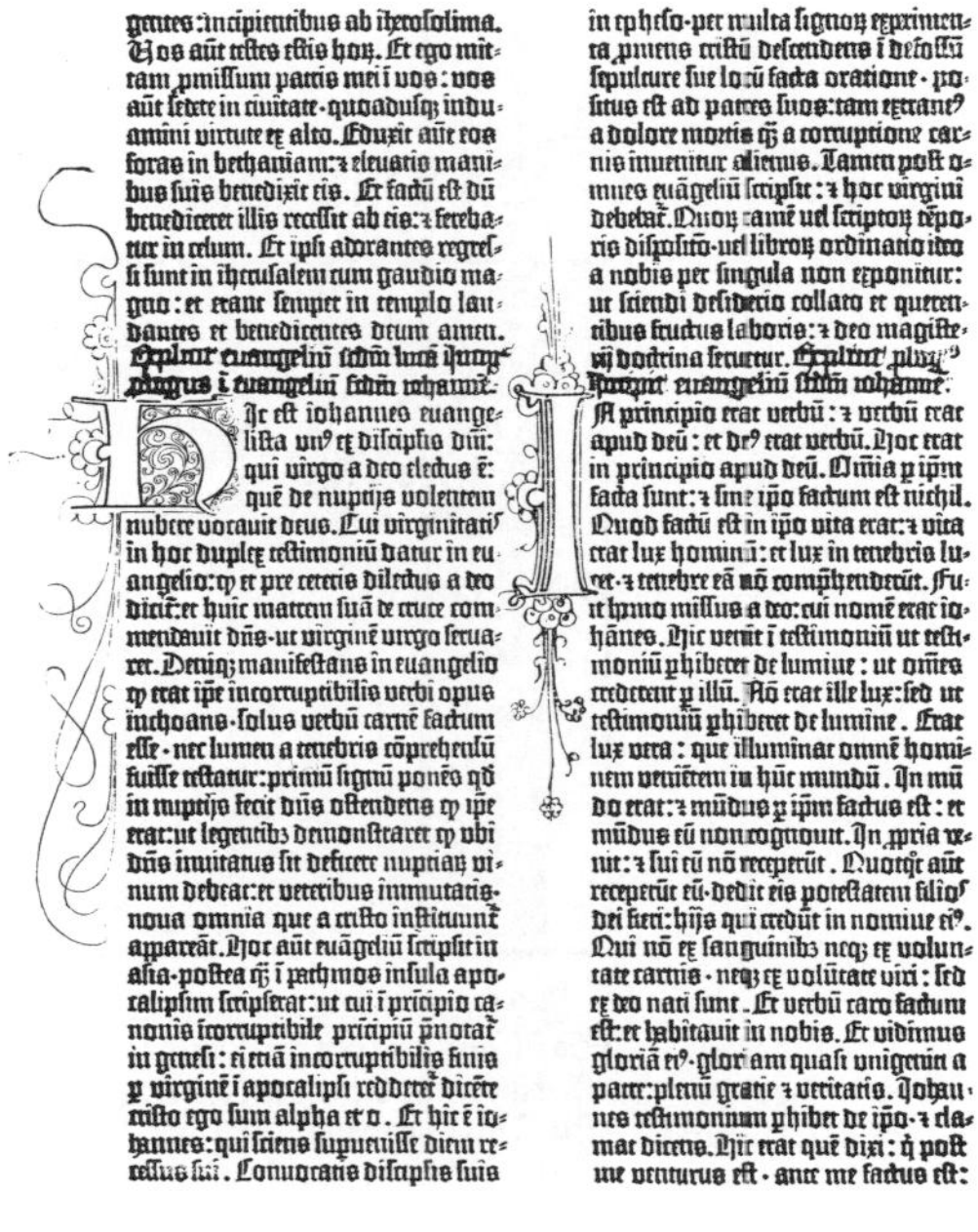

1452–55年に印刷されたグーテンベルクの42行の聖書は活版印刷術の傑作で、素晴しく調和のとれた最もきれいな印刷作品と見られている。印刷のために作成された文字の型はミサール体[48–60ポイントの大型活字]にならっている。ヨハネス福音への序言の「H」のイニシャルは、青色で印刷され、テキストの始まりの「I」は赤色で印刷されている。同様に両イニシャル(「H」と「I」)の上の二行も赤色である(文字一覧表28×19 cm)

ていたので、かれの脳裏には合理的に本を生産し、値段を安くし、読者層を広めることなどなかった。それらは結果としてついてきたことであり、かれの目的ではなかった。はじめ印刷本の価格は写本のそれよりはるかに高かったので、インキュナブラ［ヨーロッパで一五〇〇年以前の活版印刷物］の時代には、印刷本を写本することはまだ報いられる仕事だった。グーテンベルクは自己課題として、当時の最高級の写本をますます素晴しく、つまり規則正しく均衡のとれた完璧作品にしたかった。かれにとって最高級の本とはとくにミサ典書や聖書だったので、発明家グーテンベルクが考えていたのは、当時大司教座教会に匹敵するほど教会やキリスト教に有益な芸術だと思われていた密教的な宗教芸術だったのである。グーテンベルクの聖書（一四五五年）と彼が準備したミサール体［四八から六〇ポイントの大型活字］は、今日なお印刷技術の到達しえない模範品である。

　グーテンベルクは木板に文字を彫りだし、複写した木版画や木版本とは対照的に、動かすことのできる活字で印刷した初めての人だとよく言われるが、かれよりずっと以前に製本工が表紙の皮に単語（タイトル）を一字ごと刷り込むため、あるいは刻印するために金属製の可動活字を使用していた。ただし、この方法では本の中身を製造するまではいかなかった。グーテンベルクの主な発明は、むしろ活字鋳造器だったのである。それは鋼板スタンプ（父型）を使って柔らかい金属の中へ打刻し、全スペルと符号の母型（鋳型）をつくり、その鋳型床で活字鋳造器の中で短時間のうちに好きなだけ、相対する金属製の活字を精密につくった。つまり本一冊分の組板（植字）のた

Der Buchdrucker.
Ich bin geschicket mit der preß
So ich aufftrag den Firniß reß/
So bald mein dienr den bengel zuckt/
So ist ein bogn papyrs gedruckt.
Da durch kombt manche Kunst an tag/
Die man leichtlich bekommen mag.
Vor zeiten hat man die bücher gschribn/
Zu Meintz die Kunst ward erstlich triebn.

活版印刷場。（機械）運び台は印刷中は引っ張り出されている。印刷工は球体で、植字にインクを塗っている。一方で、別の印刷工は開けられた台枠から印刷済みの片面を取り出している。前方に積み上げられた紙の山は印刷済みの紙と無地の紙である。後方では、二人の植字工がゲラ［活字の棒組］を左手に持ち仕事している（ヨスト・アマン、『身分と手工業者、ハンス・ザックスの韻文詞をつけて』、フランクフルト・アム・マイン、1568 年）

めの植字を十分生産できたのである。スペル幅がそれぞれ違うにもかかわらず、すべてはぴったり合った。それには断熱用に木片で覆った鋳造器に適した(鋳造用の)手持取瓶、活字箱(その中から無作為に金属製の活字を摑み出した)、ゲラ(盆状の活字組版入)が必要で、植字工はそれを左手に持ち、その上で原稿の準備をし、その中に金属製活字を一つ一つ右から左へテキスト分だけ組み入れていった。最大の問題は母型と活字用金属のための正しい合金を開発することであったが、おなじように速く乾燥して色が褪せない、金属製活字に適した印刷用インクの開発も課題だった。

木版画や木版本の場合、全紙[製紙工場でできあがったままの切っていない紙]を印刷インクを塗った木版の上において、球体で裏から押しつけて印刷していた(石版印刷)。そのさい木版画の型は紙の裏まで滲《にじ》んだので、紙は片面しか印刷できなかった。しかし押し出し可能なキャリッジ付印刷機の発明は、全紙をインクのついた植字の上へ半自動的にもってくること、また可動柄の回転圧力で紙を均一に押しつけることを可能にし、紙の両面を使用できるようにしただけでなく、それ以外にも、様々な工程が相互に密接に関連しあうことで迅速かつ支障のない調和のとれた印刷を可能にした。そうできるまでは十分実験しつくされねばならなかったが、印刷屋がそれを習得してからは大小を問わず機械はいたるところで生産されるようになった。

(五)　グーテンベルク以後の書物と印刷組織

グーテンベルクが求めた美しい写本にはカラーの装飾文字や欄外の装飾画も含まれていた。かれはカラーの装飾文字を使用できる方法を考えついていたので、聖書を印刷する場合に欄外の装飾画(挿絵)をどう分配して文字と一緒に印刷できるか試行錯誤していた。その最中にかれは最大のパトロンであるフストの支援を失った。フストは印刷物を売却して、その売上金で立替金を返済してもらおうと裁判を起こし、一四五七年にグーテンベルクの主な印刷所を手に入れた。それ以来、グーテンベルクは茫然自失で、残った小さな仕事場で細々と働けただけで、資金不足のために実験もできなくなってしまった。

グーテンベルクが裁判のときまで自分の発明を秘密にしていたことは、シュトラースブルクとマインツの裁判議事録に残っている。フストとシェッフェルはグーテンベルクが秘密にしていたこの発明を金儲けに利用したので、グーテンベルクの助手たちも秘密保持の義務を感じなくなり、かれの発明を材料に世間に散らばっていった。その結果、グーテンベルクの高度な技術は後継者たちの競争の中で維持されず並なものになってしまったが、優秀な印刷物ができるのを妨げはしなかった。他方、市場は聖書やミサ典書また教会上の印刷物などに飽きていたので、違う種類の本で新しい顧客を獲得しなければならなかった。それゆえ教養ある一般人向けに、とくにイラスト入りの本、大衆向けにもイラスト入り民衆本がつくられた。このように幅広い読者層があったからこそ、宗教改革の波紋を広げたのであろう。

もちろん印刷術の普及はドイツだけにとどまったのではなかった。一四六四年と六五年にドイツの印刷業者がローマ近郊のスビアーコ修道院やローマにもいたことがわかっている。また一四七〇年に三人のドイツ人がフランスのソルボンヌ大学の初の印刷業者になっていたこともわかっている。まもなく印刷術は火を噴くような勢いでヨーロッパ中に広がっていった。一五〇〇年にドイツで約六二、ヨーロッパで約二〇〇の出版所ができ、当時おおよそ二万七〇〇〇冊が出版された。しかしラテン語で印刷されたものがなお圧倒的に多く、全体のほぼ七七・五パーセントを占め、わずか〇・五パーセントがヘブライ語・ギリシャ語・教会スラブ語、二二パーセントがその国の言語で印刷されていた。文学作品の多くはラテン語およびドイツ語で出版された。挿絵が豊富なハルトマン・シェーデルの膨大な『世界年代記』(一四九三年)もドイツ語で出版されたが、それは、華麗に装丁された貴重な本がラテン語を読めない層にも読まれたことを示していた。

初期の印刷業者は本を自己負担で印刷したので、発行部数をたかく見積もりすぎて本が売れない場合は大きなリスクを負った。一般に印刷は損する仕事だったので、印刷業者の多くは新しい顧客や発注者を見つけるために幾度も場所を変えた(遍歴印刷業者)。ニュルンベルクのアントーン・コーベルガー(一四四五―一五一三年)は富を築いた数少ない印刷業者のひとりだったが、一四八五年に一〇〇人の植字工、校正係、印刷工、挿絵画家、製本工を従業員にしていた。コーベルガーの作品のカタログには二〇〇ほどの品名が記載されているが、かれは大事業として印刷業・書籍出版業・発行所を一括し、多数の注文を別の印刷工場でさばいていた。一例を挙げれば、リヨンの印刷業者自らがかれのために働いていた。そこへ印刷のために未製本の全紙を輸送する場合は、樽に入れて輸送されたので問題は生じなかった。またかれは書籍販売業者として多くの代理業者(「書籍行商人」)を雇い、ヨーロッパ諸都市で本専用の倉庫を確保していた。

印刷工は大学で学んだ人が多かった。たとえば、一四七七年に印刷業を起こしたバーゼルの印刷業者ヨハン・アメルバッハ(一四四三―一五一三年)はパリのソルボンヌ大学で「学芸学部の修士《マギスター・アルティウム》」の学位を取得してのち、キリスト教人文主義活動のために印刷業を起こしていたが、この事業の企画顧問長にはかれのかつての教師であるハインリン・フォム・シュタイン、そして編集責任者や校正係にはバーゼル大学の教授陣がなっていた。アメルバッハに続いて、かれの後継者であるヨハン・フローベン(一四六〇―一五二七年)もおなじように人文主義で活躍することになった。フローベンは注解のない本文だけの模範的な版を出版しようと、学者たちの一大グループ、とくにヨーロッパ人文主義の重鎮で世界的に著名な人文主義者のエラスムス・フォン・ロッテルダム(一四六五―一五三六年)と一緒に仕事をした。エラスムスは新約聖書、それも教会が唯一正当なものと見なしていたラテン語だけではなく、ギリシャ語原典版にもとづいた新約聖書も書き、新約聖書のフローベン版(一五一六年)を出版し、そこから新しい時代が始まったのである。

三　建築、彫刻作品、絵画、肖像画、美術工芸、版画

(一)　市民性の発展としての建築

シュタウフェン朝の宮廷文化から中世末期の市民文化への変化は、とくに建築様式においてはっきりしていた。シュタウフェン朝の建築は、神と世界を調和させるという高級宮廷の理想の化身であった。当時の司教座聖堂、とくにマインツ、シュパイアー、ヴォルムスの皇帝聖堂は神の城塞として重量感があり、戦闘力に優れ、自信にあふれ、神を最高のレーン君主と捕らえている貴族の姿として聳《そび》え立っていた。シュタウフェン朝の最高文化が崩壊したことにより、建築様式は別の表現様式に変わらずにはいられず、自信をなくしたドイツ人はフランスに長くあったゴシック建築を受け入れた。それは優れた建築様式だったと同時に、フランス精神の完成された表現でもあった。壁は重視されず、解体され、カラフルなステンドグラスと取り替えられ、実際は大量の石が支柱や、飛び控え［飛び梁］で構成される部分に使われているにもかかわらず、建物はスマートで一見重量感がない。自然光に輝くステンドグラスの壁とリブ・ヴォールト天蓋建築はあたかも浮いているかのように見え、司教座聖堂は「現世のものと思えない」光を放ち、神々しいエルサレムの忠実な模写であると信じさせた。はじめこのフランスのゴシックは模造されたが、しだいにドイツ化していった。その代表作として塔の二つあるケルン大聖堂（一二四八―一三二二年）があげられるが、そのドイツ的な壮重感は、フランス的不統一さにくらべて勝っている。

信仰心をあらわす新しい表現方法も建築様式の変化を求めた。中世最盛期の礼拝は「支配者の優越《マイエスタス・ドミニ》」を認識させる華々しい祭典のようになったので、教会は礼典［洗礼・堅信・聖餐・告解・終油・叙階・結婚の七つの秘蹟］時に神とのコミュニケーショ

ンが祝福される祭壇の建築に力を入れるようになった。異端運動はこの天の帝位に、傷ついた哀れなキリストを置きたかったが残酷に鎮圧された。しかし地方行政区画では、祭壇に依存するより自分で神を体験することが強調されはじめた。崇められた聖体《ホスチア》、あるいはホスチアの写しとしての聖クリストフォルスの肩に座る幼少のキリストを眺めることが、信者にはすでに視覚的な聖体祭儀であった。さらに、祝祭行列や礼拝、また説教において神を共感することは祭壇に迎えられるより重要なことであった。

変化しつつあるこの新しい宗教意識のもと、一三世紀前半にドミニコ会修道会とフランシスコ会修道会が生まれた。ドミニコ会修道会やフランシスコ会修道会は異端運動の一部をくい止める一方、宗教体験しやすいように民衆説教によって礼典を抑圧した。最初、説教修道会は戸外や教会堂でにわかにつくられた壇で説教していたが、一二五〇年以降説教壇は教会堂の中に優先的に設けられるようになった。それまではいつも説教に邪魔だった翼廊［十字形教会堂の左右の翼部］は教会堂を新たに建築するさい省かれるようになり、教会堂の特徴である側廊［支柱などで区切られた、中廊の両側の部分］もなくなり、そのかわりに群をなして説教に訪れる人々のために「民主的」ホールがつくられた。しばしば丸天井（屋根）の支柱はもはや地面まで降りてこず、コンソール［アーチ・軒などを支える持ち送り］の半分の高さで終わるようになった。ホール式教会堂［中廊と側廊との天井がほぼ同じ高さで、大ホールのような印象を与える教会建築］は中央祭壇の秘蹟に関係づけられていたのでなく、説教共同体や大衆の感情に配慮して、市民の自己意識を強くしたのである。

天然の切石がない地方では安価な赤煉瓦を使用するようになった。瓦は表玄関、窓、柱、丸天井の梁に応じて、必要な形に煉瓦で製造されねばならなかった。それはドイツ北部や東部また南東部の一三〇〇年頃の煉瓦ゴシックの話である。新しい市民階級は煉瓦造りの大教会を市民の自尊心や自主性、また独創力の表現である建造物や市庁舎と同等のものと考えていた。都市は教会の塔を極めて重視していたので、フライブルク司教座大聖堂のように、従来の堅牢な塔の上に、新しく知性を表現する八角形の兜形屋根の塔がつくられた。それとは逆にシトー会の建物には塔がなかったが、塔のないコリーンのシトー会建築は人里はなれた森林の中で、手本としたフランスのゴシックから解放された別のゴシックを示していた。それは、建築素材のもつやさしさがゴシックの硬いイメージをやわらげていた。

一三五〇年以後のドイツの特殊ゴシックはスマートさや優美さを否定していた。(教会堂の)側廊は中廊［入口と内陣の間の細長い部分］と同じ空間で融合していた。つまり、支柱はただ突っかい棒の役目をしているだけで、細分されていなかった。聖歌隊はしばしば屋内聖歌隊に変更したので、バジリカ［中廊の天井が側廊より高い初期のキリスト教の教会堂］と対立する画一的な市民階級の大衆教会が建設された。その後、明るい網目ヴォールト［後期ゴシックの網目状天井］の巨大ホール［吹き抜けの空間］の上へ、誇り高い市民階級の象徴で重量感のあふれる、先端の尖った巨大屋根を据えつけるようになった。一五世紀半ばには新しいホールはディンケルスビュールのザンクト・ゲオルク教会(一四四八—八二年)やニュンベルクのザンクト・ローレンツ教会の聖堂内陣(一四四二—七三年)のように、中心柱や網目ヴォールトからは世界を歓喜する輝きが放射するようになり、最終段階の成熟を迎えた。シュタウフェン朝の時代とは全く異なる市民階級の建築方法だが、その時代とおなじように、聖人への畏敬と現世の肯定が再現されていた。

(二)　絵画の時代における彫刻作品

彫像はなお、貴族の心構えとして騎士的なものを再現し、ヴィンケルマンの規定『高貴な単純さと静かな偉大さ』を表現するシュタウフェン朝の様式であった。しかし、シュタウフェン朝の理想の崩壊とともに彫刻も内的確信を失ってしまったので、それまでのように堅固な人間ではなくて、ある種の型がつくられ、造形的あるいは輪郭的なものになっていった。信仰心は個人の内面で高められ、それは神と直接に交流できる主体的体験や神秘的憧憬に向かったので、一四世紀の彫刻作品の大半は精神的な体験をさせるように象徴的(比喩的)な表現、つまり聖像になった。キリストの寵児たちと内面で結ばれていることを描写している晩餐シーンからのキリスト=ヨハネグループ(聖画像)は、キリストに恋する修道女たちのプラトニック・ラヴを修道院風に描写し、神秘主義に心奪われた女子修道院の様子をあらわし、花婿キリストと精神的契りを結びたい彼女らの気持ちを象徴化していた。苦悩に満ちた心の擬人化であるピエタ群像〔十字架から降ろされた死んだキリストを膝の上に抱いているマリア〕は、文学上の聖母マリアの嘆きとおなじである。ピエタ像とおなじように（ケルンのカピトール教会のように）に磔刑の残酷さを強調する彫像は、中世後期の謝肉祭劇のように共に感じ、共に死に、よみがえるように促していた。

ドイツ西部の彫刻は先に述べた通りであるが、その時代のドイツ南東部の彫刻は世俗的歓喜をあらわしていた。その最高傑作としてプラハ司教座教会にあるペーター・パルラーのトリフォーリウム（ロマネスク式またはゴシック式教会堂の内部の、内陣、中廊、側廊などの窓下の部分）の胸像をあげることができる。これらの胸像の中には王家や初代プラハ大司教のみならず、聖職者の建築長と芸術家の現場監督の胸像も見られるが、それは市民階級の立案および建築様式が、血統から生じた諸侯の特権や司教貴族と同等に評価されていたことを示しているのである。

一四〇〇年頃に彫刻作品は正反対になり、柔軟、精緻、洗練、優美、夢想的なものが強調された。ライン川やドナウ川流域では皺が一つある「美しい聖母マリア」の時代であり、子供への愛情のこもった姿が共感された。「美しい聖母マリア」は彫像であったが、ヨハン・フォン・テプルの「農夫」と「死」との論争（一四〇一年）のもとになったように、根底には母と子供の深いつながりが秘められていた。そしてそれはまた母として妻としての女性への敬意でもあった。「晩課時の絵《ピエタ》」は母と息子のつながりから一歩前進して、さらに静かな祈禱に導こうとして悲嘆にくれた感情を静めた。

一四五〇年頃にもう一度急変が生じ、柔らかいスタイルは硬化し、鋭敏な直線や角や断面を用いて硬直した。聖母マリアは母と子の心のつながりを失い、神経質で不安そうにしている。この不調和は中世後期の最終段階、つまり信仰の中に隠されているものと、ルネサンス的な個人主義とのあいだの「揺れ」を表現していた。

（三）　絵画の発生

絵画芸術はシュタウフェンの時代に衰退していたが、それは当時は像を二次元（平面）にもってこれる技術がなかったためであった。しかしやっと絵画芸術の時代が到来した。カラフルなステンドグラスの窓のあるゴシック建築を受け入れたことは、困難であっても画家に上達する機会を純粋に与えることになった。というのは、ガラス窓の強度やサイズや光力が画家から、完全に細部に至るまで形づくる技術を要求したためであった。鉛で描いても出来がよければ物の輪郭は表現できたが、ガラスの中で陰を表現できるには高度な技術が必要だった。さて、いまや大きなものより、聖書や聖人伝からの小場面のほうが数多く描かれるようになっていた。教会を訪問する人の大半は読み書きができても聖人伝集や聖書物語を読む機会に恵まれなかったので、ガラス絵は市民層の見たい読みたいという欲求と、同時に聖人崇拝の欲求をも満たしてくれた。ガラス窓は絵による一種の説教であったが、それに描かれている絵を説明できる知識を十分もった人も多かったと推測される。とくにドミニコ会修道士やフランシスコ会修道士の説教は、ステンドグラスに描かれた絵を解説しながらおこなわれたのであろう。

もともと祭壇は聖餐式をおこなうためだけの壇であった。やがてそれは小規模ながらも教会の正面をあらわす目印となりながら、高くなっていった。また祭壇の彫刻や絵画は教会の守護聖人をあらわしていた。祭壇や（教会建築の横に張り出した）翼部の絵はもはや聖人を思い浮かべるためのものでなく、個人的考察・祈り・礼拝に誘うために、聖人の生と死をあらわす劇的な描写を提供していた。上流階級は二つ折りにできる携帯可能な礼拝用の祭壇画や祭壇を入手したりするだけでなく、それどころか個人の家に礼拝堂まで建てたりするようになっていた。しかし市民の大多数には（住宅が過密化したこともあって）、自己を啓発させるときも礼拝にも市民教会の祭壇しか頼りになるものはなかった。イエスを物語る祭壇画は教会上の年暦に応じて、祭壇の扉（複数あった）を変えることによって取りかえられながら、説教共同体とならんで参拝者を静かに集めていた。

一三五〇年頃から絵画は写実的になり、市民の範疇に近づいてきた。中世のマルクト広場で上演された復活祭劇にユーモアあふれる香油小売り商人の膨大な場面が挿入され、死後の世界と世俗世界の差異を際立たせたように、絵画もまた聖なる出来事を背景に、伝説と神聖をますます際立たせていった。

彫像にも一四〇〇年頃「柔軟な様式」の時代があった。コンラート・フォン・ゾーストはニーダーヴィルドゥングの祭壇にあるキリスト磔刑（一四〇四年）を制作したとき、苦痛に満ちた女性像に「聖母マリア」の優しさを幾分かつけ加え、善良な人物には時間を超越した衣服を、悪人には現在の衣服を与えた。シュテファン・ロホナーのケルン大聖堂の祭壇画（一四四〇年）である受胎告知の場面と三賢者礼拝図の素晴しい中央像は、優しい抒情的な韻文詩を書かせるほどハインリヒ・ハイネを感激させた（一八二二年）のは有名である。

しかしその後一五世紀半ば、絵画にも形式の動揺、精神的危機の表現として堅さがあらわれた。ハンス・ムルチァー（一四六七年没）はヴルツァッハの祭壇にあるエルサレム近郊のオリーブ山のシーンと十字架を運ぶシーンの中で、神聖なものを悪魔的なもので包囲することにより世界を不調和に描写した。しかしかれは最後の作品となったシュテルツィングの祭壇（一四五九年）の聖母マリアを彫刻したときは、彼女に完璧な成熟と気品をもたせ、同時に聖母マリアを母および女王として制作した。それはやがて来るべきデューラーの時代を予告する、市民的な聖母マリア像の最後の傑作であった。

（四）身分や地位の類型的描写から肖像画へ

中世の初期および中期における人物描写は人物に似せようとせず、身分や気品を代表的に表現しようとしていた。

コンラート・フォン・ゾーストは柔軟な様式の時代に、十字架にかけるという冷酷な行為を、ニーダーヴィルドゥングの都市教会にある十字架像で調和のとれた姿にしている。悲しみのあまり跪いている女性たち（左側）は美しい聖母たちの愛らしさを表現し、また十字架に架せられているキリストの苦痛を表現する代わりに、「それは成し遂げられた」という表現が完成されている

一三〇〇年頃になってはじめて、折にふれて個人の肖像画を求めるようになってきた。だから、年代記作者のオットカルは一三〇一年に墓標に彫刻された司教ハインリヒ・フォン・レーゲンスブルク（一二九六年没）の像を「本人に似ている《シミリテル・シビ》」と誉め称えたのである。この時代はなお引き続き「法典《レックス・ユストゥス》」が描写され、個人はまだまだ描写されていなかったにもかかわらず、一三一〇年にシュパイアーの皇帝ルードルフ・フォン・ハープスブルクの墓標に彫られた顔が本人に似ていたのは、オットカルの『オーストリア韻文年代記』によれば、ルードルフから本人に似せて描く要求があり、それが実現された証であった。

イタリアでは一二四〇年から一三四〇年の一〇〇年間に、人物画は本人に似ているのが当たり前になった。それは、古典古代（ギリシャ・ローマ）の人物の胸像を引き合いに出した皇帝フリードリヒ二世が指針となっていた。アルノルフォ・ディ・カンビオは教皇ボニファーティウス八世（一三〇三年没）の胸像を制作したとき、ボニファーティウス個人の顔をしっかり描いていた。皇帝ルートヴィヒ四世（一三四七年没）の肖像画は数多いが、いつもバイエルン的容姿に描かれおり、皇帝カール四世（一三七八年没）の場合もどれも皆おなじ顔をしている。この新しい肖像画芸術は実物とおなじ顔をした肖像画を手に入れたいという、少数であっても自尊心に満ちた人々に支えられていたのであるが、それはフリードリヒ・フォン・ホーエンローエ（一三二五年没）司教の感銘深い墓標の彫刻において十分達成されたように思える。都市の一般支配者階級も本人に似せて描くように要求した（たとえばニュルンベルクのハイリヒガイスト教会の「テーブル墓」に彫刻されている一三五〇年没のフラマン人の市長《シュルトハイス》のコンラート・グロス）が、それは上昇する市民階級の自己意識のあらわれであった。

（シュパイアー大聖堂にある棺型墓の蓋の上面の）皇帝ルードルフ・フォン・ハープスブルク（1291年没）が左手にライヒスアプフェル［皇帝の権力の象徴としての十字架のついた球］を持っている。この肖像画は肖像画というよりはむしろ「レックス・ユストゥス［法典］」の具体化である

肖像画に敵対的な「柔らかい様式」が終わってのち、一五世紀半ばに肖像画はいたるところに広まった。一四〇四年にブリクセンでは自分を十字軍騎士として浮彫《レリーフ》描写させるのが一般的になった。詩人オスヴァルト・フォン・ヴォルケンシュタインは一四三二年にイタリアで肖像画を描かせ、右目のないのを決して隠さず、これを自分の写本集に添えさせていた(二〇九ページの図参照)。

(五) 金属手法と美術工芸

中世の芸術はすべて手工業から生まれたが、芸術と手工業の密接な関係は金細工師において顕著にあらわれていた。市民階級の金属細工師の技術は、すでに早くから腕のいい修道院僧に追いついていた。また安価の銅や銅エナメルが金や金エナメルの傍らにでてきて、やがて金細工にとってかわった。一二世紀に銅製の聖遺物匣はしばしば青地にエナメルで、キリストを世界の審判人あるいは福音の象徴として描写していた。それ以外にも、聖人を鎮座させておく銀製の厨子や携帯用祭壇向きに制作された銀細工の聖人頭部、また宝石を装飾した別の芸術作品などもあった。その中でも七宝焼で制作した総救済史付の五メートル幅のノイエンブルク修道院の祭壇(一一八一年)は最高傑作であった。

ゴシック様式は、立体的あるいは半立体的な宝石や素材を生かすために、平面に装飾することを断念していた。教会用具、とりわけ聖遺物匣や聖遺物厨子に傑作で豪華な彫刻作品が生まれた。例を挙げれば、フランドル市の金細工

バンベルク大聖堂にある司教フリードリヒ・フォン・ホーエンローエ(1325年没)の墓碑の顔。顔が詳細に描写されていることは、肖像画が本人に似て描かれていたことの証である。司教の(精神性の際立った)知的な顔つきには死の兆候があらわれている

師の制作したフロレフェル祭壇(一一五四年)の天使が担ぐ聖遺物匣や、ゴシック教会を細部にわたるまで綿密に再現していた聖女ゲルトルート・フォン・ニヴェルの鎮座する、一二九八年完成の一八三センチの銀製厨子や、巡礼者の詣でる聖人都市(アルトエッチング)にある後期ゴシックの礼拝堂を再現している霊場教会の聖遺物匣、またカール大帝(一四世紀作)と聖女ドロテアの頭部の聖遺物など芸術作品が続出した。

教会の聖体顕示台、聖杯、聖体容器のような芸術作品のほかに、人々は金や銀の製品に財産価値をおいたので豪華な道具や実用品が数多くつくられるようになった。ハンガリー王のマティーアス・コルビーヌスが一四八三年にヴィーナー・ノイシュタット市に贈ったコルビーヌス酒杯のように、脚付酒杯、角杯、取手付壺、鉢などが制作された。さらに優美な浮彫と並行して、立体的な金属箔の蔦、木葉模様の杆鉄、種々の植物や物の姿をした装飾、現世の歓喜をあらわすものがつくられるようになった。食卓装飾品として豪華品、とくにテークル[滑車とロープの組み合わせによって重量物を引き上げる装置]をたくさんつけた船形の装飾品がつくられ、隆盛都市の市参事会もこのような食卓用の豪華品を市参事会の祝典用に手に入れていた。このような市民階級のあらわれである「市参事会銀製品」は、結婚式やそのほかの饗宴時に都市の名門に貸し出された。

真鍮鋳造業はすでに一三世紀には金細工師の職業から分離されていた。真鍮鋳造工は真鍮から、臼、いわゆる薬草を曳くための石臼や、死体を実物大で高浮彫にした墓標板、また教会の床にはめ込む彫刻入り真鍮板などの高級実用品をつくっていた。貨幣をかたどったものやノッカーのついたシャンデリアはドイツ人真鍮鋳造工の特有のものだった。かれらは鋳造工(鋳金師)の仕事ができるように、たいてい溶解炉があり、仕事に叶った鋳造製錬所のある現場で単一の鐘や組合せ鐘、また洗礼盤などを製造していた。エルツ山地で錫が産出されるようになって、錫鋳造工の職業が生まれた。錫鋳造工は錫製の活栓付巨大ツンフト缶(円筒形)や家庭必需品、また公共井戸もつくっていた。鋳造工はブラウンシュヴァイクのアルトマルクトに一四〇八年建設されていた井戸を鉛にかえることもしていた。そのほか鉄細工師はたいてい菱形模様や四葉模様、あるいはトレサリー模様のついた、墓や教会の鉄格子を製造していたが、かれらはそれ以外にも金属を平たく伸ばす職人や甲冑細工師また刃鍛冶の専門職になり、もっぱら貴族や都市貴族用に紋様を彫ったり、浮彫り入りの豪華な武器を製造していた。

ゴシック様式においてガラス彩画法が開花できるには技術的革新が必要だったが、人々は硫黄銀と酢の混合物を無色のガラスに焼きつけて黄色から赤橙色までのガラスを、またそれとおなじ混合物を一面に塗って緑色のガラスを製造する技術も学び、金槌でたたいて酢で黒い垂線をつけ、それによって形姿に陰をつけて立体的に表現できるようにもなっていた。それゆえ大聖堂を飾る堂々たるガラス彩画法が生まれたのである。さらに、一般的な公共の建造物や上級階級の住居には色彩豊かな窓もつくられるようになった。「施設の窓ガラス」にはたいて紋章が描かれたが、創設者自身もサポター(楯形紋章を左右から支える格好をしている一対の動物・人間の像など)として描かれることもあった。

織物工芸は、ヨーロッパの祭服の大部分を占めるサラセン製の絹織物を使用していた。また一四世紀以来イタリアの町ルッカは人気のある植物や動物を素材にし(樹木・スイカズラ模様・鷲・ライオン・鹿・ノロ鹿・ガゼル・鷺)、絹織物の長尺物の中央生産地になっていた。最盛期のゴシックは枝や葉や花を付けた柘榴の木のデザインを生みだし、それを絹織物にした。このような絹織物は長い布のまま、支柱や祭壇、市庁舎、ギルド館の祝典用の天幕に使用されていた。

壁掛絨毯を織ることは昔から修道院の仕事であったが、ブルゴーニュやフランスの宮廷が華麗な高級品を好んだので、それに応じてフランドルやブラバント地方(ブリュージュやブリュッセル)で一三〇〇年から市民階級出身の職工が壁掛絨毯を大々的に織るようになっていた。ドイツでは絨毯の製造や刺繍は女子修道院で人気があり、それから先もそこで続けられたが、市民階級の女性も喜んで同じ仕事をした。ヴィーンハウゼンやリューネの荒野修道院のキリスト教を素材にした壁掛絨毯は、その構図や思想内容また完璧度において世界的に有名であった。また世俗一般のテーマ(狩り・社交・恋人同士・ドイツ文芸作品からの野性的な人物や場面)を取りあつかった壁掛絨毯も決して数少なくなかった。そのような絨毯は市庁舎(たとえばレーゲンスブルク)や市民階級の裕福な家庭で使用されたが、一種の織物芸術である世俗の壁掛絨毯には現世の歓びや語り合う歓びが直接的に表現されていた。

（六）新しい版画芸術としての木版画と銅版画

伝統的なものとちがって、木版画と銅版画は市民階級の時代にできた新しい芸術で、技術や教育の民主化と深く結びついていた。木版画と銅版画の発展にとっては、一二七六年以来イタリア、一三九〇年以来ドイツでも始まった紙製造は欠かせない出来事であった。また紙は製造され入手しやすくなって以来、コミュニケーションの要望に応えるための新しい原料になった。

銅版画は昔からの金細工、また装飾文様や形姿を彫刻することから生まれた。金属彫刻家は追加注文や新注文を受けたときのために、図面を残しておく方法を考え出さねばならず、その結果、彫り込んだ模様にインクを塗り、その上に紙をおき、ゲラ刷り方法により、模様を黒い下地に白い描線で残したと推測される。そしてゲラ刷りしたそれらの紙を束ね、顧客に商品の見本として提示したのであろう。そのさい、紙の吸引力に気づいたので、かれらはそれまでの工程を逆にし、彫刻の掻き傷の中に色を塗り、彫刻の線を白い下地の上に真黒に印刷した。こういうふうにして銅版画の凹版印刷術が発明されたのである。それはなお、銅板線刻に使用する鑿《のみ》を精製する技術や、銅板線刻を白地の紙の上に写すために、下絵を直接に銅板に線刻する技術を必要とはした。しかし、いつこの技術が達成されたかは定かではない。キリスト受難の銅版画に載っている一四四六という年号は、当時、銅板線刻による聖像版画のプリントが既によく知られていたことをはっきり示している。

銅板線刻術により優雅な作品が制作できるようになったので、名高い芸術家たちは素晴しい絵を描こうと励んだ。なるほど元来の銅板線刻家は秀でた複写技術士であったが、たいていはオリジナルだけを複写していた。とは言っても、人気のある競争相手の銅版画を不法複写することもよくあったことである。とにかくこの時点で、売行きのよい版画祈禱書以外に恋愛場面、上流階級の社交、狩り、剣術学校の様子、浴場の様子、饗宴、職業生活、身分風刺、道化や粗暴者、花や動物、また若返りの泉の物語、女性に乗馬用動物として濫用される賢者アリストテレスの物語など、日常生活や世間の出来事も鮮明に写し出せるほどに複写技術は改良された。『女性威力の画家』（一四六〇年）は、美と恋愛の神ヴイーナスは鷹狩りをしている宮廷婦人であると教えている。彼女は恋に狂った女性を猿のように道化綱につないで引っ張りまわし、恋愛道化師のかたまりである都市貴族で構成される委員会から歓迎されているが、それは上流社会の無規律との袂別であり、ルネサンス的自由［神中心の中世的な在り方から自我を主張する近代的な生き方］をもっての決着だったのである。

現世を楽しみ羽目を外した描写は、自分たちの能力に誇りをもち、人生を公然と肯定し、機知に富む造形芸術を好んだ意気盛んな市民階級の自然な芸術であった。また豪華な金細工を収集するのが流行しても生活範囲が狭かったために、それをできなかった多くの人々は、そのかわりに銅版画を集めたが、それを自分が使用する写本に張りつけたので小さいものが多かった。小さい銅版画が今日でもなお多く残っているのは、そういう事情だったためである。

最初の銅版画家、いわゆる「トランプの画家」は（一般的な色彩のついた符号のかわりに）花、鳥、種々の肉食獣、同様に鹿やノロ鹿を描いたトランプをつくっていた。それらはゲーム用には不向きだったが、芸術愛好家はこの変わり種を楽しんだので、銅版画のトランプはいたるところで模造されるようになった。花や動物の入った個々の小さな原版は、おそらくグーテンベルクから発注されたものである。かれはそれらの助けを借りて芸術的な装飾文字をつくりだした後、（当時の写本の縁を飾った）造形的装飾を活字部分と分けて印刷（カラー印刷を含む）する方法を研究していた。動物や花の原版を発注したのは、明らかにこれらの試みの一環であったものと思われる。グーテンベルクがフストと対決し支払い能力がなくなったとき、銅版画家たちは小さな銅版画の原版を個々のトランプに組み合わせた。そしてこの意外な組合せが市民階級の好みと一致したのである。芸術を通して人生を謳歌することは、この時点で小さくとも有望な銅版画蒐集によって満たされ、従来の金持ちのパトロンは作品を依頼することで芸術を支援した。

銅版画が意気揚々とした市民階級の芸術様式であったのとおなじように、木版画も全く市民的な大衆芸術であった。木版画は銅版画以前のものであるにもかかわらず銅版画以上に広まったが、それもそれより以前の古いもの、つまり捺染を継承していたのである。捺染の場合、すでに古代後期以来、一枚一枚布地の長尺物の上に形木［布や紙に染めつけるための模様を彫りぬいた板」と板を押しつけて刷っていた。木版画の時代には紙があったので、この捺染の方法が全紙の上に移された。つまり布地の反物が紙の反物にかわったのであった。もちろんそのさい、版画は捺染とちがって多くの客を見込んで刷られていた。まもなく、色つけした版木を一枚の紙に押しつけて刷るかわり、机上においた重い原版に色つけし、紙切れをその色つけした原版の上におき、中身の詰まった革製の球でかたく押しつける方法(手刷の石版印刷)になっていった。絵入り書(祈禱書、暦など)をつくる職人は、一三七七年以来オリエントやイタリアから流入してくるトランプの複写を引き受けねばならなかったとき、木版画複写を始めたに違いない。もともと「カルタ」は単に「紙」というだけの意味で、「カルテ」(トランプ)は、紙でつくられた初めての大衆向きの製品であった。大衆は新しい遊びに関心をもち、絵入り書職人はこの大衆の需要に応じて五六枚か四八枚のトランプ一式の絵と縁(縁飾り)を一つか二つの大きな木型に刻みつけ、大きな全紙に刷り、それを(文字や模様などの部分を切り抜いてある)型紙を使って着色し、のりで貼り付け、その後それを切り放してトランプをつくっていた。このような合理化した方法で、トランプ印刷屋になった職人は初めて大衆の需要を満たすことができたのである。

この新しい木版方法で小型像の製品はますます美しく、安価にでき、利益もでるようになった。聖像の版画は壁にかけられ、家庭で祈禱したり礼拝したりできるようになった。何よ

若き日のアルブレヒト・デューラーが関与しているセバスティアン・ブラントの『阿呆船』(バーゼル、1494年)の表題の裏ページは木版技術と枠におさめる技術の巧さを提示している。陰をあらわす線によって色彩をつける必要性がなくなった。道化師の本性を暴いて、日常生活から離れた「道化のアゴニー[苦死の国]」へ搬送しようとするブラントの教訓的意図が詳細に描写されている(手前の道化師は明らかに船酔いしている)

り喜ばしかったのは、それらの多くが優れていたことだった。幼子キリストの手をつないだ聖女ドロテア(一四二〇年)は「美しい聖母マリア」の柔らかい表現様式に倣っていた。日付入りの最初の木版画「聖クリストフォルス」(一四二三年)は聖地を印象づけるために聖人伝の全内容を描写していて、当時の木版画家が聖像を表現する能力に優れていたことを示している。やがて絵入り書は小さな聖像画から大きな木版画絵草紙へと移行し、それにはたいてい木版印刷したテキストがついていた。それらを列挙すれば、エラスムス拷問場面のウルム絵草紙、骸骨踊り絵草紙、道化絵草紙、瀉血暦、二〇コマ描写の新情報絵草紙などであった。

その後木版画とテキストの活字を作業過程順に印刷するのを学んだので、挿絵入りの本が生まれた。木版画付民衆本は一四六一年以降数多く出版されたが、高度な読者には聖人物語や別のテキスト、また分厚い大衆向けドイツ語木版本も数多く出版されるようになった。都市の風景や歴史的出来事の挿絵がたくさん入ったシェーデルの『世界年代記』(一四九三年)も出版された。ブラントの『阿呆船』(バーゼル、一四九四年)が木版画史上画期的なものとなったのは、表紙と一一二章の多くの木版画は極めて優れていて、その原画の大部分がアルブレヒト・デューラーが描いたに違いないからである。また陰をつけることにより、最終的に着色する必要がなくなったことも画期的なことであった。木版画は固有の図式芸術として自立し、ほぼ一世紀のあいだ一般大衆の宗教的、世俗的な絵画の需要に応じることができた。それと同時に広範囲の層を読物や文学作品へと向かわせたので、高級な文学や木版画作品も読者を得るようになった。

一四　自然科学、技術、数学分野における発明と発見、地下資源の利用

木版画や銅版画また印刷は、紙の発明なしでは不可能だったと思われる。紙の製造法はすでにヨーロッパからみての極東である中国で発明されていて、紙はそこですでに紀元一〇五年に樹皮、靭皮繊維、襤褸《ぼろ》を材料にしてつくられていた。そこから紙の製造法は徐々に西洋に伝わっていった。すでにバグダッドの伝説にでてくるサルタンのハールーン・アル・ラシードは、紙を自分の官房に導入していた。アラブ人は水力を圧縮作業に利用し、ひき臼の石をくず布を細かくするのに利用していたので、それを紙の製造に生かしていた。この種の臼石は一二〇〇年頃すでにフェズ（モロッコ）で大量に使用されていたが、カイロでは紙と針金、また紙の接着に小麦粉でつくった澱粉糊を使用して籠をつくっていたほど、紙の製造はすでに九〇〇年頃には一般的だった。一二七六年にはじめて製紙工場がイタリアのファビアノ地方のアンコーナで建設され、つづいてイタリアの諸地域で製紙工場が数多く設立されるようになったが、それまではアラブ製の紙がヨーロッパに輸入されていた。紙が輸入されていたのは、当時すでに皇帝フリードリヒ二世（一一九四―一二五〇年）のシチリアの官房で紙が使用されていて、それに従ってイタリアやドイツの諸高等法院や都市官房も紙を使用したからだった。

一三九〇年にウルマン・シュトローメルがニュルンベルクにドイツ初の製紙工場グライスミューレを建設したのを皮切りに、ドイツのいたるところで製紙工場が建てられた。中国では樹皮、竹繊維、麻、木綿の襤褸を材料にしていたのにくらべ、中近東やヨーロッパでは亜麻布、麻製品の襤褸に限られていた。紙の需要増加により、襤褸（衣服・シーツや手ぬぐいなどの小物・綱・縄）が不足したために廃品回収業は特権を与えられた職業になり、外国への襤褸輸出はほとん

どの地域で禁止になった。印刷業者トーマス・アンスヘルムが一五一八年一月一六日付の手紙の中で、同質の紙が入手できないために半分印刷した本をそのままにしておかなければならないと嘆いているように、必要な紙を大量入手するのに苦労する印刷所もでてきた。また製紙工場と共にトランプゲームがオリエントからイタリアへ伝来（一三七六年）し、一三七七年以降アルプス以北の全域に伝播した。

すでにこれまでに述べた生活習慣と読書文化の革命を生じさせたのが、実は、眼鏡の発明であった。眼鏡は遠視や近視の人々に読書を可能にしたので、晩年を意義深く暮らすのに役立ち、生活習慣を大きく変化させた。「眼鏡《ブリレ》」という名称は、はじめ聖遺物匣や聖体顕示台の中がよく見えるように使用されていた無色透明な緑柱石（ラテン語で「ベリルス」）からつけられた。それを研磨して視覚障害を正す機能が発見され、それが「眼鏡」になった。フランシスコ会修道士で自然科学者のロジャ・ベーコン（一二一四—九四年）は光の屈折を正す球面の緑柱石のことを叙述し、コンスタンツ司教座聖堂のヒポクラテス（一二七〇年頃の石像）は柄のついた単眼鏡を手にしている。

自然科学者のコンラート・フォン・メーゲンベルク（一三〇九—七四年）も、研磨した無色透明の緑柱石の集光レンズを知っていた。一三一七年死去のザルヴィノ・デリ・アマーティは、フィレンツェで眼鏡の発明者といわれている。かれはまたアレクサンデル・フォン・シュピナ（一三一三年ピサ没）修道士の死後、シュピナは眼鏡を進歩させた人物として誉め称えている。ヴェネツィア近郊のムラーノの

水力を利用した紙漉き場。後方には襤褸切れを細かく砕く突き棒、右手には乾燥させるためと、全紙を平らにするために、漉きたての紙の水分をとる圧搾ローラーがある。手前には紙塊の入った紙漉き用の桶がある。その紙塊から針金製の簾（紙漉き器）で一枚の紙が「漉かれる」（ヨスト・アマン、『身分と手工業者』、フランクフルト・アム・マイン、1568 年）

ガラス工業は水泡のないガラスの製造に成功し、研磨ガラスから遠視用眼鏡をつくり上げ、一五世紀に近視用眼鏡もつくっていた。一四八二年にニュルンベルクに眼鏡作りを本業とする職人がいたのがわかっている。一五二〇年にヒルデスハイムの市民は政治色のある謝肉祭劇を上演していたが、自分の眼鏡を通して物事を明確に認識できる劇中の眼鏡職人は、司祭と、反乱を起こした教団の貴族会員に抵抗する闘いの寓意《アレゴリー》であった。

中世末期は力学や機械を人間に役立たせようとする傾向にあった。拡大鏡や一種の火薬を発明したロジャ・ベーコンはオールで漕いだり帆をつけたりせず、人間が操縦して水上を走る船、動物に引っ張られてではなくて、人間が操縦して信じられないほどの速度で走る車、機械装置で鳥のように空中を飛ぶ飛行機を夢見ていた。しかし実際に実現化されたのは先ず、一三〇六年にニュルンベルクの武具師ルードルフがつくった騎士の巻き鎧製造のための針金製造機械、ニュルンベルクの錠前師に帰するところの、一般的な火縄(導火線)装置となる銃の歯車式点火装置(一五一七年)、おなじく歯車時計など小さな機械だけだった。

一二七一年から一三〇〇年の間の太陽時計、砂時計、水時計から歯車時計への交代は暦、時間の尺度、世代、生活リズムの章(第二章一節)で既に述べた通りである。歯車時計ができて以来時計は教会堂内に設置され、一三五二年から五四年にかけて設置されたシュトラースブルクの司教座聖堂教会の時計や、一三五六年に着手して六一年に完成したニュルンベルクの聖母教会に設置された時計のように、たいてい都市は天文学上の日付や動く形姿のついた豪華な展示時計を設置するのを競い合った。さらに塔時計や音で時を知らせる打鐘時計、とくに城の箱型大時計、最終的には首に掛けられる、あるいは上着のポケットに携帯できる、振り子の代わりにバネを使用した時計が続出した。バネの弾力を利用した懐中時計は安価に生産できたので、それによってニュルンベルクのペーター・ヘンラインは不動の名声を得た。

とくに繊維工場は次々と新しい機械装置を発明し、それを利用した。一二七二年にはルッカ出身のフランシスコ・ボルジェナーノはボローニャで水の推進力を利用した絹の撚糸機を設計した。この機械は繭《まゆ》を油を含んだガラスの糸巻き装置にかけ、繊維を引き出し、撚りをかけて強い糸にし、一〇〇から二八〇〇までの鉄製の紡錘に糸を巻き取らせた。一二九八年頃の、手で紡ぐ糸巻き棒と交代した糸縒車もまたこの原理で動いた。はじめ人々は交代で紡ぎ、巻き取らねばならなかったが、その後、絹の撚糸機から糸枠の周囲を回る回転翼を考えついた。回転翼は紡錘と違う速度で回り、完成した糸を間断なく糸枠に巻きつけた。一三五八年以降フランクフルト・アム・マインなどでは改良された糸繰り車を使用して糸を紡ぐ女性の職業、いわゆる糸女がでてきた。さらにシャトルつきの手動式織機も（筬《おさ》を通す）経糸《たていと》と経糸の間隔を調節する四台の踏板により技術改良された。生地は完成後（長方形の箱型の）槽の中で踏み固められていたが、一四世紀に踏み固めは水圧を利用する（毛織物の）縮絨機がおこなうようになった。

穀物は古代より手回し臼で挽いて粉にされていた（古高ドイツ語で「クイルナ」、古ザクセン語で「クエルナ」といったので、それに従って製粉業者はアレマン語で「穀粒《ケルネル》」という）。ローマ人は、ヴィトルーフ（紀元前一三年）が叙述しているように、すでに水車を発明していたので、水車が垂直に据えられた（水車の下側の羽根に水流をあてて、その衝動によって）射水方式の歯車伝導つき羽根車によってひき臼を回していた。一〇〇〇年後に初めて風車が台頭し、一二二二年にはケルンで風車があったことが記録されていた。またカンプのシトー会修道士は、一二五三年ケルンの大司教からダッハベルクの上に風車を建設する許可をもらっている。風車といってもそれは初めは回転台付風車や箱型風車のことで、その場合、木造の風車は回転木馬のような骨組み（木びき台）の上に吊されて、角柄（「すきの柄」）で風を受けて回転していた。上階だけが翼の働きによって回転可能な、いわゆるオランダ式風車は一五〇〇年のレオナルド・ダ・ヴィンチの絵画で初めて見られる。

商業の繁栄と貨物運輸の増加は、貨物船の積荷の積み降ろしのために機械的な補助を必要としたので、一四世紀に荷を持ち上げる起重機が発明された。余談であるが、起重機《クラーン》という名称は「鶴《クラーニヒ》」からとっている。足踏み円筒回転部の中を男たちは階段を駆け上っていき、旋回可能な腕木がロープで積荷を上げたり下げたりしているあいだ、体重で円筒回転部を動かしたのである。最古の起重機が一三三〇年リューネブルク港に、リューネブルク塩を積み揚げるために建てられていた。シュターデの起重機については既に一三三七年に記述されているが、五トンまでの荷を持ち上げることができた。トリーアではワイン樽を積み揚げるのに木製の起重機を設備していたが、それは一四一三年に石製と取り替えられた。一三八五年にはシュトラースブルクやフランクフルト・アム・マインでも起重機が整備された。都市の証となっていた起重機は一五四四年にダンツィヒにつくられたが、第二次世界大戦で破壊されてしまった。それ以外に、軽量の船荷の積み降ろしに使用したクレーン船があったが、そのひとつが一四九三年に『ノイス年代記』にあげられている。一五三一年のケルンの大木版画は、都市の前景に多くのクレーン船を描写している。

既述の機械などと比較にならないほど中世後期の人々を魅了したのが化学であった。錬金術という迷信的分野、とくに粗悪材料から金をつくりだすという領域に関してはここでは省略するが、化学は熱心に研究されていた。その成果を次に挙げてみよう。ケルンの神学者で科学者でもあるアルベルトゥス・マグヌス［ペンネーム、偉大なアグヌスという意味、本名アルベルト・コロニエンシス、一一九三―一二八〇年］が硝酸による金と銀の分離法（一二七〇年）を見つけ［銀は硝酸にとけるが金はとけない］、一二七〇年にライムンドゥス・ルルス（一二三四年マジョルカ島生まれ、一三一五年没）は尿を発酵させて取った留出物（液）から炭酸アンモニアを発見、それ以外にも蒸留装置を改良していた。一三六〇年にヨハン・フォン・ロクエタイラデが硫酸水銀Ⅰ（硫酸一水銀）を示し、水銀と硝酸と塩化アンモニウムを湿らせて塩化第一水銀をつくりだし、一四三八年にルカ・デラ・ロビアがアラブ人を真似て酸化錫を含有した琺瑯《ほうろう》でマジョリカ焼きの表面をメッキして芸術的完成品をつくり上げた。一三世紀以降、漁業で国際競争に打ち勝つには魚の塩漬け保存が前提条件だったが、ウィレム・ボイケルツ（一三七九年没）がそれを改良した（「塩漬け鰊《にしん》」）。その結果、魚はより輸出しやすくなり、オランダの鰊業にくらべてハンザ同盟都市の鰊取引はとくに西ヨーロッパで成功した。

この無意識のうちの化学への関心は、軍事分野における新発見につながった。中国人は北京防衛のためにモンゴル人と戦ったとき、火炎銃砲（瀝青・硫黄・石炭など）用に一般的な発熱剤に硝石を添加する方法で爆薬をつくり、それを使用していた。ドイツでは一三一三年頃弾丸を発射するための推進薬［シュヴァルツ発明］が使用された。片方が塞がれた鉄製の空洞の円筒（薬容器でいえば「金属など硬い材質の小さな円筒形容器」）の中で、黒色火薬に火をつけ、ガス圧を発生させ、そのガス圧力で鉛弾大石（鉛銃）や石弾を発射させた。大砲は（調剤用臼や台所臼に倣って）「臼砲」と名づけられた。それゆえ一修道士のベルトルト・シュヴァルツが火薬の発明者というのは根拠のないことである。一三三一年にもなると、クルスベルクとシュピリムベルクのドイツ人の騎士たちがフリウーリィのチヴィダーレの包囲攻撃時に砲や携帯火器を使用していた。初めの頃は石弾に花崗岩や大理石を使用していたが、一三二六年にフィレンツェで錬鉄製の弾がつくられた。アウクスブルクの大砲鋳造工のハンス・アーラウはすでに一三七八年に鉄および銅の砲弾をつくり上げていたが、その価値はフランス王ルイ一一世（一四六一—八三年）やシャルル八世（一四八三—九八年）下で初めて見出された。フィレンツェ人のドメニコ・ディ・マテオはピサを敵にした戦いで初めて炸裂弾を使用した人である。炸裂弾についてはマリアーノが一四三〇年に正確に記録している。すでに一四〇五年にはコンラート・キーザーの『ベリフォルティス』で、後装銃砲つまり元詰砲、初の炸裂弾を発射した空洞銃について叙述していた。またイタリア人技師のジョヴァンニ・デ・フォンターナなども一四二〇年には機雷や地雷を考案していた。

航海は主として中世には海岸近くを航行していた。陸標・山々・教会の塔・木々などを見ながら自分の位置方向を確認しながら航行していたのである。バルトロメオ・ディアスの一四八七年の喜望峰の航海、北アメリカや南アメリカの発見に導く一四九二年から九八年のクリストファー・コロンブス（一四五一—一五〇六年）の航海、インドおよびそのほか多くの航路を発見したヴァスコ・ダ・ガマ（一四五一—一五二四年）の航海など、一五世紀後半の勇敢な航海は、そのための器具がなければ不可能だったであろう。アストロラーブ［アラビアで発明された天文観測器］はすでに天体の長さや幅を決めるのにヒッパルコス（紀元前一九〇頃—一二五年頃）など古代人に役立っていたが、それは後世に天体の高度を測定して経緯度と方位角を測定する器械になり、航海に使われた。それを海上で自分の天体上の位置を決定するのに使用した初めての人物がライムンドゥス・ルルス（一二七〇年）であった。著名な天文学者のレギオモンターヌス（本名ヨハネス・ミュラー）は一四七五年にアストロラーブを完全に改良して「トルクエトム」をつくった。それは、一三二五年にレヴィ・ベン・ジェルションが「ヤコブの杖」（一四世紀頃ヨーロッパで航海に用いられた巡礼杖に似た天測器械）を航海上の地理的位置を知るために発明した後も、一部では一八世紀まで使用されていた。「ヤコブの杖」は一七三一年の六分儀発明によりその役割を果たし終えるまで、一八世紀半ばまで時間と緯度を決定するために星の高度を測定する主要道具であった。

「ヤコブの杖」とおなじように羅針盤も航海にとって最も重要な道具であった。厳密にいえば「羅針儀《コンパッソー》」（円《ツィルケル》）であるが、そういう名称になったのは羅針儀では方位磁針が円筒形容器の中で回転できるように吊されていたためだった。すでに引力のある磁石について古代人は知っていたが、それを使用するのは方位を確定するのに必要になった中世最盛期に始まった。南フランスのプロヴァンス地方の吟遊詩人ユーグ・ド・ベルシィーは、（水に浮かべた）水羅針盤の中で一本の麦わらの上で浮かんでいる磁針を記録していた。この航海にとって重要だった羅針盤については一三世紀に多くの人により何度も叙述され、その中には十字軍に参加したピエール・ド・マリソーワなどがいた。今日われわれの使用する羅針盤は一四世紀に発明されたものである。一四三八年にヴィジュー大公エンリケがザグレス（ポルトガル）に創設した航海士学校は、羅針盤の発展と航海術にとって重要だった。コロンブスの時代に、芯上で、木筒に封入されていた磁針付きの回転可能な羅牌は、当時の方位角知識（通常位置からのずれ）に従い調整が可能だった。一種の方位角マークのついた一五世紀半ばの懐中日時計は、磁気による方位角がコロンブスより半世紀も前に知られていたことを示している。コロンブスが一四九二年の九月一三日に観察した磁針の五パーセント、あるいはそれ以上のずれは、何度主張されようとも決して方位角による初の証明ではない（北極と磁極とのずれを発見した）。

すでにノルマン人が一二世紀に船舶をその水線の高さまで鉄で被膜し船装甲にしていたので、一三五四年アラゴン王ペドロ四世は敵の武器に対抗するため船を革のカバーで隠した。コンラート・キーザーは一四〇五年に川の流れによって動く、そして船を川上に引っ張るため、上流に固定したチェーンで巻き上げることのできる外車のついた外車船を設計した。それはまた、曳航船や（川底に設置された）チェーン装置による航行の始まりであった。またブルゴーニュ公のシャルル〔突進公〕は、ノイス包囲攻撃の一四七四年に初めて川砲艦を使用していた。

ミネラルの利用は文化の発展に大きく寄与した。ミネラルの中で人間に最も重要なものは(人間の身体は一年間に少なくともミネラル七キログラムを必要とする)珐瑯および石鹼の製造や食料保存また皮保存に必要な塩であるが、塩は当時は採掘され、塩のない地域に輸出されていた。ドイツで河川名ザーレ、ザールバッハ、ザルケ、ザルツァハ、あるいは入植地名ザルツァ、ザルツベルク、ザルツブルン、ザルツブルク、ザルツハウゼン、ゼルタースはその地がかつて塩で儲けたことを示している。ザルツヴェーデル、ザルツヴェークのような土地は塩搬送用の街道を、ハル、ハレ、ハライン、ライヒェンハルのような入植地は塩精製や岩塩成層をあらわしている。

塩は抗夫がするように露天掘りや抗内掘りで取り出されていた。しかしその後、塩を水で溶かして、それ(塩水)を煮詰めるようになった。塩水は作業板、ロープ、バケツを使って搬出された。しかし、機械装置による汲み桶台(一二三〇年頃)は技術的改良のあったことを示している。一五世紀半ばまで塩水はポンプで汲み上げられ、貯水槽にためられ、それを大平鍋で煮沸して乾燥させていた。採掘時に硬い岩塩柱には触らなかったので、岩塩鉱山は倒壊の危険性がなかった。したがって、地面は時間がたつにつれて、旧市街地区が昔の岩塩鉱山の上に建設されたリューネブルクのように、何メートルも沈下していった。

すでにローマ人はローマ帝国の全域に優秀なガラス工場を有していた。中世初期のドイツに木灰でガラスをつくる(そのためにいたるところで森林の樹木が切り倒された)独自のガラス工業が生まれた。このガラスは硬さと強さではヴェネツィアンガラスより優れていて、レーマー(大型ワイングラスの一種)や大ジョッキ以外に長靴形のジョッキ、ホルン、動物、魔法杯というようにグロテスクな物も制作されていた。ムラーノで一二八〇年に金色に輝く結晶(人工砂金石)がちりばめられた淡黄褐色や緑色のグラスが発明された一方、ドイツでは一三世紀にガラス球を彫り抜き、中を金属メッキした小さな鏡も流行装身具として生産されるようになった。鉛を張った大鏡や、一四世紀以来錫アマルガムで覆われていた大鏡はもちろんドイツ人の発明で、それは一六世紀になってもなおドイツ、とくにフランドル地方から全世界へ輸出されていた。一三三〇年にフィリップ・デ・カクエラルによって初めて制作された一種の中央部の厚いガラス、モントグラスは中世には窓ガラスに使用されることが多かったが、ルターの時代には窓用ガラスは必ずしもいたるところで価値を見出されたわけでない。一五世紀にもなるとベーメンのガラス工業はドイツのガラス工業と真剣に競いはじめた。他方で、ウルム出身のヤーコプ・グリージィンゲルは、それまで知られていた金属色としては初めての色、つまり暗赤色に第二の金属色、硝酸銀と焼いた黄土からつくった人工黄色をつけ加えることによって、［教会用のステンドグラスの］ガラス色彩画法をつくりだした。当時の人々は色の濃淡や陰影をだすのに、部分的に再削磨（研磨）した色のついた薄いガラス被膜によって、並のガラスの表面を覆う技術をもっていた。

柔らかい青銅に対して「一段と硬い」金属、鉄の使用はアルプス地域のイリリア人［古代バルカン半島北西部、アドリア海沿岸に住んだインド・ヨーロッパ語族のひとつ］から始まり、イリリア人からケルト人［古代ヨーロッパの中部と西部に住んでいた一種族］やゲルマン人に伝わった。先ず中部ヨーロッパ平地（平野）で主として簡単に発見できた可溶性の沼鉄鉱（鉄の含有量は三四パーセントから五〇パーセント）は穴の中に入れられ、木炭の小さな火で溶解され、鍛冶が武器や道具（工具）、また農機具などの実用品をつくっていた。その後、炭を焼くのに樹木が十分手に入り、炭焼き窯《がま》の中で火をおこすだけの風の十分ある、鉄分を含んだ円錐形の山頂に溶鉱所をつくった。初めの頃は人力で鞴《ふいご》を吹いて風をおこしていたが、まもなく巻き上げ装置や輓馬が動かす鞴の発明で自然の風に頼らなくてもいいようになった。そしてまもなく水車で水の推進力を利用し鞴を作動させ、一段と強い火を炉の中でおこせるようになった（一三二三年）。

ますます大きい窯を利用し、それによって得られる十分な熱によって柔らかい錬鉄以外に液状の銑鉄をつくることにも成功したので、それを型に鋳造して有益なものを製造するようになった。一四〇〇年にはすでに銑鉄から大砲や砲弾を、さらに砲身や日用品のすべて、また部屋の暖炉用に芸術的な金属板も鋳造していた。その後、風を十分送って木炭窯の中で幾度も溶解しなおし、原鉱や溶鉄かすを添加すれば、銑鉄は格別に細工しやすい錬鉄に変化することを発見した。そしてそれを「精錬《フリッシェン》すること」と名づけたのである。一六世紀に窯は六メートルの高さになり、後世の「溶鉱炉」の先駆けとなった。

一方、可鍛鉄を大量生産することは鍛錬の工業化を必要としたので、水車(小屋)と水力で作動する送風機の原理に従って一四世紀以降ハンマー鉄工所や製鉄所が建設されていた。それらは個別化して、今日われわれの時代にまで引き継がれている。一三二〇年にドブリルック修道院のシトー会修道士三人は修道院に鉄を加工するための水車を設置するために、ヴァーレンブリュックの黒エルスター川の水の落差を賃借りしたと記録されている。この表現からだけでは、鉄精錬のための送風機に関係することなのか、鉄や鋼を熱し、柔らかくなったとき、ハンマーで鍛えていろいろな形に工作する鍛造工場に関係することなのか明確でないが、一四世紀半ば以降鍛造工場だという疑問の余地のない証拠が多い。というのは、一三四〇年に東ハルツ鍛造工場が記録され、一三四一年に「鉄を扱う森の鍛冶屋」がフランクフルトの歳市《メッセ》を訪れているし、また一三四八年に〔テューリンゲン山地近くの〕シュマルカルデンのラーデンベルクの伯夫人ユタ・フォン・ヘンネベルクがルーティンバッハの鍛造工場の売却を許可している。一三八〇年には〔エルツ山地近郊の〕シュヴァルツェンベルクのエルラーハンメルが、シャベル・鋤《すき》の水平刃・大鎌・武器の製造者として記載されている。かれはまたそのような道具を製造する以外にも、馬に蹄鉄を打ちつけたり車に鉄を打ちつけることもし、家や防衛施設の建築に使用する鉄製のものと並行して、五〇キログラムの延べ棒、棹鉄も製造していた。鉄ハンマーがどれくらい生産されていたかは、ダウビツにあるノイハンマーのハンマー親方が一四四七年にベーメン鋤の水平刃の領収書を少なくとも六七二枚以上は出していることからわかる。ハンマー親方は経営者の役割を果たしていて、その地位は著しく上昇したので、貴族や都市貴族に続く地位になった。

銅と錫はすでに原始時代、紀元前八〇〇年鉄器時代が始まる前のいわゆる青銅器時代に青銅の製造に使用されていた。ドイツでは銅産出はハルツ山地(ゴスラー)で九六八年に、そして中世末期にエルツ山地で始まった。エルツ山地の「エルツ」は、豊かな「原鉱」を意味するのである。中世中期にゴスラー産の銅は遠方にまで輸出され、一四世紀半ばにはノヴゴロドやロシア、さらにイングランドにまで輸出されていた。中世末期に銅や青銅は、銅板画や腐食銅板画またブロンズ鋳造により、再び最新の流行になった。イタリアでは芸術的なブロンズ鋳造技術がドナテルロ(一三八六—一四六六年)などにより、とくにフィレンツェで磨かれるようになった。おなじくその技術はニュルンベルクでヘルマン・フィッシャー(一四五三年にニュルンベルクに来た)、インスブルックにある皇帝マクシミーリアンの墓碑の彫刻像二体(立像)を鋳造したヘルマンの息子ペーター・フィッシャー(一四五五―一五二九年)、さらにその息子たちによって改良された。ヨーアヒムスタールの溶鉱工が一四五〇年に砂利の多い原鉱を加工する方法を見つけ出して以降、ドイツの銅産出は飛躍した。どういう方法で銅を取り出していたかというと、それは先ず砂利の多い鉱石を焙焼し、バン類(鉄・銅・亜鉛などの硫酸塩)を浸出して[液体に浸して溶かし出し]、取り出した溶液[硫酸銅溶液]から鉄によって[鉄を入れて]、銅を取り出したのである。またザクセン＝エルツ地方のアルテンベルクは一四三六年以降、ガイジングは一四四四年以降、エーレンフリーデルスドルフは一四五一年以降、ガイエルスドルフは一四六八年以降、青銅合金のための錫を供給していた。

ゴスラーでは銀以外に鉛も産出された。一四世紀にゴスラー産の鉛はエルツ地方へさえ輸送されたほど大量に生産されたので、ゴスラーの司教座聖堂の銅屋根は一四七五年に鉛屋根と交換された。ゴスラーの銀産出はすでに一〇世紀には始まっていたが、金貨が鋳造されるようになったので領邦君主の銀への関心は減少し、それにつれて銀の産出量も減少した。それにもかかわらず、一五世紀中は銀の産出量はエルツ山地で、たとえばガイエルスドルフで一四六八年、シュネーベルクで一四七〇年、エルテルラインで一四八〇年に増加している。一五一六年以降、ベーメンのヨーアヒムスタールは新しい銀産出地になった。シュリック伯により一五一九年以降ヨーアヒム銀で鋳造されたグルデングロッシュ銀貨は、ドイツ全土に普及する貨幣(硬貨)になり、近代に簡略化した名称「ターラー」になった。

鉱山技術は時代が経過してもたいした進歩はなかった。それゆえ、初めの頃は揚水車で水を除去していたため、採掘が深くなればなるほど水を除去する問題は大きくなった。そういう事情もあり一四八四年にザクセン選帝侯フリードリヒ三世がラグーザのブラージィウス・ダルマティクスに与えたドイツ最古の有名な特許《パテント》は、鉱業所の除水機に対するものであった。それ以外にも一五〇〇年にローレンツ・ヴェルダーはザクセン銀鉱業所シュネーベルクでの排水用ポンプに選帝侯国ザクセンの特許《パテント》を、一五〇二年にはその間に改良されたポンプに二つ目の特許をもらっている。その後、テイロールのシュヴァッツ出身のパウル・グロメンステッターが手組濾器を発明したので、それは一五一九年にベーメンのヨーアヒムスタールの銀鉱業所で使用された。その原理は近代の脱水機や湿式選鉱機、また濾過機の原理とおなじであった。それらの近代的機械を使用すれば、水流の衝撃により礫《れき》岩をより簡単に取り除くことができたので、作業は迅速に進んだ。

金はドイツでは先ず河川(ライン川、エーデル川、イン川、イーザル川、ザルツァッハ川、ドナウ川、ドラウ川)での金洗鉱、つまり川の中の金を含有した川砂を濾して産出されていた。グライェナバッハ川が合流しているペッタウのドラウ川は金を豊かに含んでいると思われていたことを、ヴォルフラム・フォン・エシェンバッハは『パルツィファル』の中で叙述している。なお一四四五年と八五年にマルヒブルク・ペッタウ間のドラウ川での金洗鉱は、明文をもってレーンとして与えられていた。最も収益の多かったのはライン川の金の洗鉱だったが、それはすでに七七八年に文書にされていた。またオトフリート・フォン・ヴァイセンブルクは八七〇年に「フランク人〔西ゲルマンの一種族でフランク王国建設〕は砂の中で金を収穫する」と称賛していた。『古エッダ』〔古代北欧の神々や英雄たちの業績を歌った九世紀から一二世紀の詩の集成〕の「ヴェールンドの歌」さえ、ライン河岸で金が産出することを歌っていた。バーゼル・マインツ間のライン川では多くの箇所で一八世紀まで金が工業的に産出されていたほどだから、ニーベルンゲンの宝伝説〔ニーベルンゲンが所有していた呪いのかかった宝、のちにジークフリートの手にわたった〕が生まれたのであろう。それは古ブルクント人〔東ゲルマンの一種族、四〇六年ライン川沿岸に王国を建て、四三六年フン族に滅ぼされたのち、四四三年再びローヌ川沿岸に王国を建てたが、この王国は五三四年フランク王国に併合された〕は、かれらの金宝をフン族の手にわたさないためにそれをライン川に投げ捨てたと伝える、あるいはハーゲン・フォン・トロニエ〔ニーベルンゲン伝説に登場する勇士〕がおなじことをジークフリートの宝でやってのけたと伝える、ニーベルンゲンの宝伝説である。そのモティーフは、ニーベルンゲン文学はもちろんのことながら、リヒャルト・ワーグナーの『ラインの黄金』〔ワーグナーの『ニーベルンゲンの指輪』四部作のうち第一番目の楽劇〕に至るまで残っている。

それにくらべるとベーメンは最も金の多い国で、金は抗夫が採掘していた。極めて良質の金を含んでいたベーメンの鉱石(石英)は有名だった。金の採鉱は一三〇〇年以降に始まり、ベーメンには一三五〇年に三五〇の水銀製錬所があったと記録されている。それはすなわち金石英を粉末にし、アマルガム法によって精錬し、最終的に金を分離する金製錬所が稼働していたのである。他方、一六世紀に東アルプス地方の金資源が目立ってきた。ベックシュタイン(ガシュタイン)のラートハウスベルク鉱山とラウリスの大規模なゴルトベルク鉱山は、当時ザルツブルクを有名な金採鉱地区にした。ザルツブルグのそれに勇気づき、ケルンテンやティロールも金採鉱をした。

さて一〇世紀以降、高価な長持型聖遺物匣や別の崇拝物など、金細工が新たな花形産業になっていた。金以外にも、装飾品をつくるのに銀や青銅また銅を材料にするようになり、そのさい完成された彫刻作品から高浮彫や低浮彫飾り、あるいは金属・石・ガラスなどに彫り込んだ造形美術に変化していき、宝石・金銀線細工・琺瑯・七宝焼なども使用されるようになった。紙が自由に購入できるようになって以来(一四世紀)、鑿《のみ》だけで刻んだ文字はしばしば追加注文用の原型としてゲラ刷り(黒地に白線)で保存されたが、そのとき紙の吸引性に気づいたので、銅板画や木版画の複写のところで叙述したように銅板線刻術から凹版印刷が発見されたのである。

こうして銅板線刻術から鑿でなく鉄針、つまり、エッチング針で制作するエッチングが生まれた。黒い地塗りの銅板上にエッチング針で絵を彫ってこの赤い金属を露出させた絵は、腐食剤液(硝酸)に浸されて銅版画になった。このエッチング技術は一四八三年にヴェンツェスラウ・フォン・オルミュッツによって発明されたと推測できる。最古の日付のついたエッチング作品は一五一三年のウル伯の作品であった。エッチングは銅板線刻術にくらべて簡単で自由に線が引けたので、第一級の芸術家に好まれた。アルブレヒト・デューラーでさえ一五一五年から一八年までにエッチング作品を五点も制作している。

凹版印刷は凸版印刷と調和しにくかったが、一四〇〇年頃発明された木版画は、木版を印刷活字のシャフト柄(シャフトの高さ)にもってくることによって、活字を植字する組板を使って作業工程の中で印刷されていた。それは一四六〇年に初めて成功したが、それまでは木版画は第二の印刷工程で空白所に刷り込まれなければならなかった。木版画は、もともとはトランプや聖像のシルエットの複製にのみ用いられ、色づけされていた。しかし昔の木版画も、たとえ手仕事であってもそれに応じて着色はされていた。その後一五世紀最後の一〇年間にデューラーのような芸術家が陰影を平行線の帯でつくる技術を確立したので色づけは必要でなくなり、木版本は徐々に色づけから離れ、芸術的に優れたイラスト木版画への道が開かれるようになった。

そうこうしているあいだに、金細工師は本の挿絵を金属版画によって印刷しようと試みていた。それは木版画を真似ていて、植物の絵や文字は深く彫られたので黒地に白であらわれた。また衣服の装飾や当り障りのない無難な背景は鉄刻印（打印）器で打刻された。金属版画の開花期は一四五〇年から八〇年で、フランスでは『聖務日課書《リーブル・デュール》』の挿絵用に愛好されていた。ドイツではそれは一五世紀末および一六世紀初めに挿絵として存在していたが、長いあいだには完成された木版画との競争にはもちこたえられなかった。マリアの喜びの続き絵とイエスの苦悩の続き絵［一四六〇年］、また一四七九から八〇年のマインツのヨハン・ヌマイスターの印刷物は例外であったが。

絵画は既に早くに技術的には画期的な進歩を遂げていた。ヤン・ファン・アイク［一三八〇—一四四一年、ガンの聖ヨハネ聖堂の礼拝堂の祭壇画制作］は樹脂液の添加物によって色粉を平均的に乾燥させることに成功し、それにより色の鮮明度、光沢、濃さが増し、絵の耐久性を確実なものにしたので油絵は大作になった。

これまで述べてきたように、発明や発見の歓びは中世末期に全分野において改革や改良をもたらした。これらの発明の多く、とくに天文学や占星術の算出は、数学分野の革命的発明なくしては絶対不可能だったであろうということは強調しておきたい。インド数字の発明、十進法の発明、そこから生まれた計算方法は文化の発展にとって偉大な功績であった。インドで発見された数字法則に基づく計算方法はアラブ人によって（だからローマ数字に対抗して「アラビア数字」という表現である）、一二世紀にヨーロッパに伝えられた。このような算数の本はイスラム教徒の数学者モハメッド・イブン・ムサ・アル＝フワーリズミ（八四〇年没）と結びついて、「十進法《アルゴリズム》」と名づけられた。アル＝フワーリズミという名は、アラル海の南方に位置するかれの故郷フワーリトゥムをとってつけられた名称である。かれの本はラテン語に翻訳され、一二、一三世紀には広く読まれ、かれの計算方法はゆっくりヨーロッパの科学者たちにも認められるようになっていった。

天体の運行や位置を数学的に計算し、そこから人間の将来や運命を予測する占星術は、月と惑星の位置関係および黄道十二宮から出発した。一四、一五世紀以来人々は政治においても宮廷の占星術師に頼っていた。ドイツ人の大天文学者レギオモンターヌス（一四三六—七六年）でさえ一五歳のとき、占星術の法則に従って星占い用の天宮図を算出する方法を教えてほしいという皇帝フリードリヒ三世の妻、后妃レオノーレの申し出を断っていない。今日なお新聞に星占いが載っているのをみれば、中世末期の人々が当時綿密に計算された星占いを信じたのも無理からぬことであろう。

本来の天文学において、ゲオルグ・プールバッハ（一四二三—六一年）とプールバッハの生徒のレギオモンターヌスという優秀な学者が生まれた。レギオモンターヌスは新しい観測機具を発明しドイツの観測天文台の建設に協力するよう、裕福なニュルンベルク人のベルンハルト・ヴァルターを説得した。かれら二人は恒星の位置で時間を決定していた。また一四七二年に別の星から自分たちの距離を測定している最中、ヨーロッパで初の彗星を観測していた。その後、レギオモンターヌスは教皇シクトゥス四世［在位一四七一—八四年］から暦改良のためにローマに召喚され、そこで四〇歳で死んだが、かれの死後もヴァルターはひとりで観測を続け、一四八四年以降、機械装置で動く時計作りに力を入れた。地球を世界の中心に置き、地球の周りに月・太陽・惑星を走らせたプトレマイオスの宇宙体系（天動説）はすでに多くの学者から納得されてはいなかったが、ニーコラウス・コペルニクス（一四七三—一五四三年）が初めてそのプトレマイオス体系に、静止

14 世紀に書かれた写本の欄外に描かれている 10 人の楽士は中世の楽器が多様だったことを証明している

している太陽の周りで地球と惑星が動いているという単純な太陽中心宇宙体系(地動説)を対置した。しかしコペルニクスの『天球回転論《デ・レボルティオニブス・オルビウム・コエレスティウム》』は、かれの死後はじめて世に出された。

そのほか、技術の分野に中世末期に見られる数多くの楽器も含まれる。もちろん楽器なしでは優れた音楽は考えられなかったであろう。言うまでもなく部分的にはハープのように古代の伝説に遡る楽器もあるが、楽器の発明と完成度は中世後期に生じたとつけ加えてよい。

一五　公衆衛生施設、衛生、医術

身体の管理と健康維持には、遊びや運動以外にとくに身体を清潔にすることと入浴があるが、浴場についてはすでにゲルマンの人民法の中に記述されていた。八二〇年のザンクト・ガレン修道院の公衆浴場建設計画書によれば、湯沸かし釜、湯船の中で腰掛けるための木製の丸台と壁の縁に休息用ベンチがあった。基本的には中世末期の浴場もそれとおなじだった。大農家は自家用の浴室をもち、それは暖房の要る季節のあいだ休憩室としても利用されていた。金持ちは町中でも自宅に浴室をもてたが、おおむね住民は村でも町でも川に設置された公衆浴場を利用するよりほかなかった。浴場が準備でき次第ホルンやドラの音で知らされたので、入浴したい人々はそこへ集合した。そこにはたいてい「更衣室」がなかったので、村では人々は入浴に必要な用具を持参して裸で、町中では肩掛けか入浴肌着を身につけて浴場まで歩いていった。大都市では入浴希望者が殺到したため、浴場が足りなくなり、ついにウィーンに二一、ヴュルツブルクに一二、ウルムに一〇の浴場がつくられた。

公衆浴場の監視員(「理髪師兼外科医」)は、地元の官庁から特権を与えられていた。かれは水汲みや他の副次的な日常仕事のために三助や湯女を雇い、自らはマッサージ、髭剃り、散髪、とりわけ吸い玉で血を取ることや瀉血もしていた。はじめの頃は男女別に浴場があり、入浴時間も違っていた。人々は体を洗うのに葡萄や柳の灰汁を利用し、金持ちはカミツレの花や薬草を熱い灰汁の中へ入れていた。風呂に行くのに皆それぞれ木の葉を束ねてつくったブラシを持参し、それで全身を叩いてマッサージしたり、男女混浴の浴場ではそれで恥部を隠したりした。三助はほとんど恥部三角布や肌にぴったり張りついた入浴パンツを身につけ、湯女はノースリーブの仕事着を着用していた。入浴者、とりわけ女性たちは前面は覆うが裏面は何もつけていない入浴シャツを着用していた。

浴場は時代につれて音楽や飲食物を伴う娯楽場になっていき、浴槽の上に板が置かれ、板の中央に飲食物が並べられたりした。また浴槽の中ではたいてい二人が静かに、多くの場合男女が向かいあって座っていた。少し大きい浴場には休息用のベッドが置いてあったため、湯女や売春婦は短時間に余分な金儲けをしたので、往々にして浴場は一種の売春宿、とくに旅行に来た貴族や聖職者相手の売春宿になった。理髪師兼外科医は散髪や髭剃りのために鋏を使用したので、ときおりそれで問題を起こしていた。またかれは吸い玉や瀉血する特許も持っていたので、その一般業務をおこなうための自分専用の瀉血用の外科器具を持っていた。瀉血は少なくとも年四回おこなわれていた。「瀉血する男」の絵草紙は、瀉血に適する肢体の箇所や暦、また月の位置をもとにして瀉血に適した日付を示している。しばしば理髪師兼外科医は軽傷の場合はその治療をした。しかし一五〇〇年に梅毒が流行したと同時に、伝染病への恐怖心から浴場を訪れる人は激減した。

ドイツでは温泉を利用するためにすでにローマ人によって浴場施設が完備され、湯治場として利用されていた。たいていこれらの療養泉や鉱泉浴は中世に広く利用されていた。温泉は老人や病弱な人を若返らせ、健康にするという「若返りの泉」の伝説により、入浴は広く推奨され、一四世紀にははやくも保養地に長期間滞在する湯治旅行が人気を博していた。ウルムの「聖霊施療院《シュピタール》」の教会禄職についている人たちは、一三七六年以降、毎年二〇日間ユーバーキンゲンへ湯治に行くことができた。また一三四六

1475年のハウスブーフマイスターの挿絵は、すでに公衆浴場が娯楽場へと変化したのを描写している。軽装の湯女は入浴者に飲物を持ってくる。売春に使用された上階は休息室になっている

年のチューリヒ司教座聖堂参事会員の規約は、春と秋に八日間の湯治旅行を定めていた。忘れ去られた湯治場もあるが、一一六〇年以来湯治客の絶えないテプリッツのように今日なお有名な湯治場もある。またガシュタインは、抒情詩人ナイトハルト・フォン・ロイエンタールによって一二二〇年に湯治場として紹介されていた。さらにそこには一四二〇年に保養客用に新しい建物が建てられ、一四三六年に皇帝フリードリヒ三世も訪れている。なおガシュタインには一四八九年、貧しい病人のために湯治院が建てられた。一一一八年に皇帝ロタール三世はブルクベルンハイムの天然鉱泉水を腎石治療に利用し、一三四七年に皇帝カール四世はその鉱泉は胃痛に効くと保証し、ブルクベルンハイムに特権を与えた。ヴィースバーデンも一三二二年に湯治場として記録されているが、ハインリヒ［ヘンリクス］・フォン・ランゲンシュタイン（一三二五―九七年）は、そこにある一一の湯治場での淫らな行為を厳しく批判している。それ以上に、人文主義者のヨハネス・ポッジョが一四一七年の書簡にスイスのバーデンでの湯治の仕方・スポーツ・湯治の経過について詳しく具体的に描写していることは重要である。また不思議なことに、この湯治場には医師が滞在せず、重症患者が出たときにはチューリヒから医師をつれて来なければならなかった。

湯治場の医師は湯治を疑問視することがなかったので、人々はしばしば健康を害するまで入浴していた。一四七六年にヴィルトバートに湯治にきたザクセン大公ヴィルヘルムは毎日八時間から九時間連続して入浴していた。おなじようなことをポッジョは一四一七年に先に述べた書簡の中でも叙述している。このように数時間も入浴した結果、丹毒に似た皮膚の炎症や腫物ができることも多かった。しかし、これらのいわゆる「入浴吹出物」は湯治にはつきものと思われていたので、人々は皮膚病を各段階に描写して吹出物を克服しようとした。あまり裕福でない人は温泉に熱中し、入浴で病気を治そうと昼夜湯船の中で過ごし、飲食し、眠ったので、湯治中の事故や死亡は日常茶飯事だった。

そのうえ健康によいと思い、入浴の前後に同じ鉱泉水を飲んだが、その量が日毎に増し、日に一六八オンス、つまり五リットル以上も飲むようになった。その結果胃を完全に痛め、食欲をなくし、疲労を覚えても、それは「入浴吹出物」とおなじように湯治にはつきもので、その効きめがでてきたものと誤解していた。

それとは別に、重病を患った場合は家庭看護の問題が生じた。看護はベギン会［一二世紀にベルギーのリエージュで創設された半俗修道会］女子修道会の領域だった。司祭ランベルト・ル・ベゲーが一一七〇年から八〇年に初のベギン会修道女の施設を創設し、そこで乙女や寡婦が祈禱や手仕事をしながら共同生活をしていた。これら（灰色、青色、茶色、黒色のシスターとも呼ばれた）のベギン会修道女はいちはやくドイツに広まった。修道院の多くはフランシスコ会やドミニコ会とこの第三修道会（ベギン会）に従い、修道女たちは隣人愛に基づいて看護した。また施設は維持費を施設の財産で賄っていたので、たとえわずかな看護料でも施設にとっては副収入になった。

故郷を失った貧しい外国人の病人や伝染病患者には特別の施療院《ホスピタール》（短縮してシュピタール）が必要だったので、たいてい教会や兄弟団がそれを設立し、それにともなって看護を目的とした看護修道会が設立されていた。全修道会に先んじて、モンペリエ（一三〇〇年頃）に聖霊修道士の司教座聖堂参事修道院会が創設されたが、ドイツの聖霊修道士会が全部この修道院会に所属していたとは限らなかった。最古の騎士団（騎士修道会）、ヨハネ騎士団［第一回十字軍を機会にエルサレムで設立された最古のキリスト教騎士修道会、一五三〇年にマルタ島に本拠を移したので、以後マルタ騎士団とも呼ばれる］は自らの第一課題を施療院での病人看護とし、一一六〇年以来すでにドイツに修道分院と施療院を設立していた。聖ラザロ［イエスの友で、死後四日後にイエスにより復活］のホスピタール騎士団もヨハネ騎士団のように、一二世紀にパレスチナの看護会から生まれた。看護婦に支えられたそれらの施療院は、イタリアで「ラツァレット」（イタリア語で「ラツァロ」はハンセン病）と呼ばれた病院をドイツでも設立した。この名称はドイツにも継承され、はじめて使われたのは一五五四年であったが、すでにそこには一三、一四世紀には少なくとも一五〇の聖霊施療院が存在していた。

施療院はたいてい市壁の外に建設されていた。大部屋はしばしば薄い板で間切りされ、ベッドは辛うじてカーテンで仕切られていた。またそこにはたいてい祭壇があったので、ふつう病人は礼拝ができ祭事にも参加できた。運営資金は住民からの寄付で賄われていた。また施療院は資産家の遺言や教会禄受領資格をもつ裕福な人々の寄付によって大きな土地を所有し、それで生計を立てていることが多かった。そして一二六三年のシュトラースブルクの「大多数の（大きい)施療院」のように、次第に施療院の多くは教会の管理から市民の手に移行していった。

施療院の規模は必要に応じて変化した。ケルンの中央病院には早くも一二四七年に一〇〇人、ヒルデスハイムのカタリーネ施設には一三二一年に三〇人、リエージュの聖ゲオルク病院には四〇人が入院していた。患者数の多い場合は一つのベッドに数人の病人がいるのが普通であった。病人の所持品は保管され、病人自身は徹底的に(一種の)消毒をされた。施設の維持費は施療院が所有する土地と寄付で賄われていたので、入院費用は要らず、三度の食事もよかった。シュトラースブルクの「大多数の施療院」では、一四六八年以来重病人には深夜に果物や赤かぶらやおやつが提供され、規則には病人は治癒後も一週間、産婦は産後も三週間入院させておくよう定められていた。また一五世紀になってはじめて施療院で外科手術がおこなわれるようになった。また施設を維持するのに土地所有と寄付だけでは足りない場合は公的資金で賄われたので、ミュンヒェンの聖霊施療院はイーザル川の通行料の一部、また一二五六年にビール醸造の許可をもらった。

フランクフルトの聖霊施療院には病院長一人、修道士二人、修道女六人と補助員が若干名いただけで、病院で働く人の数は少なかった。施療院はそれぞれ、聖アウグスティヌスの規則に従って生活する、独立体であることが多かった。病人への奉仕はキリストへの奉仕だったので、それは自由意志で貧乏する清貧誓約と結びついていた。しかし自らが病気になったときは宿泊も介護もすべて保証されていた。修道士と修道女は厳格に分かれて生活し、かれらの仕事は早朝五時から始まった。

木版彫刻士も病院では患者は二人ないし三人が一緒のベッドに入らなければならないことを知っている。神の加護を乞いながら病人たちの隣に立っているフランス人の聖ロクスはペスト守護聖人として崇拝された。聖人伝によれば、かれはローマ巡礼の帰路でペストにかかり、天使に治癒してもらったからである(『聖ロクスの生涯』、ウィーン、1484年)

ハンセン病や他の伝染病、また嘔吐を伴う重病患者は通常の施療院には収容されず、別の方法がとられていた。十字軍の結果、驚異的に広まったハンセン病(ミーゼルズーフト、レプラともいう)の場合は特別だった。ハンセン病患者はこの病名(ドイツ語では「捨てられた」の意味)が語っているように、人間社会から、また各占有権や相続権からも排除された。かれらのために郊外の野中に小屋やハンセン病患者専用の病院、あるいは特別病院などが建てられ、それらはたいてい聖ゲオルクに捧げられ、市参事会の配下に置かれていた。ハンセン病患者は健常者が遠くから接近してくるたびに、木片をカタカタ鳴らして警告しなければならなかった。

［聖アントニウスの名にちなむ］アントニウスの火(黒穂病・麦角中毒・壊疽)にかかった病人もまた、施療院に受け入れてもらえなかった。黒穂病とは麦角菌に冒されたライ麦から発生する中毒症だが、それは神経障害および血管障害を誘発し、最終的には激痛を伴う四肢の壊死につながった。アントニウス修道士たちが病人の介護をしない場合、これらの不幸な人々は杖をつきながら、あるいは台車に足をのせて這いながら、体を曳きずるように歩き、物乞いをしなければならなかった。病人の看護をする聖アントニウス修道会員たちは、一〇九五年にフランス貴族ガストンの息子を麦角中毒から救ったので、その感謝の意として俗人兄弟団として認められていた。かれらは一二一八年以来三つの誓いを立て、一二九七年からはアウグスティヌス修道参事会員となり、隆盛期にはヨーロッパに施療院をもつ三六九の修道院をもっていた。かれらは麦角中毒症にかかった病人をエリキシールで治療し、病んだ四肢を切断することもあった。

精神病患者は自由に行動できたが、特別服(道化帽子と鈴の付いた道化上着)を着用しなければならなかったので、遠くからでも識別でき、人々はかれらに注意を払うことができた。かれらは(精神障害者として特別扱いを受ける)「道化自由特権」を享受し、引き起こした損害に対して責任を追及されなかったが、最悪の場合は「道化綱」で縛られた(狂人などの粗暴な行為を妨げるための拘束服の前段階)。また鎖で縛られたまま拘置所で管理されることもあった。ハンブルクには早くも一三七五年に「狂人箱」、ニュルンベルクに一四六〇年に「道化ハウス」が設立されていた。ふつうかれらは病人と見なされず、悪霊につかれた人々としてその存在は認められていた。

傷跡が醜い天然痘(ポッケン)や結核(トゥベルクローゼ)のような病気は、オリエントから持ち込まれたペストほど人々を恐怖に陥れなかった。肺ペストや腺ペストは一三四八年以来繰り返しヨーロッパ全土を襲っていた。数千人が短期間に死亡し、死人は覆面をした墓掘人夫によって荷車に積まれて墓地まで運ばれ、死亡時の状態のまま共同墓地に埋められた。ペストは直接感染や、鼠につく蚤《のみ》に嚙まれることにより感染したので、汚水や不潔な道路また鼠の害など衛生面で改善されないかぎり、それには対抗しえなかった。それでも人々は仮面をつけ、燻して消毒し、薬を飲んでペストから身を守ろうとした。富豪は疫病が流行している地域から田舎へ逃げたが、たとえ逃げてもすでに病原菌をもっていた場合は効果はなかった。この疫病は半世紀のあいだ繰り返し都市の人口を激減させ、村落全体をも壊滅させた。

当時の人々が報告している死人の数は単なる見積りにすぎないが、パリで一三四八年に五万人、バーゼルで一万四〇〇〇人ということである。一三五八年から五九年には早くも次のペストの波がドイツを襲った。一三六五年から六七年に三回目のペストの波が生じ、一五世紀末までペストの波が繰り返し生じた。一三七三年マインツで三〇〇〇人、一三八一年リューベックで一万人、一三八七年再びリューベックで一万六〇〇〇人、一四三八年にアウクスブルクで六〇〇〇人、同じ一四三八年に公会議が開催されたバーゼルで五〇〇〇人が死亡した。ベルリンでは一四八四年に選帝侯がペストの恐怖からシェーネベックへ逃げ、法律上の全紛争は未解決のままで放置しておくよう命令されたほどそれは四方八方に広がった。一四九四年ペストは以前より猛威をふるい、ニュルンベルクで九七〇〇人、ランツフート三〇〇〇人、ドルトムント二〇〇〇人、ゾーストで一四五〇人が死んだ。

一四九四年のペスト流行の恐怖が終わらないうちに感染力の強い新しい病気、梅毒が流行した。骨調査の結果、感染病がすでに定住していたところに新しい病気の波が襲ってきたことがわかる。コロンブスの船員たちがハイチで感染し、帰還後(一四九三年三月一四日)病気を広めたのである。病気はフロムベジー(突然変異によって梅毒保菌者に変化した)の形で感染された、つまり梅毒そのものであった。病気はピレネー山脈を越えて南フランスに到来し、そこから「フランス人病」としてヨーロッパ全土に感染していった。病気の感染には、イタリアへ出征した軍隊が深くかかわっていた。つまり、スペイン人やフランス人の徒歩傭兵が故郷に帰還したときにその病気を持ち帰ったのであった。ドイツ人の徒歩傭兵の場合も同じで、南ドイツのシュヴァーベン地方やフランス北東部のエルザス地方やスイス、またそれ以外の地に持ち帰った。その疫病はサンチャゴ・デ・コンポステラから帰ってきた巡礼者たちによって一四九七年にテューリンゲンへ持ち込まれたという事実から、このような巡礼の旅はドイツ、ベーメン、東ヨーロッパ、バルカン半島、ギリシャ、ロシアで梅毒が広がる原因となったことが推測される。

急激に進行する突然変異や骨侵食、また遅かれ早かれ死ぬこの疫病の流行は、梅毒がそれ以前にはヨーロッパになく、免疫性のなかった住民がそれに見舞われたことを示している。そのために病気は爆発的に広がったのである。エアフルトは一四九七年に梅毒患者専用の特別施療院を建設しなければならなかった。水銀治療の甲斐もなく、多くの地域で患者は死んだ。その疫病(梅毒)は愛に毒を入れたので、「愛欲病」と呼ばれた。告白『生きることは面白い』で新時代を築いた騎士階級出身の人文主義者ウルリヒ・フォン・フッテン(一四八八―一五二三年)は長い闘病生活ののち、チューリヒ湖に浮かぶウーフェナウ島で一五二三年その病気で死亡した。

中世の医療上のケアは一般外科知識や学術的な基礎知識を身につけた医師に任されていた。すい玉、瀉血、傷の手当てなどをした(公衆浴場の)理髪師兼外科医は簡単な外科処置だけをし、外科の前域で活躍していた。中世の人々は塩や明礬《みょうばん》や白亜粉で歯を磨いていたので歯のエナメル質が傷つき、そのうえ、パンにも石臼で穀粒をひくさいに混ざった小石が無数に含まれていたので、それによって歯の咀嚼《そしゃく》面は歯髄腔《しずいこう》［歯の内部を満たす柔軟な組織のあな］が開き、歯の神経が炎症するまですり切れたりした。そのように歯は簡単に傷んだため、歯を抜く技術は金儲けにつながった。抜歯する人は麻酔を使用せず鉗子《かんし》のみで歯を抜き、歳市から歳市へ移動していった。麻酔なしの抜歯は非常に痛かったに違いないが、患者は歯痛から解放された。

怪我や骨折の治療は軍医や外科医の仕事であったが、かれらは二年から四年間職人《ゲゼレ》になり、親方の下で徒弟修業期間を積んでいた。外科手術や四肢切断用の手術用具は豊富だったうえ、かれらは薬箱をもち、適切な軟膏もつくっていた。『マーネスの歌謡写本集』(一三四〇年)には骨折した足に副木を当てる外科医が描写されているが、外科医は(剣による)切り傷、刺傷、矢傷の治療や、ハインリヒ・フォン・プフォルスポイントの『火傷治療』(一四六〇年)が銃で受けた傷の治療法を教えているように、火傷の治療もした。外科手術はすべて患者を木に固く縛りつけ麻酔なしでおこなわれていたが、プフォルストポイントが一四六〇年に初めてイタリアで知られていた麻酔の知識を紹介した。それは患者にアヘン、マンドラゴラの葉、毒人参属、アキノノゲシ属の一種や別の植物の汁の匂いを海綿で吸わせる方法であった。このやり方で皇帝フリードリヒ三世は一四九三年に老人性壊疽のため片足切断手術を受けて治癒したので、それに携わった七人の外科医に報酬として一〇〇から二〇〇グルデンを与えている。

徒弟修業期間を積んだうえにさらに医学を修了した外科医もいたが、かれらは都市医師として雇用されることが多かった。都市医師の義務は公衆衛生、伝染病予防、法医学、薬局の監督、産婆の監督、下級治療人の監督、売春婦の監督、貧乏人の治療について官庁の相談を受けることなどであったが、一四世紀以降(フランクフルトでは早くも一三七七年以降、ケルンでは一四五七年以降)地域の施療院から福祉の相談を受けるようになった。大学での学術的研究が都市医師になれる前提条件でなかったことは、バーゼルで一三七三年と一三八〇年にユダヤ人がそれに任命されたり、フライブルクやフランクフルトでユダヤ人の都市医師がいたことでもわかる。いうまでもなく、かれらは外科医としての経験以外にユダヤ人固有の口述、および文字による伝承的な医学知識をもっていた。

助産は外科医の仕事でなく、女性、つまり産婆の仕事であった。また一四世紀以降は宣誓した都市助産婦は認められていた。女性たちは病気になったとき、大衆的な薬草知識や患者の自己暗示に効く呪文を使用する「特種能力をもった女性」に頼った。彼女らは患者からは「女医」と呼ばれていたが、学術的な医学界からはいかさま師や魔女として排斥された。彼女らの多くは専ら目の病気に取り組んでいたので、女医とは本来「目医者」を指していた。そのような無免許医師は歳市から歳市へ移動し、大衆的な薬草や軟膏以外に「不可思議な薬品」も売ったため、山師行為と非難された。中世末期の復活祭劇の軟膏売りの場面はこの事実を劇的に嘲弄していた。

薬や軟膏の製造は医師の仕事だったが、多くの医師はこの特権を利用していなかった。皇帝フリードリヒ二世はシチリアの医療規定で医師と薬局の分離を定め、ドイツでも初の薬局がロストック(一二六二年)、ハンブルク(一二六五年)、ミュンスター(一二六七年)、ヴィスマール(一二七〇年)、マクデブルク(一二七〇年)、アウクスブルク(一二八五年)、シュパイアー(一二九〇年)、バーゼル(一二九六年)にできた。毒の取扱いは早くも中世末期に厳しく規則化され、毒の販売は、処方箋・買人記録・数量明記がそろってのみ、できるようになった。大きな薬局は独自の薬草園をもっていたが、薬剤の原料はオリエントからヴェネツィア経由でヨーロッパへ輸入されていた。そのひとつに解毒薬の製造に用いられた「マムシヘビの錠剤」(蛇毒の錠剤)があったが、それは一二から六四の成分を混合していたいんちき臭い薬で、とくに蛇に嚙まれた傷に効いた。

中世には医学に関する知識は書物から学べるようになったため、聖職者は安易に医学に携わろうとした。しかし、実際はそのうえなお一定の外科知識を習得していなければならなかった。このような安易な行動に対して一二九八年のヴュルツブルク司教区教会会議は聖職者が外科治療や手術に携わるのを禁止した。それにもかかわらず一四世紀になってもなお著名な聖職者の医師がシュトラースブルクにいたことがわかっているが、教会のこうした姿勢によって世俗人の医師業は支援されたのである。そのうえ、外科は内科から分離されていった。内科は一三世紀までサレルノでしか学べなかったが、その後モンペリエ、パリ、ボローニャ、パドヴァ、遅れてドイツの大学でも学べるようになった。サレルノでは臨床医学が採り入れられていたが、その実態は討論や学術論争によって築き上げられた一般知識の習得であった。それゆえ大学生が指導教授の患者を訪問することが、基礎教育においては唯一の臨床教育だったのである。

分娩には医師を呼ばずに産婆ともうひとり経験者を呼んだ。『生命起源の園』の中にあるこの木版画は、そのことを描写している

中世の医学知識はヒポクラテスやガレノスの書物を基礎としていた。ヒポクラテス（前四六〇―三七五年頃）の体液病理学はガレノス（一二九頃―一九九年）により推進された。かれによれば健康は四体液、つまり血液・粘液・黄色胆汁・黒色胆汁によって成り立っていた。またこの四体液は四気体（多気質、粘液質、胆汁質、憂鬱質）を呼び起こすと言われていた。この体液学から瀉血が健康のために重要であることがわかり、また病気を調べるために尿検査がおこなわれることにもなったが、それはただ尿を眺めていただけだった。それは一五世紀には人々にいかさま行為だとわかっていたが、腹の膨らんだ尿用グラスは医師の象徴になった。

『サレルノ医学校講義摘要』や『保健指導書』に記述された診断学や薬物学とならんで、生理学と解剖学はあまり恵まれていなかった。教会は遺体解剖を拒否したため、動物を解剖し、そこから人間解剖学を逆推理していたが、それはたいてい間違っていた。このような現実を鑑みて、最終的にヴェネツィアの市参事会は一三〇八年以降、一年に一遺体解剖するのを許可した。またプラハではカール四世（一三七八年没）が学術のために遺体を解剖するのを公認した。医学教授が解剖時に胆嚢についての説明やモンディーノの『解剖《アナトミー》』（一三一六年）を講義したのとは対照的に、解剖自体は外科医が招待客の前でおこなった。

このような権威妄信主義の中で育ち、理論だけで解剖学を学んだ若い医師は自分の患者に対して無力だったので臨床からそれを学び取らねばならなかった。若い医師は、患者が大学で取得したドクターの肩書きに敬意を表してくれたので、偉くなったような気がして頑張れたのである。年代記を書き、有名になったニュルンベルクの都市医師ハルトマン・シェーデル博士（一四四〇―一五一五年）が医師として成功したのは、論理的知識だけでなく世俗で学んだ多くの大衆的な治療によるものであったと思われる。医学はルネサンス精神になって初めて改革された。パラケルスス（一四九三―一五四一年）は、従来通りの医学では理論と治療法は間違った方向に進むことを認識していた。かれは病気は生活秩序の妨害であり、薬は自然の自助であると考え、薬草と並行して薬品を使用した。かれは精神的原因をもつ病気のことも知っていたので、「医術の最高の基礎は愛である」と述べている。

一六　法、裁判、刑の執行

領邦の法形成はますます古い部族法を排除していった。アイケ・フォン・レプゴウが封主《レーンスヘル》の強い要請に応じて、長期にわたる審判人としての経験をもとに、低地ドイツ語の散文体で一二二四年から三〇年までかかって『ザクセンシュピーゲル』を作成したことは、法発展において画期的な出来事であった。かれは祖先が伝えてきた、「昔からザクセン人の住む地方に」支配している普通法を書くつもりだったが、主に当時オストファーレンで行われていた法を記録した。この法書は、その具体性・明確性・専門知識のために大成功をおさめた。その後の法書はすべてこの『ザクセンシュピーゲル』に依拠しているところが多い。例をあげれば、先ずはマクデブルクのフランシスコ会修道士による高地ドイツ語で書かれた改訂版（一二六五—七五年）、次に一二七四年から七五年にかけてアウクスブルクのフランシスコ会修道士が編纂した『ドイチェンシュピーゲル』、最終的に南ドイツの全土で継受された、しかしまた北ドイツ、ベーメン、メーレン、ブルグントでも非常に権威をもった『シュヴァーベンシュピーゲル』であった。

このような法書というものは一三世紀後半以来、都市にも採用されるようになり、最も積極的に取り入れたのがマクデブルク法をもった都市であった。その結果、マクデブルク法と『シュヴァーベンシュピーゲル』を利用して『マクデブルクの審判人法』、最終的には『都市法《ヴァイヒビルトレヒト》』ができた。それはまもなくその内容を拡大し、他の言語にも翻訳されて、他のドイツの都市法にも影響を与えた。

中世後期に実務に活用できる法と判例を集録したものがつくられたが、それはとくにマクデブルク法の都市に多かった。そのさい、色々なマクデブルク法の変形がおこなわれた。そのドイツ語テキストを解説するための注釈書ではローマ法と教皇法が使用されたが、それはローマ法継受の準備をしていたことになる。ローマ法の継受は皇帝法としてのローマ法の立場に立っていたが、これはドイツ皇帝は自らをローマ皇帝の後継者としていたためである。つまり、ドイツ皇帝はローマ法源を典拠としてローマ皇帝の諸権限を主張した。一四世紀以降、イタリアの大学でローマ法を学んだドイツの法律家たちは都市や諸侯に登用され、高い地位を得て、審判人《シェッフェ》を押しのけて、臣民に対する領邦君主の権力と、帝国に対する君主の独立性を強めた。

　ローマ法の継受と共に新たな思惟方法と法論理が生まれ、そのために法律家と民衆とのあいだに溝ができた。そのため、法的な問題が生じたときには弁護士が必要とされるようになった。まもなくドイツ法はローマ法が役に立たない商法、航海法、鉱業法、営業法という特別の領域に退いていった。都市法とラント法の改訂のさいに、今やたいていローマ法と自国法は結びつけられていた。例をあげれば一四七九年のニュルンベルクの改革法典、九〇年のヴォルムスの改革法典、一五一八年と五三年のバイエルンのラント法、五五年のヴュルテンブルクのラント法である

　やがて一五世紀も後半になると新設されたドイツの諸大学(一四五七年のブライスガウのフライブルク大学、六〇年のバーゼル大学、七二年のインゴルシュタット大学、七七年のテュービンゲン大学)はローマ法の講座を設けたので、この学科を学ぶのにイタリアへ行く必要がなくなった。それ以後ローマ法は諸処の行政の中に取り入れられたため、法学部は難しい紛争時に鑑定人として関与することが多くなった。人口の増加と遠隔地貿易の発展また資本主義の始まりにつれて、多少ともローマ法に依拠することは不利益にならなかった。刑事訴訟と行刑にとってもローマ法継受はよりいっそう公正さをました。バンベルク司教領の宮内長官《ラントホーフマイスター》で人文主義者のヨハン・フォン・シュヴァルツェンベルク(一四六三—一五二八年)がローマ法とドイツ法を総合した刑事法典を一五〇七年にバランスよく編纂した。この『バンベルク刑事裁判令』に、一五三二年のカール五世の『皇帝カール五世と刑事裁判令』(短縮して『カロリナ刑事法典』)は密接な関連をもっている。この法典は理論と実務において刑法を何世紀も支配したのである。

　すでに一二三五年のマインツの帝国ラント平和令で、帝国宮廷裁判所《ライヒスホーフゲリヒト》が新しくつくられていた。帝国宮廷裁判官《ライヒスホーフゲリヒター》は俗

人かつ自由人(自由貴族)でなければならなかったが、法学の要素がなくてもよく、移動する国王の宮廷に随行して各地を点々とした。当初側近は書記一人だけだったが、一四二一年に国王の権利と財産を代表する帝国国庫官《ライフィスカール》が起訴を行う者として付き添うようになった。判決の執行はそのときの領邦君主の任意にまかされていた。諸侯と都市はしばしば帝国宮廷裁判所への上訴を免れたが、選帝諸侯に対しては不上訴特権が一般的に一三五六年の『金印勅書』に述べられていたのである。一四一五年以来王室裁判所《ケーニヒリヒェス・カンマーゲリヒト》が帝国宮廷裁判所と並行して設けられ、最終的にこれにとって替わった。王室裁判所では国王自身が学識法曹の助言を得て法を言いわたした。その後、一四七一年の王室裁判所令で初めて専属の裁判官が一人配置されるようになったが、かれは同時に裁判収入の賃借人の地位を占めていたため、純粋に客観的な判決を下すのは難しかったと推測される。そのことから、マクシミーリアン皇帝は帝国を改革する過程で、帝国最高法院《ライヒスカンマーゲリヒト》をつくった。その判決人の半数は貴族、残りの半数は法律家であった。

ヴュルツブルクとロットヴァイルの皇帝直属のラント裁判所、またニュルンベルクのブルクグラーフのラント裁判所は領邦裁判権の強化のときも帝国との関連を維持することができた。さらにヴェストファーレン地方の秘密刑事《フェーメ》裁判所(フライゲリヒト、フライシュトゥール)は国王罰令権を獲得し、帝国全土に対する裁判権限を主張した。ヴェストファーレンのフェーメ裁判所は旧伯裁判所《グラーフェンゲリヒト》から生まれたが、ヴェストファーレン地方には強い自由な農民層が存在していたので他の地域のように貴族裁判所《アーデルスゲリヒト》にはならなかった。フェーメ裁判所は、ドイツ全土で次第に会員数を増した自由審判人団によって支えられていたが、運営はそのときどきの裁判官の支配下にあった。その裁判官には一三世紀以降貴族やミニステリアーレンもなれた。被疑者は弾劾・雪辱義務を有し、加入宣誓のさいに秘密保持の義務を負い、不出頭被告人は平和喪失刑を宣告された。つまり疑いをかけられた者は出頭を命じられ、それに従わなかったり、起訴されたが身の潔白を証明することができなかった場合、追放刑や絞首刑にされた。一四世紀にこれらのフェーメ裁判所は十分機能しない帝国司法と、なお未完成のラント司法とのあいだで重要な役割を果たさねばならなかった。一五世紀半ば以降ラントの君主や都市はフェーメ裁判所に裁判権を行使することを禁止した。それ以後は「非合法で」秘密に裁いていたが、最終的には田野ならびに森林の弾劾事件だけを扱うようになった。

聖職裁判所はすべての聖職者ならびに教会の隷農、巡礼者、「困窮者(外国人)」に関しても権限を有していた。そのうえ、その裁判所は婚姻・後見・遺言、また宗教上の罪とみなされていた異端・偽誓・通貨偽造・暴利については刑事裁判権も要求した。多くの俗人には決闘の回避と訴訟費用の返還は世俗の裁判所より有利だった。当事者はしばしば他の事件においても教会法《カノン》の訴訟を求めるようになった。

中世後期には流血裁判権(首と手の刑)は領邦君主の諸裁判所(上級裁判所《ホーホゲリヒト》・上級領邦裁判所《ランデスゲリヒト》)によって行われるようになっていた。それにもかかわらず騎士は諸侯の宮廷裁判所の管轄下におかれていたので、帝国直属騎士は皇帝の裁判所の管轄にのみ服した。それ以外には、懲戒裁判権(膚髪の刑)はたいてい下級裁判所《ニーダーゲリヒト》に属し、領主あるいはゲノッセンシャフトの小裁判所《クラインゲリヒト》(シュルトハイス裁判所・ホーフマルク裁判所・下級フォークタイ裁判所など)によって行使された。

都市は先ず都市平和(城内平和)を確保するために仲裁裁判権のみを有していたが、一三世紀以降都市の君主からしばしば下級裁判権も手に入れた。そのうえ、大都市の多くは上級裁判権(流血罰令権)も手に入れたので、絶対的な裁判権所有者(それを象徴するのがマルクト広場に立てられた裁判刀をもったローラント立像)となり、都市長官《シュタットシュルトハイス》、代官、あるいは都市裁判長が都市の名で流血罰令権を行使した。また移住してきた非自由民は、かれの主人がかれを一定期間中に自分のもとに返すように要求してこなかった場合、あるいは自分の隷属民であることを立証できなかった(それを立証するのはいつも簡単だとは限らなかった)場合には自由人とみなされ、「都市の空気は自由にする」という原則のもとに、都市の裁判権に服した。

ドイツ法には古来より裁判官と判決発見人《ウアタイルスフィンダー》(審判人)が分離されていた。裁判官は判決人《ウアタイラー》[判決発見人]たちが実務における法伝承に基づいて正しい裁定を発見したのちに、法を宣言し、執行した。判決人は審議のために退席して法についての助言を求めることもでき、見解が異なる場合は審議は多数決によって決められた。不正な判決人には厳罰が下されたり、場合によってはかれらの住居が破壊されることもあったと伝えられている。買収された裁判官は家を焼かれた。

判決人は俗人でなければならず、特権が与えられ、個々にはしばしば入れ替わる自由参審人《シェッフェンバールフライエ》（つまり審判人になることのできる自由人）グループの一員でなければならなかった。しかし判決発見人の地位は一部は世襲になったり、都市では特定の一族に制限されたりした。また、裁判官は裁判の側から見て個々の裁判に適正と思われる判決発見人を任命した。

『シュヴァーベンシュピーゲル』によれば二一歳以上八〇歳以下の人しかなれなかった裁判官はマントを身につけ、裁判官のシンボル杖《シュターブ》を持って現れ裁判官用の椅子に、判決発見人たちはベンチに座った。座りながらでなければならなかったが、足を組んで、つまり全くリラックスして判決を発見し、法を宣言してよかった。また原則的に裁判は、終わりにゲルマン人の天と裁きの神ツィーウを思い出すように野外でのみおこなわれた。裁判集会は菩提樹や樫木の下で、草原や丘の上、穴の中で、大きな石のそば、道路の門前、境界、あるいは城塞の階段（上り口）でおこなわれた。しかし中世末期には人口も裁判集会も増加したので、それにともない市庁舎に付属して公開の裁判所がつくられた。またホーエンザルツブルク要塞でおこなわれたように、公開バルコニーでもおこなわれるようになった。その後、悪天候の続く期間を顧慮して、個別の裁判集会所《ディングホーフ》を建てるようになったため、判決の言い渡しのさいには窓を開けなければならなかった。晴天の場合、集会は裁判集会所の前で開かれることが多かった。

裁判官は審判人の協力を得て、廷吏または裁判所の使丁（執行吏）を一人終身雇用で専任した。廷吏は裁判官とおなじようにマントを着て杖を持って現れ、裁判への召喚を告げたり、差押えや刑を執行したが、職務を怠ったときには厳罰に処せられた。そのうえ、かれは長いあいだ無主の遺産や処刑（死刑）された者、あるいは追放された者の衣服を要求できるなどの特権も有していた。裁判でのかれの証言は証拠力が強く、また、かれは裁判官不在時には刑事事件が一夜を超えないようにするために「現行犯」に対する訴えも受理した。

当初、裁判集会は日の出から始まり、日没前には終了しなければならなかった。出頭を命じられた者は日没まで待ち受けられたものの、それ以後は不在のままで判決が下された。裁判集会は古くからの厳粛な伝統的儀式で始まったが、それには裁判をおこなう場所に（聖域をつくるため）「囲い」をすることも含まれていた。原告、被告、宣誓補助者、証人、観衆は裁判がおこなわれる場所を立って囲まなければならなかった。

参加者と宣誓補助人の宣誓のほかに、いわゆる神判も重要だったが、それは宣誓資格のない者（女性や非自由人）を裁くときの逃げ道であった。自然力審判には「火審」（容疑者の手に灼熱した鉄片を持たせて火傷を負わなければ潔白とされる）や「水審」［容疑者の手足を縛って水中に投げ入れ、沈まなければ有罪である］があり、例を挙げれば、煮沸する湯や灼熱する鉛の中へ片手を入れること、炎上する薪の上をシャツだけ着て飛び越えること、熱した鋤の水平刃の上を素足で渡りきることなどであった。水に入ることで王妃クニグンデは夫の皇帝ハインリヒ二世［在位一〇一四―一〇二四年］に対する貞操を証明したと記録されている。それ以外に、裁判上の決闘、とくにそれが代理人同士でされた場合は神判と見なされていた。

教会は神判を撲滅しようとしたので一二一五年の第四回ラテラノ公会議で神判は非難され、司祭がそれに関与することは禁止された。それ以後、一方的な神判（自然力審判）はあまり用いられなくなった。また都市法において決闘は合法でなくなり、商人法においてもそうなったが、自然力審判は完全には消滅しなかった。中世後期になって魔女裁判がでてきたとき、それは再び好んで用いられるようになった。

騎士階層は神判としてのみ決闘することができた。歴史の記述には、諸侯間の紛争を君主同士の

都市君主は13世紀以降、下位裁判所をしばしば都市に譲渡した。1497年のハンブルク都市法の華麗な写本はこのような裁判所の審理を描写している。聴衆は左右に分かれて熱心に聞き入っている。裁判官たちだけが座り、原告と証人は立っていなければならなかった。秩序維持のために司法官二人が杖を持っている

闘いで決着をつけようとする片方からの一方的申し出は幾度となくあったと述べているが、現実には一度もそういう闘いはおこなわれなかった。

女性、非自由人、法喪失者は防衛することは許されていなかったため、代言人(代弁人、後見人)を一人必要とした。同様に子供も「未成熟子」、つまり一般的に一二歳未満は、代言人を必要とした。ただし、この年齢はリューベック、ハンブルク、ブレーメンでは一八歳未満であった。また、平和喪失者(被逮捕者、被追放者)は決して代弁人をもてなかった。道化服を身につけることで、誰にでもわかった愚者(精神障害者)は裁判上訴えられなかったので、損害を加えた場合、かれらの後見人が裁判によばれた。

古いドイツ法に従えば、訴えによる非難から身の潔白を証明するのは被告側の問題であり、身の潔白は雪辱宣誓によって証明することができた。被告が宣誓補助者(たいていは、かれの氏族《ジッペ》の誰か)の宣誓によって支援されたとき、あるいは原告が予備宣誓、証人提供、証書、神判の証拠などの申し出によって、被告側のその宣誓を阻止できないときに無罪となった。またラントにとって有害な者(たいていは外国人)は悪評の宣誓、つまり嫌疑に対して証人を立てず、有罪判決を下された。

中世後期に徐々に裁判において純粋な弾劾手続から糾問訴訟へ移行していった。つまり糾問訴訟は、原告に違法行為の証明の責任を負わせ、宣誓補助者の代わりに宣誓した犯行の目撃者を要求したのである。それゆえ、本来の審理の重点は真相解明のための官庁の予審におかれた。その結果、偽りの宣誓行為の濫用は排除されたが、予審に拷問を導入することによって新たな害が現れた。

すでに一三世紀に教会は異端審問に、ローマ法においては先ず奴隷の犯罪と君主に対する犯罪「不敬罪」にのみ、定められた拷問が用いられた。世俗の刑事訴訟手続の中で、被告人の罪の自白は最も重要な罪跡証拠になるので、一四世紀以来ローマ法継受が進行すればするほど、それはひどくなった。拷問は罪の自白を引き出すための道具としてますます重視された。拷問によって真実を明るみにもってこれると思ったのとは対照的に、たいてい拷問は拷問を受ける者に質問者の推測を確認することになっただけである。

拷問と呼ばれた「屈辱を伴う質問」は、裁判官と判決発見人二人と裁判所書記官の面前で獄丁によっておこなわれた。その方法は、足に重石をつけて腕を吊すこと、親指を剝ぎ取ること、脚をねじ取ること（鉄板で足を締めつけること）、髪の毛を焼くこと、場合によっては舌を焼き切ること、関節が脱臼するまで身体を伸ばしきることなどであった。拷問には流血は許されず、拷問される者の生命も脅かされてはならなかったが、現実には多くの者が拷問によって死んだ。プラハ大司教ヨハン・フォン・イェンツェンシュタインの教皇への報告には、ドイツ皇帝ヴェンツェル（一三六一―一四一九年）が大司教の司教総代理で聖職裁判所の裁判長であるヨハン・フォン・ネーポムクを教会上の不入権を支持したとして逮捕し、拷問のさいに自らの手でかれを松明で焼いた（一三九三年）ことが記録されている。

犯罪行為は古いドイツ法に従えばすべて平和破壊だったので、平和喪失刑か、厳しい体刑を受けるかのいずれかだった。ゲルマンの時代には死刑は祭式行為（儀式）だったため、教会は何度も死刑を撲滅しようと闘い、死刑の代わりに贖罪金を払ったが、公的死刑はなくならなかった。エルザスの暴君で、代官ペーター・フォン・ハーゲンバッハが一四七四年五月九日斬首の前に敵に許しを願ったとき、この真に罪を悔いている罪人に対して観衆は涙を流した。ここまでくるとそれはもはや芝居でなく、むしろ祭礼的贖罪行為であった。

『拷問』は裁判所書記官と判決発見人の陪席で、裁判官による身体的強要（刑吏の助手が腕を上に縛り上げる、伸ばしきる、親指を剝ぎ取るなどしている）による、真実を白状させるための尋問であった。拷問にかけられた者はたいてい問われた違反行為を白状した（『バンベルク刑事裁判の記録』、マインツ、1508年）

中世は死刑の種類の多い時代であり、その中でも斬首が名誉のあるものだった。本来、有罪判決を受けた者は自分の首を断頭台の上におき、首の付け根に斧(まさかり)をあてがい、その斧を上からハンマーでたたいて、首を切り落としたが、この死刑の名誉を強調するため、後になって犯罪人を跪かせ裁判刀で首を切り落とすようになった。しかし、跪く人間の首を切り落とすことは極めて難しかったので一回で切り落とせないことが多く、失敗した死刑執行人はしばしば憤る民衆の憤激からやっとのことで逃れて保護されたと思われる。しかし多くの場合、不器用な死刑執行人は私刑に処せられた(リンチを加えられた)。すでに一五〇〇年頃には後にギロチンとして有名になった断頭台が使用されていたので、ルーカス・クラーナハ(一四七二―一五五三年)がそれを木版彫刻にあらわしていた。『ザクセンシュピーゲル』は殺人、強奪、暴行、平和破壊に対して斬首を定め、それは中世を通して行使された。『リンブルク年代記』によれば一三〇七年にディーツェン伯の子息を殺害した男が斬首になり、一四八二年にダンツィヒで少女を強姦した若者が斬首になった。

車裂きの刑は最も古くから存在していたので本来は祭礼的処刑だったと推測される。犯罪人は地面に繋がれて車輪で痛めつけられたのち、生死に関係なく車輪の輻《や》に縛りつけられ、水平に高く立てられた。この罪は殺人、重大な誠実義務の違反、農耕用鋤の略奪、製粉所の強奪、教会や墓地荒しなど、永遠の平和の権利を享受するあらゆる対象物を暴力によって奪う者に対して適用されていた。

もともとは細い木あるいは柳の枝に、のちには辻にある絞首台で麻ロープを使用しておこなわれていた絞首も祭司的な儀式に起源があり、本来は風神、死神、戦闘神であるヴォーダンへの供物であった可能性が大きい。なお『ザクセンシュピーゲル』に従って、いかなる種類の泥棒も全員絞首刑になった。ただし、白昼での三シリング以下の盗みに限っては例外として扱われたが。一四二九年に人々に眠り薬を飲ませて強奪した二人の若者、いろんな都市で路上であたかも死にかけているようにみせかけ臨終の塗油を受けて、そのうえ、せがんで金銭を恵んでもらった若い遍歴職人が一四三五年に絞首刑になった。この刑は中世末期に、「庶出」の人やユダヤ人の場合には死ぬ苦しみを長くさせるために、頭を下に足を括っての絞首刑に変わった。それだけでなく、赤恥をかかせるために犬を横に吊り下げもした。

薪の上で焚殺することは、『ザクセンシュピーゲル』の中では異端や魔術師や毒殺者に定めていた。それゆえ、中世の文学が姦通罪で火刑に処せられる女性を物語るときは、それは中世の出来事でなく、それより以前の時代への回想であった。しかし前述した通り、異端や魔術には火刑は一般刑だったので、ベーメンの改革者ヤン・フスは第一五回コンスタンツ公会議で異端の罪で有罪とされたその直後に火あぶりの刑に処された（一四一五年七月六日）のである。そのうえ一五世紀に、とりわけシュプレンガーの『魔女への鉄槌』（一四九二年）が出版されて以来たびたびおこなわれるようになった魔女裁判では拷問により自白が強要され、不幸な女性が火刑に処せられて終了するのが普通だった。それ以外にも、ダンツィヒの良家出身の若者ミヒャエル・フォン・カンテンは一四六九年に文書偽造（かれは偽造文書により農村の領地を横領しようとした）の罪で火刑に処せられ、また井戸に毒を入れたという理由で、儀式殺人、キリスト教徒の女性との性的関係で有罪になったユダヤ人も火刑に処せられた。

とくに女性犯罪人（魔女、子殺し、売春婦）と親殺しに適用された死刑は、溺死刑であった。溺死刑では犯罪人は袋の中へ放り込まれ、袋は綴じられた。子殺しの女性や親を殺害した者は犬や別の動物と一緒に袋に放り込まれた。バーゼル年代記によれば、一五三七年にクレンツァハで女性が長年、男性の衣服を着用していたからという理由で溺死刑に処せられた。バイエルン大公アルブレヒト三世の秘密婚の妻アグネス・ベルナウエルも、統治者の大公の命令で一四三五年シュトラウビングで魔女としてドナウ川で溺死させられた。皇帝ヴェンツェルは一三九三年に司教総代理だった大司教ヨハン・フォン・ネーポクムが告訴されたとき、告訴の内容にかかわりなく、かれを縛りあげ、猿ぐつわをかませ、モルダウ川で溺死させた。そのため、この事件によって、教会は船乗り・筏《いかだ》乗り・水難事故を守るための守護聖人をつくりあげた。

男性なら絞首刑か車裂きの刑になる犯罪を女性が犯した場合、生埋めの刑に処せられた。ブレーメンでは一五一九年にグレーテ・ザーゲルという名の女性が、毛織物を盗んで絞首台の下に生埋めにされた。ブレーメン以外の裁判所では、法はこの刑を殺人女性に限り、とくに子供を殺害した女性に限り定めていた。一四八一年に二人の女性が盗みの罪で生埋めにされて胸を先の尖ったオーク棒で突き刺されているが、それは苦しみを短くするためだったのかもしれない。それとは反対に別の地域では、苦しみを長くするために空気を吸うためのパイプが口に突っ込まれた。多くの都市法は売春仲介女性にたいしては生埋めか、くし刺しの刑と定めていた。アウクスブルク法では強姦も生埋めにされた。一四八九年チューリヒでは二人の男性を生きたまま壁にぬりこみ、しばらくは小さな開口部から食物を与えていた。

行為者がすでに死んでいたとしても犯罪は罰せられるのが中世末期の法解釈の特徴であった。一四八一年の『ニュルンベルクの刑事法典』の中で、法伝承をもとに「いかにして死んだ人間を裁くか」が明確にされた。遺体は法廷に運ばれ、代弁人を一人おいて、それから正規の審理で判決が下された。すでに一四一五年にはニュルンベルクの穴牢獄で自然死した追剝《おいはぎ》について裁判がおこなわれ、判決直後遺体の首が切り落とされた。さらに、自殺も死罪に値する犯罪行為になっていた。チューリヒでは一四一七年、入水自殺した聖職者の遺体が墓から掘り起こされ、あらためて樽に入れて水に流された。ニュルンベルクでベギン会修道女の新しい施療院の世話係が二〇〇グルデン金貨を騙しとられたために首吊り自殺をしたので、彼女の遺体は火刑に処せられた。一四二二年にヴァーク川で自殺した下僕のハンス・トラーゲルの遺体も、一四四七年に首吊り自殺した金属細工職の女性の遺体も火刑に処せられた。それ以外の自殺の場合、遺体は死刑執行人によって窓から放り投げられ、死んだ家畜同様に(皮剝人が用いた)家畜の死体運搬車で運ばれ、皮剝場に埋められた。だからそれは「馬鹿者(ロバ)の葬儀」と呼ばれていた。

中世には死刑執行はまれではなかった。ニュルンベルクでは一四五〇年から六九年のあいだに合計二一三人が処刑されているが、それは一年間に一一人以上が死刑になっていたことになる。一五二七年にリューベックで裁判所書記のラウレンティウス・シュミットが一一五七年からの裁判記録を調べたところ、この三七〇年間に一万八五〇〇件の死刑執行が確認された。それは一年間に五〇件以上もの死刑執行があったことを示している。このようなことを考慮すれば、一三世紀以来、都市においては死刑の執行と体刑、一三三八年から台頭する予審の際の拷問の執行のために、刑罰執行人、死刑執行人、絞首刑吏、拷問執行人、懲罰執行人など、刑の執行人職が導入されなければならなかったのがよく理解できる。

体刑は部分的には死刑とおなじように残酷であった。『ザクセンシュピーゲル』は、手首切り落としの判決を受けた者は身代金として人命金の半額を払うことができると定めていた。このような刑は中世末期にほんとうに実行され、ニュルンベルクでは耳削ぎの刑で耳を削がれたり、手やそれ以外の四肢が切り落とされたりした「肉橋」で耳棒が立っていた。例を挙げれば、一四〇一年にある職人は自分の親方から五ペニヒを盗んだ罪で両耳を削がれ、またある人は債務書類を他人の手から奪い取って封印を切り離した理由で親指を切り取られている。神への明らかな冒瀆《とく》には「瀆神罪で」舌を抜き取られたり、耳を削ぎ取られたりしたが、それは決して珍しい刑ではなかった。

一五〇八年のテングラーの『ライエンシュピーゲル』の中にある木版画は死刑や身体刑をすべて描写していたが、目をくりぬいているところまで描写していた。拷問や刑を受けた後の生活を考えると、判決を受けた者の多くが死刑の情けを願ったのも無理からぬことであった。一五二五年にキッツィンゲンで、農民戦争中に辺境伯カシミール・フォン・アンスバッハの命令で目つぶしの刑を受けた六二人の市民のうち、一二人がその数日後それが原因で路上で死んだ。しかしフランクフルト市には、目つぶしの刑に処せられた者は少なくとも路上に追放される前に施療院で治療を受ける規定があった。また目つぶしの刑は所有物の没収と追放に結びついていた。ライヒェナウ島で一三六五年に、ペータースハウゼン出身の漁夫が魚水域の境界を無視したために両眼をくりぬく刑に処せられた。この時代が如何に安易に刑を科したかは、一四八九年に「一つのフライパンで二つのムースを料理した」ために両眼をくりぬかれたという報告からでもよくわかる。

死に至らない体刑はひとまとめにして「膚髪刑」の刑として扱われていた。そのうち皮膚と頭皮を剝ぎ取ることは一番残酷だったので、すでに早くから実行されなくなっていた。しかし、皮膚を切り取ることは数世紀にわたり折に触れて教会で使用され、一八世紀になってもなおヨーゼフ一世(一七一一年没)制定の刑法に定められていた。永遠の恥辱にと両頬に烙印を押し、軽い窃盗には侮辱のために男女の別なく髪を切り取ったり、公衆の面前で枝箒や笞で叩いたりした。これらはもともと非自由民に対する刑だったが、それ以後総じて不名誉な刑となった。

純粋に名誉な刑(公民権剝奪の刑)として、貴族には犬を抱く刑が一三世紀まであった。一一五五年にマインツ大司教アルノルトとライン宮中伯ヘルマンが平和破壊者としてこの刑に処せられ、実際に真冬に素足で犬を首に担いで一マイル歩いた。おそらく平和破壊者として狂犬のごとく、撲殺されるに値したということで、象徴的にこのようにしたのであろう。その後、売春仲介女性や喧嘩好きの女性の刑としては石を担ぐことだけになった。たいていこの恥辱石(悪徳石、はした金石、汚点瓶)は木製の首かせに繋がれた鐙《あぶみ》の上にのせられた。バウツェンでは「刑吏瓶」と呼ばれた三〇ポンド(一五キロ)の砂岩をさげて歩かねばならなかった。他の所では堕落娘はマルクトの回りをこのような恥辱石を担いで三周しなければならなかった。それは昔の債務奴隷制のシンボルであり、それの緩和したものとして用いられたのが手回しの石臼だったと十分推測できる。

とにかく石担ぎの刑は他人の不幸を喜ぶという市民の感情を計算に入れていた刑だったが、晒《さら》し刑もまたそうであった。当時は中傷、誹謗、売春仲介、また非市民的な行為を犯した犯罪人は辱柱(棒・丸太・石)に縛られ、晒し刑に処され、時間の長短はあるものの、市民の中傷を浴びてのちに都市から追放された。ニュルンベルクのある真鍮打細工師は一四〇八年に「不法宣誓」をしたために、半時間晒し棒に晒されてのちに追放された。

死者に対する刑とおなじような法観念から、災いを引き起こした動物に対する刑が生じた。旧約聖書(『モーゼ』の第二巻[出エジプト記]、二一章二八節)に従えば、人間を突き倒して殺害した牛は石で撃ち殺されるべきなのである。これはまず第一に刑法と密接に関連していた報復的措置であった。それゆえ、人間を殺した犬は絞首刑になり、他人の財産に損害を与えた家禽や山羊は平和破壊者のように殺され、他人の穀物畑で捕らえられた鵞鳥はシュヴェルムの荘園法《ホーフレヒト》に従って俄《にわか》作りの絞首台に泥棒として吊された。一四七四年にバーゼルで長い卵を一つ産んだ一一歳の雄鳥が刑吏に引き渡されてそこで斬首されたが、死体解剖時に新たに複数の卵が発見されたのでそれは魔術師として火刑にされた。

教会法の領域においては早くから鼠、毛虫、バッタやイナゴなどの直翅昆虫のような有害生物に対しては国のわざわいとして呪いや破門制裁があり、それが、そこから教会裁判所の手続きをして有害生物を召換して、起訴して、所払いの判決を下すという本格的な裁判へと変化した。成果があがらないときは不服従の理由で再び裁判がおこなわれ、聖水と必要に応じて繰り返し呪文を唱えながら、行列して、所払いの判決を執行した。それは結局のところはカノン法にもとづく法的行為というよりも大災害におとされた者への心理的な慰めだったのである。

刑事訴訟が糾問訴訟になり、犯罪糾明のために用いられることが多くなればなるほど、債務や世襲私有地に関係する民事訴訟を刑事訴訟から切り離す必要性が増した。そしてザクセン、フランケン、シュヴェーヴィッシュ＝アレマン、バイエルン、オーストリア法の地域では、その方法は違っても様々なやり方で民事訴訟は刑事訴訟から切り離された。いずれにせよ立証責任はますます原告に移っていき、裁判帳簿、土地台帳（＝農場主の申告、家畜保有者の申告、納税義務の申告をともなった土地領主制の土地の登録簿）、商業帳簿、証書などは証拠力をもつようになった。判決はしばしば役人による差押えによって執行され、債権者は売却したのちの売上金で弁済された。また外国人や逃亡するおそれのある債務者には拘留、あるいは一種の破産手続があった。これまでの裁判手続は強まりつつある貨幣経済の進展を考慮に入れることができなかったため、カノン法上の訴訟手続の継受を求めることが強くなった。

中世の時代は終始一貫して、裁判官や代言人が賄賂をもらって買収されることに対する苦情がなくなることがなかったのは言うまでもないが、刑事訴訟でどんなに冷酷かつ苛酷に細民が扱われようとも、裁判官の関心は金持ちを有罪判決にすることにあった。なぜなら、裁判官たちは金持ちを有罪判決にしたときに、より大きな収入を手に入れることができたからであり、おなじことが民事裁判についても言えた。当時を批判してハインリヒ・デア・タイヒナーは、一三五〇年に三人が一物件を取合いしたときに、ある裁判官が三人の所有物を自分のものにし、更に三人を争わせたと嘆いている。長いあいだマインツ大司教の宮廷に仕えていた職匠歌人ムスカートブリュートは一四三〇年、金持ちだけが勝訴の判決を受けると嘆いている。訴訟の開始、召喚、また判決の作成にも莫大な費用がかかったため、貧乏人は開始された裁判から途中で退いたり、最初から裁判を放棄したりした。それ以上に、当事者両サイドからの賄賂は担当裁判官のある種の慣習法、つまり訴訟を起こす人はそれに従わなければならなかった慣習になっていた。しかしそのことについては、裁判官は給料をもらって雇用されていなかったので裁判収入とりわけ罰金で生活していたこと、また裁判官の収入の一部を領邦君主に支払わなければならなかったことを忘れてはならない。

一七　道路、交通、情報機構、商取引、船舶航行

商業と貿易には長距離道路が不可欠であるが、すでにローマ人はいたるところで戦略上重要な道路を建設していた。しかもそれはたいてい石で、湿地帯では木の厚板でしっかりつくられていたので、それを土台にして中世に基幹道路を建設することは容易だった。ローマ時代以来、ヴェローナから出発し、アルプス山脈を越え、アウクスブルクを経由してドナウ川へ続く、ブレンナー峠［オーストリアとイタリアとの国境にあるアルプス越えの峠、標高一三七〇メートル］道路は、イタリアやオリエントへの基幹道路だった。レッシェン峠［標高一五〇八メートル］やフェルン峠［オーストリア北部］を経由してアウクスブルクへ続く道路、あるいはゼプティマー峠やザンクト・ベルンハルト峠を経由してバーゼルへ続く道路もこの時代にできたものである。さらにそれはバーゼルからライン川左岸を北へ続いている。一二二〇年以来、ザンクト・ゴットハルト峠［サン・ゴタールト峠、スイス］はチューリヒとの貿易のために開通されていた。

道路だけでなく、貿易や商業にとって川を渡れることも重要だった。ヴォルムスからパッサウへの長距離輸送道路はネッカー川やヴェルニッツ川と交差し、メーリングとプラットリングでドナウ川と交差し、ここから東方へ、直接パッサウ、ウィーン、ハンガリーへと続いた。レーゲンスブルクを含むドナウ川の曲がり角はメーリングとプラットリングを結ぶ直線よりも北へ三〇キロの地点（レーゲンスブルク）を迂回して流れている。レーゲンスブルク人はドナウ川の低い水位をうまく利用して一一三五年から四六年にかけ、長さ三〇五メートル、幅七メートルの石造のドナウ川橋を建設した。そして長距離輸送道路をライン地方から東部フランケン地方を経由してレーゲンスブルクに導いた。その結果、レーゲンスブルクはウィーンやハンガリーへの東西に走る幹線道路と、ミュンヒェンからアンベルク、ピルゼン、プラ

ハ、クラカウ、レンベルク、ノヴゴロドへの塩街道およびガラス街道との交差点になった。しかし一四世紀に南から延びてくる道路がレーゲンスブルクを外し、直接ウルムやアウクスブルクへつながったため、レーゲンスブルクの商業は急激に衰退した。このように、新しい道路や迂回道路が建設されることは都市の運命を大きく左右したのである。

カロリング朝以来、皇帝は自らの利益のために道路と橋を建設していた。それは国王大権（道路の通行税も橋の通行税もその中に入る）だったが、実際には、その特権はしばしば聖職者や世俗諸侯あるいは都市に移っていた。すでに一三世紀半ばにバーゼル人はライン川右岸を開拓していたが、橋はライン川の氾濫によってしばしば壊された。その被害は大きかったにちがいないが、それでも橋を建設したのはやはりそれが収入につながったからであった。通行権や橋の通行税が領邦君主にとって如何に重要だったかは、一一五六年からバイエルン大公だったハインリヒ獅子公が司教都市フライジングにあったフェーリング橋を破壊したことが示している。そのようにして、かれは一一五八年にイーザル川越えを下流のミュンヒェンに移し、ザルツブルクとアウクスブルク間の重要な塩街道の税金を我がものにした。その結果ミュンヒェンは商業の要所になり、最終的にバイエルン大公領の政治的、文化的中心になったのである。

橋だけにとどまらず領邦君主は新たに道路も建設した。ティロール伯のハルトマンとアルブレヒト・フォン・ヴェルデンベルクの両者などは、ティロールとフォーアアルルベルク間の（ロバ・ラバなどが荷を運ぶための）狭い山道を拡張して道

挿絵は、数世紀にわたりバイエルンの首都であったレーゲンスブルクである。長さ 305 メートルの有名なドナウ川橋が見える（1135-46 年建築）。ドナウ川橋をわたってライン地方から南東へ行けた

路にした。またティロール大公ジークムントは一四八四年に岩を爆破させブレンナー峠を大々的に改造したので、ブレンナー峠道の「創造者」と祝福された。ヴェネツィア人はティロール大公ジークムントとの紛争のために、［その戦いで勝利をおさめた］一四八七年に大規模なボーツェンの市場をミッテンヴァルト［ドイツ南部、北ティロールとの国境］に移したので、そこは主要商品集積所になった。それゆえバイエルン大公アルブレヒト四世（一四四七－一五〇八年）は一四九二年に急遽、その運搬用の狭い山道をケッセルベルクを経由してミュンヒェンにより速く到着できる道路に拡張したのである。そのうち八マイルはトンネルであった。

中世の道路は、テューリンゲン山地［最高峰九八二メートル］の境界線道のように、洪水の危険性がある湿地（河原）帯は避けてなだらかな山の背を利用していた。山の背を通るために生じる標高差異は、荷車に重い荷を積むときには役畜を必要としたので、農業に従事する人々は副業としてその運搬に携わるようになり、広大な世界と接触するようになった。他方、武装した者も軍隊も道路を使用したので当然のことながら道路が通る近隣の村は容易に戦争に巻き込まれた。それゆえ一三一〇年にケルン大司教ハインリヒ二世が、道路脇の村落が辻強盗や強奪戦士により崩壊され荒廃したと嘆いているように、村落は略奪され、都市の後方地域という理由で組織的に荒廃され、破壊された。それは、藪垣や壕や施錠できる門も大軍の前には何の役にも立たなかったことを示している。四〇の都市が連合した都市連合（アウクスブルクやニュルンベルクも入っていた）対諸侯との戦いで二〇〇の村落が焼き払われた（一四四九年）のとは対照的に、都市は攻撃から自衛することができた。村落とは違って、領邦君主と都市はお互いに敵軍の襲来に対して十分に準備ができたのである。たとえば、都市は独自の防衛施設を備えていたが、それ以外にも密集した藪や濠で囲み、そのうえ道路を通らせないように国境防塞によって全域を囲繞《いじょう》し、敵軍に備えた。領邦君主は領邦君主で道路が遠方まで見わたせる、戦術的に好都合な位置に、騎馬隊の駐留軍が速やかに城門を閉鎖できる城塞を建設していた。また堅固な修道院も、門扉を閉鎖して侵入してくる道路を塞いだりすることによって、避難所になることが多かった。

それ以外にまた、道路を使用するには道路脇の宿泊所も必要だった。食糧庫をもつ大修道院などは従者連れの領邦君主や一個連隊すべて、そのうえ個人の旅人も自発的に無償でもてなした。しかし、それは修道院には負担になることも多かった。修道院ケーニヒスホーフェンは一四四二年、バーゼル公会議のために毎日一〇〇人ほどの見知らぬ人を宿泊させ、もてなさねばならないと嘆いている。修道院だけでなく、教区屋敷も領邦諸侯や役人によく似た方法で宿泊所に利用された。貴族には騎士の城塞があてがわれたが、それ以外の旅人はそこの住人に宿泊させてもらわねばならない状態だった。

そういう状況だったので、旅人は旅館や共同宿泊所に押し寄せることになった。テンプル騎士団の騎士やホスピタール騎士団員は巡礼者を受け入れるのを生涯の課題としていたが、荒涼地帯、とくに山越え地帯の善意の施設として建設されていたゼプティマー峠やザンクト・ベルンハルト峠の宿泊施設は非常に古い。また裕福なブルクアイスの一市民がエッチュ川とイーザル川の源流に位置するマルザー・ハイデに施療院《ホスピタール》を創設していたが、そこには専属の修道士がいて、道に迷った人のために犬を飼っていた。ザンクト・ゴットハルト峠にある巡礼者用の宿泊所は敬虔なハイニー・フォン・ウーレが創設したという伝説があるが、それはアツォー・デ・ヴィスコンティ（一三三二年没）によって建設された施療院を指していると推測される。このような施設の創設は、『マタイ』二五章三六節のいう慈悲の心に通ずる。おなじ意味で一四世紀以降、都市は外国人や貧しい人のための宿舎と施療院を創設するようになった。ダンツィヒには一三九〇年にこの種の施療院が五軒あった。

一四世紀以降都市では商人や一般旅人用の宿舎が増加し、バーゼルでは一三三九から四〇年に宿は「トゥルム・ツェ・リン」「シュナーベル」という名がつけられ、一五世紀には「ローテ・ヘルベルゲ」「ツム・ブルーメン」「ツム・ルフト」「ツム・トーア」「ツム・イングベル」「ツム・メーアシュヴァイン」と名づけられていたが、いずれも氏名《うじめい》からつけられたものだった。多くの都市で裕福な旅人用の紳士用宿《ヘレンヴィルト》、御者や運搬人また金持ちでない旅人用の荷馬車宿、食事のみを提供する料理宿は区別されていた。宿泊所を提供する「接待主《ガストゲーバー》」と、見知らぬ者に飲物だけを提供する「飲み屋の亭主《ライトゲーバー》」を区別するだけのところもあった。「出入り自由な宿の主人《オッフェン・ヴィルト》」は宿泊提供権と、料金をとって他人の馬を小屋に預かる権利を有していた。他の亭主は飲物を提供するだけの酒権《シュンクレヒト》と、樽などの栓をぬいて酒を注ぐ権利《ツァプヒェンレヒト》を有して酒場を経営していた。村においても旅人に宿泊と飲物を提供する宿ができたが、それらはまた定住者用の酒場にもなった。植民地では村落建設時に、移民請負人、あるいは功績のあった新しい入植者に居酒屋(たいていは宿泊提供権を有した居酒屋)の経営権が与えられた。

旅行者は初めの頃は馬車よりも馬、ロバ、ラバなどに乗ったり、馬が運ぶ輿《こし》を好んで利用していた。一三四〇年以降ドイツでは馬車の前後を鎖につないで、走行時に衝撃の少ないように工夫した旅行専用車ができてきた。しばしば一般道路とは別に騎士が騎馬で通る、また運搬のために荷運び動物の通れる、近道できる狭い道があったので、中世のどの時期も一貫して男女共に主として馬に乗っていた。

旅行所要時間は旅人の性格や天候にも左右されたが、馬を利用する騎士はアウクスブルク・ヴェローナ間を七日で踏破した。一二八〇年頃のエルザスの報告ではエルザス地方から北海までの距離を約七〇マイル(五二五キロ)と計算して、旅は三週間を要したので一日に約二五キロ進んでいたことになる。騎士は一五世紀から一六世紀には一日に四から六マイル(三〇から四五キロ)、御者は一日に三から四マイル(二二から三〇キロ)旅した。

中世後期には情報伝達手段に郵便を使用したが、これは重要な進歩

ルードルフ・フォン・エムスの『世界年代記』のイラストは昔の旅行馬車を描写している。馬車の旅は旅行者にとっては極めて不快だったに違いない。1340年になってはじめて台頭する新しい馬車は車体が鎖で縛られたので、走行時の衝撃は少なくなった。

だった。中世中期以来政治的文書は紋章官に委ねられていたため、紋章官はそれぞれ代表する国の色を衣服につけ、神聖視された。身分の低い人は手紙を遍歴していく職人、巡礼者、吟遊詩人、旅人など臨時の配達人に委ねた。聖職者の騎士団、その中でもとくにドイツ騎士団は自分たち専用の飛脚を使用するようになった。飛脚は犬よけ、また溝を飛び越えるために槍を手にして徒歩で行ったが、急便の場合は馬を利用した。このようにして手紙の配達は世俗の職業になった。ローマへ手紙を配達するとき、ドイツ騎士団は二人で走る専用の「ローマ走者」を雇用した。おなじように大学の同郷人共同体も、故郷との情報交換のために自分たち専用の飛脚を雇用していた。

ハンブルクはすでに一三世紀に、レーゲンスブルクは一三二五年以降、ニュルンベルクは一四四九年に初めて都市専用の飛脚を雇用した。フランクフルトは一四四〇年に飛脚を四人雇用していた。一三三七から六〇年の会計簿が示しているようにデヴェンターは規則的にユトレヒト、アルンハイム、ナイメヘン、ライデン、ブラバント、ケルン、ウィーンに飛脚を送っていた。多くの都市において、役所に雇用されていたかれらはその都度派遣された隠密とは区別された。また、どんなところへでも商人は都市の郵便物を自分たちの組織網で請け負った。

都市の数が増え交易範囲も拡大するにつれて運輸の必要性が高まり、規則的な郵便連絡が必要になったが、一四五〇年にはミラノ出身のタクシスの郵便施設がインスブルックにできていた。皇帝マクシミーリアンはヨハン・フォン・タクシスにティロールの宮廷郵便施設を建設する特権を与えたので、それは速やかにオーストリアの様々な地域《ラント》に普及した。ライン地方も一五〇〇年以降イタリアへの書類輸送にタクシスの施設を利用した。一四九〇年のメミンゲン史によれば、インスブルック・ネーデルラント間の郵便ラインは五マイル(約三七・五キロ)ごとに分割されていた。目的の駅に到着した飛脚はホルン吹奏で到着合図をして、次の走行のために宿舎で待機中の飛脚を呼び出し、引継ぎをした。この方法で郵便は毎日一五〇キロの距離まで配達され、ヴェネツィア・ニュルンベルク間のそれはわずか六日間で届けられた。三倍の料金で請け負った急使はおなじ距離をわずか四日間で走った。まさにこれらは注目に値する。

商人と商業にとっては情報伝達もさることながら、商品を遠隔地に輸送できることが最も重要だった。荒涼地帯を通って商品を輸送する昔からのやり方は、荷運び動物を使用しての方法だった。荷運びにはラバを使用していたが、商品を積んだラバは相接して繋がれ、御者はそれらを制御しながら、荷運び用の狭道を通って次の目的地まで運んだ。バイエルンの修道院はたいてい南ティロールの大道路脇にワイン園をもっていたため、ワインは樽に入れて、このような荷運び隊商によって山脈を越えて搬送されていた。この搬送方法が一般的で、中世の時代はずっとこの方法で輸送されていた。しかし旅行者は急を要する場合、どんな地域でも馬に乗り、荷物を動物の背にのせて一緒に進んだ。一頭の荷運び動物が運べた積荷は三ツェントナー、つまり一五〇キログラムで、積荷量はいつも一定だったので「積荷《ザウム》」は度量単位になった。また塩と穀物は道路の少ない地域ではたいてい荷運び動物の背にのせて運ばれていた。

大規模な遠隔地貿易にはもちろん防水のきいた幌をかけた馬車が必要で、幌馬車には武装した護衛がつき、隊列を組んで走行した。商品は荷の積み下ろしに梯子を使うときも容易に持ち運びできるように、樽に詰められることが多かった。一五世紀には本やトランプカードも厚紙の形で樽に詰めて搬送されていた。カロリング王朝の時代には一組の雄牛を車に繋ぐのがなお主流だったが、速度を増すために牛から馬に変わった。積荷の重い場合は車を引くのに二組から三組の役畜が、また急な上り坂の場合にはそれ以上が必要だった。長旅の場合、馬の交替や人間と動物の宿泊のためにも途中で駅が必要だったので、それを請負う運送業が個別にできた。

多くの路線で人々は郵便による送達組織を一般の商品輸送組織に変えていった。また「搬送方法」はコースを細かい区間に分けていた。商品は常設の運送業により次の駅まで輸送され、降ろされ、積まれ、そこからまた次の運送業者のところまで輸送された。その運送方法は、そこに定住してコースと難所を熟知している御者（運送業者）により商品が輸送されるという長所もあった。また運送業者への報酬は積荷の重量によって支払われていた。商人は不慣れな土地を通過する場合、自馬車を使用すれば輸送時の危険は少なかった。また、搬送時に荷の降ろし替えが幾度もある場合はそれだけ時間がかかったが、運送業者もその分その都度運送費を値上げした。それゆえ、商人はしばらく後には再び自分で運ぶようになった。

毎日催される市《マルクト》や一定の曜日に催される週市の日では、マルクト自由権を有していた広場で農業生産物や種々の品物が売られていた。それ以外にも付近を楽しくさせる教会祭のときは、市に出される品数は著しく多かった。市は荘重なミサが終わってから教会堂の中で開催されていたために、「歳市《メッセ》」という名称はこの祝祭日のミサに続いて開かれる市を意味するようになった。開催期間を互いに合わせた「歳市《メッセ》」のうち、とくに外国の商人が数多く訪れる断食期間中のフランクフルト・メッセと聖ミカエル大天使の日(九月二九日)のフランクフルト・メッセが主なもので重要だった。大商人のあいだでは品物を信用貸しで渡し、次回の歳市で清算するのが通例になった。それは結果的には規則的に歳市に参加すること、また銀行による金銭取引を生じさせることにつながった。活版印刷が発明されて以来、印刷業の問屋が多数フランクフルトを訪れたために、それは新しい情報を入手しようとする学者たちを魅了した。今日のフランクフルト書籍見本市は一四六二年にこのようにして始まった伝統あるものである。

また遠方との商品取引のために輸出入会社としての卸売業が生まれた。イタリアとの南北貿易のほかに、ヴェストファーレン山地の北端に位置するデュースブルクからエッセン、ボッフム、ドルトムント、ゾースト、パーダーボルン経由でハレやマクデブルクへ続く東西幹線道路があった。穀物や塩はハレやマクデブルクから、銀や銅はハルツ山地から、それに対して布製品や金属製品は西から輸送されていた。この東方貿易はリガやノヴゴロドまでも拡大した。東方は主として蠟と需要の多い毛皮を供給していたが、中世後期には穀物も大量に西ヨーロッパやノルウェーに供給するようになった。フランドル製の布地は、北ヨーロッパの台頭しつつある世界市場ブリュージュから東方へ供給された。南から香辛料や果物、またワインが来たのに対し、海岸都市は魚、とくに塩漬け鰊を供給していた。

事業家の商人にとって陸路では間に合わなかったので、いたるところで水路が通商路につけ加えられた。流れが急なところでは車一式(牽引車、引き船人《ボーメッチェ》、岸から船を引くための引き綱)を使って船を上方へ引くために、川は谷へ向かって、すなわち下降への一方通行だけをした。ミッテンヴァルトのマルクトの場合、全製品を筏《いかだ》にのせ、イーザル川を下方へ航行した。ライン川では、丸太を八・一二・一六・一八・二四本の列にならべ、一二から二四メートルまでの長さにし、それらをつないで筏にして流していた。筏は目的地に到着したのちに解体され、筏に利用された丸太は売却された。ミュンヒェン近郊のグリューンヴァルトでは一四九七年に少なくとも三三一二本の筏が通過していた。ドナウ川では筏以外に板でつくった船も使用していた。それは「ウルムの箱」と呼ばれていたが、ウィーンで解体して、売られた。

ライン川でも船の航行は活発におこなわれていた。ライン川上流では筏を使って木材や鉄や石また貿易商品がバーゼルまで輸送されていた。その地で輸送は次に引き継がれて、それから先はライン川を下ってシュトラースブルクまで輸送された。そのときマリーア=アインジーデルンから故郷に帰る巡礼者も一緒にその筏に乗せてもらった。またシュトラースブルク人はその先のケルンまで行けるように航行を要求していた。筏と並行してライン川ではケルンまで、長さ一五メートルの一木を中央で切断し、厚板と横桁［梁］で三・五メートルの幅に広げた「オーバーレンダー・カーン」が利用されていたが、それはまた川下での速度を速めるために舵と帆を使用していた。一九七二年にクレーフェルトで発掘された「オーバーレンダー・カーン」が示すように、この船は船首に開口部を取り付けていた。そこから、一五〇センチ幅の樽を船中へ転がし入れていたのである。また船の後部にたくさん積載するために開口部は水面から高く聳え立つようになり、したがって航行時に波が開口部に入ってくることはなかった。「オーバーレンダー・カーン」の航行はケルンが終点だった。ケルンで、筏や「オーバーレンダー・カーン」で輸送された荷はすべて海洋帆船に積み替えられた。ワインやその他の商品は、ケルン商人の商館やギルド館があり、かれらが特権を有していたロンドンまで運送された。

海に近い河口に位置する都市は中世中期に、フリース人［フリースラントに住むゲルマン人の一部族］とフラマン人［フランスとベルギーにまたがるフランデルン地方に住むゲルマン系住民］相手に海上輸送の所有権を争っていた。バルト海貿易のためにハインリヒ獅子公は、一一五八から五九年にかけてトラヴェー河畔にリューベック市を建設したので、船はリューベックからゴトランドへ、スカンディナヴィア半島およびバルト海沿岸の地方沿いにロシアへ航行した。その後一三世紀に、ドイツ商人は商人入植地のヴィスマール、ロストック、シュトラールズント、シュテッティーン［シュチェチン］、ベルリン、フランクフルト・アン・デア・オーデル、ダンツィヒ、トルン［トルニ］、ケーニヒスベルク、リガなどを建設した。一三六八年には八四六隻の船がリューベック港を出航している。そのうち一八四隻がヴィスマール、五六隻がシュトラールズント、六八隻がシュテッティーン、一一五隻がダンツィヒ、二〇一隻がプロイセン、一八二隻がスコーネ地方(今のスウェーデンのマルメを含むスカンディナヴィア半島最南端の地域)、三〇隻がノルウェー南部のベルゲンへ行った。ハンブルクでは一三六九年には海路をとる船は五九八隻になった。それらの積荷は一万四〇〇〇トンのビール、二〇〇〇トンの穀物・材木・鉄・銅、九〇〇トンのスコーネ地方の鰊、五〇〇トンの通過商品、大部分は蠟・麻屑・亜麻・麻のようなリューベックから陸路を通ってハンブルクに到着した東方商品であった。

航海船としてはコッグ型帆船が活躍した。それはまもなくフリース人の平底帆船あるいは氷上を滑る船(いずれも一四メートルの長さ)から耐航性のある大型船に発展した。一九七二年にブレーメンで発掘された一三八〇年のコッグ型帆船は長さ二三メートル五〇センチ、幅七メートル五〇センチでオーク材一〇〇パーセント、平らな船底、屋根瓦のように重ねられた船板、メーンマスト(大檣《たいしょう》)、巻き上げ機付船尾の船櫓、船舶の喫水は約二メートル、積荷重量一二〇トンの船だった。一四九七年のハンブルク都市法に記載されている港の風景は快速帆船を描写しているが、それはメーンマストのほかに副マスト二本を船尾と船首の台につけるクローネスト(マスト上端の見張り用プラットフォーム)を備え、合計三本マスト(三本ともに見張り用)の帆船だった。

航海は可能な限り岸辺近くを教会の塔や島、丘、目印になる木々、数少ない標識灯火などの陸標に従って航行していた。ロストックのペトリ塔は航海する人々を配慮して一三二メートルの高さだったので、よく晴れた日には二八キロ先からでもよく見えた。今日の海洋本は水路、浅瀬、港の入江などを参照するよう指示しているが、一六世紀の海図は伝統的な陸標を横断図に記載しているだけだった。一三世紀に発明され、一四世紀に改造された羅針盤は一五世紀にはもちろん船の属具になっていたので、船は大海原でも航路を維持することはできたのに、好んで海岸近くを航行していた。しかも風の中でも交差できる能力があったにもかかわらず、船尾に風を受けて帆走するのを好み、格好の風が来るのを長時間待っていることもしばしばあった。

海洋を航行するのはハンザ商人とハンザ都市の冒険心によって担われていた。かれらの政治的、組織的業績はここでは評価できないが、バルト海貿易と北海貿易をリューベックとハンブルク間の水路によって調整しようとしたのは至極当然のことだった。それゆえ一四世紀末にはトラーヴェ川とエルベ川の間にシュテックニッツ運河が建設され、二つの重要な港が結ばれたのである。しかし、商品は小舟に移し替えられねばならなかったため、多くの海船が海峡を通りユトラント半島をまわってハンブルクへ行く方法を優先したので、リューベックにとっては不利になった。

またハンザ都市は内陸奥までも存在していたので、東方からの河川組織も利用された。エルベ川を使用しての運輸は一三世紀後半以降、マクデブルクを経由し、モルダウ川を通ってプラハまで続いた。アルトマルク、プリークニッツ、ミッテルマルクで荷積みされた穀物はシュプレー川［エルベ川の支流］、ハーフェル川［エルベ川最大の支流］、エルベ川で船積みされてハンブルクへ搬送された。オーデル川航行は一三世紀初頭以降、シュテッティーンからシュレージエン［シロンスク］地方のブレスラウ［フルツワフ］まで続いていた。しかし一三世紀半ば以降中部オーデルでは航行不可能だったので、それはオーデル河畔のフランクフルトとナイセ河畔のグーベンで終わった。ノイマルク、ウッケルマルク、レーブス、シュテルンベルクはオーデル川を交通路として利用した。すでにノイシュタット（エーベルスヴァルデ）、ニーダーフィノーウ、オーデルベルクは

風を受けて膨れた帆と回旋腕木のついたクローネスト（マスト上の見張り台）のある商業用のコッグ型帆舟。そのコッグ型帆舟に（等身大以上の大きさで表現されている）キリストと十二使徒が乗って航海している。（シャッツベハルター、ニュルンベルク、1494 年）

オーデル川西部を船積み場として自由に使用していた。トルンの商人たちはヴィスワ川の下流を航行した。またポーランド、とりわけワルシャワやクラカウへは流れを遡って航行した。

中世には高品質の塩の供給源であったリューネブルクは内陸港を有し、イルメナウ川とエルベ川を経由してハンブルクとつながっていた。したがって、海塩を大量に入手し輸出するために、人々がイベリア半島と北フランスの上を経路にしたとき、リューネブルク岩塩は高品質にもかかわらずその価値を失った。それは、品質は悪いが激安な「入江塩」がダンツィヒ船やレヴァル船で加工地に運送され、東ヨーロッパへと輸送されたためである。東方諸都市がアイスランドと直接交渉をもち、そこから棒鱈を入手するようになったことは、ハンザの地位を著しく後退させた。ハンブルクの発展とは対照的に、この時点でリューベックは重要でなくなった。そして中部ヨーロッパ商業の中心は、当時の重要だった通商路が合流しているライプツィヒに移った。それは当時の中部ヨーロッパの貿易都市、アントワープ、アムステルダム、ケルン、フランクフルト、ハンブルク、リューネブルクからの道路、ヴェネツィア、アウクスブルク、ニュルンベルク、エアフルト、ケーニヒスベルク、ダンツィヒ、トルンからの道路、ワルシャフ、クラカウ、ブレスラウからの道路がライプツィヒで合流していたためだった。この時点でハンザが端へ追いやられたことは、一四七四年のブレスラウのハンザ脱退が暗示していた。

第三章　教会、宗教、聖職者の生活

一　教会と修道会、司牧と説教

シュレースヴィヒ、ブレスラウ、レーブス、カミンの司教は別にして、ドイツの司教は他のキリスト教国の司教とは対照的に、司教であると同時に領主裁判権をもつ諸侯であり、国王大権の保有者であった。大司教は帝国諸侯なので司教義務のひとつである居館義務は除外されてはいたが政治義務を果たすために出歩くことが多く、自ら所有の居城に住むことも多かった。諸侯は高位聖職の地位を自らの権力政策に利用し、機会がありさえすれば、できるかぎり多くの高位聖職の地位を家門の手中に集積しようとしていたので、司教の座は、ルクセンブルク=リンギーのギー伯の六男ルクセンブルクのペートゥルス(一三六九—八七年)が一四歳でメス司教になり、メクレンブルク大公バルタザルが一四七九年に二三歳で司教区シュベリーンを与えられたように、年齢や予備知識、また聖職者に向いているか否かその資質を問うことなく、諸侯や上級貴族の家門の若い子弟に与えられることが多かった。しかし必要な聖職任命式を受けるのを拒み、司教区の管理者にとどまったバルタザルのように、王侯のような司教は自分たちの任務を果たしはしたが、決して貴族の生活スタイルを変えようとせず、鞍の上で死ぬことが頻繁に生じても、狩猟や馬上試合、またフェーデなどを愛し続けた。このような教会の貴族化現象は司教階級にとどまらず、修道院長、司教座聖堂参事会員職も同じだった。

司教とおなじように、貴族の会員で構成される司教座聖堂参事会も自治権を有していた。教会所有財産の一部は司教座聖堂参事会の運営と受益のために残され、参事会はそのうえ会員の補欠選挙の権利も手に入れていた。しかし、これらの会員は怠慢から司教になる叙階式を受けず、副助祭にとどまり、しかも、交代制で聖務共唱(歌、朗読)のみおこなえばよいという義務すら満足に果たさず、それを司教座聖堂代理司祭に任せるという状態だった。かれらに修道士に似た共同生活を強いる試みは成功せず、高位聖職者の貴族化は堕落や腐敗を生んだ。一方、司教選挙権は長いあいだ紛争(叙任権闘争)に晒されていたが、一一二二年九月二三日のヴォルムスの協約において、聖職者と民衆による自由な司教の選挙[司教座聖堂参事会による自由な司教選挙]が考慮された。この「民衆」というのは優勢に活動した種々の非教会勢力のことである。その後一二一五年一一月の第四回ラテラノ公会議が司教座聖堂参事会が司教を選出するよう選挙の独占を求めたので、それはドイツで実現されるようになった。それゆえ、教皇と皇帝が司教選挙に介入し独自の候補者を当選させることがあっても、本質的には司教座聖堂参事会の司教選出の独占は維持された。

一三世紀に入ると「オフィツィアール」[聖職裁判所の裁判長]は常任司教代理として司教を助けるようになった。オフィツィアールは聖職裁判官として司教区の全聖職者について判決を下し、懲戒事件と婚姻事件も担当し、罰令権の導入や廃止を決める権利も与えられていた。一五世紀以降、オフィツィアールは司教不在時の司教代理をしなくなり、その場合は指名された司教総代理が代理をした。また司教が死亡した場合は、司教区の管理は司教座聖堂参事会がするようになった。

聖職裁判所の管轄領域は初め聖職者、教会、教会財団の運営する施設、修道院の全事件についてのみだったが、その後教会は俗人についても異端・魔法・婚姻・出生・遺言、また暴利・偽誓・不義・通貨偽造の事件についても裁判権を求めた。同様に教会の所領地の隷農、巡礼者、困窮者(外国人)についての裁判権も要求した。さらに教会は、俗人は全事件について聖職裁判所に裁判を依頼できると主張した。このように聖職裁判所の管轄領域が拡大するにつれ、裁判所の役人数も増加したのは自明のことである。

帝国諸侯でもあった司教は中世前期以降、自領を組織化し、領国を形成することに専念した。教会の所領地に都市(アイヒシュテットやフライジングなど)が建設されたところではもともと荘園領主は司教であったが、やがてすべての司教都市が世俗裁判権のほか市場開催権や貨幣鋳造権、また関税のような別の高権も巧みに手に入れていた司教の支配下に組された。そのうえ、贈与や政治の巧みさにより数多くの所有地が司教領国につけ足された。それにもかかわらず司教都市の多くは自治権を手に入れ、司教の支配から自由になった。それが、いわゆる都市領主の諸権利を獲得し、大司教の都市領主から自由になった名声ある帝国自由都市《フライエ・ライヒスシュタット》［大幅な自治権を得た都市］である。司教の領国形成政策は一三世紀、アウクスブルクで一二五八年に司教ハルトマンが莫大な贈与をしたように、司教の思わく通り理想的に進んだ。司教ハルトマンはディリンゲンの最後の伯として、城塞および周辺地域を含めてディリンゲンを、それ以外にネーレスハイム修道院の管理区を司教領国に贈与したのである。その一例が示すように司教のその政策は首尾よく進み、一三世紀以降聖界の自領は当時のドイツ帝国の総面積の約七分の一を占めた。また、司教はその時々の世襲相続義務をもつ領邦君主で、臣下にとってもはや司牧［信徒の魂救済の世話］に従事する者ではなかった。

司教の職務は堅信礼や司祭叙階式そのもの、また洗礼・堅信礼・司祭叙階式・病油のための聖油聖別、教会ならびに聖遺物の奉献式、そして重要な聖別式と聖体降福式の遂行であったが、かれらは世俗の諸問題に巻き込まれるにつれ、それらをますます重荷と感じるようになっていた。一三世紀に北東部の布教地域（バルト諸国）の諸司教、一三世紀末には南東部にある司教区の多くの司教も、スラブ人やバルト人の非キリスト教徒増加のために西部へ逃げ、その結果、司教補佐という官職が設けられ、逃避した司教に代わりほとんどの聖職行事をおこなうようになった。

下位の聖職者には夫婦間の出生、洗礼、堅信礼、教会年齢、品行方正な生活と祈禱、信仰心、礼典規定などの神学知識がいくらか要求されただけで、かれらがどのような方法でこれらの知識を取得するかは個人まかせだった。下位聖職者になろうとする者は、聖職叙階式が毎土曜日におこなわれていたので、その二日前に簡単な試験を受ければよかったが、主任司祭（教区司祭）になるためには一般知識より高度の知識が求められた。本来、主任司祭の教会年齢は三〇歳に定められていたが、教令集（＝教会規律の紛争ケース時の教皇の返事。教皇の返事は関連ある法源として『教会法大全《コルプス・ユリス・カノニキ》』に記録されていた）では二五歳になっていた。しかし実際には教会は、教会の寄進創立者の相続人であるなら世俗の青年年齢、一二歳を黙認していた。一二三三年および三九年のマインツ教会会議は主任司祭職へ推挙できる年齢を一四歳とし、理論と現実のあいだの妥協点を見出した。その後、一二六八年のウィーン教会会議は一八歳に、一二七四年の第二回リヨン教会会議は二五歳に決定した。一二八七年のヴュルツブルク教会会議、一三〇〇年のケルン教会会議、一三一〇年のマインツ教会会議、一三二九年のヴュルツブルク教会会議などドイツの教会会議はこの年齢決定に従ったが、これらの決定はすべてあまり変化をもたらさなかった。その実態は世俗的成人である一二歳が通用していたのである。

　荘園領主が私有教会を設立した場合、かれは教会堂および主任司祭館の維持費を負担する義務を負うと同時に、主任司祭を扶養しなければならなかった。教会所有地《ヴィードゥム》は主任司祭自らが耕作するか、小作に出す(農業する人の意味で教会所有地農耕者《ヴィデムバウアー》、教会所有地小作農《ヴィデムマイアー》、名字としては「葡萄収穫労働者《ヴィムメル》」)かの方法で利用され、それによって経費は賄われていた。そのさい荘園領主は配置した主任司祭を(髭剃りなど)まったく個人的に使用したので、教会は組織的に私有教会を教会自領に移した。しかしそのさい、たいてい教会の寄進創立者とその相続人の保護権は残されていた。私有教会の君主は司教の同意を得たうえでのみ主任司祭を任命できることになっていたのだが、現実にはそれは忘れられがちで形式的なものでしかなかった。知識や年齢(たとえば一二歳)のことだけにかぎらず、教会の後援者は他のことでも前提条件を満たしていない人々を主任司祭に配属した。また荘園領主の子弟たちは一種の相続、あるいは生活扶助として教区教会の保護権をもつ小教区《パトロナーツプファレ》をもらうことが多かった。しかし、かれらは教区《プファレ》を長いあいだ空位にしておいたり、教区収入を私物化した。そうでない場合は、その職を世話してやった礼として新しい主任司祭に高い「推挙金」を求めたり、新主任司祭に収入の一部を強要したりした。それは教会から聖職売買《シモニア》と判決されたが、当時の感覚では正当だと感じられていたので絶えることはなかった。

　人々は新入植地の変化や発展を顧みず、かつてつくられた教区教会システムに依拠したので、新しく建てられた教会は従来の教区の支部教会にとどまった。従来の教区の所有者は教区権や教区収入を放棄しなかったため、それは独自の大教会をもつ都市がなお村の教区の管轄下にとどまるという不自然な状態をつくりだした。たとえばトラウンシュタインの教区教会《プファルキルヒェ》は一八五一年まで小集落ハスラッハにある小さな教会だったし、ローゼンハイムは旧入植地パッフェンホーフェン、ヴァッサーブルクはアッテル村、ブルクハウゼンは極小の村メーリングに教区教会をもっていた。富裕な帝国都市ニュルンベルクさえ一三八〇年まで市内に教区教会をもたず、小さな村ポッペンロイツの旧教区の管轄下にとどまった。このような絶望的な関係が司牧にとってなにを意味したかは一目瞭然である。

教区収入は教会所有地からの収入以外に、従来通り、農作物からの十分の一税や神事的司式に対する謝礼、命日に故人の名を読みあげる回想録料金やミサに対する布施、献金箱からの収入や贖宥献金などだった。支出には荘園領主に支払う聖職者への推挙金、修道院や教会財団を通しての雇用時の抱合金、また客（領邦君主、官僚、官吏、狩人）の宿泊や賄いなどがあった。一四八〇年の教会の調査報告書からわかるように、ライン宮中伯（一四三五―九九年）のオットー二世大公はオーバープファルツのジンデルバッハにある小さな教区に、一年に何度も家来と馬四〇頭を従えて立ち寄ったので教区には大きな負担になった。

主任司祭の義務範囲は制限されていた。子供たちへの宗教教育や、かれらを初告解および初の聖体拝領へ連れていくのは両親のなすべき義務、宗教に関する授業のほうは教師の仕事だった。もっとも中世には教師は多くの村で不足していたが。主任司祭の義務は礼拝（ミサ）をあげること、礼典を授けること、定時課《ホーラ》にしたがって祈禱すること、人々にとって唯一の精神的糧になる説教を週に一回おこなうことなどだった。しかし主任司祭には説教義務を遂行できるだけの基礎知識がなく、それを全くあるいは十分に果たせなかったので、一三七〇年にアンベルク、一三八五年

まだ覆いのない、告解席での描写。悪魔が嘘を言わせようと企てる一方で、天使たちは懺悔する者に罪を告白することを強く促している（バイヒトシュピーゲル、リューベック、1495年）

にニュルンベルク、一四二二年にハイドゥンクスフェルト、一四八六年にシュヴァーンドルフというように、都市に敬虔な寄付金で個別の説教職がつくられるようになり、それは大学卒業生が従事した。またヴュルツブルクやレーゲンスブルクはそれぞれ、前者は一四一九年、後者は一四八一年に司教座聖堂説教職をつくった。その職に就任した者は毎日曜日の午後と、四旬節の期間［灰の水曜日から復活祭の前日までの日曜日を除く四〇日間］は、毎日説教する義務があった。

さて一三世紀末に、下位聖職者のほうがもっと悲惨であったにもかかわらず主任司祭職は薄給だとする不満の声があがった。アイヒシュテット司教のラインボート（一二九七年没）は一二八三年の司教区民公会議で、「家畜の牧者でも今日では霊魂の牧者より収入が多い」と嘆いている。ザルツブルク大司教フリードリヒは一三二〇年に教皇ヨハネス二二世宛ての手紙に、教会修道会管区の聖職禄の収入は押し並べて極めて少ないので「学識者や貴族は聖職禄だけでは誰ひとりとして身分相応な生活はできない」と述べている。それは一義的には司教座聖堂参事会員と高位聖職者たちを暗示していたが、主任司祭職で身分相応に生活したいと願っていた教会寄進創立者の子弟たちをも指していた。また、富裕であってもグンダーケル・フォン・テルンベルクのように主任司祭職についている貴族もいたので、そういう人々もこの中に含まれていた。笑話集『カーレンベルクの坊主』の中に登場する、ウィーン近郊のカーレンベルガードルフ出身の個性的でユーモアあふれる主人公は主任司祭であったがシトー会リーリエンフェルト修道院に莫大な寄付をし、そこにかれの立派な記念碑が建ったほど裕福だった。

司教座聖堂参事会員と高位聖職者あての聖職禄は貨幣にかえなければならない現物支給であった。資本主義の初め頃はこの換算率が低く、かれらは身分相応の生活をおくれなかった。かれらがなんとか生活できたのは、追加聖職禄の割当てがあったからだが、それは中世後期に本格的な聖職禄強奪戦という事態をひきおこした。有名な思想家で教会政治家のニーコラウス・クザーヌス（一四〇一―六四年）さえ、聖職禄の奪い合いに関与しないわけにはいかなかった。コネは相当数の聖職禄につながったので、高位聖職者は一六ぐらいの職をもった。

高位の聖職禄保有者は主任司祭の仕事である霊魂の世話や教区の仕事をおこなわねばならなかったが、それを代理で補おうと、貧しい聖職者たちを代理司祭に雇用した。代理司祭は安給料だったので代理司祭職を複数もとうとしたが、司教に阻止された。また聖職禄保有者たちは代理司祭職を世話して礼金を取り、これを商いにして、代理司祭をしばしば交代させていた。下位聖職者たちが高位聖職者や聖職禄を複数保有する人々に憎しみを覚えたのも無理からぬことである。だから一四八九年の『リューベックの死の舞踏』は、渇望と聖職売買を許可し、貧しい下位聖職者に残すべき一定の聖職禄を、富裕聖職者に帰属させた教皇を死によって咎めていたのである。代理司祭や助任司祭たちが必要不可欠の職務行為しか果たさず、司牧と説教の勤務を怠ったこと、また当時の文学作品を信用するなら、飲酒や女遊びで我が身の体面を傷つける状況を忘れようとしたのも不思議なことではない。民衆が切実に必要としていた真に司牧に従事する者は、新しい修道会から現れたのである。

古くからの修道会、とりわけベネディクト修道会は貴族界から生じた。ベネディクト会の礼拝では、諸侯的な華美を特色とする神王に忠誠を誓うことが主であった。大修道院長(修道女修道院長も入る)の大部分は帝国諸侯身分で、一三世紀には四二の諸侯大修道院、とくに中世前期の文化の中心になったザンクト・ガレン、ライヒェナウ、フルダ、テーゲルンゼー、ザンクト・エメラン、ベネディクトボイエルン、ヴァイセンブルクなどの大修道院があった。ヒルザウの改革運動はキリストの貴族化を撃退しようとしたが、十字架にかけられたキリスト像を際立たせることはできなかった。それは一三世紀に生まれた清貧修道会(托鉢

聖職に対する風刺画。一般信徒(下方の男性と女性)が聖職者の堕落を嘆き、かれらの思いあがり、横柄、物欲、貪欲を非難している。教皇はフォルトゥナ[運命の女神]が持っている運命の車の輪の上で、頭に冠を載せ、手に世界征服の笏(しゃく)を持つ、数々の陰謀を企む不誠実なラインハルト・フックスの姿で現れている(一枚物印刷、1450年頃)

修道会）になって実現したのである。

富裕織物商人の息子だったアッシジのフランチェスコ［本名ジョヴァンニ・ベルナルドーネ］（一一八二—一二二六年）は全財産を放棄し、一二〇九年以降、悔悛と平和の説教師として遍歴し、清貧で慈悲深いキリスト像を新しく広めた。多くの人々はフランチェスコに感化され、かれが考案した規則［『原初会則』］は教皇から許可されたので、ここから新しい修道会（フランシスコ修道会）、ならびにフランチェスコに同調した聖クララ女子修道会は速やかに全ヨーロッパに広まった。教皇イノケンティウス三世［在位一一九八—一二一六年］は自発的におこった新しい宗教運動に制度的な形を与えるために、托鉢修道会という新しい修道生活の形式を認め、俗人が福音書に従って所有を放棄し、集団生活をし、贖罪説教をおこなうことを一二一〇年に口頭で認めた［一二一五年のラテラノ公会議直前に公式に許可］。そして一二二一年にアウクスブルクで初のドイツ修道会総会、一二二四年にヴュルツブルクで初のドイツ修道会管区長総会が開催された。孤立を求める旧来の修道院とは反対にフランシスコ会修道士たちは大都市のいたるところに住み、貧民の擁護者になり、一二二一年かれらの設立した第三修道会によりキリストの新しい姿を伝導し、聖職者や俗人の心をとらえた。かれらは馴染んだ生活スタイルを維持しながらも敬虔な生活規準に従い、フランシスコ会修道士の規律の中に浄福への道を求めたのである。

フランシスコ修道会が誕生したのとほぼ同時期に、第二の清貧修道会としてドミニコ修道会が生まれた［教皇ホノリウス三世が一二一六年その設立を承認］。それは、司教座聖堂参事会員で貴族のドミニクス・デ・グツマンが一二〇六年以来他の会員と共に異端のアルビジョワ派改宗のために活躍し、その経験をもとに一二一五年に設立した説教師修道会であった。そこの会員は自由意志で世俗と離れ、清貧誓約をし、使徒的共同生活を特徴にしていた。また、かれらは神学の学業を終えてのち、キリスト教の説教に献身しなければならなかった。情緒的に方向づけられたフランシスコ会修道士の説教とは対照的に、ドミニコ会修道士の理性的な説教は人々に感動され、承認され、急速に広まった。そしてドミニコ修道会の二代目大修道院長ヨルダン・フォン・ザクセン（一二二二—三七年）のもとで二五〇の新しい修道院が、ドイツではケルン、トリーア、コーブレンツ、シュトラースブルク、マクデブルク、ヴュルツブルク、フライブルク、コンスタンツ、バーゼルに設立された。ヨルダンは一〇〇〇人以上の修練士に修道服を与えたが、その中にパリ、ボローニャ、パドヴァ、オックスフォード大学の教授や学生もいたことは、修道会の考えが知識人を燃え立たせたことを示している。一方、神学の確立にとって既に修道会の単科大学（「シュトゥーディウム・ゲネラーレ［大学の初期形態の学校］」）がパリ、ボローニャ、ケルン、オックスフォードで設立されていたのは重要なことだった。それらの学校へ修道会管区はそれぞれ、毎年、優秀な学生二人を送った。また修道院はそれぞれ独自の教育施設（「専門に関する学問《シュトゥーディウム・パルティクラーレ》」）をもっていたので、それらはそこに総合大学が設立される場合には、併合され、聖職者たちに教養学科を学べる保証をした。一方、聖職者教師は神学教授として講義を担当するようになった。

まもなくドミニコ修道会にも女子修道院が付設され、ニュルンベルク近郊のエンゲルタール修道院がドイツ初のドミニコ会女子修道院となった。これらの女子修道院はドミニコ会修道士たちの精神的な指導のもとで、若い女性たちの教育施設になり、とくに上部ドイツで女性らしい神秘主義を育成し、信仰心を深めていった。「第三修道会」は世俗的で正直な共同体で、（一二八五年に新しく公式化された）「聖ドミニクスの改悛の修道士と修道女」の規則に従って生活し、キリスト教の教えを学び、精進しようとする人々をそこに集めた。

これらの二大清貧修道会にまた別の修道会が続いたが、その一つがたいてい人里離れて住み、学校の設立や学問のために修道院の活動に専念するアウグスティヌス隠修士会［一二五六年、イタリア各地の隠修士の集団をまとめたアウグスティヌス隠修士会が生まれた。ルターはこの会の出身］であった。もう一つの修道士はカルメル会修道士であり、それはもともと十字軍から形成されたカルメル山麓のエリヤ洞窟に住む隠者共同体だったが、イスラム教の圧力下で西欧へ逃亡し、一二四七年には托鉢修道会の一つカルメル会になっていた。そのほかにはドイツ最古の修道院のひとつであるヴュルツブルクの修道院であった。厳格な生き方と沈黙の掟を守る修道士のその修道会はブルーノ・フォン・ケルン（一一〇一年没）により、すでに一〇八四年に隠者カルトゥジオ［シャルトルーズ］会修道院として設立されていた。その寡黙な白装束の修道士たちは一四世紀にドイツへ来て、中世後期の禁欲的神秘文学の担い手になり、膨大な図書の所有者になっていた。

しかしこれらすべての新修道会のうち、フランシスコ会修道士とドミニコ会修道士がキリスト教の歴史にとっては最も重要だった。かれらは独自の敬虔さにより、異端運動の気勢を殺いだ。神と個人的交わりをもとうとする神秘主義はフランシスコ会神秘主義とドミニコ会神秘主義に如実にあらわれ、それにより、神への生甲斐と内面的立証が女性に可能になったのである。

これらの托鉢修道会は大衆にだけ人気を博し、称賛されたのでなくて、高位層にも人気があったので教区の聖職者はかれらに嫉妬心を深めた。托鉢修道会の自発的な司牧活動(精神面での指導)は制度化された教区の司牧や教区義務と重なり合うところがあり、それによって埋葬や司牧奉仕での教区収入は減少したので、教区聖職者は托鉢修道会と激しく対立した。というのは、本来は奉仕であるべき司牧としての仕事に対して聖職者は礼金を取っていたからであった。ケルン大司教のエンゲルベルト(一二二五年没)が殺害されたため枢機卿の教皇使節がケルンへ来たとき、主任司祭たちは説教修道士たちが教区民の告解を聞き、新たに世界を開拓しようとしている、と述べた。レーゲンスブルクの司教座大聖堂の司祭で、『自然の書』の著者であるコンラート・フォン・メーゲンベルク(一三七四年没)などは一段と強い憎悪の念を抱き、フランシスコ会修道士たちは「悪人というだけでなく人類の平和破壊者で、多かれ少なかれすべての不和に対して罪がある」と叙述している。世俗聖職者と托鉢修道士のこの対立は何世紀も続き、教皇や教会会議しだいで異なる決定が幾度も下された。たとえば教皇ボニファティウス八世[在位一二九四―一三〇三年]は托鉢修道会士に教会や路上での説教をするのには常任主任司祭の許可、告解を聞くのには常任司教のそれを得たときにのみ認めたが、教皇ベネディクトゥス一一世[在位一三〇三―五年]は一三〇三年それらを撤回し、一三一一年ヴィエンヌ公会議はそれらを再び元に戻したというように、実際はいたるところで異なっていたであろう。

イスラム教との対立およびヨーロッパでの異端運動は、一二一五年の第四回ラテラノ公会議で要求されていた集中的な説教活動の必要性を再確認させることになった。フランシスコ会修道士とドミニコ会修道士が国民に熱狂的に受け入れられたのは、国民が強く説教活動を求めていたからであった。その証拠に、聴衆が殺到し、教会堂におさまりきれず、托鉢修道士たちは戸外で俄作りした説教壇から説教することが多くなった。説教が人気を博したのは、それまでの説教はたいてい諸教父からの引用文を用いて聖書解釈(聖書の章句に関する説教)をする程度だったのにくらべ、托鉢修道会のそれは入念に構成され、祭事を通して熱心におこなわれたので、その積極性が受け入れられたものと思われる。フランシスコ会修道士たちは同僚の模範に自主的に従い、懺悔を勧めながら国中を説教してまわり、聴衆に直接語りかけて内面に入り込み、反省心を起こさせるのが上手だった。レーゲンスブルクのベルトルト(一二七二年没)は弱者や聴衆の迷信的な偏見を厳しく非難し、到来しつつある世界の終末を具体的に描写し、懺悔の実行を求めた。かれはまたテーマづくりをし、それにそって説教するようになり、説教時に抽象的な数解釈とアレゴリーを用いて三壁、四本の紐、六人の殺人者、七惑星、一二人の悪魔の地主貴族《ユンカー》、四二の美徳の話などを説いた。ヨハン・フォン・カピストラーノ(一三八六―一四五六年)は、イタリアやドイツでもわかりやすい懺悔説教をおこない、人々に賭博ゲームや「忌まわしい道具」を焼却させ、新しい人生を賛美させることに成功した。

ドミニコ会修道士の説教は著名な科学者アルベルトゥス・マグヌス(一二八〇年没)が示しているように、弁証法的進め方を聖書解釈と説教にうまく利用していた。かれらの説教もまた、フランシスコ修道会の説教同様に具体性に富んでいた。ヤーコプス・デ・チェッソーリスのチェス解釈は、かれ自身の言葉をかりれば、説教ツィクルスから生まれたということである。その考え抜かれた

押し寄せる群衆に対して教会が不足していたので、フランシスコ会修道士のレーゲンスブルクのベルトルト(1272年没)は持ち運び可能な説教壇を使って戸外で説教した。かれの説教が神によるものであることを証明するために、鳩が天から聖体を持ってくる(オーストリア国立図書館、ウィーン)

説教は人々を感化したのである。このドミニコ会修道士の説教は、ヴュルツブルクの死の舞踏のテキストができるより以前に死の舞踏について言及しているので、死の舞踏は先ず懺悔説教から生まれたことが証明される。直接的にはイタリアからのゲームの輸入後だが、一三七七年のヨハン・フォン・ラインフェルデンによるトランプゲームの解釈もまた、まず説教ツィクルスに用いられていた可能性が大きい。マイスター・インゴルトは、『黄金のゲーム』(一四三二年)はある保護《パトロナート》教会での七大罪［高慢・物欲・色欲・嫉妬・飽食・憤怒・懈怠］に関する説教から生まれた、と叙述している。かれは黄金のゲームを七ゲームにたとえて説明し、そのさいヤーコブス・デ・チェッソーリスのチェス解釈とヨハネス・フォン・ラインフェルデンのトランプゲームの解釈を引用していた。またインゴルトの説教は、シュトラースブルクでおこなわれた七大罪以外の諸説教も抽象的数解釈テーマから生まれていた。たとえば「聖職者の三重の身分」、「ある聖職者の三つの印」、「七つのロザリオ」などであった。このような現実味ある感銘深い説教は、大衆の心を深くとらえた。三や七という数字がついているのは、中世ではそれは今日われわれが考えるように単に数を示すのみでなく、神秘的な意味をもつものと考えられていたからだった。中世に数字はキリスト教に関連する意義をもらい、三、四、七などはとくに重視された。それは、三は神・子・聖霊の三位一体、四はマタイ・マルコ・ルカ・ヨハネの四福音書記者を示すからであるが、三と四を加えた七はそれ以上に重視されていた。

いうまでもなく、修道院での説教が俗人対象の説教と異なっていたのは自明のことである。エックハルト(一三二七年没)の説教は信仰深い誠実な人間の一生を危険から救うこと、さらに魂を神と調和させるよう導こうとしていた。ヨハネス・タウラー(一三六一年没)は自分の説教をエックハルトの思想に結びつけた。タウラーは神は魂の中で新しく生まれると考えていた。そして、「神と一つになること」は神の意向が個人の中で成就されることであると理解した。かれは神秘主義と純朴な敬虔主義の心とを融合して神体験へ導こうと試みて、かれの説教を聴く女子聴衆を激動の内面から心の平静へと導いた。そのようにしてドミニコ会修道士の修道院(向け)説教は真の司牧の役を果たし、ますます深い信仰心へと導いていった。

このような司牧や説教の功績にもかかわらず、中世末期にいたるところで修道院に対する大きな誤解が生じ、修道会の威信は低下した。貞操の誓いは修道生活を支える柱だったが、これが必ずしも遵守されなかったために誤解が生じた。民間信仰では性関係の断念は聖なるものと理解されていたので、俗人の宗教運動は自由意志で貞操の誓いを守った。それゆえラントの信仰深い人々は修道院、とくに女子修道院で猥褻行為がおこなわれていると知ったとき憤慨したのであった。

女子修道院が中世末期に数多くできた理由として、種々の要因から生じた全住民数の五分の一にのぼる女性過剰があげられる。そのため女子修道院は高位層の未婚者や寡婦のための扶養施設になり、女性過剰という社会問題の解決に一役買った。しかし修道女たちの大半は修道院誓願［清貧・貞操・従順］を仕方なく守っただけで、それを厳守しなければならないと感じていなかったため、密かに性的欲求を満たそうとした。だが秘密にしておかなければならないことはたいてい暴露されて、スキャンダルになった。例を挙げれば、貴族の修道女二四人が住んでいたオーベルンドルフ修道院に、その周辺に住む貴族が猥褻行為をするため定期的に姿を見せていたことなどである。このような出来事のために、俗人世界に生じた怒りは教会の威信や信用を危うくさせた。それゆえ（とくに一五世紀に）修道会から修道院を改革する運動が生じ、しばしばそれが家族の一員が女子修道院の住人であった国家官吏から絶対的な支援を得たのも理解できる。しかし、このように乱れた修道院に再び正常さを取り戻すのは非常に難しかった。ニュルンベルク近郊のドミニコ会女子修道院ザンクト・カタリーナの住人たちは一三九六年、自らの自由を守るためにドミニコ会管区長や市参事会員に身をもって対抗し、キリストの大きな十字架像で管区長をめった打ちにした。市参事会員たちは反抗する修道女たちに目つぶしの穀粉を投げつけて対抗したが、誰ひとり彼女らを押さえることはできなかった。三〇年後に初めて（一四二八年）修道会総長と管区長のヨハネス・ニーデルがザンクト・カタリーナ女子修道院を改革することに成功し、この修道院はそれから一〇年間中心になって他の修道院を改革した。さらに、ニュルンベルクのフランシスコ会女子修道院では修道院内での修道女たちの個人的紛争は、修道女間での、あるいは女子大修道院長との猥褻行為につながり、改革の試み（一四二〇―二九年)は一〇年間実ることはなかったが、それでも一四四七年修道院に厳格な規律を導入することに成功した。

先に述べたような数多くの女子修道院の改革は、一四世紀以来様々な領域で成功をおさめた男子修道院の改革運動が背景にあったからこそできた。改革運動は修道女や修道士の不品行をなくすだけが課題ではなかったが、修道院メンバーが所有財産を修道院誓願に反して意のままに浪費したり、建物の老朽化がすすみ、修道院財産が浪費しつくされ、礼拝用の衣服や教会の設備品が担保に入れられ、写本が手放されたり盗まれたりし、修道院が負債を抱え、暴力行為も頻繁に生じることがなかったなら、改革運動は成功していなかったであろう。一例を挙げればベネディクト会ヴュルツブルク修道院(中部フランケン地方)で、一三九一年に大修道院長ハインリヒ・デア・ザックスが管区長に斧で叩き殺され、かれを撲殺した管区長はまた別の聖職者に殺害された。さらにベネディクト会ティーアハウプテン修道院で、聖職者が一四五六年に新しく選出された大修道院長フリードリヒを就任初日に剣で刺殺した。

品行や個人財産に関連してというわけでないが、個別的には托鉢修道会のほうが所有財産のある修道会より清貧だった。バーゼルのドミニコ会修道院が一四二九年に厳しい規律を導入したとき、自己財産を放棄できない多くの修道士は修道院を去ったが、その中に『黄金のゲーム』の著者マイスター・インゴルトもいた。かれは修道院を去って三年後に死去したが、新管区長はかれの豊かな遺産を差し押えた。改革運動がいたるところで成功したのは、修道院の理想を実現しようと努力する修道士が諸修道院で相当数いたことを示している。

メルク[オーストリア東北部のドナウ河畔の都市]の修道院を改革する運動はウィーン大学から始まったが、その改革案は、ウィーンの著名な神学者で司教座聖堂参事会員のニーコラウス・フォン・ディンケルスビュール(一三六〇―一四三三年)が一四一四年『改革の方法《レフォルマティオニス・メトドゥス》』に著したものであった。かれはまた、改革に力をつくしたウィーン人のニーコラウス・ザイリンゲル・フォン・マッツェン(一三六〇―一四二五年)を手本にし、実践においても活躍した。ウィーン大学長(一四〇一―二年)だったマッツェンは、一四〇三年に学生数人をつれて(その中にはペートルス・フォン・ローゼンハイムがいた)ローマ東部にあるベネディクト会スビアーコ修道院に入り、一四一〇年にそこの管区長、一二年に大修道院長になった。かれはまた一四一三年に上級貴族の一門という理由で押しつけられていた、空位の聖職禄一時保有〔正規の所有者が任命されるかまた復帰するまで教会法上の権利を持たない俗人に役職を与え、その聖職禄や制度からの利益を得ること〕かつ修道院長の地位から退き、ロカ・ディ・モンドラゴーネの管区長になった。それにもかかわらず、かれの改革は大衆から支持されていたので一四一七年のコンスタンツ公会議の教皇選挙時に、かれは圧倒的な発言権を発揮することになった。

一方、改革運動をしていたニーコラウス・フォン・ディンケルスビュールは、修道院を改革するためにオーストリア大公を味方につけていた。マッツェンは一四一八年教皇の改革命令によりメルクの大修道院長に任命され、自分の教え子たちと一緒に改革をおこなった。その改革が浸透したとき、かれはそれを体系的にオーストリア全土に広めた。かれの死後、かれの協力者のひとりペートルス・フォン・ローゼンハイム(一三八〇年―一四三三年)が、バイエルン大公ヴィルヘルムからバイエルンとシュヴァーベンの修道院を改革するよう召喚を受けた。フライジング司教総代理のヨハン・グリュンヴァルデルがバイエルン大公ヴィルヘルムに「品位を落とした修道院の状態を積極的に是正しなければ、民衆は不品行の聖職者たちを撲殺するだろう」と言ったのは的を得ていた。ペートルスとグリュンヴァルデルは教皇に代わって全権を行使し、大公の護衛に護られながらもベネディクト会修道院やアウグスティヌス修道院(テーゲルンゼー、ディートラムスツェル、ボイエルベルク、シァイエルン、エーバースベルクおよびその他多くの修道院)の数々を改革していった。改革前のテーゲルンゼーの聖職者たちは品行の悪さで有名で、当時の年代記によれば「修道服以外にかれらに聖職者らしいものは何ひとつない、しかも修道服や修道士という名すらも捨て、家族や近隣の騎士たちと来る日も来る日も修道院の財を浪費した」のである。都市貴族の息子のカスパル・アインドルフフェルはテーゲルンゼー修道院を改革するため一四二六年に大修道院長として赴任したが、貴族修道士全員を敵にまわしたので自衛用に鎖帷子をつけなければならなかったほどである。それでも器量の大きい、礼節をわきまえたかれは意志を貫徹し、改革に成功したので、その後テーゲルンゼーが中心になって改革は続けられていった。

他所では貴族の修道院住人とその氏族《ジッペ》の問題が生じたが、最悪だったのはエーバースベルクで生じた事件であった。エーバースベルクの大公は大修道院長カストナーを一四二七年にその職から解任したが、カストナーの貴族の親戚は激怒して大公を脅したため、大公はカストナーを直ちに権力によって再び着任させたという事件だった。カストナーは猟館で愛人や子供たちと一緒に住み、修道院の財を浪費したのが原因で解任されたのだが、それにもかかわらず再任された。この再任は四年間の訴訟後にローマ教皇庁から承認され、かれは死亡時(一四四二年)まで邪魔されずに大修道院長として君臨できた。このような決定はもちろん教会の威信を決定的に傷つけた。

しかしながら、エーバースベルク修道院での事件は、メルク改革や別の改革運動によって数多くの修道院が秩序ある信仰深い修道生活を回復したことを思えば、あまり意味はなかった。しかし中部ドイツや北ドイツの修道院での異常事態は改善されないままだったので、教会改革を求める声は俗人諸層で一六世紀まで残った。

二　聖人崇拝、巡礼、兄弟団、免罪

キリスト教は一年を意味付けようと、五二回ある日曜日と聖体秘蹟の祝日という特別な祭日によってキリストのよみがえりを思い出させるようにした。そのために教会年暦は教皇グレゴリウス七世(一〇八五年没)以来、四回ある待降節中の日曜日《アドヴェンツゾンターク》をはじめとし、キリスト誕生、主公現の祝日、復活祭、キリスト昇天の祝日、聖霊降臨祭などキリストに関係する祭日、聖母マリアのお清めの日(聖燭祭[二月二日])、受胎告知の祝日[三月二五日]、マリア昇天(薬草聖別で民間信仰に適合させている)、マリア誕生、受胎、一三八九年以降の聖母マリア訪問の祝日[五月三一日、元来は七月二日]など、マリアに関係する祭日によって構成されていた。聖体祭儀に重みを与えるための聖体祝日《アントラスターク》はモン・コルニヨンのユリアーナ(一二五八年没)の空想の産物であったが、まず一二四六年にリエージュで、一二五三年からは西部ドイツの全土で、そして一三一四年、教皇クレメンス五世[在位一三〇五—一四年]により全教会で実施された。それに加えて聖人崇拝が高まり、地域祭や修道院祭以外にさらに四〇の祭りが加わった。

殉教者が直接神の玉座に到達できるという信仰は、殉教者に神への取次を嘆願することにいきついた。まもなくそれは全聖人にも当てはめられ、民衆は聖人にも神への取次を頼むようになった。そこから民間信仰は、信者がその名を唱えさえすれば願いを叶えてくれるという実生活にあう救難聖人をつくりだし、聖人信仰から本格的な聖人礼賛が生まれた。キリストの一番使徒で天国の門番ペトロ、竜に勝った大天使ミカエル(『黙示録』一二章七節)、初の殉教者かつ年暦聖人シュテファノスは最古の守護聖人だった。ゲルマンの時代の一年の変わり目の慣習(シュテファニー乗馬)は、シュテファノスを聖人に奉り、かれに祈願していたのである。中世末期には代願によって職業や教会などが保護される聖人、つまり守護聖人がつくられるようになった。本来は不滅の殉教者であった聖ゲオルク［ゲオルギウス］は竜を退治する騎士に、あるいはキリスト教以前の騎士の馬術（ゲオルク乗馬）の保護者になった。矢攻めで拷問を受けた殉教者聖セバスティアンは、かれの受けた矢がペストと解釈されペストから身を守ってくれる聖人になった。海岸都市バーリで崇拝された聖ニーコラウスは十字軍参加者によって航海の守護聖人となり、漁夫を守ってくれる、また天国の鍵を預かる聖ペテロ［ペトロ］は漁夫や錠前師の守護聖人になった。パリの聖ディオニューシウス（サン・ドニ）は頭痛や犬に噛まれた傷また梅毒から救ってくれる、聖エーギディウスはハンセン病から救ってくれる聖人になった。監獄塔と一緒に描かれている聖バルバラは彼女の目印（監獄塔）が鉱山の立杭巻揚げ塔と解釈しなおされ、採鉱業の守護聖人になり、聖レーオンハルトは囚人を保護してくれる聖人（鎖で抱きかかえられたレーオンハルト教会）、馬（レーオンハルト乗馬）を保護してくれる聖人、また家禽や畜産業を保護してくれる聖人になった。イタリア、フランス、スペインでは聖地巡礼の聖人であるクリストフォルスは、ドイツでは急死を免れさせてくれる守護聖人になった。

　教会は建築されるとき、それぞれ特定の聖人の保護下におかれた。また教会設立者は修道院好みの聖人を守護聖人に定めることが多かった。それゆえ修道院は新しく設立あるいは併合された教区教会に、一種の所有財産として修道院聖人を与えた。他方、教会の守護聖人の保護権は文化によって影響された。トゥールの聖マルティヌス［ドイツ語でマルティーン、フランス語でマルタン］とパリの聖ディオニューシウスの保護権は、たいていフランケン地方の文化から影響を受けていた。もちろん民衆が教会の決めた守護聖人を常に受け入れたわけではなかった。むしろ民衆はしばしば民間聖人を副守護聖人に取り入れた。それどころか上部ドイツ、オーストリア、スイスでは民間聖人が正聖人になることもあった。たとえばビトブルク近郊のメッセリヒでは、聖マルティヌスが教会の決めた守護聖人であるにもかかわらず、農民は聖ヴェンデルを崇拝したので、結局かれが正聖人になった。

　民衆は聖人選択に大様《おおよう》で、思慮浅く、感情的に故人を崇拝することが多かったために、ブルグントのために聖遺物を獲得し、教会を設立したブルグント王ジークムントが五二四年に妻や子供たちと泉で敵方に溺死させられたとき、民衆はかれを殉教者として崇拝し、かれが五二二年に単なる誹謗によって自分の息子を殺害させたことなど忘れた。それゆえかれは民間聖人の仲間入りをした。さらに皇帝カール四世は次男にこの聖ジークムントに因んだ名を与えたほどかれを崇拝していたので、ジークムントの聖遺物をプラハのファイトドームに移し大事に奉った。それからのち一四六〇年頃、聖ジークムントの祭壇がベルリンのマリーエン教会につくられた。またアウクスブルクのウルリヒ(九七三年没)も死後に聖人として崇拝された。かれは九五五年にアウクスブルクを包囲攻撃したハンガリー人への反抗の魂だっただけでなく、あらゆる面で優秀な司教であったので、かれの死後ウルリヒ崇拝が急速に広まり、それに応えて九八三年に教皇はかれを聖人として公表した。それは荘厳な初の列聖［聖人の列に加えること］であった。そしてカール大帝がダッセル大司教のライナルトから、一一六五年に政治的理由から聖人に名指しされたとき、教皇政治は新聖人をつくりはじめたという事実があれば手続なしで新しく民間聖人になることができた。トリエントのシモン［聖ペテロの別名、ユダヤ名をシモンといい一二使徒のひとり］は一四七五年、二歳のときユダヤ人による拷問によって殺害されたので、自然発生的に殉教者のように崇拝された。

中世末期には聖人を一組で崇拝することが民衆に広がった。たとえば三女医(コスマス、ダミアーン、パンターレオン)、三総大司教(アブラハム、イサーク、ヤコブ)、三大殉教者、三母親、三教会組織、三童女(バルバラ、マルガレータ、カタリーナ)であるが、それは(一四人の守護天使に倣って)一四人の救難聖人崇拝にまでなった。一四人の内訳は三司教(ブラージウス、ディオニューシウス、エラスムス)、三騎士(アハーティウス、オイスターティウス、ゲオルク)、三医師(エーギディウス、チュリーアクス、パンターレオン)、三童女(バルバラ、カタリーナ、マルガレータ)、病気(舞踏病など)から守ってくれる聖ファイトと急死を逃れさせてくれる聖クリストフォルスである。同時に嘆願できる聖人が複数いるのは、民間信仰では緊急時に必ず誰かに救ってもらえるという保証だったのである。救難聖人の崇拝は一四世紀にレーゲンスブルクで生まれ、托鉢修道会や都市貴族や市民階級からも賛同され支援された。一三三一年のレーゲンスブルクのドミニコ会教会のフレスコ画や、有名な一四聖人巡礼教会の建設（一四四八年）は、救難聖人崇拝の強さと広がりを示していた。

殉教者の聖遺物を保管し、キリストの墓のコピーをつくろうとする慣習は聖遺物崇拝を次第に活発化させた。その結果、いたるところで聖遺物は恩恵あふれる宝として収集されるようになった。今日なお有名なのはアンデックスの聖遺物宝物で、その土台の部分はアンデックス人の祖先が聖地から持ってきたもので、一三八八年に再発見された。その後それは見なおされ、ミュンヒェンのブルク教会でアンデックスの聖遺物として展示されるようになった。その聖遺物崇拝に対して教皇が免罪を実施したのを契機に、一三九二年に大群集が聖遺物巡礼のためにミュンヒェンに押し寄せた。一五世紀初頭から、聖遺物宝物は再びアンデックス巡礼教会で保管されている。皇帝カール四世（一三七八年没）も、カールシュタイン城塞とプラハ司教座聖堂に数多くの聖遺物を収集した。のちのルター後援者でザクセン選帝侯フリードリヒ三世は総計一万八九七〇点の「聖遺物」を収集し、聖遺物崇拝に対して配布される高級贖宥状を獲得した。しかし、それらはルターの宗教改革で無価値になった。

中世後期の巡礼は聖人崇拝や聖遺物崇拝と密接な関係にあり、キリストの現世の生活地、聖地パレスチナを巡礼することは当初から宗教的に敬虔な行為として好まれていた。しかしイスラム教徒が聖地パレスチナを占領し、巡礼が難しくなったため、お礼参りや祈願のために聖地巡礼をしようとする贖罪者のことを考え、パレスチナ巡礼の代わりになるものがヨーロッパで提示されねばならなくなった。それはまず第一のグループとして当時ヨーロッパに存在していた聖地の聖遺物やキリストの聖遺物巡礼であった。それには聖体仙骨部の小片聖遺物や荊冠聖遺物とならんで、一一九六年以来司教座聖堂の主祭壇に保管されていたトリーアのキリストの未縫製衣聖遺物などが含まれていた。

第二のグループは、一四世紀に最高潮だったホスチア〔聖体〕巡礼であった。一三〇〇年以降、聖体祭儀のシンボルだった受難の人キリストを印象づけるために聖地巡礼が生じたが、いわゆるグレゴリウス・ミサもおなじようなことを目的としていた。ミサで聖グレゴリウスに奉献されたホスチアは人間の姿をした受難のキリストに変化したのである。他の巡礼旅は聖血霊場、正確には名誉を汚され、刺殺され、血を流したホスチアのある教会への巡礼であった。アンデックス巡礼教会の聖遺物はこのような血のついた聖体だった。またビナビブルクやベットブルンとならんでヴィルスナックの巡礼教会も有名だった。とくにヴィルスナックに大群衆が押し寄せたのは、教会が火事(一三八三年)に遭い灰と化したにもかかわらず、それだけは無傷で残ったという血痕のついた聖体三体が鎮座していたからだった。そのうえ教皇オイゲーン［エウゲニウス］四世［在位一四三一―四七年］とニーコラウス五世［在位一四四七―五五年］がそれぞれ一四四六年と四七年にヴィルスナックのこの聖血礼拝を認め、それはまた大多数の司教とブランデンブルク選帝侯からも支援された。それに対してマクデブルクの司教座聖堂参事会員はそれらすべてを詐欺や金銭欲とみなし、ニーコラウス・クザーヌス枢機卿を議長とする一四五一年のマクデブルク修道会管区長公会議は罰令権を行使すると脅かし、ヴィルスナックの不可思議な聖血崇拝を禁止した。しかしそれも民間信仰の勢力と粘り強さにかかっては何の役にも立たず、ヴィルスナック巡礼は宗教改革の後も続いた。それはルター派の説教師が激怒して、一五五二年に血の聖体を焼却して初めて静まったのである。

日ごとに強くなるマリア崇拝は一四世紀後半以降、巡礼の第三グループとしてマリア巡礼になった。それは不思議なマリア像、しかも晩課の像、つまり死んだ息子を膝の上に抱いて悲しんでいる聖母マリア(ピエタ)、キリストの五箇所の傷が消えたという奇跡を崇拝するために制作された敬虔な聖像への巡礼であった。マリアの膝の中にいる受難の人は聖体巡礼の意味にもなるので、マリア崇拝と聖体崇拝が一聖画像の中で調和して一つに見えるのである。慈悲像としてのピエタ像、つまりマリアへの巡礼は一三三〇年にレーゲンスブルクで初めて、その後ヘーヒストベルクで一三五〇年におこなわれた。一四八九年以来、子供を抱いた黒ずんだ聖母マリア像がアルトエッティングで聖像として崇拝されていたように、中世末期の一般的な聖母マリア彫像は聖像崇拝や聖地巡礼の目的になった。まもなくアルトエッティングへの巡礼は増え、ゲオルク金持公(一五〇三年没)がそこの奉納宝物すべてを自分のブルクハウゼン城に持ち帰ったとき、その値段は八万グルデンにものぼった。

マリア巡礼の大群は聖アンデックス山にも押し寄せた。巡礼者の大群を魅了した古い巡礼聖遺物（血の聖体や同時代の二体の聖体）は、後期ゴシック聖像のマリア像の出現により、影が薄くなった。しかし、いうまでもなく、いつの時代にも聖遺物巡礼は巡礼者には魅力があり、とくにキリストの弟聖ヤコブの墓があるサンチャゴ・デ・コンポステラは人々を魅了していた。それだけでなく教皇シクストゥス四世［在位一四七一―八四年］は一四七八年に、サンチャゴ巡礼は聖地エルサレム巡礼に匹敵すると承認した。

聖地巡礼というのは遠距離巡礼を意味し、近郷の聖地礼拝を意味したのでない。大教会や修道院はそれぞれ、自分たちの守護聖人を救難聖人にしようとしたので、改築や特別祭のときに極めて慎ましく生活していたという記録だけでそれが聖人伝になり、不思議な話がそれにつけ加えられ、救難聖人になることが多かった。人々がよく訪れた崇拝地では、聖人の名を高める材料や正式に聖人に加えられる列聖式の材料として、奇跡で病気を治すなど、奇跡を起こした記録がのっている本が個別につくられていた。それは聖人に対する民間信仰と敬虔な信仰の証拠書類であろう。

民衆は祈願が叶えられたとき、たとえば結婚の祈願が叶えられた場合には「婚約」の絵というように、願いが聞き入れられたことを賛美する奉納画などを寄付して感謝の意をあらわした。そのうえ、また願いを叶えてくれた聖人には御礼の品物を奉納したり、お供えをしたりした。

ミヒャエル・オステンドルフェルの『レーゲンスブルクの美しいマリアへの巡礼』（1519年）は巡礼杖、旗、方形旗を持って、集団をなして巡礼教会へ行く無数の巡礼者を描写している。右方では、奉納しようとして、一人の巡礼者が特別な供物となる、大きな蠟燭を抱えている。手前では、数人の巡礼者がひれ伏しマリア像の台石を抱きしめている。他の人々は誓いのために最後の道のりを這って進む

病人は願い事が忘れられないようにと病んでいる四肢（腕・足・手・蛙の形での子宮など）の複製品を鉄や蠟でつくって、奉納品として聖地に吊していた。また鉄でつくった家畜は生活上必要な家畜を聖人に保護してもらうためだった。

農民の信仰の厚さは体重分の供物にもあらわれていた。アウクスブルクの聖ウルリヒとアイヒシュテットの聖（女）ヴァルブルガには蠟、プリュフェニングの聖エルミノルトには自分の体重分だけの穀物を供物として差し出した。オーストリアの民間聖人コーロマンには木製や粘土製の聖コーロマンの頭部に穀物を詰め込んで捧げ、人間や動物の病気回復を祈願した。また囚人たちが釈放時にレーオンハルト教会に鎖を供えて謝意をあらわしたので、そこから家畜の守護聖人レーオンハルトが生まれた。馬や他の家畜をつれて聖レーオンハルトを拝みにいく行列はテーゲルンゼーのクロイツで既に一四四二年におこなわれていた。今日おこなわれているバード・テルツのレーオンハルト行列と違うところは、中世では動物を巡礼教会に立ち寄らせているところであり、そのことは「永遠の至福をもたらす」ということを示している。

兄弟団がますます多くの都市にでき、著しく成長したのは、とくに中世後期の特徴だった。兄弟団とは特定の目的のために俗人男女と聖職者が敬虔な隣人愛にもとづいて一緒になった団体で、その起源をたどれば慈善団体であった。かれらは信仰心の厚いサークル内で身分の別なく、礼拝、愛餐会、貧者救済や埋葬の世話、埋葬時の墓地への参列、死者のための代願の祈りなどを一緒にした。たとえばコルポリス・キリスト［聖体］兄弟団は礼拝すること、葬送の行列に参加すること、司祭が危篤の信徒に臨終の秘蹟を与えに行くとき同伴することによって聖餐の礼典を賛美することを使命にしていた。

北ドイツ、オランダ、フランスでは一二〇〇年以来カランド兄弟団［一日《ついたち》参集信心会］（「カランド［朔日］」の集会に因んでそう名づけられた［聖職者と信者からなる相互扶助共同体で、初期新高ドイツ語「カランド」はラテン語の「カレンダエ」からきている］）があった。それは、主任司祭総会が魂の世話に関する諸問題について意見の交換をするためや、指示を知らせるために生まれたものと推測される。カランド兄弟団は救霊の保証と会員の埋葬を最も重要な任務としていた。またそこから、相互の臨終秘蹟を目的とする、ラント聖職者で構成される主任司祭カランド兄弟団が生まれた。そしてそれに慈善目的がつけ加わり、一二〇九年にホルンハウゼン、一二二六年にシュナイトリンゲンに救貧院が地域のカランド兄弟会員の主任司祭たちによって設立された。それにくらべて、ヴィーデンブリュックのカランドの創設者（一三四三年）がリートベルク伯のオットーであったように、後世にできたカランド救貧院は俗人によって設立されていた。ヴェストファーレン地方のヘルデッケにあるカランド兄弟団にマルクとクレーヴェの多くの伯が妻を連れて入会し、かれら以外にも騎士一一九人が入会した。カランド会員中数は少なかったが聖職者は兄弟団の礼拝、死者ミサ、葬儀、魂救済のミサなどを首尾よく企画準備するために首脳職についていた。貴族のカランド会員たちはいたるところで「歓喜兄弟」と軽蔑されたが、それはかれらが兄弟団の宗教面を疎かにしたからだった。しかし大方の会員は、貧しい同胞や社会のアウトサイダーに対して隣人愛をもち、慈善事業に勤しみ、生きている人や故人のために毎日祈禱し、葬儀に参列し、死者ミサをおこなって生活することに努めていた。

兄弟団の多くはマリア民間信仰、マリア祭壇での朗読、他の形式のマリア崇拝に奉仕していた。聖母マリアへの瞑想や祈禱、またキリスト受難物語を併合するロザリオ崇拝が生じたのは、兄弟団がそれを望んだからであった。このようなロザリオ崇拝に適するテキストを考案したとき、いたるところでそのための兄弟団が誕生し、一四七五年にはドイツ初のロザリオ兄弟団がケルンに設立された。他の兄弟団はとくにキリスト教の宗教的な目的をもっていた。ルツェルンでは一四七〇年に「荊冠への兄弟団」が設立され、聖十字架発見と荊冠の日を十字祭壇への供物行列をおこなうことによって毎年祝福し、五箇所に傷をうけたキリストを追悼するために五年毎に受難劇を上演した。

兄弟団の第二グループは社会福祉的な目的、とりわけ救貧院の設立や運営に貢献していた。これらの「施療院兄弟団」は設立した施療院にたいてい「聖霊」という名をつけた。「清貧兄弟団」は巡礼者や旅人の宿泊の世話を、「ヨドークスとクロークス兄弟団」は橋や橋の袂《たもと》にあるニーコラウス礼拝堂の世話をしていた。

もともとは職能団体を意味する兄弟団は第三グループを形成していたが、それは相互の祈禱支援、会葬、死者のための代願の祈り、病気や貧窮に陥った同胞の世話をする義務を負っていた。これらの兄弟団の階梯《かいてい》は騎士、都市貴族、教授、司祭をはじめ職業についている人すべて、ワイン醸造業者、牧羊者、農民、ハンセン病患者にまで及んでいた。貴族兄弟団と騎士団の境界は流動的だった。たとえばブランデンブルク選帝侯フリードリヒ二世が設立した白鳥騎士団は本来は貴族男女に特定され、マリア崇拝、敬虔、規律、節制を守る兄弟団だった。しかしアルブレヒト・アキレス辺境伯が一四五九年にアンスバッハに設立した白鳥騎士団の支部は、隣国諸国に対する警護のためにアンスバッハ騎士階級の修道会団体として一四八五年に独立した。

要するに中世後期の兄弟団は第一級の文化要素、つまり情緒的なものや精神的なものの育成のためだけでない文化要素、さらに言い換えれば敬虔そのものであった。兄弟団はキリスト教の慈善事業や社会福祉事業の担い手だった。そのうえ、祭壇、教会の窓、兄弟団の礼拝堂などを寄付することによって、実生活における芸術面にも影響を及ぼした。兄弟団が中世後期に著しく増加したのは、人々がこの政治的、精神的、経済的、社会的に不安定な時代に同胞愛的な共同集団によりどころを見つけたからであった。だからこの傾向は修道院すらものともしなかった。ベネディクト会修道院オーバーアルタイヒは一四四一年にカルメル会修道士たちとシュトラウビングで「聖職者同盟」を結んだ。その後、それはカルメル会修道士長の総会によって総カルメル会修道会に拡張され、かれらは修道会の集めた慈善財産をオーバーアルタイヒの修道士たちに生前中も死後も役立たせるようにした。このように修道士たちが死後のことにも慈善財産を使用するよう計画していたとすれば、贖宥を清めの手段に使うことが中世後期に如何に重視されていたかが推測できる。

贖宥［キリスト教では罪を受けた者は地獄でこの世の負債を贖《あがな》わねばならなかったが、それを現世で贖おうとして、金銭や労働、また祈禱などによって免罪符がだされた］は時代の刑罰の遺品だったので悔悛の秘蹟に関連していた。一般人には洗礼・堅信・婚姻・終油の秘蹟などは人生の節目に一度だけ与えられるのに対し、悔悛の秘蹟は罪を犯した者がそれを必要とするたびに与えられた。それは信徒が犯した罪を心から悔悛する部分、罪を懺悔し司祭を通して神の許しをもらう部分、罪の許しに対し償う部分からなりたっているが、最後の部分が教会が信徒に課す刑罰であった。贖宥はこの部分を完全、あるいは部分的に免除するものであり、また種々の贖宥が教会から許可されていた。十字軍贖宥状は十字軍への参加者たちに完全免罪を確約し、教皇イノケンティウス三世以降十字軍に金銭を寄付した人々にも確約された。さらに贖宥状は教皇カリクストゥス三世［在位一四五五―五八年］以降、兵士として、あるいは寄付によって対トルコ戦争に参加した人たちにも授けられるようになった（一四五五年）。

それ以外に、共同体の大建造物を建築するのに寄付した人には建築免罪が与えられた。たとえば一二二九年に帝国都市ドナウヴェルトのドナウ川橋建築、一二三七年にヴュルツブルク司教座聖堂建築、一二三九年にハルバーシュタットの司教座聖堂建築時にこのような建築贖宥状が公募された。これは一回限りの出費で教会上の贖罪行為を清算できるということだった。六人の大司教と一一人の司教が発行した一二八八年から翌年の同文面の建築贖宥状は、ベネディクトボイエルンの修道会教会の再建に労働参加した人に対しては四〇日の贖宥を約束した。それは現金ではなく、それ以外の方法によって贖宥を手に入れる贖罪行為であって、文化的に意味のある肉体労働への変化だった。それは、大変意義深い変化だったことは確かである。

一三〇〇年の教皇ボニファーティウス八世［在位一二九四―一三〇三年］の大赦免罪は、一年のうちいつでもよいから真に悔悛した懺悔の後、「聖ペテロとパウロ」教会をローマに三〇日間敬虔に訪問した人たちに完璧免罪を約束した。このような大赦免罪は一三五〇、一四〇〇、一四二三、一四五〇、一五〇〇年にも公募された。そのほかに、特定場所で特定時間に常任司教の説教を聴く人に与えることで、新しい修道会の説教を促進しようとする説教贖宥もあった。それゆえレーゲンスブルク司教のハインリヒ三世は一二七七年ドミニコ会修道士たちに、かれらの説教を聴講する人たちに二〇日から三〇日の贖宥を与える全権を授けた。また特定の祈禱およびその意思表示に対して、さらに特定の聖像（神の小羊）崇拝に対しても免罪が約束された。アヴィニョンの管区長教会会議は一三二六年、イエスに祈りを捧げる人に一〇日間の贖宥を認めた。また一四七〇年、アヴィニョンで決められた祈禱「神の処女母《ウィルゴ・マーテル・ディ》」をミュンヒェンの教会で唱えることに対しても一〇日間の贖宥が約束された。

祈りを唱えて手に入れるこのような贖宥保証は、一部には空想的な日数計算でなされたものもあるが、一四、一五世紀の祈禱書や一四八六年の皇帝マクシミーリアン［一四八六—一四九三年、共治者］の祈禱書にも見られる。早くもジャン・ジェルソン（一三六三—一四二九年）は諸司教に、このような誤った免罪保証に対して異議を唱えることを求めたが、現実は「恵み深きイエス・キリストを祈る《プレコルテ・アマンティシメ・イエス・クリステ》」ことに対して、礼拝では五とされているキリストの傷数と同数の贖宥日数を約束するのが多かった。しかし、たいてい祈禱書は五という数字のかわりに五二四二、五二六六、五四七五、六六六六を書き入れていた。聖体奉挙と第三番目の「神の小羊《アーグヌス・ディ》」との間の「主イエス・キリスト《ドミネ・イエス・クリステ》」を祈る報酬としての贖宥保証は祈禱書の中で二〇〇〇、一万、一万二〇〇〇、二万日になっていた。それは、厚顔無恥な祈禱書出版者が、もとはわずかしかない数を空想の産物へと捏造《ねつぞう》したことを示している。

一四〇〇年にジェルソン、一四七〇年頃にディートリヒ・コエルデが叱責したこれらの捏造は、人々の関心が教会上の贖罪刑の免除から死後に待つ煉獄苦の免除あるいは減少に変化していったことをあらわしていた。これはすなわち、民間信仰に先を譲ったが本来の免罪思想の拡大解釈をあらわしていた。また民間信仰は故人の贖宥も求めた。つまり死んだ家族、煉獄で苦しむ哀れな魂に免罪保証の援助を向けたのである。神学者は死人の免罪をすでに一三世紀以降考慮に入れていたが、教会法学者はそれをいさめた。教皇カリクストゥス三世［在位一四五五—五八年］は一四五七年に国民請願に譲歩し

『アルス・モリエンディー（死亡術）』。死への準備のための挿絵が豊富にのっている、この大衆小冊子は広く普及した。ドイツ語で書かれた木版本の中のこの版画（ウルム、1470年）は、今まさに死のうとしている人が司祭から臨終の蠟燭を差し出され、臨終をむかえるところを描いている。臨終に面している者の魂の周りで、天使と悪魔が争っている。臨終の蠟燭、十字架にかけられたキリストの死につつある者への眼差し、右上方の聖人たちは臨終する者の魂を、慎重に天につき添っていく天使に預けている

たが、それはかれの故郷スペインに対する特定の大勅書においてのみだった。現実的には故人のための免罪は、一四七六年に教皇シクトゥス四世［在位一四七一―八四年］がはじめて導入した。それは贖宥売買に新しい躍進をもたらした改革だった。

その後、ローマのサン・ピエトロ大聖堂の建築贖宥状が原因となって争いが生じた。とりわけドミニコ会修道士のヨハン・テッツェルが贖宥状を販売した一五〇五から一七年にいかがわしい方法を使用したため、マルティン・ルターは司牧に従事する者として激怒した。その理由は、ルターの告解者たちが悔悛するかわりに、贖宥売買が禁止されていたザクセンから国境を越えて来て、実際にその贖宥状を買ったからだった。ルターは一五一七年一〇月三一日の彼の免罪論題の中で、教皇の贖宥であるかどうかの真相や贖宥自体を疑問視することもなく贖宥状の売買をする弊害を、また贖宥を煉獄や故人の贖宥にまで広げることを厳しく批判した。

三　精神思潮と宗教運動

牧職や礼拝とおなじように神学も宗教上の生活を決定する。中世末期の学術の中枢は大学で、その頂点に立っていたのが、一二一三年に教皇イノケンティウス三世から特権を与えられ、「大学の指導者《ウーニヴェルシタース・マギストロルム》」と自覚していたパリ大学であった。その後大学設立は続出したが、ドイツでは一四世紀に初めて大学が設立された。結局一四〇〇年までにヨーロッパで四四の大学が設立されたが、そのうち三一大学が教皇の特権をもっていた。

大学の教授法は、ペートルス・ロンバルドゥス（一一六四年没）の『神学命題集』のような有名著書を注釈することや、個別の問題を発言および反論形式で学術的に論じる論争によって教材の内容を伝えることだった。学術上の小規模の討論会は一四日間続き、大規模なのは年二回開かれていた。またこの教授法は台頭しつつある学術書にも影響を及ぼしていた。著書はその都度、根拠や反対根拠をつけて説明し、それから反対根拠を打ちのめす論拠で終えるという形式の質問や、それを誘導するための質問で構成されていた。この方法で、神学においては信仰の内容や脈絡に目を通す合理性を追求する弁証法的でスコラ学的な方法が徐々に姿を現してきた。いうまでもないが、中世の哲学は一般にスコラ学と呼ばれ、スコラとは学校のことで、スコラ学は学校で教えられる学問という意味である。

一三世紀の最盛期スコラ学《ホッホンショラスティク》はドミニコ会修道士やフランシスコ会修道士という新修道会の中から優秀な学者が現れ、大学教授として活躍したかれらの研究により、またアリストテレス（前三八四―三二二年）や別の思想家、そして古代の該博な学者たちのラテン語に訳された著書などを通して大成された。フランシスコ会修道士ヘールズのアレクサンダー（一一七〇―一二四五年）は、まだアリストテレスを熟知していなかったが、初期スコラ哲学に基づき

『大学で教授されたり研究されたりする神学すべて《スムマ・ウーニウエルザーリス・テオロギア》』を著し、神・天地創造・諸罪・救済者・恩恵・礼典について包括的かつ模範的に要約した。名門ラウイング家の貴族出身のドミニコ会修道士、ボルシュテテット伯アルベルトゥス・マグヌス(一二〇〇—八〇年)がはじめてアリストテレス、とくにアラブで書かれたアリストテレスに接近し、アリストテレス哲学がキリスト教の教義に如何に有用であるかを示した。かれは一二四五年からパリで教授し、一二四八年にケルンにドミニコ会修道士の「総合学部」を創設し、一二六〇から六二年にレーゲンスブルク司教になり、それ以後も数々の大学で教授した。アルベルトゥス・マグヌスは中世の偉大な学者のひとりに入り、アリストテレス的哲学を体系的に要約し教会教義を再編成した。かれはアリストテレスの自然科学に関連し、そのときまで軽視されていた博物学に取り組み、対象物の直接的観察を研究方法として求めた。しかし、マグヌスの後継者は残念ながらそれにはあまり従わなかった。

イタリアのアクイーノ伯ルードルフの子息であるドミニコ会修道士のトマス・アクィナス(一二二五—七四年)は、パリ大学やケルン大学でアルベルトゥス・マグヌスに学んだ。かれ自身パリやその他の地で教授し、一二六五年以降、教理神学と倫理学を体系的にまとめた大著書『神学大全《スムマ・テオロギカ》』に取り組んだ。それは単に神学のみにとどまらず政治や経済などあらゆる問題を取り上げ、キリスト教の立場からの哲学的百科全書といった観があった。論述の方法はそれぞれの問題についてまず自説と異なる見解をあげ、次いでそれらを論破する見解を聖書や教父に基づいて展開していた。アクィナスは元来のアリストテレス学へのアラブ・アヴェロエス的改変によって、アリストテレスの真意を歪めないように進め、この意味において神学の全貌を提供した。かれは信仰と理性とを調和させ、教会の求める思想的な課題を果たした。そのときすでに教会はその神学の全貌の中に、永久に通用する神学的認識の明確さと深さを見抜いていたのである。

アクィナスに影響されずにいたのはオックスフォード、ケンブリッジ、パリ、ケルン大学で学んだフランシスコ会修道士でイギリス人のヨハネス・ドゥンス=スコトゥス(一二六六—一三〇八年)であった。かれは「鋭利な学者《ドクトル・スプティーリス》」と見なされ、アクィナスの証明法を批判し、かれの調和や総合への努力に反抗した。またアクィナスの努力に価値を認めず、それに対抗し、意思決定の自由と神からの絶対的独立を強調した。つまりアルベルトゥス・マグヌスやトマス・アクィナスは神学と哲学の統合を目指すスコラ学の研究を展開させたのだが、スコトゥスは哲学と神学を分離し、意志の優位を主張したのであった。全体としてスコラ哲学は、理性的な意志の力で理性を啓示事実に適用することにより信仰内容を洞察する可能性、また超自然的真実を追求する人間の精神に、内容的に近づける可能性をつくりだした。スコラ哲学がなければ中世末期の説教の発展はありえなかったであろう。

このスコラ哲学への反対としてでなく、スコラ哲学への相関概念として神秘主義は発展した。神秘主義はプラトン的要素をスコラ的神学に併合したものであった。ドイツ神秘主義の最も優れた思想家ドミニコ会修道士のマイスター・エックハルト（一二六〇―一三二七年）は、ゴータ近郊のホーホハイムの騎士の子息であった。かれはエアフルトやパリで学び、一三〇三年にサクソニア修道会管区の修道会管区長、一三〇七年にベーメン修道会管区の司教総代理、のちにケルン大学の総合学部の教授になった。エックハルトによれば万物の根源である神は表現しえぬ無であり、世界はこの神が自らに対して啓示したものである。人生の目的は神と霊魂との神秘的な一致にあり、それは魂の中にある神的火花により可能となる。神秘的に没入することによって神に至る道と、またそこに邪魔をして出てくる自分自身の自我の問題がエックハルトの教説の中心をなす教理である。エックハルトの思想は一方ではアリストテレス、他方では新プラトン主義から影響を受け、モーゼス・マイモーニデスにも影響され、結局のところは神と魂というテーマを堂々巡りした。魂が信仰と信頼の中で神に身を任せ、神によって動かされるとき、それが公明正大な魂の中での神の誕生であるとエックハルトの神秘主義は言っている。エックハルトは難しい思想を言語創意に富む名人芸でかれの聴講層、つまりドミニコ会修道女たちのためにドイツ語に翻訳した。かれは新プラトン主義への傾向と誇張表現の多さのために「無知な人々の心に毒をもった」信仰に反する教えとして、一三二六年に長期にわたる訴訟を受けたが、その判決を待たずして死んだ。それはかれの死後一三二九年三月二七日に教皇ヨハネス二二世［在位一三一六―三四年］によって下され、有罪判決で終わった。かれの著書のうち二八の文章とかれの説教は有罪判決を受けた。

ドミニコ会修道士のゾイゼやタウラーは神秘主義を別の視点で提示していた。騎士フォン・ベルク家の一族でズースの貴族の子息であるハインリヒ・ゾイゼ（一二九五―一三六六年）はコンスタンツに生まれ、シュトラースブルク大学やケルン大学で学び、コンスタンツのインゼル修道院の講師、管区長、諸地での説教師、最後はウルムでの説教師であったが、師匠のエックハルトとおなじように、かれにも異端の疑惑がかかった。しかしゾイゼの『永遠の知恵の書』は一四、一五世紀に最も広く読まれた祈禱書であった（一八〇冊の写本がつくり出された）。ゾイゼは、十字架にかけられたキリストの苦痛を共有する魂は世事に身を委ねることを拒み、神と一体化できるというキリスト受難神秘主義の巨匠であった。それによってゾイゼは中世末期のキリスト教の信徒を十字架道行［キリスト受難の一四場面を絵や彫刻で表現したもの］の祈禱、苦しみに満ちた聖母マリアの境地、受難劇の個人的体験へと導き、それによって内面的に深い信仰心へと導いた。

神秘的空想の中でのゾイゼ。十字架にかけられたキリストをありありと思い浮かべ、自らの苦悩を受け入れる姿勢の中で神と契りを結び、神と一体化できると考える（ゾイゼと呼ばれる本、アウクスブルク、1482 年）

　ヨハネス・タウラー（一三〇〇―六一年）はシュトラースブルクの裕福な市民の息子で、ゾイゼ同様にマイスター・エックハルトの弟子だった。タウラーは神が人間の心に宿ることを説き、神に対して心中を打ち明け、すべてを告白すれば人間の心はどう変化し、どう平静に導かれるかを説いた。つまり、神秘主義と単純な敬虔心とを融合して神体験へ導こうとした。しかし、かれは先述したようにキリストの苦痛の共有を最上位に置き、罪を犯したことのある者全員を身分を問わず戒め、震撼させ、同時に神の慈悲への道を提示するのが説教師の道であると理解していた。

　総じて、神秘主義はとくに女性に影響を及ぼし、その中でもとくに修道女に新しい生甲斐を与えた。神秘主義はドミニコ会修道院の多くで力強く開花し、チューリヒ近郊のエーテンバッハ、ディーセンホーフェン近郊のカタリーネンタール、フライブルク近郊のアーデルハウゼン、エスリンゲン近郊のヴァイラー、コルマル近郊のウンターリンデン、ズルツ近郊のキルヒベルク、ヴィンタートゥーア近郊のテスやその他諸々の地で開花した。テスの修道女であるエルスベト・シュターゲル（一三六〇年没）はゾイゼ伝記を書き、かれの作品を集めた。メーディンゲンのマルガレーテ・エーブナー（一三五一年没）は教会暦の典礼にそった『啓示録』、つまり修道女神秘主義や受難劇神秘主義の証を著した。クリスティーネ・エーブナー（一三五五年没）はアイヒシュテッテ司教区のエンゲルタールで『横溢する恩恵の書』を書いた。一三五〇年に皇帝カール四世は祝福を請い求めるために、家来を連れてクリスティーネを訪れている。エーブナーは、自己独創性に欠けがちな修道女たちにキリストに関する神秘的書物や奉仕的愛に関する神秘主義的な論文や絵草紙を提供し、禁欲訓練をさせ、瞑想力を養わせた。修道女たちはそれによって、追体験的にキリストと神秘的に合体でき、キリストとの関係を維持できたのである。

　托鉢修道会の会員や神秘主義者たちが当初からとくに異端の教えと陰口されたのは、偶然に生じたことではなかった。托鉢修道会は昔からの敬虔な信仰運動から生まれたが、信仰運動の会員たちは常に繰り返し異端として起訴されていた。一二世紀に早くも貴族や裕福な男女の間で清貧運動が広まり、かれらは使徒《アポステル》の模範に従って自らの所有を放棄し、全国を説教してまわった。教会は一〇年間、これら清貧使徒を厳格に追放し、異端として有罪判決を下し、火刑に処した。そうしたのは清貧の教えが、品位を汚す司祭や教会教義への攻撃と結びついていたからだけでない。最大の原因は、福音書の普及が必要と感じた俗人が、教会から説教することを委任されていないのに説教することを任されていると感じ、それを行動に移したからであった。説教をしたという事実は、たとえその内容が異端に対抗するものであっても、決して黙認されることはなかった。

　聖職者や修道士以外の俗人がキリスト教的生き方と価値を見つけようとする運動をしたり、宗教的な勢力を拒否したり、中傷したりするだけでは、キリスト教退廃の危機は決して救えなかったのである。また、そのような運動は異端の疑いが濃厚なものであったが教会は信徒からあまりかけ離れないために、この新たな宗教意識の覚醒を受け止め、新たな宗教生活の形式をつくりだそうとした。それに先駆けて教皇イノケンティウス三世(在位一一九八―一二一六年)は、特権を有する修道院制度や聖職教会を拒否する勢力が増えたのも無視できなかったため、異端と異端でない者を混同して非難しないために、だれが真の信仰心が厚く、だれが手の施しようがないほどに異端なのかを入念に調べる決心をした。いうまでもないが、異端は異教徒とは違い、あくまで教会内部の問題で正統を前提として成り立つ相対的概念である。だから教皇イノケンティウス三世は、福音主義を提唱する清貧運動に組み入ろうとしていたフランシスコ会修道士たちが教会組織の中に入れる手助けをし、かれらに俗人説教使徒職を容認した。すなわち、かれは新しい自発的宗教運動に制度的なかたちを与えるため、托鉢修道会という新しい修道生活の形式を承認したのである(一二一〇年)。のちにフランシスコ会修道士たちは自発的に俗人平修士や説教する司祭たちから袂別し、元に戻ったが、それは強制されたものでなく自然の成り行きであった。

ドミニコ会修道士の清貧要求もフランシスコ会修道士同様、修道院戒律を定めるやいなや認知された。教皇ホノリウス三世［在位一二一六―一二二七年］は南フランスで異端対策にあたっていたドミニクスに、清貧と使徒的共同生活を特徴とする修道会の設立を承認した。ドミニコ会修道士が俗人説教をおこなわなかったのは、創立者自身が創立当初、説教をして非キリスト教徒の改宗に従事した聖職者であったからである。学者修道会であるドミニコ会修道士は自発的な民間信仰に対してフランシスコ会修道士ほど心を開かなかったが、初期に改宗した異端の多くが貴族女性だったからという事情もあり、当初から女性の世話に専念していた。それ以前は異端信仰につながったり押しやられたりした宗教的情熱は、ドミニコ会修道士とフランシスコ会修道士の新しい清貧修道会を認知することにより、教会を復活するのにうまく利用された。

ドミニコ会とフランシスコ会の托鉢修道会を教会秩序の中に組み入れたことで、大部分の異端の清貧運動は正常に戻されたが、それで異端の清貧使徒すべてを把握したというものではなかった。それゆえ教皇イノケンティウス三世は、南フランスの異端に対抗するためにアルビジョワ十字軍を布告した。その時、政治的動機が異端闘争と混同していなかったなら、調停の可能性はあったであろう。しかし十字軍指導者のモンフォール伯シモンは南フランスを支配下に置こうとしたので、アルビジョワ派征伐十字軍(一二〇九—一一二九年)は隆盛中の国《ラント》を崩壊し、多数の住人を殺害し、捕虜二〇〇人を火刑にして終わった。

一三世紀はまた、唯心論的な思潮であると言われている異端宗教運動をもたらした。それは、イタリア半島南西部にあるカラブリア修道院長のヨーアヒム・デ・フィオーレ(一二〇二年没)の三位一体の教えを継承していた。ヨーアヒムは旧約と新約聖書を熟知していたので、やがて第三の唯心論的な聖霊派修道士の時代が始まり、聖職者教会がシナゴーグに取って代わったように、聖職者教会はこの聖霊派修道士に取って代わられると予測していた。そして、教皇ホノリウス三世(在位一二一六—一二七年)は、この三位一体の歴史目的論を明白に拒絶したにもかかわらず、ヨーアヒムが設立したフィレンツェ修道会を認めたのである。教会はかれを決して異端としては有罪判決を下さなかった。とくに(かれが創設し、墓地のある)フィオーレのジラ修道院はヨーアヒムを崇拝し、この地域をあげての崇拝は公式な列聖式なしで公認された。

その後ヨーアヒムの考えはさらに広まっていった。急進派のフランシスコ会修道士たちは一二四〇年以降かれの三位一体の歴史目的論の中に、自分たち修道会の時代的課題を予言し、かれの著書とならんで予言的注釈書を自分たちの名前で出版し、この第三の世界を一二六〇年に世間に知らしめた。しかしこれは厳しい反論を呼び起こした。アルベルトゥス・マグヌスも新しい考えの異端を攻撃したが、この第三世界の教えが波及するのを阻止できなかった。その秘密集会は一二一五年と七三年にアウクスブルク近郊のリースで開かれ、キリストを花婿あるいは赤子としてエクスタシーの中で体験できると思う女性たちは、それに参加した。彼女らは、無垢な者として神を尊敬する必要性もなく、猥褻行為、虚偽宣誓、虚偽、窃盗も怖れる必要性もなく、また完全者としてのキリストの苦痛と血、マリアと諸聖人を崇拝する必要性もない、という見解であった。

ベギン会は精神的、社会的に全く異なる出生の人々の集まりであったために、自由思想家はこれらベギン会の敬虔運動を十把一絡げに異端と非難した。敬虔運動のうち一小グループは、裕福な家庭出身の女性たちで構成されていた。彼女らは現存していた修道会に加盟せず、規約はあっても教皇から認可されたそれでなく、修道院に似た共同体の中で生活し、その枠内で敬虔な説教に専念していた。ラムベルト・レ・ベゲー司祭は早くも一一七〇から八〇年に、リエージュ近郊に初めて外壁に囲まれたベギン会施設、教会と施療院付きの小さな家々をつくった。ベギン会はすぐに広まり、続いて女子ほど重要ではなかったが男子支部の男子ベギン会が進出してきた。ジャック・ド・ヴィトリーはローマのアッコン司教になる叙階式のさい、敬虔な女性たちが「リエージュ司教管区やフランス全土またドイツで」ベギン会共同体として生活できるよう、教皇ホノリウス三世から口頭で許可を手に入れた。かれは異端として誹謗されたこれらの人たちが教会における唯一の活動的で敬虔な勢力であることを認識していた。この勢力こそが一方で異端を、他方で教会生活の崩壊と硬化を阻止できえた唯一の勢力だったのである。

個々の共同体のあいだに繋りがなかったので、数あるベギン会共同体は異種の共同体と混同され、その結果、一三一一年のヴィエンヌ公会議はベギン会を禁止した。一方、シュトラースブルクの司教ヨハン・フォン・デュルプハイムは一三一七年に「実直なベギン会」(真に信仰心の厚いという意味)を擁護し、教皇ヨハネス二二世(在位一三一六―三四年)のもとでベギン会共同体の多くをドミニコ会修道院に編入させるという緩和措置を導き出した。彼女らはそこで、専ら女性に適した看護の仕事をし、女性らしい生活をすることができた。それゆえドミニコ会修道女マルガレーテ・エーブナー(一三五一年没)が率いるメーディンゲン修道院にあった「イエス童子」(彫刻作品)は、マザー・コンプレックスを昇華させるための玩具として評価できるのである。それは聖霊派の人々に対する一二七三年の異端訴訟のとき、ある種の役割を果たした。

人間のいっさいのものは、すべては心の作用によるものであるとする唯心論から生まれ、人間は完璧になれる可能性があり、教会的・教義的・道徳的拘束のすべてから自由になれるという思いが強くなった。それどころかヘネガウ出身のベギン会修道女マルガレーテ・ポレーテは著書に、神に方向づけられた魂はもはや神への信仰や神の慰めを必要とせず、品行方正への努力や良心の躊躇によって妨害されるだけだと叙述した。それゆえ彼女は一三一〇年にパリで異端として火刑にされた。また一三一七年にシュトラースブルクの「男子ベギン会と女子ベギン会」は尋問を受け、有罪判決を下された。かれらは「自由思想家の教派」と称し、人間は完璧になれるゆえ神を必要とせず、またイエス・キリストのよみがえりを崇め奉ったり、キリストの受難を思ったりすれば人間は小さくなってしまう、と主張したのである。

この自由思想はさらに広まった。コンラート・カンラーは一三七二年にアイヒシュテッテの聖堂で、自分の霊魂は無垢ゆえ自由解放され、霊感を授かったと感じた。しかしその九年後にかれは再び教会に戻った。ベギン会修道士のハンス・ベッカーは一四四二年にマインツの教会で前代未聞の聖霊を感受し、その体験によって全教会や世俗への服従義務からも解放されていると思った。このようなベギン会修道女と修道士は、教会の教えや幸福への手引だけでなく、慣習の規律からも解放されていると感じたことで評判を落とした。自由思想の異端信仰はドイツ中世後期の多くの精神的、霊魂的運動をよく示しており、それは宗教改革時代（一五二一—二五年）の再洗礼派や熱狂的な宗教改革者においても繰り返された。それゆえドミニコ会修道士たちはこれら異端信仰の裏に隠されている真の宗教性を、自分たちの修道院や女子修道院で使える礼拝作法に変えていった。

鞭打苦行者の行列もまた宗教運動だったのである。それはイタリアですでに一二六〇年にヴェルフェン家と皇帝派とのあいだの派閥闘争の時代に始まっていた。鞭打苦行の兄弟団が組織化されて、かれらは「恩寵のみならず共感《パークス・エト・ミセルコルディア》」という懺悔のキャッチフレーズで全国を遍歴した。一方、政治は無意味な派閥闘争の中で平和政策を探していた。一二六一年の初めにこの鞭打運動はドイツにも広がり、南東ドイツに達し、ベーメンとポーレンにまで広まった。

さらに、その運動はペスト大流行で新たに刺激された。一三四八年末にペストがシュタイアーマルクで発生し、一三四九年初頭に下オーストリアと上オーストリアに達し、風のように速くドイツ全土に広がった。その運動の頂点にあったのが、堅い組織であっても、鞭打行進の間だけという時間的に制約された俗人兄弟団であった。キリストの生存した年月、三三年と半年に倣って、ちょうど三三日と半日のあいだ贖罪者たち(四〇から六〇、あるいは数百人の団体)は一個団になって、自分たちの選択した指導者につれられ、近隣諸国へ鞭打苦行の旅に出かけた。その旅のあいだかれらは食物の摂取や生活について厳しい規則を守った。また公式な鞭打苦行は仰々しい儀式に従い、上半身は裸、下半身は足まで白衣で覆い、苦行者は大輪を描いて地面に横たわった。虚偽の宣誓をした者は指を三本高く挙げ、姦通者は腹這いになった。おなじようにして懺悔を希望する各人がそれぞれ罪を申し出た。鞭打行列の指導者が懺悔希望者の傍らに歩み寄り、格言を述べ、鞭で触ることでそれを終えた。懺悔を終了した者はそれぞれ、全員が引きあげるまで、その指導者の指示に従った。その後、宗教歌に伴われ連禱を唱えながら行列に加わり、自己鞭打を始めた。それは疫病の流行が鳴り止むこと、慈悲を戴けること、犯した罪を許してもらえること、急死を避けれることなどの願いを叫んで、終了した。

この宗教的な儀式は血なまぐさい濃厚なショーのようなものであったので観衆を震撼させた。たいてい人々は感化され鞭打行列に加わったので、それは雪だるま式に増えていった。オランダでは聖職者が鞭打行列を利用し、シュトラースブルクでは一三四九年に兄弟団が台頭し、故人会員のために死を敬い、賛美することと鞭打を結びつけた。それ以外においても鞭打行列はいたるところでよく似た経過をたどり、かれらが用いる歌のテキストもおなじであった。兄弟団はすべての身分の人が参加したが、ただ当時は下位身分の影響力が一段と強くなったので規律はいっそう甘くなった。もちろん鞭打苦行者たちは異端の非難を逃れることはできなかった。それは俗人が告解を聞き、罪の赦しをを与えたか

正式な鞭打では、鞭打苦行者は上半身は裸で、十字の形でひれ伏し、自らの重い罪を仄めかす姿勢になって告白し、最終的には、定められた儀式に従って告白しながら鞭打した(コンスタンツの世界年代記、14世紀)

らであり、不当に説教し、鞭打懺悔の都合により教会礼典を軽視したためであった。

もちろん唯心論的な心酔者や千年至福説信奉者、つまり教会や国家改革のため、あるいは貧富の差をなくすために皇帝フリードリヒ二世が帰還することを待望する人々も、これらの鞭打行列に参加した。『ヨハネの黙示録』に影響され、社会思想を一種の共産主義にした参加者もいた。それゆえ、時代につれて鞭打行列の本来の意味はいたるところでユダヤ人虐殺にまで、さらに教会への反抗にまで染め直されたのである。

教皇クレメンス六世［在位一三四二―五二年］は一三四九年に鞭打行進を禁止したが、効果はなかった。ドミニコ会修道士のヴィンツェンティウス・フェレリウス（一三五〇―一四一九年）は一三九九年以降、懺悔を勧める説教師としてスペインで二万五〇〇〇人のユダヤ人と八〇〇〇人のムーア人［北アフリカの原住民でアラビア人の侵入によってイスラム化し、八世期にスペインに入って王朝を築いた］を感化し、北イタリアとフランスでカタリ派信徒とヴァルド派信徒数千人を味方につけて、鞭打苦行一団となって説教しながら行進していき、人々を新しく刺激した。そのためコンスタンツ公会議は一四一七年に鞭打行進を禁止し、流血宗教裁判は一四一四年にエアフルト、一四四六年にノルトハウゼンで鞭打苦行者を異端として殺害した。一四五四年にゾンデルハウゼンで最終判決を下された鞭打苦行の人々も、千年至福説と関係していた。それは、かれらが最終裁判のへーノッホ（「創世紀」中の人物、エノク）として一三六九年に火刑に処された鞭打苦行者の指導者であるコンラート・シュミットがまもなく帰還するのを待ち望んでいたからである。鞭打苦行運動の後継者たちはフス紛争後もそれを続けた。

フス派主義はそれとは違っていた。ヤン・フス（一三六九―一四一五年）自身は改革者や宗教革命家とは全く異なっていた。フスはプラハ大学の総長［在位一四〇二―四年］あるいは説教師として、かれより昔の厳格で熱心な人々とおなじように教会の弊害に対抗し、教会や聖職者の純潔のために闘った。そのときかれは民衆、とくにチェコ人の貧しい聴衆に大影響を及ぼしたが、裕福なドイツ系の民衆と金持ちの高位聖職者には憤慨され、拒絶された。

プラハ大学のチェコ人の修士《マギスター》たちは、この改革意志を神学的に根拠づけようとしていた矢先、フスの友人プラハのヒエロニムスが一四〇一年にオックスフォードから持ち帰ったジョン・ウィクリフ(一三三〇―八四年)の著書に遭遇した。フスがヴィクリフの不快な聖体拝領の教義を継承しなかったにせよ、異端と見なされていたヴィクリフの著書の使用はフスの敵たちに反撃の口実を与えたのである。プラハの聖職者ヒエロニムスはヴィクリフ派に対抗する勅書、つまりフスの説教職解雇通知を受け取った。説教職を解かれたにもかかわらずフスが説教したとき、王ヴェンツェル[ベーメン王一三七八―一四一九年、ドイツ王一三七八―一四〇〇年]からチェコ的に改革されたプラハ大学の当時の総長だったかれは、プラハ大司教から破門された(一四〇九年)。その後フスは教皇に訴え、教皇の弁務官であった枢機卿コロンナからの召喚に従わなかったので、かれにより追放された(一四一一年)。フスがナポリ王ラディスラフ[在位一三八六―一四一四年]に対抗する教皇の十字軍勅書(一四一二年)と権威を攻撃したとき、かれに対して全域にわたる滞在禁止令が出された。フスは王ヴェンツェルの寵愛も失い、プラハから逃亡しなければならなくなった。

ついにフスは皇帝ジーギスムント側から通行自由の確約を手に入れ、コンスタンツ公会議に出席することができた。かれはそこで改革案について論争できると期待していたが、到着時に逮捕され、起訴された。最終的にフスは、かれの教えは教会の権威を危険にさらしたという名目で、異端ヴィクリフ派の心酔者として有罪とされ、司教座教会大聖堂の前で生きながらにして火刑に処せられた(一四一五年七月六日)。

穏健なフスが非合法的に殺害されたことで、かれの友人や心酔者たちは一種の改革運動に駆り立てられたのである。運動の背後には、宗教的なものと民族政治的なものが混同していた。フスはプラハ大学から聖なる殉教者と宣言され、かれの命日は聖人祝日と公布された。フスの処刑はベーメンにとって国家的屈辱と感じられ、広範囲にわたってドイツ上層階級への憎悪が強まった。これは一四一九年、ついにチェコ人貴族と民衆がプラハ市庁舎を襲うという暴動の形で爆発し、七人の市参事会員が窓から外へ投げ落とされ[「第一次プラハの窓事件」]、ドイツ人は追放され、全土の教会や修道院も次々に襲撃された。故人となったフスはチェコ国民の偶像となり、教会を穏健に改革するかわりに、教会を民族教会[チェコ国民教会]に改革することとなってしまい、全カトリック教徒および全ドイツ人に対抗する戦いになってしまったのである。

もちろんこの新しいフス主義はドイツ人に対する抵抗においてのみ一致団結していただけで、その信仰や目標についてはそうではなかった。しかしフス派は一四二〇年に、神の言葉を自由に説教すること、両形色による俗人聖盃〔次頁参照〕の自由(フスはこのことを要求していなかった)、聖職者の世俗財産や支配権の放棄、殺人犯の刑罰を世俗権執行機関に委ねることを要求した「プラハ四箇条」で一致した。農村在住の裕福なドイツ人に、とくに高位聖職者に反抗する興奮は、それが異端の味方と感じた貧しい住民の心を捕らえたのであった。

それゆえ教皇マルティヌス五世〔在位一四一七—三一年〕は一四二〇年「ヴィクリフ派やフス派また他の異端」に反撃するための十字軍出兵を考え、全キリスト教徒を召集した。それに対抗するためにベーメンでは教会に対する容赦なき戦いに変化した。六五の修道院が壊され、無数の教会が荒らされ、ドイツ人の司教座聖堂参事会員は追放された。プラハで一四二〇年、ドイチュブロートで一四二二年に、アウスィヒで一四二六年に、ミースで一四二七年に、そして一四二八年から一四三〇年までにオーストリア、ハンガリー、バイエルン、ザクセン、フランケン、シュレージエン、マルク・ブランデンブルクでのフス派の侵略後、一四三一年にタウスでと、十字軍はフス派軍の優れた戦術に敗北に次ぐ敗北を喫した。

皇帝から通行自由の保証をもらってコンスタンツへ来たにもかかわらず、ヤン・フスは有罪判決を受け、その直後に判決の執行人としての宮中伯により大聖堂前の湿地の上につくられた薪の山に連行され、生きたまま火あぶりの刑にされた。フスは「ヘレジアルヒャ」(異端侯)という文字の書かれた紙帽子を被っている。フスの遺灰はライン川に撒かれた(ウルリヒ・フォン・リヒェンタール、コンスタンツ公会議についての史書、アウクスブルク、1483年)

最終的に両者はこのような戦争は続けていられないと悟り、バーゼル公会議(一四三一—三七年)で交渉準備に入った。しかしその前にフス派内の内部対立が解消されなければならなかった。両形色(二種聖餐)論者たち(貴族一派と大学一派)はパンと、聖盃に入れた葡萄の聖餐の聖体拝領を要求し、聖画像崇拝・聖遺物崇拝・煉獄・故人のための代願の祈り・礼典、さらに他の慣習を(受け入れがたいものとして)退け、プラハ大学を民族教会の最高主務機関と主張した。タボル派〔フス派のうち最も過激な一派〕の人たちは、はじめツィスカ・フォン・トロツノフ〔ヤン・ジシュカ〕の指導下で、その後プローコプ〔説教師アンドレアス・プローコプ〕派と旧プロコープ派に分離し、民主的で急進的な風潮を支援したが、タボル派は両形色論者のカトリック君主諸同盟に破れ、リパン近郊で全滅した。一四三六年のイーグラウのラント議会で諸協定(教会的立場に近いプラハ四箇条の改稿)が受諾され、それは一四三七年にバーゼル公会議でも批准された。それにもかかわらず平和は確保されなかったので、教皇ピーウス二世〔在位一四五八—六四年〕は一四六二年に全協定を無効とした。しかし最終的にはその民族教会は事実上教皇から特別教会の地位を得て、ミサ聖祭は独自の形式で自国語を使用して催されるようになった。それでも教会上の教義ではあまり食い違いのないように注意が払われた。

一四六七年以降、ベーメン修道士の共同体は特別教会から離れていった。そしてかれらは財産、宣誓、公的官職、軍務を拒否した。ベーメン修道士会は驚くべき速さで広まり、一五〇〇年には四〇〇の団体になり、一六世紀にはヴワディスワフ二世〔ベーメン・ハンガリー王、在位一四七一—一五六一年〕による一五〇四年からの、またフェルディナント一世〔ハンガリー・ベーメン王一五二六—六四年、ドイツ王一五三一—六四年、皇帝一五五六—六四年〕による一五四七年からの迫害で大部分が移住を余儀なくされるまでは、ベーメンとメーレンの人口の約半分が会員であった。

ベーメンではフス派が影響力をもつ以前に未来を提示した「新しい敬虔《デヴォーツィオ・モデルナ》」の運動が起こっていたが、それは早くに終息していた。信仰の内面化を目指す運動と、魂の中での神との出会いを目指す運動は、神秘主義と考えを共有した。それはベーメンでは皇帝カール四世下での初期人文主義なくしては考えられないし、聖書や諸神父の著書を教材にして意図的に接近してきたドラツィッツ大司教のヨハン四世により、イタリアからベーメンへ召喚され、改革に尽くしたアウグスティヌス修道参事会員たちの信仰心なくしては考えられなかった。一三四〇年にアウグスティヌス修道参事会員たちはパドヴァから、初期人文主義精神で設立されたプラハ近郊のラウトニツ修道院へやって来た。すでに一三五〇年に少なくとも三つ以上のアウグスティヌス修道参事会員施設が設立され、一三五一年に皇帝カール四世に特権を与えられたカール屋敷《カールスホーフ》は、プラハの諸市門のすぐ前に建設された。

一三五八年に皇帝カール四世はコンラート・ヴァルトハウザー（一三六九年没）を説教師として、上オーストリアからプラハへ呼んだ。コンラートは礼儀作法の衰退について説教するさい、托鉢修道会は生活が豊かになってきた民衆の心につけこんで上辺だけの仕事をしたと非難したので、托鉢修道会の恨みを買った。しかしかれはそれに負けず、物乞いは非福音書的な要求であるので違法であると托鉢修道会を非難した。かれは聖職売買や聖霊を商売にすることを諸悪の根源として反対し、一人でも多くの住民をキリスト教の原則に方向づけられた生活に導こうとした。そのうえ女性たちの衣服にかける贅沢、それ以外に暴利や詐欺とも闘った。さらにコンラートは付和雷同で入会した托鉢修道士たちに誓約から脱退するよう勧め、ユダヤ人に自由意志で改宗することも求めた。かれは托鉢修道会を非難する主張をしたために一三六九年に教皇庁からアヴィニョンへ召喚され、訴訟が起こされたが、それが終わる前にその地で死んだ。コンラートが活躍した期間は短かったが、それでも全層にわたる多くの住人を自己省察に動かし、キリストの謙虚な後継者になりたいと思う感情を呼び覚まさすには十分であった。

コンラート・ヴァルトハウザーは、チェコ人のヨハン・ミリチュ（一三二五―七四年）を友に得ていた。ミリチュは一三六三年に懺悔を勧めるヴァルトハウザーの説教に感動して、自ら使徒的清貧に参加し、説教に従事しようと、司教座教会首席助祭に就任していたときにすべての官職を辞した。一年間の熟考の後、ミリチュはプラハの旧都市でチェコ語で、タイン教会でドイツ語で、ニーコラウス教会で大学生対象にラテン語で一日五回説教するようになった。説教のさい、かれは教会の聖職禄制度、聖職禄叙任制度、財政制度について批判を重ねた。かれはまた、いたるところで悪事や邪神崇拝、また偽装がおこなわれるのを見ていたので、反キリストの到来を察知し、それゆえ教会を刷新できると思える教皇を探した。

ミリチュは「エルサレム」という名の施設を寄付して、歴史上、意義のある第一歩を踏み出した。かれが寄贈した建物は聖職者や俗人、また女性や男性たちが宗教上の繋がりの中で、宣誓なしの共同生活ができるようにした。いうまでもなく、かれらは自由意志で貞操、清貧、従順を遵守した。施設の確保は、売春婦宿の女主人が改宗して家屋を寄付したことに始まった。ミリチュはかつての娼婦たちが汚れた過去を宗教的な共同体の中で生活しながら償えるよう、彼女らをその施設に就職させた（一三七二年）のであった。かれは皇帝カール四世と他の後援者の援助を得て、近隣家屋を数多く買い集めた。その家屋の中で、身分階級にかかわりなく、男女が信仰心にあふれた共同生活をおくり、女性は縫製、糸紡ぎ、職工のような家庭仕事、男性は写本の仕事で共同生活の生計を支えていた。宗教的な生活と世俗的な労働の合致は、この「新しい敬虔」がもたらした成果であった。

新しい施設をつくり、厳格な生活をしていたミリチュは教会や国家の高位高官すら攻撃するようになり、一三七四年に教皇への不満につながった。かれはアヴィニョンにいる友人ヴァルトハウザーとおなじように責任を取らなければならず、かれに対する訴訟で判決が下される前に、ヴァルトハウザーとおなじように死んだ。ミリチュ施設をめぐっての紛争は白熱し、カール四世が一三七四年に施設を托鉢修道士たちの攻撃から守るため、シトー会修道士たちに施設の管理を任せるまで治まらなかった。その後施設の精神は長いあいだ生き続け、ミリチュの多くの教え子たちはベーメンの新しい敬虔運動がフス主義の中に消されるまで、宗教改革に力を貸した。

ベーメンの新しい敬虔運動が生じた時期に、ラーデヴェインスもフローテ同様プラハにいたので、直接それに触れていた。かれはその経験からオランダに「新しい敬虔」を提示し、それは長く存続することになった。「新しい敬虔」の創始者ゲラルト・フローテ（一三四〇―八四年）は都市貴族の子息で、長いあいだパリで様々な学科を学び、最終的に神学と教会法を学び、ユトレヒトとアーヘンの司教座聖堂参事会員になった。その後かれはカルトゥジア会修道院ムニクゼンで三年間修業し、キリストの使徒として生きようと一三七四年に正式に自らの聖職禄を放棄した。そして遍歴学生や若い俗人たちを自分のまわりに集め、一三七七年に助祭任命式を済まし、説教する認可を得て、遍歴説教師になり、オランダやヴェストファーレン地方を懺悔を勧めて歩いた。また作法の退廃、異端、聖職売買、聖職者の俗化や修道院で私有財産をもつことにも反対して闘った。かれは聖職者や托鉢修道会から告発され、一三八三年説教を禁じられた。しかし、この事件に関連して呼ばれた教皇ウルバヌス六世［在位一三七八―八九年］が判決を下す前に、ペストで死んだ（一三八四年）。

フローテは信心深い女性たちに、デヴェンターにある両親の家を自由に使うように寄贈し、勤勉なキリスト教徒の会である「共同生活の兄弟姉妹（男女）団」を設立していた。フローテとおなじように自らの豊かな聖職禄を放棄し、デヴェンターで代理司祭のポストについていたフローテの友人フローレンツ・ラーデヴィインス（一三五〇―一四〇〇年）がフローテの心を動かし、かれは寄贈した両親の家を、個人財産も修道院規則もなく、自分たちの手仕事で稼いで生計を立てるという理想の共同生活ができる場所にした。現実的な日常生活（糸紡ぎ、機織り、針仕事、パン焼き、病人介護、女性の手仕事のレッスン）が、祈禱や魂の中で神と遭遇できる精神的内面化と結びついたので、信仰心は神秘主義的な自己反省や自己中心癖にはつながらなかった。

ラーデヴェインス自身は、全階層の司祭や俗人をデヴェンターにある自らの代理司祭館に受け入れた。かれらはそこで未婚のまま、財も、確固たる規則も持たず、使徒的模範に沿って、手仕事で収入を得て共同生活をした。フローテは精魂を傾けて入手した写本集をかれらに委ね、それをかれらは書き写し、収入を得ていた。ラーデヴィインスはまだ司祭でないこれら助修士たちの真の世話人となった。かれが「兄弟姉妹団」に与えた諸規約は模範的だったので、「兄弟姉妹団」はオランダやドイツで新たに居を構えることができ、ミュンスター（一四〇〇年）、ケルン（一四一七年）、ヴェーデル（一四二五年）、クルム、ロストック、ラインガウのマリーエンタール、ウーラッハ、さらにほかの地でも居場所を見出すことができた。かれは攻撃や迫害の危険性のある場合を想定して、教会の絶対支援を得るために一三八七年にオランダのツヴォレ近郊にアウグスティヌス修道参事会規則をもつヴィンデスハイム修道院会を設立した。助修士と修道女の諸家屋はそれぞれ、ヴィンデスハイムの兄弟団としてアウグスティヌス修道参事会規則に従った。

助修士たちは民衆、さらに司祭後継者にも授業することで信仰心をもつ人々に影響を及ぼした。トマス・フォン・ケンペン［トマス・ア・ケンピス］、ガーブリエル・ビール、ニーコラウス・コペルニクス、ヨハン・ヴェッセル、ニーコラウス・クザーヌス、エラスムス・フォン・ロッテルダム、マルティン・ルター（一四九七年）はこの助修士たちの生徒であった。聖書の筆写も、教材本や祈禱書の写本のように商売として成り立っていた。書籍筆写業は手書きで書かれたものが正確であるかどうか監督し、専門家たちは本に細かい描写をつけ加えたり、本を綴じたりした。かれらは聖書を自国語で広めることにより、その売行きを伸ばした。かれらの信仰心はとくに聖書を広めることによって新たな読者をつくった。自国語で書かれた聖書は何度も禁止されたが、それでも助修士たちがそれを民衆に広めることに価値を置いたのは、聖書はかれらの培った敬虔を代表していたからであった。この助修士たちの信仰心は誕生地「ケムペン出身」にしたがって、ケムペン出身のトマスと呼ばれる（ケムペンは、いたるところで言われているように、ライン川に位置するのではなく、ライン川の西方一五キロに位置するクレーフェルトにある）トマス・ハンメルケン（一三七九―一四七一年）を通して最も長く、広く影響を与えた。かれの祈禱書『キリストに倣いて』は、聖書と並行して最も多く印刷され、翻訳された世界的な文学作品であった。

中世から近世への移行期のもうひとりの著名な人物は、ニーコラウス・クレプス・クザーヌス（一四〇一―六四年）であった。かれはデヴェンターでの学生時代にオランダの「新しい敬虔」、ハイデルベルク大学で唯名論、イタリア人文主義の中心地パドヴァで公会議首位説と教会の民主的解釈、ケルンで新プラトン主義とスコートゥス・エリウーゲナの神秘主義とマイスター・エックハルトを学んでいた。かれはこれらの精神的思潮をすべて理解し、要約し、時間をかけて検討し、かれ自身の哲学書や自然科学書を著し、その中でジョルダーノ・ブルーノ、コペルニクス、デカルト、パスカル、スピノザ、カント、ヘーゲルの思想を先取りしていた。クザーヌスはすでに宇宙は無限と考え、地球をもはや中心点とは見ず、惑星中の一星として見ていた。さらにかれは数学的命題の中で近代の集合理論に軽く触れていた。またかれは世界平和を守る全宗教と、全人類を包み込む世界宗教の大胆な思考体系をつくった。かれによれば、世界宗教は結局、宗徒が宗教上の様々な形の職務活動の中で、様々なシンボルの仮面をかぶっている隠れた神を表現しているというのである。かれは一四三一年から三七年のバーゼル公会議議長のセサリニ枢密卿の委託を受けて、『教会調和論《デ・コンコルダンティア・カトリカ》』(一四三三年)を著し、民主主義を宗教的に基礎づけ、古来の法や歴史的思考と合理的理念を結合させた。また当時としては公会議首位説を支持したかれの学説『対立派の合致《コインキデンティア・オポジトールム》』を著し、対立を神のもとに解消し、スコラ哲学に反対して新プラトン主義的、神秘主義的世界像をもちだした。

もちろん、かれは自分の思想と人生の現実が幾重にも矛盾するために自己の中に生じる激しい対立を調和させねばならなかった。クザーヌスは多くの公会議参加者が過激になりすぎたとき、公会議は教皇の上に位置するというかれ自身の公会議首位の理念のために公会議に対抗する教皇側を叩いた。そのことが結果的に、クザーヌス自身が教会世界の中で迅速に出世するチャンスとなったのである。かれはブリクセンの領主司教《ヒュルストビショッフ》(一四五〇年)として、領邦君主として自覚し、思考においては宗教的権力や政治的権力から離脱したのとは反対に、礼典を授ける儀式を剝奪することで重税に反抗する封臣を征服しようと試みた。最終的にクザーヌスは何度も開催されたドイツ修道会管区長教会会議において、教皇使節として一四五一年にユダヤ人に黄色の輪を強要することにより差別を導入した。それによってかれは自らの寛容的思想と矛盾し、ユダヤ人迫害を新たに準備することとなった。思考においてはクザーヌスは大胆な改革者であり人文主義者であったが、現実生活においては教会に忠実で、伝承されてきた規準から脱出できない中世の人間だった。

かれと同時代のひとり、ハイデルベルクの神学者ヨハン・ヴェンクは、ニーコラウス・クザーヌスに神学崩壊の罪をきせた。クザーヌスは有害な作家を認識できなかったと非難した(一四四八年)のである。それは新プラトン主義的に染まったクザーヌスの世界像に対する唯名論の疑念だった。トマス・フォン・アクィナスの最盛期スコラ学の実在論、「風派《ウィア・アンティークヴァ》」に対して、唯名論者たちは自らの思考方法を「新風派《ウィア・モデルナ》」と称した。全存在は調和の中に一貫するという最盛期スコラ学の信仰、また信仰と知識の調和は、現実において激しい抵抗を免れないことをかれらは確信していた。

フランシスコ会修道士のオッカムのウィリアム(一二九〇―一三五〇年)はこれらの新しい思想を体系化した。教会は、かれにとっては選ばれた人々の人目につかない共同体であった。かれは、真理の唯一の源は聖書であり、教会とは選ばれた信者からなる、目に見えぬ救済の機関であると主張した。教会の確固たる教育指導の地位に個別的に聖書の解説が出てきたが、それはキリスト教世界の統一のためには避けては通れないものだった。また俗人と聖職者が同権利の席次を有する公会議は、キリスト教の民衆の代表として見られた。

このような考えは、ジャン・ジェルソン(一四二九年没)や、「共同生活を営む同胞」の会員で一四八四年以降テュービンゲン大学教授であったガーブリエル・ビール(一四九五年没)のような教会改革の先駆者や、教会大分裂時の同盟の先駆者たちに影響を及ぼした。唯名論は、自然科学の進歩とニーコラウス・フォン・リューラ(一二五〇―一三四九年)の幾冊かの信心書により、学術的基礎を築いた聖書研究に進歩をもたらした。唯名論の概念批判は容易に小事にこだわるようになり、それによってスコラ哲学の評判を悪化させた。

哲学的、神学的思想の節度ある実在論への回帰はパリのソルボンヌ大学、さらに一四六〇年に新設されたバーゼル大学で生じた。それはたとえば実在論をパリからバーゼルへ伝えヨハネス・ハインリン・フォム・シュタイン(一四三〇―九六年)のように、初期人文主義の思考法と結びついた。かれにとって神学は全学問の最高峰だったので、古典的学問は追加的な飾りと見られた(一四七〇年)。ハインリンの簡略化と深化への努力は人文主義を準備することになり、かれはまた人文主義に優雅な形で活動の余地を与えた。ハインリンは一四八四年以降、大聖堂での説教師として『阿呆船』の著者セバスティアン・ブラント(一四五八―一五二一年)やヴィルヘルム・テクストリス、パムヒィルス・ゲーゲンバッハ、ヤーコプ・ヴィムプフェリングやガイラー・フォン・カイザースベルクと並んで、バーゼルの人文主義者たちの中心だった。かつてパリでハインリンの生徒だったヨハン・アメルバッハ(一四四三―一五一三年)は出版業者であったが、一四七七年に自分でバーゼルで印刷業を設立し、素晴しい印刷出版物によってこのサークルにジャーナリズムの重みを与えた。ハインリンはアメルバッハのこの印刷出版社で一種の主任原稿審査係をしていた。

このバーゼル初期人文主義の所産はテキスト研究への取組みでもあった。バーゼルの大出版業者ヨハン・フローベン(一四六〇―一五二七年)とその息子ヒエロニムス・フローベン(一五六三年没)は人文主義の旗手として、文献学上最高傑作のテキストをつくった。それは世界的に著名な人文主義者のエラスムスが二人の主任原稿審査係で、同僚であったことも手伝っていたからである。デヴェンターの共同体「共同生活を営む同胞」の生徒であったデジデーリウス・エラスムス・フォン・ロッテルダム(一四六六―一五三六年)は、キリスト教人文主義の主要人物だった。さらにこのエラスムスの思想を、シュレットシュタットの「共同生活を営む同胞」の生徒で、優秀な教育的作品の著者であり、一五〇一年から一五年にバーゼル大学で影響を及ぼしたヤーコプ・ヴィンプフェリング(一四五〇―一五二八年)が継承した(多分修道士を一段重視して)が、それにより、友人であるシュトラースブルクの大説教家ガイラー・フォン・カイザースベルク(一四四五―一五三六年)のようには、教会の濫用や聖職禄やその他の誤解を厳しく非難するようなことはしなかった。

若い人文主義者が出てきて初めてイタリアの人文主義者のミランドラ伯ジョヴァンニ・ピーコ(一四六三―九五年)を手本に、かれに倣って人間を世界の中心に置き、人間を階級組織的に神に合わせる中世的世界像を放棄し、自由と真実への熱望に余地を認めることでルネサンス精神にあとを譲ったのである。

1526年の銅版画の中でアルブレヒト・デューラーは世論の嵐の中で孤独になった人文主義者のエラスムス・フォン・ロッテルダムを描写している。学術的文献から分かれ、エラスムスはヨーロッパ的教養の理想像を代表して恒久平和に力を尽くすために、強制やバーバリズムや感情的なこと、また無規律を敵にして闘った

翻訳にあたっての参考文献

朝倉文市『修道院』講談社現代新書　1995
阿部謹也『ドイツ中世後期の世界』未来社　1983
石部雅亮・笹倉秀夫『法の歴史と思想』放送大学教育振興会　1995
岩波書店編集部編『西洋人名辞典』岩波書店　1991
江村洋『ハプスブルク家』講談社現代新書　1990
遠藤紀勝『仮面ヨーロッパの祭りと年中行事』現代教養文庫　1990
兼岩正夫『封建制社会』講談社現代新書　1994
ハンス=ユルゲン・ケールツ（ワイマール友の会訳）『ドイツ文学の歴史』朝日出版社　1978
鯖田豊之『ヨーロッパ中世』河出書房新社　1995
A・ジェラール/J・ル・ゴフ（池田健二訳）『ヨーロッパ中世社会史事典』藤原書店　1991
A・シーグフリード（鈴木一郎訳）『ユダヤの民と宗教』岩波新書　1996
F・ジーグラー/A・ラゾッタ（藤原幸一訳）『中世のアウトサイダーたち』白水社　1992
杉本俊多『ベルリン』講談社現代新書　1993
高津春繁『ギリシア神話』岩波新書　1997
成瀬治『ドイツ史１』山川出版社　1997
西村貞二『教養としての世界史』講談社現代新書　1966
新田義弘『哲学の歴史』講談社現代新書　1989
野崎直治『ヨーロッパ中世の城』中公新書　1993
林毅『ドイツ中世都市法の研究』創文社　1972
アンリ・ピレンヌ（佐々木克巳訳）『中世都市』創文社歴史学叢書　1974
レジーヌ・ペルヌー（橋口倫介訳）『テンプル騎士団』白水社　1992
堀越孝一・三浦一郎『中世ヨーロッパ』教養文庫　1993
オットー・ボルスト（永野藤夫・井本晌二・青木誠之訳）『中世ヨーロッパ生活誌１』『中世ヨーロッパ生活誌２』白水社　1988
増田四郎『ヨーロッパ中世の社会史』岩波書店　1985
ジョン・E・モーゼ（堀田郷弘訳）『世界歴代王朝王名総覧』東洋書林　1994
森島恒雄『魔女狩り』岩波新書　1997
フリードリヒ・フォン・ラウマー（柳井尚子訳）『騎士の時代』法政大学出版局　1992
ミッタイス・リーベリッヒ（世良晃志郎訳）『ドイツ法制史概説』創文社　1991
渡邊昌美『異端審問』講談社現代新書　1996
Gerhard Köbler: Historisches Lexikon der deutschen Länder, C.H.Beck, München 1995

Quellen, Leipzig 1927
Erbstößer, M.: Sozialreligiöse Strömungen im späten Mittelalter, Berlin 1970
Glaser F.: Die franziskanische Bewegung; Beitrag zur Geschichte sozialer Reformideen im Mittelalter, Dissertation München 1903
Grabmann, M.: Geschichte der katholischen Theologie seit dem Ausgang der Vaterzeit, Freiburg 1933
Grundmann, H.: Religiöse Bewegungen im Mittelalter, Darmstadt ²1961
Grundmann, H.: Die geschichtlichen Grundlagen der deutschen Mystik, in: Deutsche Vierteljahrsschrift für Literatur Wissenschaft und Geistesgeschichte 12 (1934), 400-29
Grundmann, H.: Ketzergeschichte des Mittelalters, in: Die Kirche in ihrer Geschichte 2 (1963), 1-66
Hübner, A.: Die deutschen Geißlerlieder, Berlin 1931
Koch, G.: Die Frauenbewegung im Rahmen des Katharismus und des Waldensertums und ihre sozialen Wurzeln(1200-1400), Berlin 1942
Leiber, R.: Die mittelalterliche Inquisition, Kevelaer 1963
Lortz, J.: Geschichte der Kirche in ideengeschichtlicher Betrachtung, Münster ¹⁴1948
Macek, J.: Die hussitische Bewegung in Böhmen, Prag ²1958
Nikolaus von Cues; Wissenschaftliche Konferenz anläßlich der 500. Wiederkehr seines Todesjahres, Berlin 1965
Preger, W.: Geschichte der deutschen Mystik im Mittelalter, I-III, Leipzig 1874
Rosenfeld, H. -F.: Zu den Anfängen der Devotio moderna, in: H. -F. R.: Ausgewählte Schriften, Göppingen 1974, 151-64
Rosenfeld, H. -F.: 500 Jahre Rosenkranz, Köln 1475-1975, Ausstellung des Erzbischöflichen Diözesan-Museums Köln (mit Nachtrag Diözesanmuseum Freising), Köln 1975/76
Schreiber, J.: Devotio moderna in Böhmen, in: Bohemia 6(1965), 93-122
Seibt, F.: Hussitica; Zur Struktur einer Revolution, Köln 1965
Stadelmann, R.: Vom Geist des ausgehenden Mittelalters, Halle 1929
Töpfer, B.: Das kommende Reich des Friedens; Die Entwicklung der chiliastischen Zukunftshoffnungen im Hoch-Mittelalter, Berlin 1964

2 聖人崇拝、巡礼、兄弟団、免罪

Bauerreis, R.: Pie Jesu; Das Schmerzensmannbild und sein Einfluß auf die mittelalterliche Frömmigkeit, München 1931

Bauerreis, R.: Sepulcrum Domini; Studien zur Entstehung der christlichen Wallfahrt auf deutschen Boden, München 1936

Domel, G.: Die Entstehung des Gebetbuches und seine Ausstattung in Schrift, Bild und Schmuck, Köln 1921

Geldner, F.: Nothelferverehrung vor, neben und gegen Vierzehnheiligen, in: Bericht des Historischen Vereins Bamberg 89 (1949), 36–47

Humpert, Th.: Klösterliches Leben und volkstümliche Frömmigkeit im Mittelalter, Konstanz 1955

Kriss, R.: Volkskundliches aus altbayerischen Gnadenstätten; Beitrag zu einer Geographie des Wallfahrtsbrauchtums, Baden 1930

Müller, I.: Die churrätische Wallfahrt im Mittelalter, Basel 1964

Paulus, N.: Geschichte des Ablasses im Mittelalter, I–III, Paderborn 1922–23

Peuckert, W. -E.: Deutscher Volksglaube des Spät-Mittelalters, Stuttgart 1942

Poschmann, B.: Der Ablaß im Licht der Bußgeschichte, Bonn 1948

Reber, O.: Die Gestaltung des Kults weiblicher Heiliger im Spät-Mittelalter, Hersbruck 1963

Rosenfeld, H. -F.: Der Heilige Christophorus, seine Verehrung und seine Legende, Abo/Leipzig 1937

Rosenfeld, H.: Die Münchner Gebetsrolle Clm 28961; Zur Buch und Frömmigkeitsgeschichte des 15. Jahrhunderts, in: Gutenberg-Jahrbuch 1976, 48–56

Rosenfeld, H.: Legende, Stuttgart ^{3}1972

Rosenfeld, H.: Der mittelalterliche Totentanz; Entstehung, Entwicklung, Bedeutung, Köln ^{3}1974

Rosenfeld, H.: Das Oberaltaicher Vadomori-Gedicht von 1446 und Peter von Rosenheim, in: Mittellateinisches Jahresbuch 2(1965), 190–204

Schauerte, H.: Die volkstümliche Heiligenverehrung, Münster 1948

Schreiber, G.: Wallfahrt und Volkstum in Geschichte und Leben, Düsseldorf 1934

Staber, J.: Volksfrömmigkeit und Wallfahrtswesen des Spät-Mittelalters im Bistum Freising, München 1955

Wildhaber, R.: Der Feiertagschristus als ikonographischer Ausdruck der Sonntagsheiligung, in: Zeitschrift für schweizerische Archäologie und Kunstgeschichte 16(1956), 1–34

Zender, M.: Räume und Schichten mittelalterlicher Heiligenverehrung, Düsseldorf 1959

3 精神思潮と宗教運動

Bühler, J.: Das deutsche Geistesleben im Mittelalter nach zeitgenössischen

第三章　教会・宗教・聖職者の生活

1　教会と修道会、司牧と説教

Bauerreiss, R.: Kirchengeschichte Bayerns, Ⅰ–Ⅴ(bis1500), St. Ottilien 1949–55

Buchner, F. X.: Kirchliche Zustände der Diözese Eichstätt am Ausgang des 15. Jahrhunderts, in: Pastoralblatt des Bistums Eichstätt 49 (1902)/50 (1903)

Bühler, J.: Klosterleben im deutschen Mittelalter aus zeitgenössischen Qullen, Leipzig 1923

Casutt, L.: Die älteste franziskanische Lebensform, Graz 1955

Cruël, R.: Geschichte der deutschen Predigt im Mittelalter, Detmold 1879

Frank, I. W.: Hausstudium und Universitätsstudium der Wiener Dominikaner bis 1500, Wien 1968

Franz, A.: Die Messe im deutschen Mittelalter, Freiburg 1902

Hauck, A.: Kirchengeschichte Deutschlands (bis 1437), Ⅰ–Ⅴ, Berlin ^{8}1954

Holzapfel, H.: Handbuch der Geschichte des Franziskanerordens, Freiburg 1909

Landmann, F.: Predigtwesen in Westfalen in der letzten Zeit des Mittelalters, Münster 1900

Landmann, F.: Lexikon für Theologie und Kirche, Ⅰ–ⅩⅢ, Freiburg 1957–67

Matt, L./Vicaire, M. H.: Dominicus; Bild, Aufbau und Gestalt, Würzburg 1957

Neuß, W.: Die Kirche des Mittelalters, Bonn ^{2}1950

Oedinger, F. W.: Über die Bildung des Geistlichen im späten Mittelalter, Köln 1953

Pfleger, L.: Geschichte des Predigtwesens in Straßburg vor Geiler von Kaysersberg, Straßburg 1907

Schäfer, H.: Pfarrkirche und Stift im deutschen Mittelalter, Amsterdam 1962

Schlesinger, W.: Kirchengeschichte Sachsens im Mittelalter, Köln 1932

Schnürer, G.: Kirche und Kultur im Mittelalter, Paderborn 1926

Schreiber, G.: Gemeinschaften des Mittelalters, Recht und Verfassung, Kult und Frömmigkeit, Münster 1948

Thoma, F.: Petrus von Rosenheim und die Melker Benediktinerreformbewegung, in: Studien und Mitteilungen zur Geschichte des Benediktiner-Ordens 44 (1927), 92–222

Thoma, F.: Petrus von Rosenheim, in: Das bayerische Inn-Oberland 32(1962), 97–164

Zibermayr, I.: Die Legation des Kardinals Cusanus und die Ordensreform in der Kirchenprovinz Salzburg, Münster 1914

17 道路、交通、情報機構、商取引、船舶航行

Beck, K.: Deutsche Reisen im Wandel der Jahrhunderte, Berlin 1936
Birk, A.: Die Straße; Ihre verkehrs-und bautechnische Entwicklung, Karlsbad 1934
Borchardt, F.: Gast- und Schankgewerbe in Vergangenheit und Gegenwart, Dissertation Greifswald 1901
Dietz, A.: Zur Geschichte der Frankfurter Büchermesse (1462-1792), Frankfurt am Main 1921
Dollinger, Ph. und andere.: Hanse in Europa, Brücke zwischen den Märkten. 12-17. Jahrhundert, Ausstellung des Kölner Stadtmuseums in der Kunsthalle Köln, Köln 1973
Gasner, E.: Zum deutschen Straßenwesen, Leipzig 1889
Kriechbaum, E.: Alte Salzstraßen zwischen den Alpen und Böhmen, in: Deutsches Archiv für Landes- und Volksforschung 2(1938), 417-33
Karll, A.: Aachener Verkehrswesen bis zum Ende des 14. Jahrhunderts, in: Aus Aachens Vorzeit 18 (1905), 66-195
Korzendörfer, A.: Die Anfänge des Postwesens in Deutschland, München 1941
Korzendörfer, A.: Regensburger Handels-und Nachrichtenverkehr im Ausgang des Mittelalters, in: Archiv für Post und Telegraphie 51(1923), 467-81
Korzendörfer, A.: Verkehrsgeschichte und Post in Staatsangelegenheiten, in: Archiv für Kulturgeschichte 30(1940), 382-405
Lauffer, O.: Der laufende Bote im Nachrichtenwesen der früheren Jahrhunderte, in: Beiträge zur deutschen Volks-und Altertumskunde 1(1954), 19-60
Lehr, A.: Die alte Poststraße von München über Mittenwald nach Innsbruck, in: Archiv für Postgeschichte in Bayern 16 (1940), 1-17
Mayer, A.: 1000 Jahre Seefahrt, Berlin 1934
Moeller, E. v.: Die Elendenbrüderschaften, Leipzig 1906
Pagel, K.: Die Hanse, Braunschweig ^{3}1963
Rauers, F.: Kulturgeschichte der Gaststätte, Berlin 1941
Schulte, A.: Geschichte des mittelalterlichen Handels zwischen Westdeutschland und Italien mit Ausschluß von Venedig, Leipzig 1900
Sporhan-Krempel, L.: Nürnberg als Nachrichtenzentrum zwischen 1400 und 1700, Nürnberg 1968
Schäfer, D.: Die deutsche Hanse, Bielefeld 1925
Weyer, F.: Der reisende Kaufmann, Köln 1948

gen und Fortschritte 33(1959), 278-83
Feldhaus, F. M.: Kulturgeschichte der Technik, Berlin 1928
Feldhaus, F. M.: Die Maschine im Leben der Völker, Basel 1954
Gleisberg, H.: Technikgeschichte der Getreidemühle, München 1956
Klemm, F.: Der Beitrag des Mittelalters zur Entwicklung der abendländischen Technik, Wiesbaden 1961
Maurice, K.: Die deutsche Räderuhr; Zur Kunst und Technik des mechanischen Zeitmessers im deutschen Sprachraum, München 1977
White, L. J.: Die mittelalterliche Technik und der Wandel der Gesellschaft, München 1968
Wilsdorf, H.: Bergwerke und Hüttenanlagen der Agricola-Zeit, Berlin 1971
Zinner, E.: Aus der Frühzeit der Räderuhr; Von der Gewichts-zur Federzugsuhr, München 1954
Zinner, E.: Astronomische Instrumente, Osnabrück 1968

15　公衆衛生施設、衛生、医術

Baas, K.: Mittelalterliche Gesundheitspflege, Freiburg 1909
Diepgen, P.: Frau und Frauenheilkunde in der Kultur des Mittelalters, Stuttgart 1963
Diepgen, P.: Geschichte der Medizin, Ⅰ, Berlin 1949
Fischer, A.: Geschichte des deutschen Gesundheitswesens, Berlin 1933
Fülöp-Miller, R.: Kulturgeschichte der Heilkunde, München 1937
Königer, E.: Aus der Geschichte der Heilkunst, München 1958
Kotelmann, L.: Gesundheitspflege im Mittelalter, Hamburg 1890
Martin A.: Deutsche Badewesen in vergangenen Tagen, Jena 1906
Peters, H.: Der Arzt und die Heilkunst in der deutschen Vergangenheit, Jena ^{2}1924
Völker, P. G: Heilwesen im Mittelalter, München 1967

16　法律、裁判、刑の執行

Amira, K. v.: Grundriß des germanischen Rechts, Straßburg ^{3}1913
Grimm, J.: Deutsche Rechtsaltertümer, Göttinngen ^{4}1899
Heinemann, F.: Der Richter und die Rechtspflege in der deutschen Vergangenheit, Jena ^{2}1924
His, R.: Das Strafrecht des deutschen Mittelalters, Leipzig 1920
Keller, A.: Der Scharfrichter in der deutschen Kulturgeschichte, Bonn 1921
Mitteis, H./Lieberich, H.: Deutsche Rechtsgeschichte, München 1974
Planck, J. W.: Das deutsche Gerichtsverfahren im Mittelalter, Braunschweig 1879
Planitz, H.: Deutsche Rechtsgeschichte, bearbeitet von K. A. Eckhardt, Köln ^{3}1971
Stintzing, R./Landsberg, E.: Geschichte der deutschen Rechtswissenschaft, Ⅰ-Ⅵ, München 1880-1910

Buchner, E.: Das Bildnis der Spätgotik und der frühen Dürerzeit, Berlin 1953
Busch, H./Lohse, B.: Baukunst der Gotik in Europa, Berlin 1958
Buschor, E.: Das Porträt; Bildniswege und Bildnisstufen in fünf Jahrtausenden, München 1960
Frey, D.: Gotik und Renaissance als Grundlagen der modernen Weltanschauung, Augsburg 1929
Frey, D.: Die Frühzeit des Holzschnittes, Staatliche Graphische Sammlung, München 1970
Kaun, G.: Deutsche Malerei des 15. und 16. Jahrhunderts, Calw 1949
Keller, H.: Die Entstehung des Bildnisses am Ende des Hoch-Mittelalters, in: Römisches Jahrbuch für Kunstgeschichte 3 (1939), 227-354
Kunze, H.: Geschichte der Buchillustration in Deutschland; Das 15. Jahrhundert, Leipzig 1975
Morant, H. de: Histoire des arts décoratifs, Paris 1970
Passarge, W.: Das deutsche Vesperbild im Mittelalter, Köln 1924
Pinder, W.: Deutsche Dome des Mittelalters, Königstein 1952
Pinder, W.: Die Kunst der deutschen Kaiserzeit, Leipzig 1937
Pinder, W.: Die Kunst der ersten Bürgerzeit bis Mitte des 15. Jahrhunderts, Leipzig ²1940
Pinder, W.: Die deutsche Kunst der Dürerzeit, Frankfurt am Main ²1953
Rosenfeld, H.: Die Meister der Spielkarten und die Spielkartentradition und Gutenbergs typographische Pläne im Rahmen der Entwicklung der graphischen Künste, in: Archiv für Geschichte des Buchwesens 5 (1964), 1505-20
Scheidig, W.: Die Holzschnitte des Petrarca-Meisters, Berlin 1955
Schütte, M.: Gestickte Bildteppiche und Decken des Mittelalters, Leipzig 1927-30
Sedlmayer, H.: Die Entstehung der Kathedrale, Zürich ²1975
Simson, O.: Die gotische Kathedrale, Darmstadt 1968
Spamer, A.: Das kleine Andachtsbild vom 14. bis zum 20. Jahrhundert, München 1930
Weil, E.: Der Ulmer Holzschnitt im 15. Jahrhundert, Berlin 1923
Wentzel, H.: Die Christus-Johannes-Gruppen des 14. Jahrhunderts, Berlin 1947

14 自然科学、技術、数学分野における発明と発見、地下資源の利用

Dampier, W. C.: Geschichte der Naturwissenschaft in ihrer Beziehung zu Philosophie und Weltanschauung, Wien 1952
Dietrich, R.: Untersuchungen zum Frühkapitalismus im mitteldeutschen Erzbergbau und Metallhandel, in: Jahrbuch für die Geschichte Mittel-und Ostdeutschlands 7(1958), 141-206; 8(1959), 51-120; 9/10(1960/61), 127-94
Eis, G.: Vom Lesestein und der spät-mittelalterlichen Literatur, in: Forschun-

Rosenfeld, H.: Legende, Stuttgart [3]1972
Rosenfeld, H.: Die Literatur des ausgehenden Mittelalters in soziologischer Sicht, in: Wirkendes Wort, II, Düsseldorf 1963, 287-98
Rosenfeld, H.: Der mittelalterliche Totentanz, Köln [3]1974
Rupprich, H.: Die deutsche Literatur vom späten Mittelalter bis zum Barock, I : 1370-1520, München 1970
Schaefer, J.: Walther von der Vogelweide und Frauenlob, Tübingen 1966
Sowinski, B.: Lehrhafte Dichtung des Mittelalters, Stuttgart 1971
Stammler, W.: Von der Mystik zum Barock(1400-1600), Stuttgart 1950
Straßner, E.: Schwank, Stuttgart 1968
Wentzlaff-Eggebert, F. -W. und E.: Deutsche Literatur im späten Mittelalter(1250-1450), Reinbek 1971

12 文書、印刷業、書籍出版業

Beiträge zur Geschichte des Buches und seiner Funktion in der Gesellschaft, Festschrift für Hans Widmann, Stuttgart 1974
Fechter, W.: Der Kundenkreis des Diebold Lauber, in: Zentralblatt für Bibliothekswesen 55 (1938), 121-46
Inkunabeln; Das erste Jahrhundert des deutschen Buch-und Bilddrucks, München 1957
Pitz, E.: Schrift-und Aktenwesen der staatlichen Verwaltung im Spät-Mittelalter, Köln 1959
Rosenfeld, H.: Der mittelalterliche Bilderbogen, in: Zeitschrift für deutsches Altertum 85 (1954), 266-75
Rosenfeld, H.: Der Buchschmuck als typographisches Problem bei Gutenberg und den Druckern des 16. bis 18. Jahrhunderts, in: Gutenberg-Jahrbuch 1971, 308-17
Rosenfeld, H.: Gutenberg als Erfinder der Buchdrucktechnik, in: Börsenblatt für den deutschen Buchhandel 12 (1956), 1709-22
Rosenfeld, H.: Die Rolle des Bilderbogens in der deutschen Volkskultur, in: Bayerisches Jahrbuch für Volkskunde 1955, 79-85
Ruppel, A.: J. Gutenberg, sein Leben und sein Werk, Nieuwkoop [3]1967
Ruppel, A.: Die Technik Gutenbergs und ihre Vorstufen, München 1940
Widmann, H. (hg. v.): Der gegenwärtige Stand der Gutenberg-Forschung, Stuttgart 1972
Widmann H.: Geschichte des Buchhandels vom Altertum bis zur Gegenwart, I , Wiesbaden [2]1975

13 建築、彫刻作品、絵画、肖像画、工芸美術、版画

Adam, E.: Baukunst des Mittelalters, Frankfurt am Main 1963
Bossert, H. Th.: Geschichte des Kunstgewerbes aller Zeiten und Völker, V, Berlin 1932
Bandmann, G.: Mittelalterliche Baukunst als Bedeutungsträger, Berlin 1951

Archiv für Kulturgeschichte 51(1969), 175-81
Sengspiel, O.: Die Bedeutung der Prozession für die geistlichen Spiele des Mittelalters in Deutschland, Breslau 1932
Spamer, A.: Deutsche Fastnachtsbräuche, Jena 1936
Steinbach, R.: Die deutschen Oster-und Passionsspiele des Mittelalters, Köln 1970
Thoran, B.: Studien zu den österlichen Spielen des deutschen Mittelalters, Dissertation Bochum 1969
Ukena, E.: Die deutschen Mirakelspiele des Spät-Mittelalters, Frankfurt am Main 1975
Werner, W.: Studien zu den Passions-und Osterspielen des deutschen Mittelalters in ihrem Übergang vom Latein zur Volkssprache, Berlin 1963
Werner, W.: Die Wilden Leute des Mittelalters, Ausstellungskatalog, Hamburg 1963

11 文芸作品、著作・文献、言葉

言語

Bach, A.: Geschichte der deutschen Sprache, Heidelberg a 1970
Besch, W.: Sprachlandschaften und Sprachenausgleich im 15. Jahrhundert, München 1967
Maurer, F./Rupp, H.: Deutsche Wortgeschichte, Berlin/New York ³1973/74

詩、文学

Maurer, F./Rupp, H.: Internationale Bibliographie zur Geschichte der deutschen Literatur von den Anfängen bis zur Gegenwart, München/Berlin 1969, 617-743
Bebermeyer, G.: Frühneuhochdeutsche Literatur, in: Reallexikon der deutschen Literaturgeschichte, Berlin ²1958. Band 1, 494-521
Beyschlag, S.: Städte, Höfe, Gelehrte, in: Annalen der deutschen Literatur, Stuttgart 1952, 255-86
Blank, W.: Die deutsche Minneallegorie, Stuttgart 1970
Boesch, B.: Die Kunstanschauung in der deutschen Dichtung von der Blütezeit bis zum Meistersang, Bern 1936
Eis, G.: Mittelalterliche Fachliteratur, Stuttgart ²1967
Fischer, H.: Studien zur deutschen Märendichtung, Tübingen 1968
Lämmert, E.: Reimsprecherkunst im Spät-Mittelalter, Stuttgart 1970
Nagel, B.: Meistersang, Stuttgart ²1971
Petzsch, Ch.: Das Lochamer Liederbuch, München 1967
Ranke, F.: Von der ritterlichen zur bürgerlichen Dichtung (1230-1430), in: Annalen der deutschen Literatur, Stuttgart 1952, 189-253
Rosenfeld, H. -F.: Das Ethos der bürgerlichen Dichtung im späten Mittelalter, in: H. -F. R.: Ausgewählte Schriften, Göppingen 1974, 79-117
Rosenfeld, H.: Heldenballade, in: Handbuch des Volksliedes 1(1974), 57-87

Grundmann, H.: Naturwissenschaft und Medizin in mittelalterlichen Schulen und Universitäten, München 1960
Grundmann, H.: Vom Ursprung der Universität im Mittelalter, Darmstadt 1960
Hajdu, H.: Lesen und Schreiben im Spät-Mittelalter, Pecs 1931
Hesselbach, E.: Die deutsche Schule im Mittelalter, in Zeitschrift für Geschichte der Erziehung und des Unterrichts 10 (1920), 1-56
Hörburger, F.: Geschichte der Erziehung und des Unterrichts, Wien 1967
Kaufmann, G.: Die Geschichte der deutschen Universität bis zum Ausgang des Mittelalters, Stuttgart 1888-95
Limmer, R.: Bildungszustände und Bildungsidee des 13. Jahrhunderts, München 1928
Müller, J.: Quellenschriften und Geschichte des deutschsprachigen Unterrichts bis Mitte des 16. Jahrhunderts, Gotha 1882
Paulsen, F.: Geschichte des gelehrten Unterrichts auf den deutschen Schulen und Universitäten vom Ausgang des Mittelalters bis zur Gegenwart, Leipzig 1896/97
Schulze, F.,/P. Szymank: Deutsches Studententum von den ältesten Zeiten bis zur Gegenwart, Leipzig 1910
Thalhofer, F. X.: Unterricht und Bildung im Mittelalter, München 1928
Zarncke, F.: Die deutschen Universitäten im Mittelalter, Leipzig 1857

10 仮装、謝肉祭劇、宗教劇

Brüggemann, F.: Vom Schembartlaufen, Leipzig 1936
Catholy, E.: Das Fastnachtspiel des Spät-Mittelalters, Tübingen 1961
Catholy, E.: Fastnachtspiel, Stuttgart 1966
Dörrer, A.: Bozener Bürgerspiele, alpendeutsche Prang-und Kranzfeste, Leipzig 1941
Dörrer, A.: Das Schemenlaufen in Tirol, Innsbruck 1938
Dörrer, A.: Fastnacht; Beiträge des Tübinger Arbeitskreises für Fastnachtsforschung, Tübingen 1964
Fehrle, E.: Feste und Volksbräuche im Jahreslauf europäischer Völker, Kassel 1955
Gattermann, H.: Die deutsche Frau in den Fastnachtspielen, Dissertation Greifswald 1911
Hartl, E.: Das Drama des Mittelalters, sein Wesen und sein Werden, Leipzig 1937
Mannhardt, W.: Wald- und Feldkulte, Berlin ^{2}1904
Müller, G.: Der Umritt, Stuttgart 1941
Niessen, C.: Das Volksschauspiel und Puppenspiel, in: Handbuch der deutschen Volkskunde 2 (1935), 429-87
Roller, H. -U.: Der Nürnberger Schembartlauf, Tübingen 1965
Rosenfeld, H.: Fastnacht und Karneval; Name, Geschichte, Wirklichkeit, in:

1882
Hampe, Th.: Gedichte vom Hausrat aus dem 15. und 16. Jahrhundert, Straßburg 1899
Heyne, M.: Nahrungswesen, Leipzig 1899
Kohlhausen, H.: Ritterliche Kultur aus mittelalterlichen Hausrat gedeutet, Schloß Berg1962
Kühnel, H.: Die materielle Kultur des Spät-Mittelalters im Spiegel der zeitgenössischen Ikonographie in: Gotik in Österreich, Katalog, Wien 1967, 1-36
Merker, P.: Die Tischzuchtenliteratur des 12. bis 16. Jahrhunderts, in: Mitteilungen der Deutschen Gesellschaft zur Erforschung vaterländischer Sprache und Altertum in Leipzig 11 (1913), 1-52
Schiedlausky, G.: Essen und Trinken; Tafelsitten bis zum Ausgang des Mittelalters, München ²1959
Wühr, H.: Altdeutsches Eßgerät, Darmstadt 1961

8 娯楽ゲーム、社交ゲーム、賭事

D'Allemagne, H. R.: Les cartes à jouer du 14ième au 20ième siècle, Paris 1906
Beitl, R.: Volksspiele, in: Handbuch der deutschen Volkskunde 2(1935), 251-71
Böhme, F. M.: Deutsches Kinderlied und Kinderspiel, Leipzig 1897
Bolte, J.: Zeugnisse zur Geschichte unserer Kinderspiele, in: Zeitschrift des Vereins für Volkskunde 19(1909), 381-414
Huizinga, J.: Homo ludens, Amsterdam 1939
Von der Linde, A.: Geschichte und Literatur des Schachspiels, Berlin 1874
Mendner, S.: Das Ballspiel im Leben der Völker, Münster 1956
Rosenfeld, H.: Die Beziehung der europäischen Spielkarten zum Orient und zum Urschach, in: Archiv für Kulturgeschichte 42(1960), 1-36
Rosenfeld, H.: Zur Vorgeschichte und Morphogenese von Kartenspiel und Tarock, in: Archiv für Kulturgeschichte 52(1976), 65-94
Wehrhan, K.: Kinderlied und Kinderspiel, Leipzig 1909
Zingerle, J. V. v.: Das deutsche Kinderspiel im Mittelalter, Innsbruck ²1878

9 教育と授業、学校と大学

Ballauf, Th. Pädagogik; Eine Geschichte der Bildung und Erziehung, Freiburg 1969
Denifle, H.: Die Universitäten des Mittelalters, Ⅰ, Berlin 1886
Denifle, H.: Die Entstehung der Universitäten des Mittelalters, Graz 1956 (Repräsentant)
Dolch, O.: Geschichte des deutschen Studententums, Leipzig 1858
Driesch, J. van den/Esterhues, J.: Geschichte der Erziehung und Bildung, Paderborn ⁵1960
Elzer, H. M.: Bildunsgeschichte als Kulturgeschichte, Ratingen 1965-67

Reichardt, R.: Geburt, Hochzeit und Tod im deutschen Volksbrauch, Jena 1913

Reichardt, R.: Die deutschen Feste in Sitte und Brauch, Jena 1908

Reinsberg-Düringsfeld, O. Freiherr v.: Das festliche Jahr in Sitten, Gebräuchen und Aberglauben, Leipzig 1898

Rochholz, E. L.: Deutsche Glaube und Brauch im Spiegel der Vorzeit, Berlin 1867

Sartori, P.: Die Speisung der Toten, Dortmund 1903

Scherr, J.: Kulturgeschichte der deutschen Frau, hg. v. M. Bauer, Dresden 1928

Spamer, A.: Sitte und Brauch, in: Handbuch der deutschen Volkskunde 2(1935), 33-236

Wachendorf, H.: Die wirtschaftliche Stellung der Frau in den deutschen Städten des späteren Mittelalters, Dissertation Hamburg 1934

Weinhold, K.: Die deutschen Frauen im Mittelalter, Wien ^{3}1897

6　衣服、民族衣装、流行、服装に関する規定

Alltag und Fest im Mittelalter; Gotische Kunstwerke als Bilddokumente, Wien 1970

Baur, V.: Kleiderordnungen in Bayern vom 14. bis zum 19. Jahrhundert, München 1975

Boehn, M. v.: Die Mode, München ^{2}1923

Bringemeier, M.: Priester-und Gelehrtenkleidung, Münster 1974

Hampl-Kallbrunner, G.: Beiträge zur Geschichte der Kleiderordnungen mit besonderer Berücksichtigung Österreichs, Dissertation Wien 1962

Heyne, M.: Körperpflege und Kleidung bis zum 16. Jahrhundert, Leipzig 1903

Hottenroth, F.: Handbuch der deutschen Tracht, Stuttgart 1896

Kühnel, H.: Die materielle Kultur des Spät-Mittelalters im Spiegel der zeitgenössischen Ikonographie, in: Gotik in Österreich, Katalog, Wien 1967, 1-36

Nienholdt, E.: Die deutsche Tracht im Wandel der Jahrhunderte, Berlin 1938

Post, P.: Das Kostüm von 1150-1500, in: Deutscher Kulturatlas 2(1928-36), 106a-106h.

Post, P.: Die französisch-niederländische Männertracht einschließlich der Ritterrüstung im Zeitalter der Spätgotik(1350-1475), Dissertation, Halle 1910

7　台所、地下室、飲食、家財道具、テーブルマナー

Dangkrotzheim, K.: Von allerley Hausrat(1431), hg. v. H. Rosenfeld, Göppingen 1979

Freybe, A.: Das deutsche Haus und seine Sitte, Gütersloh 1910

Geyer, M.: Altdeutsches Tischzuchten, Programm Altenburg 1882

Goetz, W.: Speise und Trank vergangener Zeiten in deutschen Landen, Basel

3 武器、軍事、戦争

Delbrück, H.: Geschichte der Kriegskunst, Bd. III : Mittelalter, Berlin 1923

Frauenholz, E. v.: Heerwesen der germanischen Frühzeit und des ritterlichen Zeitalters, München 1935

Hermann, C. H.: Deutsche. Militärgeschichte, Frankfurt am Main 1966

Seitz, H.: Blankwaffen I , Braunschweig 1965

Wagner, E./Drobna, Z./Durbik, J.: Tracht, Wehr und Waffen des Spätmittelalters(1350-1450), Prag 1957

Weinhold, K.: Beiträge zu den deutschen Kriegsaltertümern, in: Sitzungsberichte der Preußischen Akademie der Wissenschaften 1891, 543-67

4 軍事訓練、体育、娯楽と舞踏

Bintz, J.: Die Leibesübungen im Mittelalter, Gütersloh 1880

Böhme, F. M.: Geschichte des Tanzes in Deutschland, Leipzig 1886

Bogeng, G. A. E.: Geschichte des Sports aller Völker und Zeiten, I - II, Leipzig 1926

Diem, C.: Weltgeschichte des Sportes und der Leibeserziehung, Stuttgart 1960

Edelmann, A.: Schützenwesen und Schützenfest der deutschen Städte vom 13. zum 18. Jahrhundert, München 1890

Hergsell, G.: Die Fechtkunst im 15. Jahrhundert und 16. Jahrhundert, Prag 1896

Lehmann, S.: Der Tanz im deutschen Volk, in: Handbuch der deutschen Volkskunde 2(1935), 288-304

Pfeil, S. Graf v.: Schützenwesen und Schützenfeste in Niedersachsen, Göttingen 1975

Reintges, Th.: Ursprung und Wesen der spätmalittelalterlichen Schützengilden, Bonn 1963

5 女性、婚姻、家族、性生活、礼儀作法

Bauer, M.: Deutscher Frauenspiegel, Berlin 1917

Bauer, M.: Liebesleben in deutscher Vergangenheit, Berlin 1924

Behaghel, W.: Die gewerbliche Stellung der Frau im mittelalterlichen Köln, Berlin 1910

Bücher, K.: Die Frauenfrage im Mittelalter, Tübingen 1910

Erasmi, B.: Deutsches Frauenleben in der Vergangenheit und Gegenwart, Donauwörth 1933

Falk, F.: Die Ehe am Ausgang des Mittelalters, Freiburg 1908

Finke, H.: Die Frau im Mittelalter, München 1913

Keil, E. W.: Deutsche Sitte und Sittlichkeit im 13. Jahrhundert nach den damaligen deutschen Predigern, Dresden 1931

Kühnel, H.: Die materielle Kultur des Spätmittelalters im Spiegel der zeitgenössischen Ikonographie, in: Gotik in Österreich, Katalog, Wien 1967, 1-36

第二章　生活条件と生活様式

1　暦、時間の尺度、世代、生活リズム

Bock, H.: Die Uhr; Grundlage und Technik der Zeitrechnung, Leipzig ²1916
Glasser, R.: Die humanistische Wertschätzung der Zeit, in: Welt als Geschichte 7(1941), 165-80
Kindler, F.: Die Uhren; Ein Abriß der Geschichte der Zeitmessung, Einsiedeln 1912
Lübke, A.: Von der Sonnenuhr zur Atomuhr, Düsseldorf 1958
Pfaff, A: Aus alten Kalendern, Stuttgart 1954
Rosenfeld, H.: Kalender, Einblattkalender, Bauernkalender und Bauernpraktik, in: Bayerisches Jahrbuch für Volkskunde 1962, 7-24

2　家、農家、村、ブルク、都市における活動範囲の拡大

Anheißer, R.: Das mittelalterliche Wohnhaus in deutschstämmigen Landen, Stuttgart 1935
Binding, G./Mainzer U./Wiedenau, A.: Kleine Kunstgeschichte des deutschen Fachwerkbaus, Darmstadt 1975
Falke, J. v.: Mittelalterliches Holzmobiliar, Wien ²1897
Gebhard, T.: Untersuchung zu einem Verzeichnis von Baugeschirr in Niederbayern (14. Jahrhundert), Festschrift Wilhelm Hansen , Münster 1977
Geisler, W.: Siedlungsformen, in: Handbuch der deutschen Volkskunde 3 (1936), 156-98
Henning, R.: Die deutschen Haustypen, Straßburg 1885
Henning, R.: Das deutsche Haus in seiner historischen Entwicklung, Straßburg 1882
Heyne, M.: Das deutsche Wohnungswesen bis zum 16. Jahrhundert, Leipzig 1899
Hotz, W.: Kleine Kunstgeschichte der deutschen Burg, Darmstadt 1965
Luthmer, F.: Deutsches Möbel der Vergangenheit, Leipzig 1903
Meier-Oberist, F.: Kulturgeschichte des Wohnens im abendländischen Raum, Hamburg 1956
Peßler, W.: Das deutsche Bauernhaus, in: Handbuch der deutschen Volkskunde 3 (1936), 207-75
Piendl, M.: Hab und Gut eines bayerischen Ritters im 14. Jahrhundert, Festschrift für Max Spindler, München 1969, 193-213
Pinder, W.: Innenräume deutscher Vergangenheit aus Schlössern, Burgen, Klöstern, Bürgerbauten und Bauernhäusern, Königstein 1924
Reitzenstein, A.: Die alte bairische Stadt, München 1964
Zingerle, O.: Mittelalterliche Inventare aus Tirol und Vorarlberg, Innsbruck 1909

Nachkommen, in: Archiv für katholisches Kirchenrecht 121 (1941), 1-12; 165-91
Caro, G.: Sozial-und Wirtschaftsgeschichte der Juden im Mittelalter und in der Neuzeit, Leipzig 1908
Geiger, A.: Quellen zur Geschichte der Juden in Deutschland, I-V, Braunschweig 1887-92
Grau, W.: Antisemitismus im späten Mittelalter, Berlin ²1939
Kern, K. P.: Die Judentaufe, Stuttgart 1937
Liebe, G.: Das Judentum in der deutschen Vergangenheit, Jena ²1924
Menczel, J. S.: Beiträge zur Geschichte der Juden von Mainz im 15. Jahrhundert, Berlin 1933
Monumenta Judaica; 2000 Jahre Geschichte und Kultur der Juden am Rhein, Handbuch, Köln ²1964
Münz, J.: Die jüdischen Ärzte im Mittelalter, Frankfurt am Main 1922
Münz, J.: Jüdisches Leben im Mittelalter, Leipzig 1930
Nübling, E.: Die Judengemeinden des Mittelalters, Ulm 1896
Rosenfeld, H.: Gutenbergs Wappen, seine Entstehung und die angeblichen jüdischen Ahnen Gutenbergs, in: Gutenberg-Jahrbuch 1974, 35-46
Schopen, E.: Geschichte des Judentums im Abendland, Bonn 1961
Seiferth, W.: Synagoge und Kirche im Mittelalter, München 1964
Straus, R.: Die Judengemeinde Regensburg im ausgehenden Mittelalter, Heidelberg 1932

遍歴、追放者、ハンセン病患者

Avé-Lallemant, F.: Das deutsche Gaunertum (hg. v. M. Bauer), München 1914
Barre, E.: Die Bruderschaft der Pfeifer im Elsaß, Colmar 1873
Beneke, O.: Von unehrlichen Leuten, Berlin 1889
Danckert, W.: Unehrliche Leute; Die verfemten Berufe, Bern 1963
Hampe, Th.: Die fahrenden Leute in der deutschen Vergangenheit, Leipzig 1902
Klapper, J.: Fahrende Leute und Einzelgänger, in: Handbuch der deutschen Volkskunde 1 (1934), 145-50
Meyer, Ch.: Die unehrlichen Leute in älterer Zeit, Hamburg 1894
Salmen, W.:Die fahrenden Musiker im europäischen Mittelalter, Kassel 1961
Schaer, A.: Die altdeutsche Fechter und Spielleute, Dissertation Straßburg 1901
Schletterer, H. M.: Geschichte der Spielmannszunft, Berlin 1884

魔術師、異端、魔女

Hansen, J.: Zauberwahn, Inquisition und Hexenprozeß im Mittelalter, Bonn 1900
Soldan, W. G.: Geschichte der Hexenprozesse, bearbeitet von H. Heppe, Lübeck 1938

経済と貿易

Ammann, H.: Die wirtschaftliche Stellung der Reichsstadt Nürnberg im Spätmittelalter, Nürnberg 1970

Ammann, H.: Wirtschaft und Lebensraum der mittelalterlichen Kleinstadt, Rheinfelden 1948

Bauer, C.: Unternehmung und Unternehmungsformen im Spätmittelalter und in der beginnenden Neuzeit, Jena 1936

Bechtel, H.: Wirtschaftsgeschichte Deutschlands, Band 1.: Von der Vorzeit bis zum Ende des Mittelalters, München ²1951

Bechtel, H.: Wirtschaftsstil des deutschen Spätmittelalters, München 1930

Dübling, E.: Ulms Kaufhaus im Mittelalter, Ulm 1894

Kellenbenz, H. (hg. v.): Öffentliche Finanzen und privates Kapital im späten Mittelalter und in der ersten Hälfte des 19. Jahrhunderts, Stuttgart 1971

Gatz, K.: Kauffahrer, Krämer und Handelsmann; Die deutsche Kaufmannschaft im Mittelalter, Hannover ³1949

Höffner, J.: Wirtschaftsethik und Monopole im 15. und 16. Jahrhundert, Dissertation Jena 1941

Kuske, B.: Die Entstehung der Kreditwirtschaft und des Kapitalverkehrs Leipzig 1927

都市同盟

Angermeier, H.: Städtebünde und Landfriede im 14. Jahrhundert, in: Historisches Jahrbuch 76 (1957), 34-46

Bühler, J.: Bürger, Bauer und Hansa, Leipzig 1929

Dollinger, Ph.: Die Hanse, Stuttgart 1966

Brandt, A. v. und andere: Die Deutsche Hanse als Mittler zwischen Ost und West, Köln 1963

Reincke, H.: Kaiser Karl IV. und die deutsche Hanse, Lübeck 1931

都市貴族とツンフト

Breuer, H.: Das Wesen der deutschen Zünfte im Mittelalter, Dissertation Würzburg 1942

Heimpel, H.: Die Gewerbe der Stadt Regensburg im Mittelalter, Stuttgart 1926

Heyne, M.: Das altdeutsche Handwerk, Straßburg 1908

Klocke, F.: Patriziat und Stadtadel im alten Soest, Lübeck 1927

Meyer, J.: Die Entstehung des Patriziats in Nürnberg, in: Mitteilungen des Vereins für Geschichte der Stadt Nürnberg 27 (1928), 32-92

Rössler, H. (hg. v.): Das deutsche Patriziat von 1430 bis 1740, Limburg 1968

Potthoff, O. D.: Kulturgeschichte des deutschen Handwerks, Leipzig 1938

6　社会のアウトサイダー

ユダヤ人

Browe, P.: Die kirchenrechtliche Stellung der getauften Juden und ihrer

Ennen, E.: Frühgeschichte der europäischen Stadt, Bonn 1953
Haase, C.: Entstehung der westfälischen Städte, Münster ²1965
Hamm, E.: Die deutsche Stadt im Mittelalter, Stuttgart 1939
Planitz, H.: Die deutsche Stadt im Mittelalter, Wien ³1973
Röhrig, F.: Die europäische Stadt im Mittelalter, Göttingen ²1958
Sander, P.: Geschichte des deutschen Städtewesens, Bonn 1922
Haase, C. (hg. v.): Die Stadt des Mittelalters, Darmstadt 1969-73
Haase, C.: Studien zu den Anfängen des europäischen Stadtwesens, Stuttgart 1958
Reisner, W.: Die Einwohnerzahl deutscher Städte in früheren Jahrhunderten, Jena 1903

都市の歴史

Rinn, H. (hg. v.): Augusta 955-1955, Forschungen und Studien zur Kultur und Wirtschaftsgeschichte Augsburgs, Augsburg 1955
Bothe, F.: Geschichte der Stadt Frankfurt, Frankfurt am Main 1913-16
Bothe, F.: Chroniken der deutschen Städte vom 14. bis ins 16. Jahrhundert, 36 Bände, Leipzig 1862ff
Geiger, G.: Die Reichsstadt Ulm vor der Reformation, Stuttgart 1971
Hoffmann, M.: Geschichte der freien und Hansestadt Lübeck, Lübeck 1889
Reicke, E.: Geschichte der Reichsstadt Nürnberg , Nürnberg 1896
Schulze, F.: Aus Leipzigs Kulturgeschichte, Leipzig 1956
Solleder, F.: München im Mittelalter, München 1938
Steiger, H.: Geschichte der Stadt Augsburg, München 1941
Wackernagel, R.: Geschichte der Stadt Basel, Basel 1916

市民と社会

Bosl, K.: Die wirtschaftliche und gesellschaftliche Entwicklung des Augsburger Bürgertums vom 10. bis zum 14. Jahrhundert, München 1969
Bosl, K.: Mensch und Gesellschaft in der Geschichte Europas, München 1972
Bosl, K.: Die Sozialstruktur der mittelalterlichen Residenz- und Fernhandelsstadt Regensburg, München 1966
Bosl, K.: Städtewesen und Bürgertum als geschichtliche Kräfte; Gedächtnisschrift für Fritz Rörig, Lübeck 1953
Maschke, E./Sydow, J. (hg. v.): Gesellschaftliche Unterschichten in den südwestdeutschen Städten, Stuttgart 1967
Maschke, E./Sydow, J.: Untersuchungen zur gesellschaftlichen Struktur der mittelalterlichen Städte in Europa, Stuttgart 1966
Zorn, W.: Die politische und soziale Bedeutung des Reichsstadtbürgertums im Spätmittelalter, in: Zeitschrift für bayerische Landesgeschichte 24 (1961) 460-80

1960
Klebel, E.: Mittelalterliche Burgen und ihr Recht, Wien 1953
Kohlhausen, H.: Ritterliche Kultur aus mittelalterlichem Hausrat gedeutet, Schloß Burg 1942
Reitzenstein, A. v.: Rittertum und Ritterschaft, München 1972
Reuter, H. G.: Die Lehre vom Ritterstand, Köln 1971
Schulze, W.: Die Gleve; Der Ritter und sein Gefolge im späten Mittelalter, München 1940

4 農民と東方植民

Abel, W.: Die drei Epochen der deutschen Agrargeschichte, Hannover 1962
Abel, W.: Geschichte der deutschen Landwirtschaft vom frühen Mittelalter bis zum 19. Jahrhundert, Stuttgart [2]1967
Abel, W.: Die Wüstungen des ausgehenden Mittelalters, Stuttgart [2]1955
Bader, K. S.: Studien zur Rechtsgeschichte des mittelalterlichen Dorfes, Weimar 1957–62
Bartels, A.: Der Bauer in der deutschen Vergangenheit, Leipzig [2]1925
Franz, G. (hg. v.): Deutsche Ostsiedlung in Mittelalter und Neuzeit, Köln 1971
Franz, G. (hg. v.): Deutsches Bauerntum im Mittelalter, Darmstadt 1976
Franz, G.: Der deutsche Bauernkrieg, München [10]1974
Franz, G.: Geschichte des deutschen Bauernstandes vom frühen Mittelalter bis zum 19. Jahrhundert, Stuttgart 1970
Frauendorfer, S. v.: Ideegeschichte der Agrarwirtschaft und Agrarpolitik im deutschen Sprachgebiet, München 1957
Gause, F.: Mittelalterliche deutsche Ostsiedlung, Stuttgart 1969
Hügli, H.: Der deutsche Bauer im Mittelalter, Bern 1929
Knapp, Th.: Beiträge zur Rechts- und Wirtschaftsgeschichte, vornehmlich der deutschen Bauern, Aalen 1964
Liebrich, H.: Landherren und Landleute, München 1964
Quirin, K. H.: Die deutsche Ostsiedlung im Mittelalter, Göttingen 1954
Radbruch, R. M. und G.: Der deutsche Bauernstand zwischen Mittelalter und Neuzeit, Göttingen [2]1961
Sabean, D.: Landbesitz und Gesellschaft am Vorabend des Bauernkrieges, Stuttgart 1972
Walcker, M.: Das volkstümliche Leben im 15. und 16. Jahrhundert nach dem Zeugnis von Dorfordnungen aus dem schwäbischen Teil von Würtemberg, Dissertation Tübingen 1951
Wenskus, R. u. a. (hg. v.): Wort und Begriff Bauer, Göttingen 1973

5 都市と市民

都市の発展と都市

Ammann, H.: Wie groß war die mittelalterliche Stadt?, in: Studium generale 9 (1956), 503–06

Hagemeyer, H.: Gestalt und Wandel des Reiches, Berlin 1944
Heer, F.: Das Heilige Römische Reich, Bern 1967
Heydte, F. A. Freiherr v. d. : Die Geburtsstunde der souveränen Staaten, Regensburg 1952
Hiltebrandt, Ph.: Die Kaiser-Idee, Leipzig 1941
Moraw, P.: Deutsches Königtum und bürgerliche Geldwirtschaft um 1400, in: Vierteljahrsschrift für Sozial-und Wirtschaftsgeschichte 55 (1968), 289-328
Mühr, A.: Die deutschen Kaiser, Frankfurt am Main 1971
Smirin, M. M.: Deutschland vor der Reformation, Berlin 1955
Fuchs, W. P. (hg. v.): Staat und Kirche im Wandel der Jahrhunderte, Stuttgart 1966
Steinbach, H.: Die Reichsgewalt und Niederdeutschland in nachstaufischer Zeit (1247-1308), Stuttgart 1968
Stern, L./Voigt, E. : Deutschland in der Feudalepoche von der Mitte des 13. Jahrhunderts bis zum ausgehenden 15. Jahrhundert, Berlin 1964

2　諸侯と領邦

Begrich, U.: Die fürstliche Majestät Herzog Rudolf IV. von Österreich, Wien 1965
Boelcke, W. A.: Verfassungswandel und Wirtschaftsstruktur; Die mittelalterliche und neuzeitliche Territorialgeschichte ostmitteldeutscher Adelsherrschaften als Beispiel, Würzburg 1969
Bühler, J.: Fürsten, Ritterschaft und Bürgertum von 1100 bis 1500, Berlin 1935
Dirlmeier, U.: Mittelalterliche Hoheitsträger in wirtschaftlichem Wettbewerb, Wiesbaden 1966
Lintzel, M.: Die Entstehung des Kurfürstenkollegs, Berlin 1952
Mayer, T.: Fürsten und Staaten, Weimar 1950
Patze, H.: Der deutsche Territorialstaat im 14. Jahrhundert, München 1970
Tumler, M.: Der deutsche Orden, Berlin 1955

3　貴族と騎士

Rössler, H. (hg. v.): Adel und Bauern im deutschen Staat des Mittelalters, Darmstadt 1965
Bumke, J.: Studien zum Ritterbegriff im 12. und 13. Jahrhundert, Heidelberg 1964
Carsten, F. L.: Die deutschen Landstände und der Aufstieg der Fürsten, in: Welt als Geschichte 60 (1959), 16-29
Dungern, O. Freiherr. v.: Adelsherrschaft im Mittelalter, München 1927
Eberbach, O.: Die deutsche Ritterschaft in ihrer staatsrechtlich-politischen Entwicklung von den Anfängen bis zum Jahre 1495, Leipzig 1913
Heydenreich, B.: Ritterorden und Rittergesellschaften, Dissertation Würzburg

参考文献

一般参考文献

Andreas, W.: Deutschland vor der Reformation, Stuttgart [5]1948

Bühler, J.: Die Kultur des Mittelalters, Leipzig 1931

Büttner, W.: Der gotische Mensch, Hannover 1931

Dilthey, W.: Auffassung und Analyse des Menschen im 15. und 16. Jahrhundert, in: W. D.: Gesammelte Schriften, II, Leipzig/Berlin 1914, 1–89

Bergner, H.: Handbuch der bürgerlichen Kunstaltertümer in Deutschland, Leipzig 1906

Gebhardt, B.: Handbuch der deutschen Geschichte, Stuttgart [9]1970

Gleichen-Russwurm, A. v.: Die gotische Welt; Sitten und Gebräuche im späten Mittelalter, Stuttgart 1919

Grupp, G.: Kulturgeschichte des Mittelalters, herausgegeben von A. Dienand, Paderborn 1921–24

Gumbel, H.: Deutsche Kultur vom Zeitalter der Mystik bis zur Gegenreformation, Potsdam 1936

Heimpel, H.: Deutschland im späten Mittelalter, Konstanz 1958

Herre, P.: Deutsche Kultur des Mittelalters in Bild und Wort, Leipzig 1912

Huizinga, H.: Herbst des Mittelalters, Stuttgart 1969

Klapper, J.: Deutsches Volkstum am Ausgang des Mittelalters, Breslau 1930

Rössler, H./Franz, G.: Sachwörterbuch der deutsche Geschichte, München 1958

Schmeidler, B.: Das späte Mittelalter von der Mitte des 13. Jahrhunderts bis zur Reformation, Darmstadt 1962

Schultz, A.: Deutsches Leben im 14. und 15. Jahrhundert, Wien 1892

Stadelmann, R.: Vom Geist des ausgehenden Mittelalters, Halle 1929

Thiele, H.: Leben in der Gotik, München 1948

Zoepfl, F.: Deutsche Kulturgeschichte, Freiburg 1928

第一章　政治的社会の諸基盤

1　皇帝と帝国

Angermeier, H.: Königtum und Landfrieden im deutschen Spätmittelalter, München 1966

Bock, Fr.: Reichsidee und Nationalstaat vom Untergang des alten Reiches bis zur Kündigung des deutschen-englischen Bündnisses 1341, München 1944

Bosl, K.: Europa im Mittelalter, Bayreuth 1975

Liegnitz ……54, 181
リエージュ　Lüttich……266, 338
リガ　Riga ……78, 297
リッツェビュッテル　Ritzebüttel ……58
リトアニア　Litauen ……66
リューゲンヴァルデ　Rügenwalde …55
リューデンシャイト　Lüdenscheid …54
リューネブルク　Lüneburg ……25, 71, 249, 253, 299
リューベック　Lübeck ……70, 71, 74, 118, 126, 153, 156, 181, 198
リヨン　Lyon ……98, 231, 305
リンダウ　Lindau……85
ルーポルデング　Ruhpolding ……156
ルクセンブルク　Luxemburg ……15, 17, 217
ルツェルン　Luzern ……48, 193, 326
ルッカ　Lucca ……241, 248
レヴァル（タリン）　Reval…66, 78, 299
レヴァント　Levante ……78
レーゲンスブルク　Regensburg ……39, 58, 69, 73, 74, 78, 85, 89, 99, 100, 119, 128, 138, 148, 154, 160, 217, 238, 241, 288, 289, 293, 308, 312, 322, 323, 328, 332
レーブス　Lebus ……298, 303
レッシェン峠　Reschenpaß……288
レンス　Rhens ……17
レンベルク　Lemberg ……61, 289
ロイトリンゲン　Reutlingen …93, 128
ローゼンハイム　Rosenheim ……306
ローテンブルク・オプ・デア・タウバー Rothenburg ob der Tauber ……53, 71, 89
ロートリンゲン　Lothringen ……22, 29
ローヌ川　Rhone ……23
ローマ　Rom ……6, 14, 15, 18, 20, 22, 23, 24, 26, 31, 52, 69, 91, 98, 104, 111, 113, 119, 121, 162, 163, 165, 171, 293, 316, 318, 328, 330, 338
ロシア　Rußland……255, 269, 296
ロストック　Rostock ……54, 71, 86, 187, 271, 296, 347
ロッテンブルク/ネッカー川 Rottenburg/Neckar ……203
ロットヴァイル　Rottweil……59, 275
ロマーニャ　Romagna ……14
ロンドン　London ……70, 78, 296

●ワ行

ワイマール　Weimar ……53
ワラキア　Walakei ……66
ワルシャワ　Warschau……299

ポーランド　Polen……………………61, 66
北海　Nordsee …………19, 23, 78, 216
ボッパルト　Boppard …………………58
ボッフム　Bochum …………………295
ポメルン　Pommern ……27, 54, 60, 62
ボローニャ　Bologna
………………182, 183, 249, 271, 311
ボン　Bonn ……………………72, 83, 96

● マ行

マイセン　Meißen …………15, 71, 222
マイン川　Main …………………68, 171
マインツ　Mainz
……………6, 15, 28, 57, 58, 69, 71, 74, 92, 93, 96, 101, 113, 119, 166, 187, 200, 210, 217, 226, 230, 232, 257, 259, 268, 285, 287, 306, 339
マインフランケン　Mainfranken …113
マクデブルク　Magdeburg ……69, 89, 93, 199, 271, 273, 295, 298, 310, 323
マリーエンブルク（マルボルク）
Marienburg ……………………………60
マルザー・ハイデ　Malser Heide …291
ミッテンヴァルト　Mittenwald 290, 295
南ティロール　Südtirol………………171
ミュールハウゼン/エルザス
Mühlhausen/Elsaß …………………89
ミュールバッハ　Mühlbach …………61
ミュンスター/ヴェストファーレン
Münster/Westfalen ………………69, 72, 76, 88, 163, 164, 166, 271, 347
ミュンヒェン　München
………………29, 31, 54, 69, 71, 85, 98, 140, 141, 144, 158, 163, 194, 195, 266, 288, 289, 290, 322, 328
ミラノ　Mailand …16, 18, 53, 115, 293
ムッテンツ/スイス　Muttenz/Schweiz
……………………………………………120
ムラーノ　Murano ……………247, 253
メーメル川　Memel……………………61
メーレン（モラヴィア）　Mähren
……12, 27, 61, 66, 93, 117, 273, 344
メクレンブルク　Mecklenburg
……………………49, 60, 62, 93, 186
メス（メッツ）　Metz……………69, 303
メッセリヒ　Messerich………………320
メミンゲン　Memmingen …59, 77, 293
メルク　Melk……………………316, 318
モーゼル川　Mosel ………36, 144, 171
モルダウ川　Moldau …19, 66, 282, 298
モンペリエ　Montpellier ……………265

● ヤ行

ユーバーキンゲン　Überkingen ……263
ユトラント半島　Jütland ……………298
ユトレヒト　Utrecht ……………54, 293
ユルツェン　Ülzen ……………………54
ヨーアヒムスタール　Joachimsthal 256
ヨーロッパ　Abendland
……………………5, 14, 91, 114, 168
ヨーロッパ　Europa
………………………11, 174, 246, 260

● ラ行

ラーデンベルク　Ladenberg ………255
ラーフェンスブルク　Ravensburg
…………………………………77, 93, 138
ラーン川　Lahn ………………………42
ライトメリッツ　Leitmeritz ……61, 66
ライヒェナウ　Reichenau 39, 284, 309
ライヒェンハル　Reichenhall ………253
ライプツィヒ　Leipzig
……………64, 71, 164, 185, 186, 299
ライン　Rhein
………………19, 55, 58, 69, 98, 108, 124, 170, 192, 199, 217, 226, 235, 257, 288, 289, 293, 295, 296, 348
ラウジッツ　Lausitz……………………27
ラウリス　Rauris ……………………258
ラグーザ　Ragusa ……………………256
ラッポルトシュタイン　Rapportstein
……………………………………101
ランゲナウ　Langenau ………………42
ランツフート　Landshut
………………128, 138, 153, 163, 268
リーグニッツ（レグニーツァ）

プファルツ　Pfalz …………………93，95
フライジング　Freising …170，289，304
フライブルク/ブライスガウ
Freiburg/Breisgau
…53，72，93，187，233，270，274，310
フライブルク/ユーエヒトランド（スイスの都市フリブール）Freiburg/Üchtland ……………………………71
フライベルク　Freiberg ………………71
ブラウンシュヴァイク　Braunschweig
…………………………………47，69，
89，126，129，170，171，181，240
プラットリング　Plattling …………287
プラハ　Prag ………………………6，18，
21，61，66，121，128，139，185，
186，217，272，280，289，298，345
ブラバント地方　Brabant
………………………69，181，241，293
フランクフルト・アム・マイン
Frankfurt/Main ………7，44，63，68，
69，97，98，100，130，139，193，
249，255，266，270，284，293，299
フランクフルト・アン・デア・オーデル　Frankfurt/Oder
………………140，165，187，296，298
フランケン　Franken
……………………24，58，59，168，199
フランス　Frankreich ………………5，6，
11，14，15，17，18，22，25，31，40，
55，91，115，140，163，176，177，
222，230，232，320，325，338，341
ブランデンブルク　Brandenburg
……………………16，17，19，27，28，
29，30，32，42，50，56，60，66，323
フランドル地方　Flandern
…25，26，62，133，204，239，241，253
ブリーク　Brieg ……………………115
プリークニッツ　Priegnitz …………298
ブリクセン　Brixen …27，195，239，349
ブリュッセル　Brüssel
………………………69，143，181，241
ブルージュ　Brügge
…………………70，78，204，241，295
ブルクベルンハイム　Burgbernheim 264
ブルグント（ブルゴーニュ）
Burgund
………18，22，23，143，203，241，273
フルダ　Fulda …………………179，309
ブルノ　Brünn ………………………19
フレーミング　Fläming ………………50
ブレーメン　Bremen
…………………36，58，279，282，297
ブレスラウ（フロツワフ）　Breslau
………………………………54，70，86，
121，130，139，181，204，299，303
プレンツラウ　Prenzlau ………………62
ブレンナー峠　Brennerpaß……288，290
プロイセン　Preußen
………………………………49，54，218
プロヴァンス　Provence ………………18
ペータースハウゼン　Petershausen 284
ベーメン　Böhmen
………………12，15，17，18，21，32，
61，66，117，143，184，185，208，
217，221，254，255，256，258，269，
273，282，339，342，343，344，346
北京　Pien-king ……………………250
ヘッセン　Hessen …………………11，58
ペッタウ　Pettau ……………………257
ベットブルン　Bettbrunn……………323
ヘネガウ　Hennegau ……………17，22
ベルギー　Belgien ……………………104
ベルゲン　Bergen ………………78，297
ベルナウ　Bernau ……………………136
ヘルマンシュタット　Hermannstadt 61
ベルリン　Berlin
……………29，56，67，159，268，296
ベルン　Bern
……48，54，108，113，128，148，160
ボイエルベルク　Beuerberg…………317
ホーエン・エントリンゲン
Hohen-Entringen ……………………42
ホーエンザルツブルク
Hohensalzburg ………………125，277
ボーツェン（ボルツァーノ）　Bozen
……………83，125，195，203，290

118, 127, 138, 139, 146, 148, 198, 207, 230, 239, 248, 256, 260, 267, 268, 272, 275, 283, 285, 293, 299
ネーレスハイム　Neresheim ………305
ネッカー川　Neckar …………………288
ネルトリンゲン　Nördlingen …69, 140
ノイエンロスト（新ロストック）
Neuenrost (Neurostock) …………54
ノイシュテッティーン（シチェチネク）
Neustettin ……………………………55
ノイス　Neuss ……………………11, 252
ノイマルク　Neumark …………62, 298
ノイルピン　Neuruppin ……………181
ノブゴロド　Nowgorod
……………………66, 78, 255, 289, 295
ノルウェー　Norwegen ……59, 78, 295
ノルトハウゼン　Nordhausen …59, 341
ノルトマルク　Nordmark ……………56

●ハ行

ハーゲナウ　Hagenau ……89, 210, 222
バーゼル　Basel
…22, 38, 54, 58, 71, 80, 85, 97, 108, 126, 142, 148, 187, 189, 200, 212, 231, 257, 268, 270, 271, 282, 286, 288, 289, 296, 310, 344, 350, 351
パーダーボルン　Paderborn……69, 295
バーデン/スイス　Baden/Schweiz…264
バード・テルツ　Bad Tölz …………325
ハーフェル川　Havel…………………298
バーリ　Bari …………………………320
バイエルン　Bayern ……………26, 30, 32, 99, 113, 128, 141, 171, 205, 343
ハイチ　Haiti …………………………268
ハイデルベルク　Heidelberg
………………108, 165, 186, 189, 349
ハイルブロン　Heilbronn ………89, 138
バイロイト　Bayreuth…………………27
ハインスベルク　Heinsberg…………140
バウツェン　Bautzen…………………285
バグダット　Bagdad …………………246
パッサウ　Passau …………74, 119, 288
ハットシュタイン/タウヌス
Hattstein/Taunus……………………42
パドヴァ　Padua …187, 271, 311, 348
ハノーファー　Hannover ……140, 181
ハライン　Hallein ……………………253
パリ　Paris………………6, 14, 70, 128, 156, 164, 182, 183, 185, 222, 226, 268, 271, 310, 332, 339, 346, 350
バルカン半島　Balkan ………………269
ハルツ　Harz …………………………255
バルト海　Ostsee …55, 60, 66, 78, 216
ハルバーシュタット　Halberstadt …328
ハレ　Halle ……………………253, 295
ハンガリー　Ungarn
…………7, 19, 61, 66, 288, 321, 343
ハンブルク　Hamburg ………………53, 59, 63, 66, 80, 86, 108, 126, 147, 181, 267, 271, 278, 293, 297, 298
バンベルク　Bamberg
………………138, 166, 200, 211, 215
ビーベラッハ　Biberach …………69, 77
東フリースラント　Ostfriesland ……48
ピサ　Pisa…………………………26, 247
ビッテルフェルト　Bitterfeld…………53
ビャロガルト（ビャロガルト=コロブジェク）Belgrad ……………………55
ヒルザウ　Hirsau ……………179, 309
ピルゼン（プルゼニ）　Pilsen …61, 288
ヒルデスハイム　Hildesheim
……………36, 181, 195, 248, 266
ファビアノ　Fabiano…………………246
ファルケンシュタイン　Falkenstein
……………………………………36, 39
フィリンゲン　Villingen ……………193
フィレンツェ（フローレンツ）
Florenz ………53, 176, 247, 251, 256
フィンランド　Finnland………………78
ブーヒャウ　Buchau …………………58
フェルン峠　Fernpaß ………………288
フォーアアルルベルク　Vorarlberg 209
ブカレスト　Bukarest…………………66
ブダペスト　Budapest…………………61
ブドヴァイス（チェスケ・ブディョビツェ）Budweis……………………61

ショプフローエ（村） Schopflohe (Dorf) ……182
スイス Schweiz …23,29,59,81,134,135,212,269
スウェーデン Schweden……59,78
スカンディナヴィア Skandinavien ……170,296
スコーネ地方 Schonen ……297
スコットランド Schottland ……133
スタルガルト Stargard ……54
ズデーテン地方 Sudetenland ……61
ストックホルム Stockholm ……78
スビアーコ Subiaco ……230,316
スペイン Spanien …40,118,174,341
ゼーラント（シェラン） Seeland ……17,22
ゼプティマー峠 Septimer-Paß ……288,291
ゼルタース Selters ……253
ゾースト Soest ……66,69,268,295
ゾンデルハウゼン Sonderhausen …341

●タ行

タウヌス Taunus ……42
ダルグン Dargun ……49
ダルムシュタット Darmstadt ……138
ダンツィヒ（グダニスク） Danzig ……53,55,63,69, 70,79,80,181,250,281,291,296
チヴィダーレ Cividale……251
中国 China ……246
チューリヒ Zürich……48,54,59, 72,93,128,141,209,264,283,288
ツィタウ Zittau ……127
ツヴォレ Zwolle ……347
ツナイム Znaim ……93
ティーアハウプテン Thierhaupten 316
ディートラムスツェル Dietramszell 317
ディリンゲン Dillingen ……305
ティロール Tirol …17,27,48,196,213,257,289,293
ディンケルスビュール Dinkelsbühl 234
デヴェンター Deventer 293,347,351
テス（トース） Töß……215,335
テプリッツ（テプリツェ） Teplitz ……61,264
デュースブルク Duisburg ……58,295
テュービンゲン Tübingen ……187,189,350
テューリンゲン Thüringen ……44,48,53,269,290
デンマーク Dänemark ……59,78
ドイチュブロート Deutschbrod …343
ドイツ Deutschland ……6,11,19,20,26,43, 55,58,61,62,70,131,175,176, 186,192,195,222,246,265,347
ドーヴァー海峡 Ärmelkanal ……23
ドナウヴェルト Donauwörth ……328
ドナウ川 Donau ……31,74,235,257,282,296
ドブリルック Dobrilugk……255
トラウンシュタイン Traunstein …306
ドラウ川 Drau ……257
トリーア Trier ……28,39,58,69,74, 113,119,128,163,250,310,322
トリエント Trient ……27
ドルトムント Dortmund 140,268,295
ドルパート Dorpat ……71,78
トルン（トルニ） Thorn ……296,299
ドレースデン Dresden ……54,71

●ナ行

ナーエ川 Nahe ……36
ナイセ川 Neiße……298
ナイメヘン Nijimegen……59,293
ナルヴァ Narva ……66
ナンシー Nancy ……29
ニーダーザクセン Niedersachsen ……38,49
ニーダーミュンスター Niedermünster ……24
ニーダーラウジッツ Niederlausitz …32
ニュルンベルク Nürnberg……7,21, 53,69,70,75,76,78,79,80,82, 84,85,87,89,93,96,114,116,

ケムニッツ　Chemnitz ……………………54
ケルハイム　Kelheim ……………………140
ケルン　Köln
…14, 24, 28, 29, 31, 55, 58, 69, 70, 71, 74, 76, 83, 85, 93, 94, 95, 118, 119, 121, 148, 164, 166, 182, 186, 195, 232, 237, 250, 266, 293, 296
ケンプテン　Kempten……………………69
ゴータ　Gotha …………………………333
コーブレンツ　Koblenz ………………310
ゴスラー　Goslar ……15, 74, 255, 256
黒海　Schwarzes Meer ………………19
ゴトランド　Gotland……………………296
コリーン　Chorin ………………………233
コルバツ　Kolbatz ………………………49
コルベルク（コヴォブジェク）
Kolberg ……………………………………54
コルマル　Kolmar…………………59, 89
コンスタンツ　Konstanz
…………………5, 6, 90, 121, 129, 186
コントローネ　Controne ………………143

●サ行

ザクセン　Sachsen ……25, 48, 71, 343
ザグレス　Sagres ………………………252
ザルツァッハ　Salzach ………253, 257
ザルツハウゼン　Salzhausen ………253
ザルツブルク　Salzburg
……32, 71, 121, 125, 253, 258, 289
ザレルノ　Salerno ………………………271
ザンクト・エメラン　Sankt Emmeran
…………………………………………309
ザンクト・ガレン　Sankt Gallen
……………24, 39, 144, 179, 262, 309
ザンクト・ゴタールト（ゴットハルト）峠　Sankt-Gotthard-Paß ……288
サンクト・ベルンハルト峠　Sankt-Bernhard-Paß ………………288, 291
サンチャゴ・デ・コンポステラ
Santtiago de Compostela
……………………………103, 269, 324
ジーベンビュルゲン　Siebenbürgen
……………………………………61, 120
シェースブルク　Schäßburg …………61
シェーダ　Scheda…………………………94
シエナ　Siena ……………………………15
シチリア　Sizilien ………………26, 33
シャフハウゼン　Schaffhausen ……138
シュヴァーベン　Schwaben ……12, 13, 25, 47, 58, 59, 117, 148, 168, 269
シュヴァインフルト　Schweinfurt …138
シュヴェービッシュ・ハル
Schwäbisch Hall ………………83, 89
シュヴェリーン　Schwerin
……………44, 53, 60, 121, 150, 303
シュヴェルテ/ルール　Schwerte/Ruhr
…………………………………………54
シュターデ　Stade ……………………249
シュタイアーマルク　Steiermarkt
…………………12, 56, 93, 209, 339
シュタルケンブルク　Starkenburg …39
シュテッティーン（シュチェチン）
Stettin ……………………54, 296, 298
シュテルンベルク　Sternberg ………298
シュテンダール　Stendal ……………181
シュトゥットガルト　Stuttgart ……138
シュトゥルヴァイセンブルク
Stuhlweißenburg ……………………61
シュトラースブルク　Straßburg
………………………………53, 69, 70, 77, 85, 92, 98, 114, 115, 118, 121, 145, 147, 161, 226, 230, 250, 265, 271, 296, 310, 314, 334, 338, 340
シュトラールズント　Stralsund
………………44, 54, 71, 78, 86, 296
シュトラウビング　Straubing …98, 282
シュトルプ（スルプスク）　Stolp ……55
シュパイアー　Speyer ………………47, 54, 58, 88, 89, 93, 96, 156, 232, 271
シュプレー川　Spree …………………57
シュレージエン（シロンスク）
Schlesien ………………………61, 343
シュレースヴィヒ・ホルシュタイン
Schleswig-Holstein …………………122
シュレットシュタット　Schlettstadt…89
上部ドイツ　Oberdeutschland ………55

ヴェネツィア　Venedig ……21,53,78,247,253,271,272,290,293,299
ヴェルニゲローデ　Wernigerode ……27
ヴェルニッツ川　Wörnitz……………288
ヴェローナ　Verona……………288,292
ヴォルムス　Worms ……………………23,52,57,58,59,92,96,167,181,210,232,274,288
ウッケルマルク　Uckermark ………298
ヴュルツブルク　Würzburg …24,138,166,200,202,262,275,306,308,310,311,313,316,328
ヴュルテンベルク　Württemberg ………………………………30,39,42
ウルム　Ulm ……53,70,77,89,93,162,262,296
エアバッハ　Erbach……………………36
エアフルト　Erfurt …………………48,53,63,70,74,170,186,269,299
エーバースベルク　Ebersberg………318
エーレンフリーデルスドルフ　Ehrenfriedersdorf …………………………256
エガー　Eger ……………………7,59,66
エスリンゲン　Esslingen ………59,138
エッセン　Essen ………………………295
エッチュ川　Etsch ……………………291
エルザス　Elsaß …………101,269,292
エルサレム　Jerusalem ………………324
エルツ山地　Erz……………64,240,255
エルデナ　Eldena ………………………49
エルビング　Elbing………………71,181
エルベ川　Elbe……19,60–62,298,299
エンゲルン　Engern……………………24
オーストリア　Österreich …………………………12,16,23,25,28,29,32,36,39,56,98,109,185
オーデル川　Oder …………19,61,298
オーバーアルタイヒ　Oberaltaich …327
オーバーヴェーゼル　Oberwesel ……58
オーバーバイエルン　Oberbayern …27
オステルオーデ　Osterode …………181
オストマルク　Ostmark ………………25
オスナブリュック　Osnabrück ………69
オックスフォード　Oxford ……………………………311,332,342
オランダ　Holland……………17,22,27
オランダ　Niederlande …55,62,118,143,170,186,250,325,346,347
オリエント　Orient …40,97,98,111,133,175,177,178,244,247,268
オルデンブルク　Oldenburg …58,181
オルミュッツ（オロモウツ）　Olmütz ……………………………………61,66

●カ行

ガイエルスドルフ　Geyersdorf ……256
ガイジング　Geising …………………256
ガシュタイン　Gastein ………………264
カッセル　Kassel ………………………69
カッペンベルク　Kappenberg ………94
カミン　Cammin ………………………49
ガリチア　Galizien ……………………61
カルパチア山脈　Karpaten …………66
ガン（ヘント）　Gent ……………69,70
ガンデルスハイム　Gandersheim ……24
キール　Kiel …………………………181
ギーンゲン/ブレンツ河畔 Giengen/Brenz ………………………58
キッツィンゲン　Kitzingen …………284
ギリシャ　Griechenland ……………269
キルヒベルク　Kirchberg ……………39
グライフスヴァルト　Greifswald ………………………………71,86,187
クラウゼンブルク　Klausenburg ……61
グラウデンツ（グルージオンス） Graudenz ……………………………54
クラカウ（クラクフ）　Krakau ……………………………61,289,299
クルム　Kulm…………………………347
クレーヴェ　Kleve ……………………58
クレーフェルト　Krefeld ……296,348
クロイツ　Kreuth ……………………325
ケーニヒスベルク（カリーニングラード）　Königsberg ……………………54,60,181,296,299
ゲッティンゲン　Göttingen …………53

地名索引

●ア行

アーヘン　Aachen ………………12, 59, 69, 82, 142, 179

アーレン　Aalen ……………………………58

アイスランド　Island ………………299

アイゼナハ　Eisenach ………………194

アイゼンブルク　Eisenburg …………61

アイヒシュテット　Eichstätt …121, 154

アインベック　Einbeck………………171

アヴィニョン　Avignon…6, 15, 16, 186

アウクスブルク　Augsburg…7, 31, 41, 68-73, 76, 78, 89, 93, 95, 98, 105, 114, 115, 118, 119, 126, 127, 130, 139, 141, 146, 147, 156, 162, 166, 195, 207, 210, 251, 268, 271, 288, 289, 290, 292, 299, 310, 321, 325

アウスィヒ　Aussig …………………343

アクヴィレーヤ　Aquileja ………21, 27

アシャッフェンブルク　Aschaffenburg ………………………………………93

アッペンツェル　Appenzell…………144

アドリア海　Adria ……………………12

アムステルダム　Amsterdam…140, 299

アラス　Arras …………………………107

アルテンベルク（ザクセン） Altenberg (Sachsen) ………………256

アルトエッティング　Altötting 103, 323

アルトマルク　Altmark ………240, 298

アルプス　Alpen …19, 48, 55, 91, 128, 247, 254, 288

アルル　Arles …………………………18

アルンハイム　Arnheim ……………293

アンスバッハ　Ansbach ………………27

アンデックス　Andechs ………………39

アントワープ　Antwerpen ……72, 299

アンベルク　Amberg …………288, 307

イーザル川　Isar …………54, 171, 257, 266, 289, 295

イグラウ（イフラバ） Iglau …………61

イスニィー　Isny ………………………6

イタリア　Italien …………5, 6, 11, 14, 18, 22, 25, 37, 55, 78, 117, 128, 164, 176, 177, 182, 219, 222, 241, 244, 246, 247, 255, 265, 268, 270, 274, 288, 293, 295, 313, 319, 344

イルメナウ川　Ilmenau ……………299

イングランド　England ………………133, 186, 222, 255

インゲルハイム　Ingelheim ……59, 138

インゴルシュタット　Ingolstadt ………………………70, 187, 189

インスブルック　Innsbruck ………………………192, 256, 293

インド　Indien ………………174, 251

イン川　Inn……………………………257

ヴァイスキルヒェン　Weißkirchen……7

ヴァイセンブルク　Weißenburg ……………………………179, 257

ヴィースバーデン　Wiesbaden ……264

ヴィーデンブリュック　Wiedenbrück ……………………………………326

ヴィーナー・ノイシュタット　Wiener-Neustadt ………………………………240

ウィーン　Wien …56, 66, 69, 70, 72, 74, 75, 78, 85, 90, 103, 116, 119, 127, 130, 147, 185, 205, 217, 262, 293, 296, 316

ヴィーンハウゼン　Wienhausen……241

ヴィエンヌ　Vienne…98, 164, 312, 338

ヴィスマール　Wismar ………………71, 181, 271, 296, 297

ヴィスワ川　Weichsel ………………299

ヴィッテンベルク　Wittenberg ……………………………………187, 217

ヴィルスナック　Wilsnack …………323

ヴィルトバート　Wildbad …………264

ヴェーゼル　Wesel ………………58, 181

ウェールズ　Wales …………………133

ヴェストファーレン　Westfalen ………………………………24, 38, 49, 55, 62, 76, 140, 275, 295, 326, 347

ヴェツラー　Wetzler …………………59

ブルク/ドイツ王） Rudolf Ⅰ. von Habsburg ……11-15, 36, 44, 56, 60, 65, 76, 78, 218, 238
ルードルフ4世（オーストリア大公） Rudolf Ⅳ. von Österreich 28, 32, 185
ループレヒト（フォン・ドイツ） Ruprecht von Deutz ……94
ループレヒト（プファルツ伯） Ruprecht von der Pfalz…19, 95, 185
ルカ・デラ・ロビア Luca della Robbia ……250
ルター，マルティン Luther, Martin ……151, 186, 215, 218, 254, 323, 332, 350
ルルス，ライムンドゥス Lullus, Raimundus ……250
レーオポルト（オーストリア大公） Leopold von Österreich ……125, 134
レーオポルト3世（オーストリア大公/シュタイアーマルク大公） Leopold Ⅲ. von Österreich ……125, 135
レオナルド・ダ・ヴィンチ Leonardo da Vinci ……249
レギノ（プリュムの） Regino von Prüm ……107
ロイヒリン，ヨハン Reuchlin, Johann ……97, 189
ローテ，ヨハネス Rothe, Johannes ……115, 143
ローデ，ヨハネス Rode, Johannes 206
ロタール3世（皇帝） Lothar Ⅲ. …264
ロデリクス・ツァモレンジス Rodericus Zamorensis……80
ロホナー，シュテファン Lochner, Stephan ……237

●ワ行

ワーグナー，リヒャルト Wagner, Richard ……257

Johannes XXIII. ……………………19
ヨハン（ノイマルクトの） Johann von Neumarkt ……………6, 208, 217
ヨハン（フォン・ヴュルツブルク） Johann von Würzburg ……203, 213
ヨハン（フォン・カピストラーノ） Johann von Capistrano …………313
ヨハン（フォン・シュヴァルツェンベルク） Johann von Schwarzenberg ……………………………274
ヨハン（フォン・ゾースト） Johann von Soest …………………204
ヨハン（フォン・タクシス） Johann von Taxis …………………293
ヨハン（フォン・テプル） Johann von Tepl …208, 215, 216, 223, 235
ヨハン（フォン・デュルプハイム） Johann von Dürbheim……………338
ヨハン（フォン・ネーポムク） Johann von Nepomuk ……280, 282
ヨハン（フォン・ハーゲン） Johann von Hagen ………………222
ヨハン（フォン・ラインフェルデン） Johann von Rheinfelden …………314
ヨハン（フォン・ロクエタイラデ） Johann von Roquetaillade ………250
ヨハン・キケロ（ブランデンブルク選帝侯） Johann Cicero ………29, 57
ヨハン・デア・ユーデ Johann der Jude ……………………………94
ヨハン・フォン・イェンツェンシュタイン（プラハ大司教） Johann von Jentzenstein …………………280
ヨルダヌス（フォン・オスナブリュック） Jordanus von Osnabrück……14
ヨルダン（フォン・ザクセン） Jordan von Sachsen ………………310

●ラ行

ラーデヴィインス，フローレンツ Radewijns, Florenz ………………347
ライシュ，グレゴール Reisch, Gregor ……………………180
ライナルト（ダッセル大司教） Reinald von Dassel ………………321
ラインハルト（フォン・ハナウ） Reinhart von Hanau ………………36
ラウバー，ディーボルト Lauber, Diebold ……………222, 223
ラディスラフ（ナポリ王） Ladislaus von Neapel ……………342
ラバーヌス・マウルス Hrabanus Maurus…………………194
ラフィト，フリエロ Rafit, Frielo …104
ラブレー，フランソワ Rabelais, Francois …………………173
ラムベルト・レ・ベゲー Lambert le Beghe……………265, 338
ラヨシュ1世（ハンガリー王） Ludwig der Große von Ungarn …21
リート，ハンス Ried, Hans ………224
リチャード（獅子心王） Richard, Löwenherz ………………97
リヒャルト・ド・バリー Richard de Burry …………………222
ルイ11世（フランス王） Ludwig XI. von Frankreich ………………251
ルートヴィヒ（バイエルン大公/皇帝ルートヴィヒ4世） Ludwig der Bayer …5, 15, 16, 17, 57, 78, 92, 202, 238
ルートヴィヒ・デア・エルテレ（皇帝ルートヴィヒの長子） Ludwig der Ältere ……………………27
ルートヴィヒ2世（バイエルン大公） Ludwig II. der Strenge von Oberbayern ……………………32, 37
ルートヴィヒ7世（フォン・バイエルン=インゴルシュタット） Ludwig VII. der Bärtige von Bayern-Ingolstadt …………………176
ルードルフ（ニュルンベルクの） Rudolf von Nürnberg ……………248
ルードルフ（フォン・エムス） Rudolf von Ems ………………76, 201, 206, 223, 292
ルードルフ1世（フォン・ハープス

……………………………………227
ポレーテ，マルガレーテ
Porete, Margarete …………………339

●マ行

マイール，ハンス　Mayr, Hans……213
マイステリン，ジークムント
Meisterlin, Sigmund ………………115
マイモニーデス，モーゼス
Maimonides, Moses …………97,333
マイル，マルティン　Mayr, Martin 189
マクシミーリアン１世　Maximilian Ⅰ.
………5,22,23,31,44,46,63,95,
138,139,153,224,256,293,329
マグヌス３世（王）　Magnus Ⅲ. ……78
マティーアス１世・コルビーヌス
（ハンガリー王）　Matthias Ⅰ.
Corvinus ……………………………240
マリーア（ブラバントの）
Maria von Brabant …………………31
マリーア（ブルゴーニュ公女）
Maria von Burgund …………22,151
マルジリウス（フォン・インゲン）
Marsilius von Inghen ……………185
マルジリウス（マルシリオ・ダ・パドヴァ）　Marsilius von Padua……17
マルティヌス５世（教皇）　Martin V.
………………………………187,343
マルティヌス（聖）（トゥールの）
Martin von Tours …………………320
マルナー（格言詩人）　Marner
………………………101,102,103,210
ミーリヒ，ハンス（銅版画家）
Mielich, Hans ………………………70
ミヒャエル（フォン・カンテン）
Michael von Kanten………………282
ミュラー，ヨハネス（レギオモンターヌス）　Müller, Johannes
(Regiomontanus)……………251,260
ミリチュ，ヨハン（フランシスコ会修道士）　Militsch, Johann…345,346
ムスカートブリュート　Muskatblüt
………………………46,102,210,286
ムルチャー，ハンス
Multscher, Hans …………………237
ムルネル，トーマス
Murner, Thomas …………………104
メヒティルト（フォン・マクデブルク）
Mechthild von Magdeburug ……214
メヒティルト（宮中伯夫人）
Mechthild…………………………203
メランヒトン　Melanchithon ………188
メルスヴィン，ルールマン
Merswin, Rulman …………………215
モリトール，ウルリヒ　Molitor,
Ulrich ………………………………107

●ヤ行

ヤーコプ・ベン・イェヒール・ロアンス　Jakob ben Jehiel Loans ……97
ヤーコプ１世（スコットランド王）
Jakob Ⅰ. von Schottland…………213
ヤコーブス・ド・ヴォラギネ
Jacobus de Voragine ………207,223
ヤコーブス・デ・チェッソーリス
Jacobus de Cessolis …174,211,313
ユーグ・ド・ベルシィー（吟遊詩人）
Hugues der Bercy …………………252
ユーゴ（モンフォール伯）
Hugo von Montfort ………………209
ユタ（フォン・ヘンネベルク）
Jutta von Henneberg ……………255
ユダエウス，ヘルマン
Judaeus, Herman……………………94
ユリアーナ（リエージュの）
Juliana von Lüttich …………195,319
ヨーアヒム・デ・フィオーレ
Joachim von Fiore…………………337
ヨーゼフ１世　Josef Ⅰ.………………285
ヨーゼルマン（ロースハイムの）
Joselman von Rosheim ……………95
ヨハネス・デ・ガムンディア
Johannes de Gamundia …………112
ヨハネス22世（教皇）　Johannes
XXII.………………16,308,333,338
ヨハネス23世（対立教皇）

Bruno von Köln……………………311
ブルーノ・ジョルダーノ
Bruno, Giordano …………………348
ブルヒャルト（フォン・ヴォルムス）
Burchard von Worms ……………167
ブルン（フォン・シェーネベック）
Brun von Schönebeck………………76
ブルンシュヴィヒ・ヒエロニムス
Brunschwig, Hieronymus…………161
フロイデンレーレ　Freudenleere …206
フロイント，ヨスト　Freund, Jost …44
フローテ，ゲラルト　Groote, Gerd 346
フローベン，ヒエロニムス
Froben, Hieronymus………………351
フローベン，ヨハン　Froben, Johann
………………………………231, 351
プロコープ・デア・エルテレ
Prokop der Ältere …………………344
ヘーゲル，ゲオルク・ヴィルヘルム・フリードリヒ　Hegel, Georg Wilhelm Friedrich …………………348
ベーコン，ロジャ　Bacon, Roger
………………………………184, 247
ペーター（フォン・ノイエンブルク）
Peter von Neuenburg………………55
ペーター（フォン・ハーゲンバッハ）
Peter von Hagenbach ……………280
ペートゥルス（フォン・ルクセンブルク）　Petrus von Luxemburg ……303
ペートルス（フォン・ローゼンハイム）
Petrus von Rosenheim ……316, 317
ペートルス・ロンバルドゥス
Petrus Lombardus…………………331
ベーハイム，ミヒェル
Beheim, Michael ……………116, 206
ベーベル，ハインリヒ
Bebel, Heinrich ……………………189
ベッカー，ハンス　Becker, Hans …339
ペッファーコルン，ヨハネス
Pfferkorn, Johannes ……………95, 99
ペトラルカ，フランツェスコ
Petrarca, Francesco ……18, 152, 156
ペトルス・アントニウス・デ・ヴィネアリイス　Petrus Antonius de Vieneariis……………………………189
ペドロ４世（アラゴン王）
Peter IV. von Aragonien …………252
ベネディクトゥス 11 世（教皇）
Benedikt XI.…………………………312
ベルヴィング，オスヴァルト
Berwing, Oswald …………………182
ベルトルト（フォン・ホレ）
Berthold von Holle ………………204
ベルトルト（フォン・レーゲンスブルク）
Berthold von Regensburg
………………………99, 148, 214, 313
ベルナウエル，アグネス
Bernauer, Agnes ………31, 201, 282
ヘルマン（フォン・ザクセンハイム）
Hermann von Sachsenheim ……203
ヘルマン（フォン・ザルツァ）
Hermann von Salza…………………33
ヘルマン（ライン宮中伯）　Herman, Pfalzgraf bei Rhein ………………285
ベルンハルト（クレルヴォーの）
Bernhard von Clairvaux …………91
ヘンネベルク一族　Henneberg ……132
ヘンライン，ペーター　Henlein, Peter
………………………………115, 248
ヘンリー５世（イングランド王）
Heinrich V. von England ………134
ボイケルツ，ウィレム
Beukelz, Willem……………………250
ホーエンフェルス家　Hohenfels ……36
ポッジョ，ヨハネス　Poggio, Johannes
……………………………………264
ボニファーティウス８世（教皇）
Bonifaz VIII. ……………………238, 328
ホノリウス３世（教皇）　Honorius III.
……………………………………337
ホメロス　Homer………………141, 173
ホラーツ（ホラティウス・フラックス）
Horaz ……………………………118
ボルジェナーノ，フランシスコ
Borghegnano, Farncesco …………248
ホルバイン，ハンス　Holbein, Hans

フィリップ（フォン・ハインスベルク）
Philipp von Heinsberg ……………24
フィリップ（フランス王）
Philipp von Frankreich …………133
フィリップ（ブルゴーニュ公）
Philipp der Gute von Burgund
……………………………………22,143
フィリップ・デ・カクエラル
Philipp de Cacqueral ……………253
フーゴ（フォン・トリムベルク）
Hugo von Trimberg
………………………174,200,211,216
プールバッハ・ゲオルク
Purbach, Georg ……………………260
フェリペ2世（スペイン王）
Philipp II. von Spanien …………164
フェレリウス，ヴィンツェンティウス
Ferrer, Vinzent ……………………341
フォルツ，ハンス　Folz, Hans
……………………167,194,200,210
フス，ヨハネス（ヤン・フス）　Hus,
Johannes ……20,282,341,342,343
フスト，ヨハネス　Fust, Johannes
……………………………226,230,243
プトレマイオス（クラウディオス）
Ptolemäus Klaudios ………………260
フューエトラー，ウルリヒ
Fuetrer, Ulrich …………116,202,224
ブラージィウス・ダルマティクス
Blasius Dalmaticus ………………256
プライエル（詩人）　Pleier …………125
フライダンク（遍歴詩人）　Freidank
…………………………………………199
フランク，セバスティアン
Franck, Sebastian……………………52
フランチェスコ（アッシジの）
Franz von Assisi……………………310
フランツ（フォン・ジッキンゲン）
Franz von Sickingen ………………44
ブラント，セバスティアン
Brant, Sebastian
……7,164,165,189,212,244,350
フリードリヒ（ザクセン選帝侯）
Friedrich der Sanftmütige von
Sachsen ………………………………43
フリードリヒ（ザルツブルク大司教）
Friedrich von Salzburg……………308
フリードリヒ（プリンツェナウの）
Friedrich von Prinzenau …………37
フリードリヒ（ホーエンローエ司教）
Friedrich von Hohenlohhe…238,239
フリードリヒ（マイセン方伯）
Friedrich der Freidige von Meißen
…………………………………………194
フリードリヒ1世（ブランデンブルク選帝侯）　Friedrich I. von
Brandenburg…………………………29
フリードリヒ1世バルバロッサ(皇帝)
Friedrich I. Barbarossa
………11,24-26,35,131,143,182
フリードリヒ1世（マイセン辺境伯）
Friedrich I. der Streit-
bare von Meißen …………………186
フリードリヒ2世（オーストリア美王）
Friedrich der Schöne ………………16
フリードリヒ2世（フォン・オーストリア）　Friedrich II. der
Streitbare von Österreich …………98
フリードリヒ2世（皇帝）
Friedrich II. ………………11,12,13,
24,33,59,133,238,246,271,341
フリードリヒ2世（ブランデンブルク選帝侯）　Friedrich II. der Eiserne
von Brandenburg ………33,57,327
フリードリヒ3世(皇帝)　Friedrich III.
7,22,29,39,97,128,260,264,270
フリードリヒ3世（ザクセン選帝侯）
Friedrich III. der Weise
(Kurfürst von Sachsen)
……………………………188,256,322
プリツェミスラフ大公　Przemyslaw　53
ブリューゲル，ペーター
Brueghel, Pieter ……………………141
ブリンゲル，ヨハン・ハインリヒ
Bullinger, Johann Heinrich………187
ブルーノ（フォン・ケルン）

peundt ……270
ハインリヒ（フォン・ベーリンゲン）
Heinrich von Beringen ……211
ハインリヒ（フォン・マイセン）
またはフラウエンロープ　Heinrich von Meißen ……125, 210
ハインリヒ（フォン・モールンゲン）
Heinrich von Morungen（吟遊詩人）……211
ハインリヒ（フォン・ラウフェンベルク）　Heinrich von Laufenberg 209
ハインリヒ（フォン・ランゲンシュタイン）　Heinrich von Langenstein ……185, 264
ハインリヒ（レーゲンスブルク司教）
Heinrich von Regensburg ……238
ハインリヒ・デア・ザックス　Heinrich der Sachs（大修道院長）……316
ハインリヒ・デア・タイヒナー
Heinrich der Teichner ……286
ハインリヒ・フォン・ルクセンブルク　Heinrich von Luxemburg …15
ハインリヒ・ヤゾミルゴット（フォン・オーストリア）　Heinrich Jasomirgott von Österreich ……25
ハインリヒ２世（ケルン大司教）
Heinrich II. ……290
ハインリヒ３世（レーゲンスブルク司教）　Heinrich III. ……328
ハインリヒ４世　Heinrich IV. …21, 156
ハインリヒ６世　Heinrich VI. ……54
ハインリヒ７世　Heinrich VII. ……15, 25, 58, 93
ハインリン（フォム・シュタイン），ヨハネス　Heynlin vom Stein, Johannes ……231, 350
パウムガルトナー，コンラート
Paumgartner, Konrad ……118
パウリ，ヨハネス　Pauli, Johannes ……222
パスカル　Pascal, Blaise ……348
パプヌティウス（司教）　Paphnutius ……154
パラケルスス　Paracelsus ……272
バルタザル（メクレンブルク大公）
Balthasar von Mecklenburg ……303
バルデマル（フォン・ペーターヴァイル）
Baldemar von Peterweil ……193
バルドゥイン（フォン・トリーア）
Balduin von Trier ……15
ハルトマン（フォン・アウエ）　Hartmann von Aue ……179, 216, 224
ハルトリープ，ヨハネス
Hartlieb, Johannes ……201
パルラー，ペーター　Parler, Peter 235
ハンメルケン，トーマス
Hemerken, Thomas ……348
ピーウス２世（教皇）　Pius II. ……344
ピーコ・デラ・ミランドラ，ジョヴァンニ（ミランドラ伯）　Pico della Mirandola, Giovanni ……351
ビール，ガーブリエル　Biel, Gabriel ……348
ピエール・ド・マリソーワ
Pierre de Maricourt ……252
ヒエロニムス（フォン・プラーハ）
Hieronymus von Prag ……342
ヒッパルコス（ニカイアの）
Hipparch von Nicäa ……251
ヒポクラテス　Hippokrates …247, 272
ピューテリヒ（フォン・ライヒェルツハウゼン），ヤーコブ　Püterich von Reichertshausen, Jakob ……224
ヒンリク・フォン・ランメシュプリンゲ（ヴァン・デン・ローネン）　Hinrik von Lammespringe ……207
ファン・アイク，ヤン
Van Eyck, Jan ……259
フィッシャー，ペーター
Vischer, Peter ……86, 256
フィッシャー，ヘルマン
Vischer, Hermann ……256
フィッシャルト，ヨハン
Fischart, Johann ……173, 174
フィリップ（シュヴァーベン大公）
Philipp von Schwaben ……12, 117

ディアス，バルトロメオ
Diaz, Bartolomeo ……………………251
ディーツマン（ヴェッティン家の）
Diezmann ………………………………32
ディートリヒ（フォン・ベルン）
Dietrich von Bern ………23,204,205
ディートリヒ（詩人） Dietrich ……125
デカルト，レネー Descates, Rene 348
テクレンブルク伯 Tecklenburg ……43
テッツェル，ヨハン Tetzel, Johann
……………………………………………330
デューラー，アルブレヒト
Dürer Albrecht ……………………86,
139,143,212,237,244,258,351
テューリング（フォン・リンゴルティンゲン）Thüring von Ringoltingen
……………………………………………214
テングラー，ウルリッヒ Tengler, Ulrich ……………………………………284
トヴィンガー（フォン・ケーニヒスホーフェン），ヤーコプ Twinger von Königshofen, Jakob …………115
トゥーヒェル，アントン Tucher, Anton ………………………………116
トゥーヒェル，エンドレス
Tucher, Endres………………116,118
ドゥンス=スコトゥス，ヨハネス
Duns Scotus, Johannes ……184,332
ドナルテロ Donatello ………………255
トマス・ア・ケンピス Thomas von Kempen ……………………………348
トマス・アクィナス
Thomas von Aquin
……99,107,151,184,332,333,349
ドミニクス（デ・グツマン）
Dominikus de Guzman …………310
ドメニコ（ディ・マテオ）
Domenico di Matteo………………251

●ナ行

ナイトハルト（フォン・ロイエンタール） Neithart von Reuenthal
……………………………125,142,264
ニークラス（フォン・ヴィーレ）
Niklas von Wyle ……………………215
ニーコラウス（フォン・クザーヌス）
Nikolasu von Cues
…8,22,166,187,308,323,348,349
ニーコラウス（フォン・ディンケルスビュール） Nikolaus von Dinkelsnbühl ………………………316
ニーコラウス（フォン・リューラ）
Nikolaus von Lyra ………………350
ニーコラウス５世（教皇）
Nikolaus V. ……………………16,323
ニーデル，ヨハネス
Nider, Johannes……………………315
ヌマイスター，ヨハン（印刷業者）
Numeister, Johann ………………259
ネロ Nero………………………………29

●ハ行

バーソロ・ミューディアス（ディアス，バルトロメオ）Diaz, Bartolomeo 251
ハードラウプ，ヨハネス
Hadlaub, Johannes ………………209
ハールーン・アル・ラシード
Harun al Raschid …………………246
ハイニー（フォン・ウーレ）
Heiny von Ure ……………………291
ハイネ，ハインリヒ Heine, Heinrich
……………………………………………237
ハインリヒ（ケルンテン大公）
Heinrich von Kärnten ……………27
ハインリヒ（獅子公）
Heinrich der Löwe
…………25,36,49,54,55,289,296
ハインリヒ（フォン・ニーダーバイエルン）
Heinrich der Reiche von Niederbayern ……………………146
ハインリヒ（フォン・ノイシュタット）
Heinrich von Neustadt ……203,207
ハインリヒ（フォン・フェルデケ）
Heinrich von Veldeke ……………204
ハインリヒ（フォン・プフォルスポイント） Heinrich von Pfols-

……5, 7, 20, 21, 148, 178, 209, 342
ジークムント（ティロール大公）
Siegmund von Tirol ………………290
ジークムント（ブルグント王）
Siegmund von Burgund …………320
シェーデル，ハルトマン　Schedel, Hartmann　56, 59, 92, 230, 245, 272
シェッフェル，ペーター
Schöffer, Peter ………………226, 230
ジェルション，レヴィ　Gerson, Levi ……………………………………251
ジェルソン，ヨハン（ジャン・ジェルソン）　Gerson, Johann …329, 350
シェンク（フォン・リンブルク）
Schenk von Limburg ……………160
シクトゥス4世（教皇）　Sixtus IV. ……………………………260, 324, 330
シモン（モンフォール伯）
Simon von Montfort ………………337
ジャック・ド・ヴィトリー（ヤコブ・フォン・ヴィトリー）　Jakob von Vitry ……………………………………338
シャルル（アンジュー家の）
Karl von Anjou ……………………14
シャルル（ブルゴーニュ公）
Karl der Kühne…………22, 135, 252
シャルル6世（フランス王）
Karl VI. von Frankreich …………176
シャルル8世（フランス王）
Karl VIII. von Frankreich …………251
シュヴァルツ，ベルトルト
Schwarz, Berthold …………………251
シュターゲル，エルスベト
Stagel, Elsbeth ………………215, 335
シュタインマル　Steinmar …………208
シュタウフファッヒェル，ヴェルナー
Stauffacher, Werner ………………134
シュテファン2世（バイエルン公）
Stephan II. von Bayern ……………99
シュトリッカー　Der Stricker　205, 224
シュトローメル，ウルマン　Stromer, Ulman ……………116, 118, 215, 246
シュプレンガー，ヤーコプ
Sprenger, Jakob ……………………108
シュミット，コンラート
Schmid, Conrad ……………………341
シュリック，カスパル
Schlick, Kaspar ………………………7
ジョヴァンニ（デ・フォンターナ）
Giovanni de Fontana ……………251
シラー，フリードリヒ
Schiller, Friedrich …………………198
シラー，ヨルク　Schilher, Jörg ……200
シルトベルガー，ヨハン
Schiltberger, Johann ………………178
ズーヒェンヴィルト，ペーター
Suchenwirt, Peter ……………103, 175
ズーヘンジン（遍歴詩人）
Suchensinn …………………………200
スコートゥス・エリウーゲナ，ヨハネス　Scotus Eriugena, Johannes 348
スピノザ，バルフ　Spinoza, Baruch 348
セネカ　Seneca ……………………180
ゾイゼ，ハインリヒ　Seuse, Heinrich ………………214, 215, 225, 334, 335
ソルボン，ローベル
Sorbon, Robert von ………………184

●タ行

ダーフィト（フォン・アウクスブルク）　David von Augsburg ……214
タウラー，ヨハネス　Tauler, Johannes ………………214, 314, 334
タキトゥス　Tacitus 143, 175, 189, 195
ダンクロッツハイム，コンラート
Dangkrotzheim, Konrad …………210
ダンテ・アリギエリ　Dante Alighieri 15
タンホイザー（吟遊詩人）
Tannhäuser …………………………208
ツィスカ（ヤン・ジシュカ）
Ziska von Trocnow ………………344
ツィンク，ブルクハルト
Zink, Burkhard ………………118, 146
ツェデキアス　Zedekias ……………97
ツェルティス，コンラート
Celtis, Conrad ………………………188

グーテンベルク，ヨハン　Gutenberg, Johann ……104, 226-230, 243
クネーベル，ヨハン　Knebel, Johann ……104
クノデラー，ハインリヒ　Knoderer, Heinrich ……6
クラーナハ，ルーカス　Cranach, Lucas ……281
グラッセル，エラスムス　Grasser, Erasmus ……144, 196
クラフト，アダム　Kraft, Adam …129
グリージィンゲル，ヤーコプ　Griesinger, Jakob ……254
クリスティアン１世（フォン・オルデンブルク）　Christian Ⅰ. von Oldenburg ……59
クリストフ（バイエルン大公）　Christoph von Bayern ……29, 141
グリメルスハウゼン（H. J. Ch.フォン）　Grimmelshausen, H. J. Ch. von　212
グリュンヴァルデル，ヨハン　Grünwalder, Johann ……317
グレゴリウス１世（教皇）　Gregor Ⅰ. der Große……194
グレゴリウス７世（教皇）　Gregor Ⅶ. ……319
グレゴリウス９世（教皇）　Gregor Ⅸ. ……183
クレメンス５世（教皇）　Clemens Ⅴ. ……195, 319
クレメンス６世（教皇）　Clemens Ⅵ. ……341
クレメンティア（ルードルフ・フォン・ハープスブルクの娘）　Clementia …14
グロス，コンラート　Groß, Konrad ……238
グロメンステッター，パウル　Grommenstetter, Paul ……257
グンダーケル（フォン・テルンベルク）　Gundaker von Thernberg ……308
クンツ（フォン・カウフンゲン）　Kunz von Kaufungen……43
ゲーテ，ヨハン・ヴォルフガング・フォン　Goethe, Johann Wolfgang von …59
ゲオルク（バイエルン大公）　Georg der Reiche von Bayern ……153, 323
ゲルハルト（ザイン伯）　Gerhard von Sayn……202
コエルデ，ディートリヒ　Koelde, Dietrich……329
コーベルガー，アントーン　Koberger, Anton ……230
ゴットフリート（フォン・シュトラースブルク）　Gottfried von Straßburg ……200, 202, 215, 224
コペルニクス，ニーコラウス　Kopernikus, Nikolaus ……260, 261, 348
コロンブス，クリストファー　Kolombus, Chrostoph ……226, 251, 252, 268
コンラーディン　Konradin……117
コンラート（フォン・アメンハウゼン）　Konrad von Ammenhausen ……211
コンラート（フォン・ヴュルツブルク）　Konrad von Würzburg ……202, 207, 224
コンラート（フォン・ゾースト）　Konrad von Soest ……237
コンラート（フォン・マールブルク）　Konrad von Marburg ……107
コンラート（フォン・メーゲンベルク）　Konrad von Megenberg……247, 312
コンラート（シュタウフェン家の）　Konrad der Staufer ……117
コンラート２世　Konrad Ⅱ.（ザーリア朝初代皇帝）……20

●サ行

ザイリンゲル，ニーコラウス　Seyringer, Nikolaus ……316
ザックス，ハンス　Sachs, Hans ……102, 197, 210
ザルヴィノ・デリ・アマーティ　Savino degli Amati ……247
ジーギスムント（皇帝）　Sigismund

Eduard III. von England 79, 134, 222
エニケル・ヤンゼン Enikel, Jansen 206
エネーア・シルヴィオ・ピッコローミニ Enea Silvio Piccolomini ……142, 154, 215
エバーハルト（ヴュルテンベルク伯） Eberhard von Würtemberg ……153
エーブナー，クリスティーネ Ebner Christine ……215, 335
エーブナー，マルガレーテ Ebner, Margarete ……215, 338
エムゼル，ヒエロニムス Emser, Hieronymus ……190
エラスムス（フォン・ロッテルダム） Erasmus von Rotterdam …231, 351
エリーザベト（ゲーリッツの） Elisabeth von Görlitz ……22
エリーザベト（フォン・ナッサウ=ツヴァイブリュッケン） Elisabeth von Nassau-Zweibrücken ……213
エリーザベト（フォン・ブルグント） Elisabeth von Burgund ……14
エルヘン（フォン・ヴォルフハーゲン），ティレマン Elhen von Wolfhagen, Tilemann ……115, 207
エルボロ（フォン・ポルハイム） Erbolo von Polheim ……151
エルンスト（バイエルン=ミュンヒェン大公） Ernst von Bayern-München ……31
エンゲルベルト（ケルン大司教） Engelbert von Köln ……312
エンリケ（ヴィジュー大公） Henrique Herzog von Viseu ……252
オスヴァルト（フォン・ヴォルケンシュタイン） Oswald von Wolkenstein ……163, 178, 209, 239
オステンドルフェル，ミヒャエル Ostendorfer Michael ……324
オタカール2世（ベーメン王） Ottokar II. von Böhmen ……12, 32
オットー（リートベルク伯） Otto von Rietberg ……326
オットー2世 Otto II.（ライン宮中伯）……307
オットー2世（皇帝） Otto II. ……143
オットー3世（皇帝） Otto III. ……117
オットー4世（皇帝） Otto.IV. ……117
オットー大帝 Otto I. der Große …24
オットカル Ottokar（パッサウ司教座聖堂参事会員）……103, 206, 238
オトフリート（フォン・ヴァイセンブルク） Otfried von Weißenburg 257

●カ行

カール（禿頭王） Karl der Kahle …97
カール4世（皇帝） Karl IV. ……7, 17, 18, 19, 20, 28, 57, 78, 117, 137, 185, 202, 208, 217, 238, 264, 272, 322, 335, 345
カール5世（皇帝） Karl V. ……70, 118, 274
カール大帝 Karl der Große …12, 24, 107, 111, 143, 179, 204, 240, 321
ガイラー（ガイザースベルクの） Geiler von Kaysersberg ……7, 145, 165, 350, 351
カエサル Caesar ……111
カシミール（アンスバッハ辺境伯） Kasimir von Ansbach ……284
カスパール（フォン・デア・レーン） Kaspar von der Rhön ……205
ガマ，ヴァスコ・ダ Gama, Vasco da ……251
カリクストゥス3世（教皇） Calixtus III. ……329
ガレノス Galen ……188, 272
カント，イマヌエル Kant, Immanuel ……173, 348
カンラー，コンラート Kannler, Konrad ……339
キーザー，コンラート Kyeser, Konrad ……251, 252
グアリノーニ Guarinoni ……142
グイード・デ・コロムニス（コロンナ） Guido de Columnis ……213

ヴァルター・フォン・デア・フォーゲルヴァイデ Walther von der Vogelweise ……102, 211
ヴァルター，ベルンハルト Walther, Bernhard ……260
ヴァルデマール（ブランデンブルク辺境伯） Waldemar von Brandenburg……55
ヴァルトアウフ，フロリアン Waldauf, Florian ……46
ヴァルトハウザー，コンラート Waldhauser, Konrad ……345
ヴァルフ Waruch（あるいはバルフ Baruch？）……97
ヴィクトール（フォン・カルベン） Viktor von Carben ……95
ウィクリフ，ジョン Wiclif, John…342
ヴィトヴィツ（リトアニア諸侯） Witowt……20
ウィリアム（オッカムの） Wilhelm von Occam……16, 184, 350
ヴィルト，インゴルト Wild, Ingold ……143, 314, 316
ヴィルヘルム（オランダ王） Wilhelm von Holland ……15, 57
ヴィルヘルム（ザクセン大公） Wilhelm von Sachsen ……264
ヴィルヘルム（テューリンゲン方伯） Wilhelm von Thüringen ……186
ヴィルヘルム4世（フォン・ユリッヒ/エノー伯） Wilhelm IV. von Jülich ……153
ヴィルント（グラーフェンベルクの） Wirnt von Grafenberg ……125, 213
ヴィンケルマン，ヨハン・ヨーアヒム Winckelmann, Johann Joachim…234
ヴィンデッケ，エーバーハルト Windeck, Eberhard ……178
ヴィントレル，ニークラス Vintler, Niklas ……125
ヴィントレル，ハンス Vintler, Hans ……162
ヴィンプフェリング，ヤーコプ Wimpfeling, Jakob ……186, 189, 351
ヴェッセル，ヨハン Wessel, Johann ……348
ヴェルダー，ローレンツ Werder, Lorenz ……256
ヴェルンヘル・デア・ガルテネーレ Wernher der Gärtner ……206
ヴェンク，ヨハン Wenck, Johann 349
ヴェンツェスラウ（フォン・オルミュッツ） Wenzeslaus von Olmütz 258
ヴェンツェル（ヴァーツラフ）王 Wenzel ……19, 57, 93, 185, 342
ヴォルフガー（フォン・パッサウ） Wolfger von Passau ……221
ヴォルフラム（フォン・エシェンバッハ） Wolfram von Eschenbach ……152, 178, 200, 202, 203, 221, 224, 257
ヴラティスロー4世（ポメルン公） Wratislav IV. von Pommern ……55
ウルバヌス6世（教皇） Urban VI. ……185, 186, 347
ウルリヒ（フォン・アウクスブルク） Ulrich von Augsburg ……321
ウルリヒ（フォン・エツェンバッハ） Ulrich von Etzenbach ……201
ウルリヒ（フォン・フッテン） Ulrich non Hutten……269
ウルリヒ（リヒェンタールの） Ulrich von Richental ……20, 116, 206, 343
ウルリヒ（フォン・リヒテンシュタイン） Ulrich von Liechtenstein 178
ヴワディスワフ2世 Wladislaus II. 344
エウゲニウス（オイゲン）4世（教皇） Eugen IV. ……187, 323
エック，ヨハネス Eck, Johannes…187
エックハルト Eckhart（マイスター・エックハルト Meister E.） ……214, 314, 333, 334, 348
エドワード1世（イングランド王） Eduard I. von England ……133
エドワード3世（イングランド王）

人名索引

●ア行

アードルフ（ナッサウ王）
Adolf von Nassau……………………15, 32
アードルフ2世（マインツ大司教）
Adolf II. von Mainz ……………………95
アーラウ，ハンス　Aarau, Hans …251
アイケ・フォン・レプゴウ
Eike von Repgow ………………………273
アイルハルト（フォン・オーベルク）
Eilhart von Oberg………………………213
アインドルフフェル，カスパル
（テーゲルンゼー大修道院長）
Aindorffer, Kaspar ……………………317
アツォー（フォン・ヴィスコンティ）
Azzo von Visconti………………………291
アベラール，ピエール
Abälard, Peter …………………………183
アマン，ヨスト　Amman, Jost ……228
アメルバッハ，ヨハン　Amerbach,
Johann ……………………………231, 350
アリストテレス　Aristoteles…………331
アル=フワーリズミ，モハメッド・
イブン・ムサ　Al-chwarizmi,
Mohammed ibn Musa……………259
アルトゥス（アーサー）王　Artus…23, 30
アルノルト（フォン・ヴィンケル
リート）　Arnold von Winkelried 135
アルノルト（マインツ大司教）
Arnold von Mainz ……………………285
アルノルフォ・ディ・カンビオ
Arnolfo di Cambio ……………………238
アルブレヒト（シャルフェンベルクの）
Albrecht von Scharfenberg………202
アルブレヒト（テューリンゲン方伯）
Albrecht von Thüringen …………32
アルブレヒト（フォン・アイプ）
Albrecht von Eyp……………152, 215
アルブレヒト・アキレス（ブランデ
ンブルク選帝侯/ブランデンブルク
=アンスバッハ辺境伯）
Albrecht Achilles…………27, 30, 138
アルブレヒト1世（ハープスブルク
家二代目）　Albrecht I. ……………56
アルブレヒト2世　Albrecht II.
（オーストリア大公〔5世〕）…7, 21
アルブレヒト3世（バイエルン大公）
Albrecht III. von Bayern 31, 201, 282
アルブレヒト4世（オーストリア大公）
Albrecht IV. von Österreich ……117
アルブレヒト4世（バイエルン大公）
Albrecht IV. von Bayern …224, 290
アルベルトゥス・マグヌス（ボル
シュテット伯）　Albertus Magnus
………………184, 250, 313, 332, 337
アルベルトゥス・ユーデウス
Albertus Judeus ………………………94
アレクサンダー（ヘールズの）
Alexander von Hales ……………331
アレクサンデル（フォン・シュピナ）
Alexander von Spina ……………247
アレクサンデル（ロエスの）
Alexander von Roes ………………14
アンスヘルム，トーマス　Anshelm,
Thomas ……………………………247
アンナ（フォン・ブレターグネ）
Anna von Bretagne ………………151
イエーロシン，ニーコラウス
Jeroschin, Nikolaus …………115, 206
イエッセル　Meister Jassel …………97
イスラエル・ヴァン・メッケネム
Israel van Meckenem ……………144
イソップ　Äsop ………………………180
イノケンティウス3世（教皇）
Innozenz III. ……166, 328, 331, 336
イノケンティウス8世（教皇）
Innozenz VIII. ………………………108
イムマーマン，カール
Immermann, Karl …………………149
インゴルト　Meister Ingoldt
……………………………174, 314, 316
インスティトール，ハインリヒ
Institor, Heinrich …………………108

『わが一門と冒険の書　Püchel von mein Geschlecht und Abenteuer』（ウルマン・シュトローメル）……215
若返りの泉　Jungbrunnen …………263
『若きヒルデブラントの歌　Jüngeres Hildebrandslied』 ……………………205
枠組建築　Fachwerkbau ……………121
惑星　Planeten ………………………111
藁　Streu ……………………………………48

略奪や戦い　Raubzüge ………………46
流血裁判　Blutjustiz ………………276
流血裁判権　Blutbann ………………276
流血裁判権　Blutgerichtbarkeit ……276
流行　Mode
…………41, 159, 160, 162, 163, 164
硫酸紙　Papyrus ………………203
リューベック法　lübisches Recht
………………………………53, 66, 74
旅行馬車　Reisewagen ………………292
領地からの収入　Domitialeinkünfte…31
領土獲得　Landnahme………………120
稜堡　Bastion ………………………124
領邦君主　Landesherren
…24, 29, 30, 31, 56, 57, 92, 175, 274
領邦国家　Territorialstaaten
…………………7, 27, 28, 53, 56, 304
緑柱石　Beryll………………………247
領邦諸侯　Landesfürsten
……………26, 27, 44, 49, 55, 63, 75
リヨン公会議（第二回）　Lyon II.
-Konzil ………………………………98
リングシュテッヒェン　Ringstechen 141
リンネル　Leinen ……………………99
『リンブルクの子供たち　Die Kinder von Limburg』（ヨハン・フォン・ゾースト）……………………………204
ルター言語　Luthersprache…………218
ルネサンス　Renaissance ……243, 351
ルンケルシュタイン城塞　Runkelstein-Burg ……………………125, 203
礼儀作法　Sittlichkeit…………………172
隷属農民　Grundholde……………46, 47
礼典　Sakramente …232, 307, 332, 349
礼拝行列　Prozession ………………195
礼拝行列（耕地の）　Feldumgang …195
レーオンハルト行列　Leonhardifahrten ……………………………………325
レーン　Lehen ………………13, 39, 75
レーン保持者　Lehensträger ………131
レーン法　Lehensrecht ………………52
歴史記述　Geschichtsschreibung 6, 202
列状村落　Reihendorf ………………119
列聖式　Kirchweih……………………324
劣等都市　Zwergstädte ………………54
『レデンティンの復活祭劇　Redentiner Osterspiel』…………………………192
レビュー　Revuespiele ………………197
レプラ　Lepra ………………267, 320
煉瓦ゴシック　Backsteingotik………121
煉瓦（瓦）製造　Ziegeleien…………121
煉瓦塀　Ziegelmauern ………………121
レンツィンモーナト　Lentzin-Monat
…………………………………………112
錬鉄/可鍛鉄　Schmiedeeisen ………254
『ロイセンの嵐　Reußensturm』……101
蠟　Wachs ……………………………181
牢獄　Kerker …………………………283
労働時間　Arbeitszeit …………………86
労働闘争　Arbeitskämpfe ……………87
蠟版　Wachstafeln……………………181
『ローター王　König Rother』………101
ローフェン屋根　Rofendach ………123
『ローマ帝国の特権についての覚書　Denkschrift über das Vorrecht des römischen Reiches』（ロエスのアレクサンダー）…………………14
ローマ法　römisches Recht…………26, 31, 105, 182, 186, 188, 274, 279
ローラントライテン　Rolandreiten 141
ローラント立像　Rolandsäulen ……128
轆轤木細工師　Holzdrechsler…………85
『ロザリオ　Rosenkranz』（教養小説）
…………………………………………223
ロザリオ兄弟団　Rosenkranzbruderschaften ……………………………326
ロザリオ職人　Paternostermacher …80
ロシア鍵の錠前師　Reußenschlosser 82
ロンバルディアの人　Lombarden 15, 18

●ワ行

猥褻　Sexorgien ………………153, 315
ワイン　Wein …………………………171
ワイン（初夜の）　Brautwein ………150
ワイン園　Weingärten ………………171
ワインハウス　Weinhäuser …………129

ユダヤ人追放/迫害　Judenverfolgungen……………………………91,92
ユダヤ人の改宗　Judenbekehrung …94
ユダヤ人の長　Judenmeister …………95
ユダヤ人迫害　Judenpogrome…91,294
ユダヤ人への利子支払い　Judenzins 93
ユダヤ人法　Judenrecht ………………95
ユダヤ人帽子　Judenhut………………93
ユダヤ人保護　Judenschutz …………92
ユダヤ人保護の国王大権　Judenschutzregale …………………………92
ユダヤ法　jüdisches Recht……………95
湯女　Bademagd…………148,262,263
指ぬき　Fingerhüte ……………………81
『指輪　Ring』（ハインリヒ・ヴィッテンヴィラー）…………………………212
ユリウス暦　Julianischer Kalender 111
ユングフェルシュテッヒェン　Jungferstechen ………………………………141
養護院長（ドイツ騎士団）　Spitler, oberster（Deutschordensamt）……34
溶鉱炉　Schmelzöfen…………………254
曜日名　Wochentagsnamen ………111
傭兵/職業兵士　Söldner…………53,135
養老院　Altersheim …………………130
余暇　Freizeit …………………………173
浴室　Badestube………………………130
浴場　Badekammer …………………130
ヨセフ結婚　Josefehe ………………150
呼び名　Rufnamen …………………111
ヨム・キップール　Jom Kippur ……96
読み　Lesen……………………………181
嫁入持参金　Mitgift …………………153
鎧　Harnische …………………100,131
鎧通し　Panzerstecher ………………133
『四物語　Vier Historien』……………218

●ラ行

ラーツヘル（市参事会員）　Ratsherren ……………………………………88,129
『ライエンシュピーゲル　Laienspiegel』（テングラー） ………………………284
ライオン　Löwen ……………………163
ライトメリッツ法　Leitmeritzer Recht ………………………………………………66
ライフェンベルク城塞　Reifenberg-Burg………………………………………42
ライ麦　Roggen ………………………168
ライン川航行　Rheinschiffahrt ……296
ライン都市同盟　Rheinischer Stadtbund ……………………………………57
『ラヴェンナの戦い　Rabenschlacht』 ……………………………………………204
『ラウリーン王　König Laurin』 ………………………………………125,205
ラオッホネヒテ　Rauchnächte ……157
ラツァロ　Lazarett …………………265
ラテラノ公会議（第二回） Lateran II. -Konzil …………98,154
ラテラノ公会議（第三回） Lateran III. -Konzil …………………98
ラテラノ公会議（第四回） Lateran IV. -Konzil ……97,163,166,180,278,304,312
ラテン語　Latein ……6,179,187,218
ラテン語学校　Lateinschulen…182,225
ラテン語風な表現　Latinismen ……215
ラビ　Rabbiner…………………………95
ラピエール　Rapier …………………139
『ランスロット　Lanzilet』（ウルリヒ・ヒューエトラー）………………202
ランタン　Laternen …………………128
ラント騎士団長　Landmeister …33,34
ラント貴族　Landadel…72,73,76,125
ラント裁判所　Landgerichte ………275
ラント等族　Landschaft………………32
ラント平和令　Landfriede …14,25,57
ラント法　Landrecht ………52,64,274
陸標　Landmarken …………………251
離婚　Ehescheidung …………………17
理想的な結婚生活　Eheideal ………153
利息　Zins ……………………………98,99
理髪師　Barbiere ………………………96
理髪師兼外科医（公衆浴場の）Bader ……………………………………262,269
略奪　Raub ……………………………99,281

ミンネ抒情詩　Minnelyrik ……208, 209
ミンネ奉仕　Minnedienst …………208
麦藁　Stroh ……………………………48
麦藁帽　Strohhüte ……………………48
蒸し風呂　Schwitzbäder ……………130
娘たち　Mägde ………………………142
笞えなどで叩く刑　Prügelstrafen …106
ムッターネヒテ（十二夜）　Mutternächte ……………………………157
棟木　Firstbalken ……………………123
無免許医師　Quacksalber …………270
村の居酒屋　Dorfwirtshaus ……50, 121
村の鍛冶屋　Dorfschmiede …………121
村の共有地　Dorfanger………………119
村の助任司祭　Dorfkapläne…………121
村の製粉所　Dorfmühle ……………121
村のパン焼き竈　Dorfbackofen ……121
ムルテンの戦い　Murten-Schlacht…135
名門　Geschlechter ……………7, 72-77
眼鏡　Brille………………………247, 248
メッセ（マルクト）　Messe……………63
目つぶしの刑　Blendung ……………284
メヒェル布　Mecheln ………………165
『メルジーネ　Melusine』（テューリング・フォン・リンゴルディンゲン）……………………………………214
免罪/贖罪　Ablaß ………………319, 327, 328, 329, 330
木材　Holz ……………………………121
『黙示録　Apokalypse』………………225
木版彫刻　Holzschnitt ………………242
木版トランプ　Holzschnittspielkarten ……………………………………176
木版本　Blockbücher…………………228
もぐり職人　Bönhase …………………84
文字盤　Zifferblätter …………………114
木管配管　Holzröhrenleitungen ……126
物語　Erzählungen ……………………242
物語文学　Erzählliteratur……………149
物語文学　Märendichtung …………199
物乞い袋　Bettelnapf…………………103
モリスカダンサー　Moriskentänzer 196
モルガルテンの戦い　Morgarten-Schlacht…………………………48, 134
モンゴル人　Mongolen………………250
文書/証書　Urkunden ………6, 89, 286
紋章　Wappen …………………………76
紋章の鷲　Adler im Wappen ………59
紋章の由来を語る詩　Wappengedichte ……………………………………103
モントグラス　Mondglas……………253

●ヤ行

焼き印（烙印）　Brandmarken ……285
薬味　Gewürze ………………………169
『火傷治療　Bündt-Ertzney』（ハインリヒ・フォン・フォルスポイント）…270
ヤゲロー朝　Jagellonen ………………33
ヤコブの杖　Jakobsstab ……………252
野菜　Gemüse…………………………169
野菜市　Viktualienmarkt ……………169
野菜類　Vegetabilien…………………169
やすり製造工　Scherenschleifer………82
やすり製造職工　Feilenhauer ………82
野生果実　Wildfrüchte ………………169
野生動物　Wild ………………………169
薬局　Apotheken ……………………271
屋根の種類　Dachtypen ……………123
槍　Lanzen ……………………………138
槍投げ　Speerwerfen …………………133
唯心論　Spiritualismus ………………341
唯名論　Nominalismus ……………………6, 16, 207, 349, 350
有害生物　Ungeziefer ………………286
有害生物に対する呪詛　Malediktion gegen Schädlinge …………………286
ユードで始まる地名　Ortsnamen mit Jud- ………………………………94
郵便　Postverbindung ………………292
輸出　Export …………………………79
ユダヤ人改宗者　Konvertiten, jüdische ……………………………94
ユダヤ人火刑　Judenverbrennung …92
ユダヤ人信徒団体　Judengemeinde …95
ユダヤ人税　Judensteuer ……………92
ユダヤ人追放　Vertreibungen ………93

干し葡萄　Rosinen ……………………96
ホスピタール騎士団　Hospitaliter
……………………………265, 291
舗装　Pflasterung ……………………128
菩提樹の材木　Lindenholz …………132
墓地　Friedhof ………………………281
北海　Nordsee …………………………23
ボックビール　Bockbier ……………171
ホッゲンツェル　Foggenzer …………81
ホップ　Hopfen ………………………170
歩兵組織/徒歩庸兵　Landsknechte
……………………………23, 135, 269
歩兵隊　Infanterie ……………………134
保養客用の家　Kurhaus ……………264
保養地　Kurorte ………………………263
襤褸　Lumpen …………………………246
ポロ騎乗競技　Polospiele ……………76
ポンプ装置　Pumpwerke ……………127

●マ行

埋葬　Beisetzung ……………………155
前溝　Ehgraben ………………………128
まき砂　Streusand ……………………203
マクデブルク法　Magdeburger Recht
……………………………61, 66, 273
幕屋祭　Laubhüttenfest ………………96
魔術　Zauberei ………………107, 282
魔術師　Zauberin ……………………282
魔術的な祈り　Zaubersegen …………147
魔女　Hexen 31, 91, 107, 108, 151, 270
魔女裁判　Hexenprozesse …………278
魔女軟膏　Hexensalbe ………………107
『魔女への鉄槌　Hexenhammer』
(ヤーコプ・シュプレンガー) 108, 282
マジョリカ焼き　Majolika …………250
魔神　Dämonen ………………………195
麻酔　Anästhesie ……………………270
マッサージ　Massagen ………………130
松の木片　Kienspäne …………………167
祭り/祝祭日　Feste …………119, 137
マナー　Anstandsregeln ……………172
魔法　Magie ……………………………106
マムルーク朝　Mamelucken …175, 176
マリア崇拝　Marienverehrung ……323
マリア聖像　Marienstatuen…………195
マルガリタ・フィロゾフィカ
Margarita philosophica …………180
マルクト/市場　Markt
………………24, 31, 55, 63, 64, 127
マルクト開設期間　Marktzeiten ……63
マルクト開設時の平和　Marktfrieden
……………………………………63, 64
マルクト広場　Marktplätze…………119
マルクブリューダー　Markbrüder…139
マンドラゴラ　Mandragora ………107
マンドラゴラの葉　Alraunblätter …270
ミーゼルズーフト　Miselsucht ……267
ミサ（礼拝）　Messe ………63, 228, 295
ミサ聖祭　Gottesdienst………………344
ミサ典書　Missale…………99, 228, 230
ミサ用礼服　Meßgewänder …………99
水　Wasser ……………………………278
水時計　Wasseruhren …………114, 248
水の推進力　Wasserantrieb …248, 254
水運び女　Wasserträgerinnen………148
蜜酒　Met…………………………96, 170
南の果実　Südfrüchte ………………295
ミニステリアーレン　Ministerialen
…………………………6, 31, 35, 36, 37,
40, 41, 45, 68, 72, 73, 74, 131, 275
ミネラル　Mineralien …………252, 253
身代金　Lösegeld …………43, 133, 138
身分　Stände ……………………7, 211
身分制度　Ständeordnung ……………6
『身分と手工業　Stände und Handwerker』(ヨスト・アマン) …228, 247
身分風刺　Ständesatire …174, 211, 242
身分や地位の類型的描写　Repräsentativdarstellung ……………238
名字　Familiennamen ………………170
民間療法　Volksmedizin ……………106
民事訴訟　Zivilprozeß ………………286
民事法　Zivilrecht………………………64
民族衣装　Tracht ……………………159
民族教会　Nationalkirche …………344
ミンネザンク　Minnesang ……209, 210

ヘールシルト　Heerschild ……………41
折板　Holzschindeln ……………123
壁画　Wandgemälde……………125
ベギン会施設　Beginenhäuser
……………130, 147, 339
ベギン会修道士　Begarden ……………339
ベギン会修道女　Beginen
……………67, 130, 264, 265, 283, 339
ペスト　Pest……………7, 46, 49, 62,
65, 71, 92, 118, 155, 207, 225, 339
『ベリアル訴訟　Belial-Prozeß』……223
『ベリフォルティス　Bellifortis』
（コンラート・キーザー）……………251
ペルシア　Persien……………174, 175
ベルト　Gürtel ……………160
ヘルビストモーナト
Herbistmonat ……………112
返還請求　Revindikation ……………13
辺境都市同盟　Städtebund, märkischer ……………56
辺境伯　Markgrafen ……………51
辺境伯領　Markgrafschaften……………71
弁護士　Advokaten ……………274
弁証法（討論術）Dialektik……………180
『ヘンゼリン　Henselin』……………198
鞭打行列　Geißlerfahrten……………340
鞭打苦行　Geißelung……………339
鞭打苦行者　Geißler ……………8, 339
遍歴学生　Scholaren 179, 183, 186, 188
遍歴義務　Wanderpflicht ……………87
ホアヌングモーナト　Hornungmonat
……………112
包囲攻撃　Belagerung ……………136
防衛契約　Wehrverträge……………68
防衛施設　Wehranlagen……………54
防衛能力　Wehrhaftigkeit ……………53
防衛のための村落　Wehrdörfer ……120
防衛用建築　Wehrbauten ……………124
法学部　Jura ……………274
法学校　Rechtsschulen……………182
防御柵　Palisadenzaun ……………52
方言　Mundart ……………50, 216
封建主義　Feudalismus ……………26
『冒険の書　Buch der Abenteur』
（ウルリッヒ・フューエトラー）
……………203, 224
冒険物語　Abenteurromane ……………204
暴行　Vergewaltigung……………138, 281
豊作　Flursegen ……………195
封主　Dienstherren ……………273
法書　Rechtsbuchwesen ……………273
坊主　Pfaffing……………120
『坊主アーミス　Pfaffe Amis』
（シュトリッカー）……………224
宝石　Edelsteine 99, 162, 220, 226, 258
棒鱈　Stockfisch ……………298
奉納画　Votivbilder ……………324
奉納物　Votivgaben ……………324
法の保護　Rechtsschutz ……………101
砲兵隊　Artillerie ……………135
砲兵隊　Geschütze ……………23, 136
暴利　Wucher……………199, 200, 276, 304
法律家　Juristen……………274
法律家騎士　Milites iustitiae ……………44
法律家でも兵士でもある騎士　Milites
utrisque militiae ……………44
琺瑯　Email……………258
放浪者　Fahrende
……………52, 91, 101, 102, 103
放浪者たちの王　Fahrendeleutekönig
……………101
放浪生活　Wanderleben ……………102
法を犯した者　Gesetzesbrecher ……129
ホール式教会堂　Hallenkirche …5, 233
母系レーン　Weiber-Lehen ……………39
『保健指導書　Regimen sanitatis』…272
保護権　Patronatsrecht……………306
保護術学校　Schirmschulen……………139
保護術教師　Schirmmeister ……………139
保護状　Schutzbriefe ……………97
保護聖人　Patronatsheilige ……………140
保護聖人　Schutzheilige ……………140
保護喪失者　Schutzlose……………101
矛槍　Hellebarde ……………134, 139
星占い　Horoskop ……………260
干し草の収穫　Heuernte ……………112

付属神学校（修道院や司教座聖堂の） Scholasticus……179
部族大公領 Stammesherzogtümer…24
付属礼拝堂 Hauskapellen……202
豚 Schweine……124,169
二人一組ダンス Einzelpaartanz……73
復活祭 Ostern……112,191,192,193
復活祭劇 Osterspiele……192,193
復活祭の典礼 Osterliturgie……191
葡萄 Weintrauben……171
舞踏疾患者勃発 Tanzwutausbrüche……144
船板 Kraweele……297
ブナ材の蠟板 Buchenholzwachs-täfelchen……220
不入権 Immunität……30
プファルツ地方の人々 Pfälzer……47
プフィンツの日 Pfinztag……111
プフェリンの日 Pferinstag……111
普遍概念 Universalismus……6
踏み車 Treträder……129
踏み式織機 Trittwebstuhl……80
冬 Winter……86
冬作物 Winterfrucht……47
冬路地（アウクスブルク） Winter-gasse (Augsburg)……126
『フライダール Freidal』（皇帝マクシミリアーン）……138
フライパン Bratpfanne……167
フライブルク大学 Universität Freiburg/Bresgau……274
ブラッハモーナト Brachmonat……112
プラハ大学 Universität Prag……6,18,20,34,341,342,344
プラハ法 Prager Recht……66
フランクフルトのキリスト受難劇 Frankfurter Passionsspiel……193
フランクフルト書籍見本市 Frankfur-ter Buchmesse……295
フランシスコ会修道士 Franziskaner, Minoriten……16,165,186,214,233,236,264,310,312,313,336,337
フランシスコ会修道女 Franziskane-rinnen……315
フランス人 Französen……14,133
フランス人病 Französenkrankheit 268
『ブランデンブルクのラント法 Bran-denburgisches Landbuch』……51
ブランデンブルク法 Brandenburger Recht……66
フリーズ Fries……125
フリース人 Friesen……48,296
『プリヴィレギィウム・マイウス（大特許状） Privilegium maius』…28
ブリキ Blech……82
ブリデンマイスター Blidenmeister 136
プリム祭 Purim-Fest……96
ブリュゴーニュ帽 Burgunderhauben……162
ブルクレヒト Burgrecht……41,52,67
ブルグント戦争 Burgunderkriege…135
ブルノの相続契約 Brünner Erb-vertrag……19
プレート＝アーマ Plattenharnisch…132
プレモントレ会修道士 Prämonstra-tenser……94
プロコープ派 Prokopnek……344
ブロック建築 Blockbau……121
ブロンズ鋳造 Bronzeguß……135,255
分業 Arbeitsteilung……82
文芸作品 Dichtung……199
『分別集 Bescheidenheit』（フライダンク）……125,223
文書作成 Beurkundung……221
文書文字のスタイル（見本用） Schriftformen (Probetafel)……222
糞便 Kot……128
文法 Grammatik……180
平和喪失者 Friedlose……101
ヘウィモーナト Hewimonat……112
ベーコン Speck……170
ベーメン修道士会 Böhmische Brüder……344
『ベーメンの農夫 Der Ackermann aus Böhmen』（ヨハン・フォン・テプル）……208,215,216,221

パン屋　Bäcker ……………………170
パン焼き竈　Backofen …………81, 168
バン類（鉄・銅・亜鉛などの硫酸塩）
Vitriol ……………………………256
ビアハウス　Bierhäuser ……………129
火あぶりの刑　Scheiterhaufen ……282
ビール　Bier ………………170, 171
ビール醸造者　Brauer ………………80
ビール醸造所　Brauhaus ……121, 170
ビール生産　Brauerei ………………121
ビール輸出　Bierexport ………………80
ピエタ　Pieta, Vesperbild ……235, 323
悲観主義　Pessimismus ………………7
『非キリスト教の謝肉祭劇　Des Entchrists Fastnacht』……………………194
髭剃り　Rasieren…………130, 262, 306
髭付仮面をつけた手工業者の謝肉祭行列　Schembartlaufen……………196
飛行機　Flugmaschinen ……………248
庇護民　Muntmannen …………………76
非自由　Unfreie ………………35, 36
美術工芸　Kunstgewerbe ……232, 239
羊　Schafe ……………………………169
羊飼い　Schäfer ………………………106
『美徳の花　Blumen der Tugend』（ハンス・フォン・ヴィントレル）……………………………162, 211
人里離れた一軒立ちの農家　Einzelhof ……………………………………120
一人あたりの割当金　Kopfgeld………65
火縄銃　Hakenbüchsen ………124, 136
皮膚　Häute …………………………276
被服長官（ドイツ騎士団）　Trappier　34
『ビブリア・パウペルム（貧窮時の書）Biblia pauperum』……………223, 225
皮膚を切り取る　Riemenschneiden　284
ひも（売春婦の）　Zuhälter …………154
火元　Feuerstelle ……………………122
火元を二箇所にもつシステム　Zweifeuersystem …………………………122
火矢　Brandpfeile ……………………136
百貨店　Kaufhäuser …………………129
標識灯火　Leuchtfeuer ………………295
病油　Krankensalbung………………305
肥料　Düngung…………………………48
『ヒルリギア　Chirurgia』（ヒエロニムス・ブルンシュヴィク）………164
火をおこす道具　Feuerzeug…………167
瓶状容器細工師　Flaschenschmiede…82
ファウスト=バル球技　Faustball……142
ファッシング　Fasching ……………195
ふいご　Blasebalg ……………………167
『フーグシャプラー　Hugschapler』……………………………213, 313
風車　Windmühle ……………………249
ブータイル　Buteil ……………………65
夫婦　Ehe………………………………153
フェーデ　Fehde …………………23, 27, 37, 43, 44, 46, 60, 120, 146, 303
フェーデ通知　Fehdeansage …………43
フェーメ裁判所　Femegericht　275, 276
賦役　Frondienste ………………45, 51
賦役農場　Fronhöfe …………52, 120
フェルドジィーヒェ　Feldsieche……105
フォーク　Gabeln ……………………172
『フォーラウの写本　Vorauer Handschrift』……………………224
フォルクスバラード　Volksballaden 211
フォルクスリート　Volkslieder ……211
『フォルトゥナートゥス　Fortunatus』……………………………………199
武器　Rüstung……………131, 132, 137
武器　Waffen
………131, 132, 133, 137, 138, 178
複式簿記　Buchführung, doppelte …78
武具師/刀鍛冶　Waffenschmied 82, 248
『武勲詩　Chansons de gueste』……213
プサルター　Psalter …………………223
不上訴特権　Appellationsrecht ……275
腐食銅板画/エッチング　Radierung ……………………………………255
婦女売買　Mädchenhandel …………147
フス主義　Hussitismus ………………343
フス戦争　Hussistenkriege
……………………………7, 20, 71, 136
フス派　Hussisten ……………………343

鋼　Seile ……………………………………81
墓掘人夫　Totengräber………………106
馬鹿者（ロバ）の葬儀
　Eselsbegräbnis………………………283
伯　Grafen ………………………7,19,25
迫害　Verfolgungen……………………92
伯官職　Grafenamt ……………………35
拍車　Sporen ……………………………82
拍車戦争　Sporenschlacht …………133
拍車の製造業者　Sporer ………………82
白鳥騎士団　Schwanenorden ………327
歯車犂　Räderpflug……………………50
歯車時計　Räderuhr …………114,248
箱型大時計　Standuhren………115,248
鋏の刃をつくる業者　Schermesserer 82
破産手続　Konkurs …………………286
橋　Brücken …………………………289
『パシオナール　Passional』…………207
馬車　Wagen …………………………294
馬上試合　Turniere …………………137
馬上試合規定　Turnierbestimmungen
　……………………………………138
『馬上試合本　Turnierbuch』（リス
　クネル）…………………………137
バジリカ　Basilika……………………234
走ること　Laufen ……………………141
バター　Butter ………………………169
肌着や小物　Wäsche…………………123
旗印　Fahnenzeichen ………………159
鉢型兜　Kübelhelm …………………160
蜂蜜　Honig …………………………170
発見　Entdeckungen ……250,251,259
伐採　Holzschlag………………………51
発明　Erfindungen …………251,259
バドミントン　Federball ……………142
パトロン　Mäzene……………220,243
『花咲く谷間のガレル　Garel von
　dem blühenden Tal』（プライ
　エル）……………………………125
ハナップ　Hanap ……………………171
羽根飾付帽子　Federhüte……………164
バネの弾力　Federzug…………115,248
ハネ橋　Zugbrücke …………………124
破壁器　Sturmböcke …………………136
ハム　Schinken ………………………170
『ハムディの歌　Hamdirlied』………205
刃物鍛冶　Messerer ……………………82
破門制裁　Exkommunikation ………286
針金　Draht ……………………………87
針金製造業者　Drahtschmiede ………87
針金引伸ばし機　Drahtziehmaschine 87
針金引伸ばし機（水車で動く）
　Drahtmüller …………………………82
パリ大学　Universität Paris
　……………6,19,164,184,222,331
『パルツィファル（聖杯）　Parzival』
　（ヴォルフラム・フォン・エシェ
　ンバッハ）
　…………76,152,200,221,224,257
『バルドゥイン・コーデックス　Balduin-
　Codex』……………………………16,93
パレスチナ巡礼　Palästinawallfahrt 322
パン　Brot …………………63,170,269
版画　Graphik ………………………232
ハンガリーワイン　Ungarwein ……171
反キリスト　Antichrist………………194
犯行の目撃者　Tatzeugen …………279
ハンザ同盟　Hanse
　…19,27,56,78,204,216,214,298
ハンザ都市　Hansestädte
　……………………56,76,181,298
ハンセン病患者　Aussätzige ………267
ハンセン病患者　Leprosen……104,320
ハンセン病患者専用病院　Siechen-
　häuser ……………………………267
ハンセン病専門病院　Leprosenhäuser
　……………………………104,130,155
晩禱　Vesper …………………………114
パントマイム　Pantomimen ………191
『バンベルク刑事裁判令　Bamberger
　Halsgerichtsordnung』（ヨハン・
　フォン・シュヴァルツ）……274,281
ハンマー親方　Hammermeister ……255
ハンマー製鉄所　Hammerschmiede 255
反ユダヤ主義　Antisemitismus ………99
盤を使ってのゲーム　Brettspiele……174

納屋　Scheunen ……………………46, 122
成金貿易商　Pfeffersäcke ……………41
軟膏買いの場面　Salbenkaufszenen 192
ニーダーヴィルドゥングの祭壇
　Niederwildunger Altar ……………237
『ニーベルンゲンの歌　Nibelungenlied』
　………………103, 141, 204, 205, 221
『ニーベルンゲンの宝　Hort der
　Nibelungen』 ………………………101
肉　Fleisch ……………………………172
肉屋　Metzger …………………………79
鰊　Heringe……………………………169
日曜日　Sonntag………………………111
荷運び用の狭い山道　Saumpfade …289
荷物用エレベーター　Warenaufzüge129
入学　Immatrikulation ………………165
乳牛　Kühe ……………………43, 122
入浴吹出物　Badeausschlag…………264
『ニュルンベルク刑事法典　Nürnberger Halsgerichtsordnung』 ………283
『ニュルンベルク年代記　Nürnberger
　Chronik』……………………………116
ニュルンベルクの親方手帳
　Nürnberger Meisterbuch …………79
ニュルンベルク法　Nürnberger Recht
　…………………………………61, 66
尿用グラス　Uringlas ………………272
鶏　Hühner ……………………124, 169
鶏のグリル　Brauthuhn ……………150
ヌッペングラス　Nuppengläser ……171
ネーデルランド出身者　Niederländer 50
願いごとに関する慣習
　Heischebräuche ……………………113
鼠の害　Rattenplage …………………268
年間税　Jahresabgaben ………………58
年代記　Chroniken
　………103, 115, 116, 118, 176, 221
年齢　Lebensalter ……………………117
『ノイス年代記　Neusser Chronik』 250
農家　Bauernhaus…119, 120, 121, 122
農家の建物　Gehöftbau ………121, 123
農機具　Ackergeräte …………………123
農業　Landwirtschaft ………………123
農作物　Feldfrüchte …………………122
農作物の被害　Feldschaden…………106
農場管理人の農地　Meierhöfe …42, 120
農場領主制　Gutsherrschaft …………50
農村共同体　Landgemeinden ………62
農村の学校　Dorfschule ……………182
農民　Bauern ……………7, 42, 45, 47,
　50, 62, 91, 162, 170, 175, 199, 325
農民靴　Bundschuh …………………159
農民戦争　Bauernkrieg………………159
農民服　Bauernkleidung ……………165
『農民ヘルムブレヒト　Meier Helmbrecht』（ヴェルンヘル・デア・
　ガルテネーレ） ……………………206
飲屋　Trinkstuben……………………129
ノルマン人　Normannen ……………252
ノロ鹿　Rehe …………………………169

●ハ行

歯　Zähne ………………………172, 269
バーゼル公会議　Basel-Konzil
　22, 38, 148, 187, 268, 291, 344, 349
バーゼル大学　Universität Basel
　……………………………………274, 350
ハープ　Harfe…………………………261
売春　Prostitutionen …………………148
売春婦　Dirnen ………………………148
売春宿　Freudenhäuser ………………147
売春宿の料金　Bordellgebühren……147
賠償金　Bußtaxen………………………64
排水　Abwässer ………………………127
排泄物　Mist …………………………128
ハイデルベルク大学
　Universität Heidelberg ……………186
梅毒　Syphilis ………………268, 269
『バイヒトシュピーゲル（告解心得書）
　Beichtspiegel』………………………307
廃品回収業　Lumpensammler 103, 246
廃物処理　Abfallbeseitigung ………127
ハイラークモーナト　Heilagmonat 112
ハウスゲノッセン　Hausgenossen …74
博士学位取得　Promotion …………188
博士号　Doktortitel …………………184

都市貴族　Stadtadel……………………77
都市行政　Stadtregierung ………88, 89
都市君主　Stadtherren ……64, 72, 276
都市建設　Stadtgründung …53, 55, 60
都市国家　Stadtstaaten ………………26
都市裁判所　Stadtgericht ……………65
都市住民　Stadtinsassen …………52, 65
都市書記　Stadtschreiber ……………89
土地税負担の軽減　Grundentlastung 32
都市代表　Stadtboten …………………57
歳市　Jahrmarkt 63, 64, 141, 269, 270
都市の規模　Stadtgröße ………………69
都市の空気は自由にする　Stadtluft macht frei …………………65, 87, 276
都市の城塞化　Stadtbefestigung ……53
都市の発展　Stadtentwicklung ………52
都市平和　Stadtfriede ………………276
都市法　Stadtrecht …52, 54, 61, 64, 67
『都市法　Weichbildrecht』…………273
土地所有　Grundbesitz …………67, 73
土地台帳　Grundbuchwesen ………286
特許　Patent …………………………256
凸版印刷　Hochdruck ………………258
ドッペルショイアー Doppelscheuren ……………………171
徒弟　Lehrlinge …………………87, 183
徒弟の修業年限　Lehrzeit ……………87
賭博　Glücksspiele……………………176
ドミニコ会修道士　Dominikaner ……………………………63, 143, 147, 165, 174, 184, 186, 214, 233, 236, 265, 310, 333, 334, 336, 339, 341
ドミニコ会修道女　Dominikanerinnen …………………………………315, 333
留金鎧　Spangenharnisch …………132
『ドューリング年代記　Düringische Chronik』(ヨハネス・ローテ) ……115
土曜日（ゾンアーベント）Sonnabend ………………………………………111
ドラマ（劇）　Drama …………191, 198
トランプ　Spielkarten ………………176, 177, 225, 243, 244
トランプ印刷工　Kartendrucker ……84
トランプ描き　Kartenmaler …………84
トランプゲーム　Kartenspiel ……………………176, 177, 225, 243
トランプ造り　Spielkartenmacher …96
トランプの画家　Meister der Spielkarten ………………………243
トリエント公会議　tridentinisches Konzil ……………………………150
トリスタン写本　Tristan-Handschrift』………………………………125
『トリスタンとイゾルデ　Tristann und Isolde』(ゴットフリート・フォン・シュトラースブルク) ……224
トリックレトラック　Trickretrac …174
トリフォーリウムの胸像 Triforienbüsten ……………………235
ドリル織　Zwillich……………………165
トルクエトム（アストロラーブ） Torquetum（Astrolabium）………251
奴隷貿易　Sklavenhandel ……………97
泥/ぬかるみ　Schlamm………………128
『トロイア戦役　Trojanerkrieg』……200
『トロイア崩壊の歴史 Historia destructionis Troiae』（グィード・ダ・コロンナ） ………213
トンスラ（聖職者の剃髪した頭） Tonsur ……………………………163

●ナ行

ナイフ　Messer ………………………172
長持　Kleidertruhen …………………124
投槍　Wurfspeer ……………………137
梨パン　Birnbrot ……………………169
謎解きゲーム　Rätselraten …………173
夏婚　Sommerehe ……………………154
夏作物　Sommerfrucht ………………47
捺染　Zeugdruck ……………………244
七惑星の一週間　Siebenplaneten-woche ……………………………111
鍋釜製造師　Kesselschmiede …………82
鍋製造工　Pfannenschmiede …………82
鉛産出量　Bleigewinnung……………256
なめし革工　Gerber …………………81

伝説上の竜 Drachen ……………………195
伝染病（病疫） Epidemien 7,155,267
点滴洗礼 Infusionstaufe ……151,305
天然痘 Pocken ……………………………268
テンプル騎士団 Templerorden ……291
天文学 Astronomie ……………180,259
典礼 Liturgie ……………………………180
伝令官や紋章官 Herolde ……102,137
『ドイチェンシュピーゲル
Deutschenspiegel』……………………273
ドイチュブロート・リパンの戦い
Lipan bei Deutschbrod Schlacht 344
ドイツ騎士団 Deutscher Orden
…………………………………33,49,60
ドイツ騎士団国家 Deutschordensstaat
…………………………………33,34,218
ドイツ騎士団所属の騎士 Kreuzritter 33
ドイツ騎士団総長 Hochmeister 33,34
ドイツ騎士団長 Deutschmeister 33,34
『ドイツ騎士団年代記 Deutschordens-
chronik』…………………………115,206
ドイツ語書き方学校 Deutschschreib-
schulen ……………………………………181
ドイツ国民の神聖ローマ帝国
Heiliges Römisches Reich
Deutscher Nation……………………22
ドイツ帝国 Deutsches Reich
……………………………22,23,24,25,59
塔 Turm……………………………………115
銅 Kupfer …………239,255,256,297
動員 Heeresaufgebot …………131,134
ドゥーザック Dusack ………………139
銅エナメル Kupferschmelz ………239
等級制主義 Gradualismus …………207
同郷会 Nationen ……………………184
道具（工具） Werkzeug ………99,254
道化 Narren……………………197,198
道化絵草紙 Narrenbilderbogen …245
道化自由特権 Narrenfreiheit ………267
道化帽 Narrenkappe ………………267
銅細工師 Kupferschmiede …………82
湯治 Badekuren ………………………264
冬至の期間中の祭り Mittwinterfest 194
湯治場 Kurorte ………………263,264
同情 Compassio ………………………192
湯治旅行 Heiltumsfahrten …………263
刀身鍛冶 Klingenschmiede …………82
同棲 Konkubinat ………………………154
陶製の芸術作品 Hafnerkunst ……125
盗賊 Räuber ……………………………120
盗賊騎士 Raubritter ……6,14,43,124
塔時計 Turmuhren ……………………115
トゥニカ Tunika ………………………163
銅版画 Kupferstich ……242,243,246
銅版画トランプ Kupferstichspiel-
karten …………………………176,243
頭皮を剝ぎ取る刑 Skalpieren………284
盗品古買者法 Hehlerrecht …………99
動物に対する起訴 Tierprozesse……286
東方植民 Ostsiedlung
………………7,45,49,60,119,216
東方ワイン Osterwein ………………171
同盟権 Bündnisrecht …………………60
刀礼（騎士叙任の儀式としての）
Schwertleite ……………………40,137
道路/街道 Straßen ……7,32,288-294
道路建設 Straßenzwang ……………32
道路清掃 Straßenreinigung ………127
通し劇 Reihenspiele …………………197
『ドーナウエッシングの受難劇 Donau-
eschinger Passionsspiel』…………193
ドーナル（北欧神） Donar …………111
ドーナルの日 Donarstag……………111
トーラ Thora ……………………………95
独身制 Zölibat …………………………154
毒人参属 Schierling …………107,270
独立領主 Dynast ………………13,29
時計 Uhren ……………………114,248
時計職人 Uhrenhersteller …………115
登山 Bergsteigen ………………………23
都市 Stadt
…7,12,14,27,29,30,43,44,47,49,
52-66,101,125,129,176,262,276
都市医師 Stadtärzte ……………97,270
都市貴族 Patrizier ………6,66,72,75,
76,147,182,187,200,243,326

柘植の板　Buchsbaumholz …………220
綱渡り　Seiltänzer ……………………101
釣瓶井戸　Ziehbrunnen ……………127
ツンフト　Zünfte ………79, 83, 84, 85, 86, 87, 88, 97, 100, 106, 148, 183
ツンフト館　Zunfthäuser……………125
ツンフト蜂起　Zunftaufstände ………88
帝位　Königtum ………………………5
ディートリヒ叙事詩　Dietrich-Epik 125
『ディートリヒの逃亡　Dietrichs Flucht』 ……………………101, 204
ディオニュソス酒神讃歌　Dionysos-Dithyrambus ……………………191
帝冠　Kaiserkrone ……………………12
抵抗権　Widerstandrecht ……………37
帝国　Reich…13, 14, 15, 17, 18, 20, 59
帝国改革　Reichsreform………………22
帝国管区制　Reichskreise ……………23
帝国官吏　Reichsbeamte ……………24
帝国議会　Reichstag 18, 21, 57, 58, 59
帝国議会での議席　Reichsstandschaft 58
帝国議会の決議　Reichstagsabschiede ……………………………………217
帝国貴族　Reichsadel …………………21
帝国宮廷裁判所　Reichshofgericht ……………………………………23, 275
帝国国庫官　Reichsfiskal ……………275
帝国最高法院　Reichskammergericht ……………………………………23, 278
帝国修道院　Reichsklöster ……………12, 21, 38, 54, 58, 59, 95
帝国諸侯　Reichsfürsten 15, 24, 37, 303
帝国諸侯として女子大修道院長　Äbte, Äbtissinnen als Reichsfürsten ……………………………………………24
帝国大学　Reichsuniversität ………185
帝国大修道院　Reichsabteien ………38
帝国大修道院長　Reichsäbte …………24
帝国代理職　Reichsvikar ……………18
帝国直属　Reichsunmittelbarkeit ……………………35, 37, 56, 57, 58
帝国等族　Reichsstände ……13, 23, 57
帝国登録簿　Matrikel des Reiches …59
帝国都市　Reichsstädte ……………………15, 21, 57, 58, 59, 60
帝国の権力（帝国の権利）Reichsrecht ……………………………………13, 16
帝国の紋章　Reichsadler ……………59
帝国ミニステリアーレン　Reichsministerialen …………………35, 36, 102
帝国ラビ　Reichsrabbiner ……………95
帝国ラント平和令　Reichslandfriedensgesetz ……………………………14
帝国領　Reichsgut ……………………13
停職　Suspendierung ………………154
『帝政論　De monarchia』 ……………15
堤防　Deiche……………………………50
廷吏　Büttel……………………………277
『ティロールのキリスト受難劇　Tiroler Passiosspiel』 ………………………193
『テーゲルンゼーの反キリスト劇　Tegernseer Antichristspiel』………194
テーゲルンゼー修道院　Tegernsee-Kloster……………………………24, 37
デーゲン　Degen ……………………139
テーブルマナー　Tischsitten …167, 172
溺死　Ertränken………………………282
テキスト出版　Texteditionen ………189
手品師　Taschenspieler ……………101
鉄　Eisen ……………………99, 256, 297
哲学　Philosophie ……………………180
鉄細工師　Eisenschmiede ……………82
鉄手甲職人　Blechhandschuher ……82
鉄製ズボン　Eisenhosen ……………132
鉄砲　Feuerwafffen …………8, 124, 135
テニス　Tennis ………………………142
テュービンゲン大学　Universität Tübingen……………………………274
テリアク（解毒薬）Theriak ………271
伝記　Biographie ……………………215
伝記　Lebenschroniken ……………215
天候　Klima ……………………………47
天候の恵み　Wetterssegen …………195
『天国からの遍歴学生　Der fahrende Schüler aus dem Paradies』………102
展示時計　Schau-Uhren ………113, 248

樽　Fässer……………………………79, 294
垂木屋根　Sparrendach ……………123
樽作匠　Böttcher ………………………79
樽に塩漬したもの　Gepökeltes ……170
『タルムード　Talmud』………………98
短剣　Dolch ……………………139, 164
断食期間　Fastenzeit ………………195
男子修道会　Mönchsorden
……………………146, 180, 182, 309
胆汁インキ　Galläpfeltinte …………182
男女のダンス　Geschlechtertanz …144
男女一組のダンス　Paartanz …………73
ダンス/舞踊　Tanz
………8, 45, 74, 129, 144, 145, 174
鍛造工場　Hammerwerk ……………255
短刀　Stoßmesser ……………………164
タンネンベルク城塞　Tannenberg-Burg ………………………………124
担保遊び　Pfänderspiele ……………173
『タンホイザーの歌　Tannhäuserlied』
…………………………………………211
担保に入れる権利　Verpfändungsrecht ……………………………………57
だんまり屋　Schweiger………………104
暖炉/炉　Öfen …………………125, 254
地域聖人　Landesheilige ……………113
チーズ　Käse …………………………169
チェーン装置による航行
Kettenschiffahrt ……………………252
チェス　Schach …………174, 175, 211
『チェス遊戯本　Schachzabelbücher』（コンラート・フォン・アメンハウゼン）…………………………211, 223
治外法権　Exemtion ……………30, 183
地下資源の利用　Bodenschätze Nutzung ………………………………………246
地下室　Keller …………………………170
地下牢　Verlies ………………………124
畜耕賦役　Spanndienste ………………51
築城権　Befestigungsrecht ……………52
恥辱石　Schandstein …………………285
地代　Renten ……………………41, 75
血のついた聖体　Bluthostien ………323
血の復讐　Blutrache ……………37, 48
中央管理行政　Zentralverwaltung …31
中央部の厚いガラス　Butzenscheiben
…………………………………………253
鋳貨　Münzen …………………………74
鋳貨請負人組合　Hausgenossen…74, 75
中国人　Chinesen ……………………250
鋳造　Guß ……………………………254
鋳造工　Erzgießer ……………………240
鋳造製錬所　Gießhütten ……………240
『注入教授法　Doktrinale』…………180
中部ドイツ　Mitteldeutschland ……74
懲戒裁判権　Züchtigungsjustiz ……276
長距離輸送　Fernverkehr……………288
彫刻　Gravierungen……………242, 258
彫刻作品　Plastik ……………………232
挑戦状　Absagebrief …………………43
彫像　Skulpturen ……………………235
長男子相続制　Primogenitur …………19
懲罰権　Züchtigungsrecht …………149
長編物語　Roman ……………………201
跳躍　Springen ………………………141
『長老たちの図書　Der Väter Buch』125
『勅令集　Capiturare』………………179
賃金　Arbeitslohn ………………………86
賃金闘争　Lohnkämpfe ………………87
賃仕事　Lohnwerk ……………………80
陳列台　Schrannen ……………………81
ツァッテル　Zaddeln …………………160
ツィーウの日　Ziustag ………………111
ツィーゲン鍛冶　Zigenschmiede ……82
追悼説教　Leichenpredigten …………157
追放者　Verfemte………………………91
通貨偽造　Falschmünzerei ……276, 304
ツェッヒェン（ツンフト）　Zechen …83
月　Mond ……………………………111
月の位相　Mondphasen ……………111
突き棒　Stampfwerk…………………247
突槍　Stoßlanzen ……………133, 138
『つくりばなし集　Geschichtsklitterung』(ヨハン・フィッシャルト)
…………………………………………173
漬けたキャベツ　Sauerkraut ………169

エムス）……………………………76, 199
染料になる草　Färbenpflanzen………47
洗礼　Taufe………………151, 240, 305
騒音行列　Lärmumzüge ……………113
総会　Generalkapitel …………………33
葬儀　Leichenfeier……………………157
象牙　Elfenbein………………………175
倉庫の広間　Lagerhallen ……………77
装身具　Kleinod………………………137
装身具　Schmuck………………………99
装飾用頭帯　Kronschapel …………160
相続　Erbfolge…………………………25
相続契約　Erbverträge ………………27
相続財産の分割　Erbteilung …………45
総大司教　Patriarchen ………………20
双頭の鷲　Doppeladler ………………22
総督　Statthalter ………………………15
ゾースト法　Soester Recht……………66
ソーセージ　Wurst …………………170
狙撃兵　Schützen ……………………133
訴訟　Prozeß……………………107, 276
訴訟法　Prozeßrecht …………………64
租税官吏　Steuerschreiber …………129
租税決定権　Steuerrecht………………30
即決裁判所　Rügegericht……………197
染物師/染色工　Färber……………79, 83
ソルボンヌ大学　Universität Sorbonne
……………………………………164, 184
村長　Schulzen …………………47, 50
村長の農地　Schulzenhöfen …………42
村落（集落/村）　Dorf
…45, 49, 54, 62, 119, 121, 262, 290

●タ行

ターラー　Thaler ……………………256
第三修道会　Dritter Orden …………311
体育　Leibesübung …………………137
対位法　Kontrapunkt ………………209
退化　Degeneration……………………38
大学（一般）　allgemine-Universität
……………………………20, 102, 164,
178, 183, 187, 188, 222, 274, 331
大工　Zimmermann …………………123
大空位時代　Interregnum 11, 26, 43, 92
体刑　Leibesstrefen …………………284
太古の歌謡　Vorzeitlieder …………210
大司教　Erzbischöfe
…………6, 15, 20, 58, 113, 125, 303
大市民階級　Großbürgertum ………200
体重分の供物　Gewichtsopfer………325
大衆宿　Massenquartiere……………129
代数　Arithmetik ………………179, 180
タイセイ　Waid …………………53, 186
大聖堂　Kathedralen ……………5, 241
タイツ　Strumpfhose ………………159
台所用品　Küchengeräte……………169
台所　Küche …………………………167
台所用具　Herdgerät…………………169
大農　Großbauern……………………124
体僕　Leibeigene…45, 51, 65, 124, 147
松明　Fackeln…………………………121
たいまつ踊り　Fackeltanz ……………96
太陽時計　Sonnenuhren ……………114
太陽のまわりを回る　Sonnenlauf …111
代理司祭　Vikare ……………………309
タイル張りの暖炉　Kachelöfen ……125
隊列　Treck……………………………150
大農場経営　Gutswirtschaft …………42
鷹狩り　Falkenjagd …………………176
托鉢修道会　Bettelorden
……8, 186, 312, 313, 335, 336, 345
托鉢修道会士　Mendikanten ………311
打鐘時計　Schlaguhren………………115
脱水機や湿式選鉱機　Naß-Setz-
Siebmaschine …………………………257
タッペルト　Tappert…………………160
脱毛のための流水　Enthaarungs-
bäder ……………………………………81
盾の紋章　Tartschenschild …………132
『タナヴェシェル　Tanawäschel』　197
田畑　Felder……………………46, 139
田畑の番人　Feldhüter ……………139
タボル派　Taboriten…………………344
卵　Eier ………………………………170
玉葱　Zwiebeln ………………………169
球を転がすゲーム　Kugelspiel ……142

聖体拝領　Kommunion ………155,307
聖体容器　Ziborien …………………240
聖ディオニューシウス　Dionysius
……………………………………320,321
性的関係　Geschlechtsverkehr
………………105,107,151,282,315
制度　Verfassung ………………………19
青銅　Bronze ……………………254,255
聖ニーコラウス祝日　Nikolaustag …113
精肉屋　Fleischer ………………………96
聖杯　Gral …………………76,152,202
聖杯（ミサ聖祭時に聖別されたぶどう酒を入れる）　Kelche……………240
清貧兄弟団　Elendbruderschaften …326
聖母マリア　Madonna ………………235
聖母マリアの祝日　Marienfeste ……319
製本工　Buchbinder ………96,228,231
聖マルティヌス（トゥールの）
Martin von Tours …………………320
聖マルティヌスの祝日　Martinstag 112
聖務共唱の祈り　Chorgebet…………165
聖務停止　Interdikt …………………163
聖務日課の第三時課　Terzzeit………112
聖務日課の第六時課　Sexte …………113
セイヨウアカネ草　Krapp ……………47
セイヨウヤチヤナギ　Gagel…………170
生理学　Physiologie …………………272
聖霊降臨祭　Pfingsten…………112,319
聖霊施療院の修道士　Brüder vom
Heiligen Geist ………………………266
聖レーオンハルト　Leonhard　320,325
『聖ロクスの生涯　Leben des
Heiligen Rochus』…………………266
『世界年代記　Weltchronik』
（ハルトマン・シェーデル）
……………26,59,92,230,245,292
『世界年代記　Weltchronik』
（ヤンゼン・エニケル）……………206
『世界年代記　Weltchronik』（ルードルフ・フォン・エムス）　……206,223
世界没落ムード　Weltuntergangs-
stimmung ……………………………7
石炭運搬人　Kohlenträgerinnen……148
石盤（筆記用の粘板岩の薄板）
Schiefertafeln ………………………182
石版印刷　Reiberdruck ………229,244
世襲選挙制王院　Wahlkönigtum ……15
世俗聖職者　Weltklerus ……………146
説教　Predigt……………165,180,219,
233,236,307,309,310,312-314
説教師　Prediger …………………7,308
説教修道会（ドミニコ会）
Predigerorden ………………………233
説教職　Predigerstellen………………308
説教壇　Predigtstuhl…………………233
絶対主義　Absolutismus ………27,117
窃盗　Diebstahl ………………………281
施療院　Hospitäler
……67,265,266,267,269,291,326
施療院兄弟団　Spitalbruderschaften 326
『ゼルギウス　Sergius』（ヨハネス・ロイヒリン）…………………………190
ゼルドナー　Seldener …………………68
世話　Verpflegung……………………122
戦術　Kriegstechnik …………………131
染色場　Färbenhäuser…………………87
全身洗礼　Immersionstaufe…………151
宣誓　Eid ………………………………279
占星術　Astrologie ……………225,260
宣誓補助者　Eideshelfer ……………279
先祖　Sarkophag ………………………23
戦争　Krieg ……………………………131
前装銃砲　Vorderlader ………………136
選帝侯国　Kurlande …………………28
選帝諸侯　Kurfürsten …11,12,13,28
銑鉄　Roheisen ………………………254
戦法　Kriegstaktik ……………131,134
賤民　Unehrliche ………………………52
剪毛工　Scherer ………………………83
専門家　Facharbeiter …………………82
専門書　Sachbücher …………………221
専門に関する学問　Studium parti-
culare …………………………………311
戦利品　Siegesbeute …………………133
『善良なるゲールハルト　Der gute
Gerhard』（ルードルフ・フォン・

水銀　Quecksilber ……………………250
水銀製錬所　Quickmühlen …………258
水車　Wassermühle …………………249
水上を走る船　Wasserfahrzeuge …248
水審　Wasserprobe …………………278
彗星　Komet ……………………………260
吸い玉をする　Schröpfen……………262
水浴　Wassersitzbäder ………………130
水利権　Wasserrechte …………………26
水力　Wasserkraft ……………………246
水路　Kanäle …………………………127
数学　Mathematik ……………246,259
枢機卿　Kardinäle ………………………20
スカーフ　Kopftücher ………………162
犂（すき）　Pflüge ……………………124
犂（すき）の水平刃　Pflugscharen 256
頭巾型兜師　Haubenschmiede ………82
スケート靴　Schlittschuhe …………143
スコラ哲学　Scholastik ………………180
錫　Zinn ………………………………255
錫アマルガム　Zinnamalgam ………253
錫職人　Zinngießer ……………………82
鈴付目覚時計　Schellenwecker ……114
捨子　Findelkinder …………………151
捨子養育所　Findelhäuser ……130,151
ストッキング　Strümpfe ……………159
ストライキ　Streik ……………………87
砂時計　Sanduhr ……………………248
『図版年代記　Bilderchronik』（ディーボルト・シリング） ……………………44
スプーン　Löffel ……………171,172
スプーン鍛冶　Löffelschmiede ………82
スペルト小麦　Dinkel ………………168
スポーツ　Sport ………………………137
ズボン　Hosen ………………159,160
炭の市　Kohlmarkt …………………128
スラブ人　Slaven ………………………50
スレート　Schiefer …………………123
税　Steuern ……………14,30,32,66
『聖アレクシウス写本　Alexius-Handschrift』…………………………………222
聖遺物　Reliquien …………23,24,322
聖遺物厨子　Reliquienschrein………240
聖遺物匣　Reliquiar ……239,240,247
生活リズム　Lebensrhythmus………111
税関の建物　Zollhäuser ……………129
聖物拝観　Heiltumsweisung …………21
聖クララ女子修道会　Clarissen-Frauenorden ………………………310
聖グルゴリウス　Gregorius …………322
性交不能　Impotenz …………………150
聖コローマン　Koloman ……………325
聖餐式　Eucharistie …………………236
製紙　Papierfabrikation ………242,246
製紙工場　Papiermühlen 116,215,246
聖書　Bibel
…180,189,217,219,223,227,228,229,230,231,236,344,348,350
聖職者　Geistliche …………34,99,309
聖職者（クレールス）　Kleriker
……98,154,163,218,221,271,304
聖職者兼医師　Klerikerärtzte ………271
聖職者の衣服　Klerikertracht ………163
聖職の諸高権　Kirchenhoheit ………31
聖職売買　Simonie ………306,309,329
聖職禄　Pfründen ………………38,308
聖書の章句に関する説教　Homilie…313
聖人　Heilige ……………………80,195,236,239,245,256,282,321,337
製針工　Nadler …………………………82
精神思潮　Geistige Strömungen……331
精神障害者　Irrsinnige ……………278
聖人崇拝　Heiligenverehrung ………236
聖人伝　Legenden ………223,236,245
聖人伝集　Legendare ………………237
聖人都市　Heiligenstadt ……………240
精神病　Geisteskrankheiten…………150
精神病患者　Geisteskranke …………267
精神分裂病　Halluzinationen ………104
聖人名　Heiligennamen …96,111,113
聖人礼賛　Heiligenkult………………111
聖像　Andachtsbilder …………225,242
聖体行列　Fronleichnamsprozession 195
聖体顕示台　Monstranz ………240,247
聖体降福式　Benediktionen …………305
聖体（祝日）　Fronleichnam …195,319

書式　Schriftlichkeit……………………78
叙事詩　Epos ……………211, 212, 221
女子修道院　Frauenklöster
……………………147, 234, 315, 316
女子修道院　Nonnenklöster
……………………………147, 225, 311
抒情詩　Lyrik …………………208, 209
女性過剰　Frauenüberschuß ………147
『諸聖人の生涯と苦悩　Der Heiligen
Leben und Leiden』………………214
女性神秘主義　Frauenmystik ………215
女性の衣服　Frauengewand ………162
女性の教会禄受領者
Pfründnerinnen ……………………67
女性の職業　Frauenberufe …………147
女性の服装　Frauentracht …………161
書籍　Buchwesen ……………………220
書籍行商人　Buchführer ……………231
書籍出版（販売）業者　Buchhändler
……………………………………………220
書籍販売業者　Schreibstuben-
Verleger ……………………………221
織機　Webstühle ………………………80
食器　Eßgeräte ………………………172
職工　Wollweber ………………………80
所属共同体の舞踊　Gemeinschafts-
täntze ………………………………144
叙任権闘争　Investiturstreit …………35
助任司祭　Kapläne …………………309
諸伯　Grafen ……………………7, 20, 24
諸伯（ミニステリアーレン出身の）
Grafen …………………………………36
処方箋　Diagnose, ärztliche ………271
『初夜の法規　Jus primae noctis』…153
所有領地　Landsitze …………………77
市立学校　Stadtschulen ……………181
私立学校　Privatschulen ……………183
飼料　Futtergang ……………………122
シルト兵　Schildknechte ……………132
神学　Theologie ……………183, 184
神学者　Theologen ……………………99
『神学大全　Summa theologiae』
（トマス・アクィナス） ……………332
神学部　Theologische Fakultäten
……………………………183, 184, 185
『神学命題集　Sentenzen』（ペトル
ス・ロンバルドゥス）………………331
『神曲　Divia Commedia』（ダンテ） 15
進行係　Garzunen ……………………102
人口数　Bevölkerungszahl
……………………………69, 70, 71, 72
申告用紙　Formulare…………………221
寝室　Schlafzimmer …………………152
真珠　Perlen …………………………162
腎臓結石　Nierensteine………………264
『心臓の噺　Herzmäre』（コンラー
ト・フォン・ヴュルツブルク）……206
親族　Blutsverwandtschaft …………150
真鍮　Messing ………………………240
真鍮細工師　Messingschmiede ………82
真鍮鋳造業　Gelbgießer ……………240
『新ティートゥレル　Jüngerer Titurel』
……………………………………………202
人頭税　Kopfsteuer ……………………23
神事的司式に対する謝礼（ミサ・洗
礼・婚礼などの司式に対して司祭
におくる） Stolgebühren …………307
神判　Gottesurteil ……………………278
審判人　Schöffen ……………………276
神秘主義　Mystik ………………8, 214,
215, 219, 234, 314, 333, 334, 335
新プラトン主義　Neuplatonismus
……………………………………333, 349
人文主義　Humanismus　23, 186, 189,
190, 191, 203, 217, 231, 350, 351
人文主義のコメディー
Humanistenkomödie ………………191
人名　Personennamen ………………113
人命金　Wergeld ……………38, 64, 284
針葉樹　Nadelholz……………………119
森林　Wald ……………………121, 126
森林権　Forstrecht ……………………26
新郎新婦のためのミサ　Brautmesse 150
新郎新婦のダンス　Brauttanz ………150
酢　Essig ……………………………168
水泳　Schwimmen ……………………143

宿泊所　Herbergen …………………290
手工業　Handwerk …47,80,81,82,86
手工業者　Handwerker
………………79,80,81,82,83,100
手工業の親方（修士に同じ）
Meister, Magister……………………85
守護神　Schutzgötter…………………167
守護聖人　Schutzpatrone
…………………20,21,319,324,325
手写本　Codices ………………………93
呪術　Besprechungen ………………106
十進法　Algorithmus…………………259
出生証書　Geburtsbriefe………………67
出生身分　Geburtsstand ………………41
出版業者　Buchhersteller ……………221
『シュティルホウ　Stylpho』(ヤーコプ・ヴィンプフェリング) …………190
シュテルツィングの祭壇
Sterzinger Altar ……………………237
シュトゥーディウム・ゲネラーレ　Studium generale……182,184,186,311
手動式織機　Handwebstühle ………249
主の公現の祝日（1月6日）
Dreikönigstag ………………………113
酒杯　Pokale …………………………171
主馬寮長官　Marschall ………………34
『シュピーゲル・デス・メンシュリッヒェン・レーベンス（人間の生活の鏡）Spiegel des menschlichen Lebens』（ロデリクス・ツァモレンジス） ………………………………80
呪文　Beschwörungen ………………147
狩猟　Jagd ……………………51,243
酒類小売免許　Schankgerechtigkeit …50
狩猟権　Jagdrecht ……………………47
殉教者　Märtyrer ……………………320
巡礼　Wallfahrten
……………8,225,319,323,324,325
巡礼教会　Wallfahrtskirchen ………240
巡礼者　Pilger…………………………103
巡礼の旅　Pilgerfahrten ……………104
背負屋　Reftrager ……………………103
荘園管理人　Meier ……………………47
小演劇　Sketches ……………………101
荘園領主　Grundherren　41,45,46,47
娼家　Frauenhäuser ……………………8
上級裁判所　Hochgericht……………276
商工業　Gewerbe …………7,47,52,68
商業地　Handelsplätze ………………55
商業帳簿　Handelsbücher ……218,286
城塞　Burgen …………………………170
城塞の塔　Bergfried …………………124
城塞を守る義務　Burgwehrverpflicht 41
硝酸　Salpetersäure …………………250
小叙事詩　Kleinepik …………………205
肖像画　Portrait ………………238,239
冗談を言うゲーム　Scherzspiele ……173
象徴的数解釈　Zahlensymbolik ……314
沼鉄鉱　Raseneisenerz ………………254
消毒　Desinfektion……………………266
小都市　Kleinstädte……………………70
商人　Kaufleute ……66,100,129,199
証人　Zeugen …………………………279
使用人　Dienstboten …………………157
商法　Handelsrecht …………………274
情報伝達手段　Nachrichtenwesen …292
錠前師　Schlosser ……………………320
荘民　Hörige……………………………46
蒸留装置　Destillationsapparatur …250
荘園法　Hofrecht ……………………285
ショール　Schleier……………………162
叙階式　Konsekrationen ……………305
書記　Notar……………………………221
職業紹介　Arbeitsnachweis …………88
食事　Nahrung ………………………168
植字工　Setzer…………………………227
植字台　Setztisch ……………………227
食事の準備　Speisebereitung ………167
職匠歌人　Meistersinger ………101,102
織布工　Tuchmacher …………………83
植民　Siedlung ………………………120
食用容器　Geschirr …………………171
書庫　Bibliotheken……………………223
諸侯　Fürsten……20,24,28,31,33,50
諸侯政教条約　Fürstenkonkordate …33
助産　Geburtshilfe……………………270

司法の自由　Gerichtsfreiheit …………60
司牧　Seelsorge …………180, 305, 314
市民　Bürger…………………53, 59, 64, 75, 127, 133, 142, 175, 233, 236
市民権　Bürgerrecht ……67, 84, 87, 91
市民集会　Bürgerversammlung ……128
市民宣誓　Bürgereid …………………67
市民蜂起　Bürgerkämpfe ……………89
市門　Stadttore ……………………………52
シャウベ　Schaube …………………161
社会施設　Sozialeinrichtungen ……130
射撃祭　Schüzenfest …………………141
瀉血　Aderlaß …………………262, 263
瀉血の絵双紙　Aderlaßbilderbogen 263
社交歌　Gesellschaftslieder …………210
社交ゲーム　Gesellschaftsspiele ……173
車陣　Wagenburgen …………………136
射的会　Vogelschießen ………………140
謝肉祭　Fastnacht ………………96, 195
謝肉祭劇　Fastnachtspiele …………197
写本　Handschriftenwesen……220, 223
シャリング機の経糸フレーム Scherrahmen/Scherwinde …………80
シャンデリア　Kronleuchter ………240
首位権　Supremat ……………………16
銃　Gewehre ……………………………248
自由　Freiheit ……………………………66
『シュヴァーベンシュピーゲル Schwabenspiegel』…12, 64, 273, 277
シュヴァーベン法　schwäbisches Recht ………………………………273
シュヴァンク（笑話・笑劇） Schwänke ………………………………206
週市　Wochenmärkte …………………63
シュヴェルト　Schwert ………………139
収穫　Ernte ……………………50, 122
銃眼　Schießscharten ………………120
自由貴族　Edelfreie ……………………35
宗教　Religiosität ……………………301
宗教運動　Religiöse Bewegenheit 8, 318
私有教会　Eigenkirchen ……………306
住居　Wohnraum ……………………125
宗教改革　Reformation …186, 193, 217
宗教劇　Geistliches Drama …191, 195
宗教に関する授業　Religionsunterricht ………………………………307
住居不定者　Unbehastete……………101
集合的帯状耕地村落　Haufengewannflurdorf ……………………119
修士/マギスター　Magister ………164, 184, 185, 186, 231, 341
修辞学　Rhetorik ……………………180
十字軍（遠征）　Kreuzzüge 40, 133, 135
十字軍騎士　Kreuzritter ………132, 239
十字軍参加者　Kreuzfahrer ……………………………91, 171, 320
収税吏　Zöllner…………………………91
自由帝国都市　Freie Reichsstädte …58
獣帯　Tierkreis ………………………114
絨毯　Teppiche ………………………241
集団馬上試合　Buhurt ………………137
私有地　Allod …………………………36
修道院　Klöster ………37, 50, 67, 99, 114, 127, 165, 178, 220, 239, 267, 290, 307, 323
修道院の改革　Klosterreform ……………………………315, 316, 317
修道院付属学校　Klosterschulen …179
修道会講座　Ordensstudium ………180
修道会大学　Ordensuniversität ……182
修道士服　Kutte………………………165
修道女　Nonne ………………………111
修道女の誓約　Nonnengelübde ……147
一二ヶ月の名称　Monatsnamen……111
銃の歯車式点火装置　Radschloß beim Gewehr……………………………248
十分の一税徴収権　Zehntrecht ……307
銃砲　Büchsen ………………………135
銃砲の火薬　Pulver für Feuerwaffen, Schießpulver………………250
修理専門靴屋　Flickschuster …………79
酒宴　Trinkgelage ……………………172
授業　Unterricht ………………178, 180
縮絨機　Walkmühlen ………………249
縮絨工　Walker…………………………83
宿泊　Beherbergung …………………121

時間の尺度　Zeitmessung……………111
時間の測定　Stundenmessung………114
敷石　Trittsteine………………………128
色彩豊かな毛皮　Buntpelz …………163
司教　Bischöfe …7, 20, 24, 32, 33, 34, 38, 52, 73, 179, 303, 305, 312, 338
司教区　Bistümer ………………24, 125
司教座聖堂　Stifte………………………38
司教座聖堂学校　Domschulen 179, 183
司教座聖堂参事会　Domkapitel ……………………………34, 126, 310
司教座聖堂参事会　Domstifte……38, 78
司教座聖堂参事会員　Chorherren …179
司教座聖堂参事会員　Domherren ………………………36, 54, 103, 303
司教座聖堂参事会長　Dechanten ……32
司教座聖堂首席助祭　Archidiakon …32
司教座聖堂代理（助任）司祭 Domvikare …………………………303
司教座聖堂付属学校　Stiftsschulen…179
司教都市　Bischofsstädte ……………54
司教のミニステリアーレン　Bischofs-ministerialen …………………………36
司教補佐　Weihbischöfe ……………305
死刑　Todesstrafen …………………280
死刑執行　Exekution…………………283
死刑執行人　Nachrichter ……………280
自己救済権　Faustrecht ………………43
司祭　Priester …………………………303
自在鉤　Kesselhaken…………………167
司祭叙階式　Priesterweihe ……179, 305
司祭服　Pontifikaltracht ……………163
自殺者　Selbstmörder ………………283
市参事会　Ratskollegium ……………31
市参事会　Stadtrat ………30, 46, 52, 72
市参事会学校　Ratsschulen…………181
市参事会行政　Ratsregierung……88, 89
市参事会記録　Ratsbücher……………89
市参事会銀製品　Ratssilber…………240
市参事会上層市民　Ratsbürgertum …75
市参事会書記　Stadtschreiber ………89
市参事会制度　Ratsverfassung ………………………………54, 73, 88
死者ミサ　Seelenmessen ……………140
私塾　Winkelschulen…………………182
市場監督　Marktvogt …………………63
市場権　Messeprivilegien……………128
市場の開設期間や時間　Marktzeiten 63
自叙伝　Selbstbiographie ……………215
市政　Stadtverwaltung ………………54
市政記録　Stadtbücher ………………89
施設　Stiftungen ………………64, 151
自然科学　Naturwissenschaft ………246
自然主義　Naturalismus ………………6
『自然の書　Buch der Natur』………312
自然力審判　Elemntarordale ………278
死体運搬人　Leichenträger …………155
仕立屋/裁縫師　Schneider …79, 96, 192
七教養学科（七自由学科）Freie Künfte, Sieben（Artes liberales） ……………………………179, 180, 181
質屋　Pfandleiher………………………99
市長　Büregermeister …………54, 88
市庁舎　Rathaus ……………59, 60, 76, 129, 233, 241
失業者　Arbeitslose …………………100
実在論　Realismus ……………6, 350
執事室　Schreibstuben ………………220
実社会の秩序　Lebensordnung ……146
『疾走者　Renner』（フーゴ・フォン・トリムベルク） ………………174, 211
湿地　Mies ……………………………343
七宝焼　Zellenschmelz…………220, 258
使丁　Fronboten………………………277
シトー会修道士　Zisterzienser …165, 184, 233, 249, 255, 308, 346
シナゴーグ　Synagoge…………………96
死人用戸板　Leichenbrett …………156
死の舞踏　Totentanz …………156, 207
支配権　Hausmacht……………7, 12, 17
慈悲の一撃　Gnadenstoß ……………133
死文学　Todesliteratur ………………207
自分の煙突　Eigener Rauch ………………………………67, 126, 170
市壁　Stadtmauern………52, 53, 68, 69
『死亡術　Ars moriendi』 208, 225, 329

●サ行

サーベル　Säbel ……139
『ザーロモとマルコルフ　Salman und Morol』……224
在外支店　Handelskontor……55, 77, 78
最高官職者（ドイツ騎士団国家）Großgebietiger ……34
最後の審判劇　Weltgerichtsspiele …193
賽子　Würfel ……175
賽子ゲーム　Würferspiele ……175
賽子造り　Würfelmacher ……96
賽子四チェス　Würfelvierschach …174
祭日暦　Festkalender ……179
宰相　Kanzler ……7
在所の聖人　Ortsheilige ……111
財政　Finanzen ……31
祭壇　Altar……233, 237
祭壇画　Flügelbilder ……237
裁断工　Gewandschneider……83
祭壇天蓋建築　Baldachinarchitektur ……233
裁判　Gerichtssitzungen ……197, 278
裁判官　Richter ……276
裁判官の買収　Bestechlichkeit der Richter ……286
裁判権　Gerichtbarkeit ……51
裁判集会　Gerichtssitzungen ……277
裁判集会所　Dinghof……277
裁判収入　Gerichtsgebühren ……287
裁判所　Gerichte ……276
裁判所書記官　Gerichtsschreiber …280
裁判帳簿　Gerichtsbücher ……286
裁判菩提樹　Gerichtslinde ……277
債務原簿　Schuldbücher……63
財務長官（ドイツ騎士団）　Treßler …34
魚　Fische ……63, 170, 295
左官　Maurer ……96
柵　Etter ……120
柵　Zaun ……120
索条工　Reper ……81
『ザクセンシュピーゲル　Sachsenspiegel』……28, 64, 276, 281, 284
『ザクセン人の年代記　Chronik der Sachsen』（ボトスの）……126
ザクセン法　sächsisches Recht ……273
挿絵　Illuminatoren ……229
作家が創作した英雄叙事詩 Dichterheldenlieder ……211
五月婚　Maienehe ……154
作曲　Komposition von Liedern …209
砂糖　Zucker ……169
サトゥルヌスの日　Saturntag ……111
裁きの神（ツィーウ）　Thingsus (Ziu) ……111
晒し柱　Pranger……285
サラセン人　Sarazenen ……40
サルビア　Salbei……170
『サレルノ医学校講義摘要　Compendium salernitanum』……272
『懺悔　Beichte』（民衆本）……153
懺悔説教　Bußpredigten ……313
参事会員　Äldermann……85
斬首　Köpfen ……280
三重宝冠　Tiara ……12
算術　Rechnen ……179
三助　Badeknecht ……262
山地街村　Waldhufendorf ……119
産婆　Hebammen……152, 270
散文小説　Prosaroman ……21
三圃制　Dreifelderwirtschaft ……47
死　Tod ……155, 157
仕上げ工　Appreteure……83
市域外市民　Pfahlbürger ……68
自衛権　Wehrhoheit ……60
ジェネレーション　Generationen …115
塩　Salz ……169, 170
塩街道　Salzstraßen ……32
塩蔵　Salzhäuser ……129
塩精製　Salzsiesung ……253
塩のとれる都市　Salzstädte ……74
塩水　Sole ……253
鹿　Hirsche ……169
市外市民　Ausbürger ……68
詩学　Poetik ……189
士官　Offiziere ……44

絞首刑吏　Henker ……………………284
絞首台　Galgen ………………………281
洪水　Überschwemmungen …………32
鉱泉浴　Mineralbäder ………………264
耕地強制　Flurzwang …………………47
拘置所の監視人　Turmwächter ……106
交通　Verkehr ……………………30, 288
交通政策　Verkehrpolitik ……………32
交通の要衝　Verkehrzentrum 119, 125
皇帝　Kaiser ………………………6, 11, 13, 16, 40, 95, 143, 198, 221, 304
『皇帝カール5世と刑事裁判令 Peinliche Gerichtsordnung』 ……274
『皇帝ジーギスムントの改革 Reformation Keiser Siegmunds』 ………20
皇帝政治　Imperium …………………14
皇帝直属　Reichsfreiheit………………58
皇帝代官　Vogt …………………………26
皇帝の紋章　Wappenzeichen ………22
皇帝派　Ghibellinen……………………15
硬度を与えるための鍛冶工 Härteschmiede ……………………83
荒廃地　Wüstungen……………………62
酵母　Sauerteig ………………………170
拷問　Folter ……………………………280
公用語　Kanzleisprachen……………217
功利主義者　Utiliaristen ………………94
航路　Schiffahrtsstraßen ………19, 297
航路標識　Seezeichen ………………297
コートレイの戦い Coutray-Schlacht …………………133
国王大権　Regalien …………12, 24, 28, 31, 57, 289, 303
告解　Beichte …………………………307
穀倉　Kornspeicher……………………32
穀蔵　Kornhäuser ……………………129
獄丁　Henkersknechte ………………280
穀粉　Mehl ……………………………46
穀物　Getreide ………………………31, 34, 42, 48, 169, 170, 249, 295, 297
穀物　Korn ……………………………47
穀物市　Kornmarkt …………………128
穀物脱穀　Getreidedrusch …………122
穀物取引　Kornhandel ………………42
穀物の藁　Garben ……………………48
心を洗う道具　Seelengerät …………130
小札鎧　Schuppenharnisch …………132
ゴシック　Gotik ……………5, 232, 234
腰巻き　Lendenschurz ………………159
個人馬上試合　Tjost …………………137
骨格建築　Gerüstbau ………………121
国家絶対主義　Staatsabsolutismus …33
国境防衛のための開拓　Grenzwehrsiedlungen ……………………………119
国境防御　Landwehr …………………68
コッグ型帆船　Koggen………………297
言葉（言語）　Sprache…………199, 215
子供　Kinder …………………………151
『子供の遊び　Kinderspiele』（ペーター・ブリューゲル）…141, 173
子供部屋　Kinderstube………………152
小投槍　Gabilot ………………………142
『この世の報い　Der Welt Lohn』（コンラート・フォン・ヴュルツブルク）………………………………207
琥珀　Bernstein…………………………80
古物取引　Trödelkramhandel ………100
独楽まわし　Kreiselspiel ……………173
コミュニケーション　Kommunikation ………………………………………173
小麦　Weizen ……………………47, 170
暦　Kalender …………………………111
娯楽ゲーム　Umgangsspiele ………173
娯楽ゲーム　Unterhaltungsspiele …173
コルビーヌス酒杯　Corvinus-Pokal 240
ゴルフのように穴に球を入れる球技 Lochballspiel ………………………142
コルポリス・キリスト兄弟団　Corporis-Christi-Bruderschaften ………325
コンスタンツ公会議 Konstanzer Konzil ………5, 19, 116, 148, 186, 206, 282, 317, 341, 342
『コンスタンツ世界年代記 Konstanzer Weltchronik』 ………340
婚礼前夜の大騒ぎ　Polterabend ……150

刑事訴訟　Strafprozeß ……………………279
芸術　Kunst ……………………………5, 242
携帯火器　Handfeuerwaffen ………135
携帯用祭壇　Tragaltäre ……………236
刑の執行　Strafvollzug ………………273
競馬　Pferdrennen…………………………141
刑罰執行人　Scharfrichter …………283
刑法　Strafrecht ……………………………274
計量器　Waagen ……………………………129
ゲヴェルク（ツンフト）　Gewerke …83
ゲーム　Spiel …………………………173–177
外科　Chirurgie…………………………270, 271
外科医　Wundärzte ………………………270
外科手術　Amputation …………………270
外科治療　Ambulante Gewerbe ……271
毛皮（獣皮）　Felle ………………………79
毛皮　Pelze……………………………163, 295
毛皮服裁縫師　Kürschner ………………84
劇　Theater ………………………………………191
下女　Mägde ……………………………………154
下水溜　Senkgruben ……………………127
下水道　Kloaken …………………………127
ゲゼレ（手工業者/職人）Gesellen
……………………………79, 86, 87, 88,
102, 149, 154, 159, 169, 183, 293
ゲゼレンシュテッヒェン
Gesellenstechen ……………………139
結核　Tuberkulose……………………………268
結婚式　Hochzeit ……………………………150
結婚式の衣装　Hochzeitshemd ……156
結婚資金　Aussteuer ……………………148
結婚生活　Konnubium …………………153
穴中裁判　Grubengericht ………………277
決闘　Zweikampf ………………64, 278
ゲットー（ユダヤ人集合居住地区）
Getto ……………………………………………95
血統の神聖　Geblütsheiligkeit ………117
月曜日　Mondtag ……………………………111
下僕　Knechte ………………………………154
ケメラー（内帑管理官）　Kämmerer　37
ゲラ（盆状の活字組版入れ）
Setzerschiff ……………………………229
ゲラ刷り方法　Abklatschverfahren
……………………………………242, 258
ケルト人　Kelten ……………………………254
『ゲルマーニア　Germania』
（タキトゥス）……143, 175, 189, 195
ゲルマン法　Germanisches Recht …182
ケルン大学　Universität Köln
……………………………………95, 164, 186
ケレナリウス　Cellenarius …………121
ケレンホーフ　Kellenhof ……………120
剣術　Fechtkunst ……………………………139
剣術学校　Fechtschulen ………………139
堅信礼　Firmung ……………………………305
建設請負団体　Gründungskonsortium
…………………………………………………62
建設都市　Gründungsstädte …………61
建設労働　Baufronden ……………………52
建築　Architektur……………………233, 237
建築　Baukunst ………………………………232
建築長　Bauleiter ……………………………236
建築方法　Hausbau …………………………123
建築免罪　Bauablaß ……………………328
剣舞　Schwerttänze ………………………144
現物貢租　Naturalabgaben ……………41
研磨工　Schleifer ……………………………82
原料　Rohstoffe…………………………………83
小商い　Krämer ………………………………86
香　Weihrauch …………………………………157
高位聖職者　Prälaten ………………………13
航海　Seefahrt……………………………………251
公会議首位説　Konziliarismus ……348
航海術　Nautik …………………………………252
航海法　Schiffahrtrecht………………………274
豪華な写本　Prachthandschriften …220
合議体　Kurie ……………………………………28
鉱業権/鉱業法　Bergrecht………26, 274
後見　Vormundschaft ………………………146
高権　Hoheitsrechte……………………………31
航行　Schiffahrt ……………………288, 296
鉱山　Bergwerke…………………………………256
公式計量器　Fronwaage …………………128
公衆衛生施設　Gesundheitswesen …262
公衆浴場　Badhaus ……………………………262
絞首刑　Erhängen ………………………………281

『金印勅書　Goldene Bulle』
……………………………18, 19, 20, 275
金エナメル　Goldschmelz …………239
金貨　Goldmünzen …………………256
金貸し　Geldverleiher …………………98
緊急洗礼　Nottaufe …………………151
金銀線細工　Filigran …………………258
銀行家　Bankiers ……………………79
金細工（師）　Goldschmiede
……………80, 82, 96, 240, 226, 258
近習　Knappen…………………………41
禁制区域　Bannmeile …………………84
金洗鉱　Goldwäscherei………………257
金属（金物）　Metall………………79, 99
金属鏡　Metallspiegel ………………226
金属手法　Metalltechnik ……………239
金属彫刻家　Metallgravierer ………242
金属版画　Metallschnitte ……………259
金属ベルト細工師　Gürtler……………82
金属を打ち伸ばす職人　Plattner ……82
金融貴族　Geldaristokratie……………74
金融業　Zinsgeschäfte…………………97
金融市場　Geldmärkte ………………64
吟遊詩人　Spielleute …………………101
吟遊弁士　Kurier ……………………102
吟遊弁士　Fahrendesprecher ………102
金曜日　Freitag ………………………111
クヴァルク　Quark …………………169
空気は非自由にする　Luft macht
eigen ……………………………………65
『グードルーン叙事詩　Kudrunepos』
……………………………………………115
釘製造工　Nagelschmiede ……………82
ククレ　Kukulle………………………165
草刈鎌　Sichel …………………………48
鎖　Ketten ……………………………160
鎖帷子　Kettenpanzer ………………132
鎖帷子　Panzerhemden ………………82
鎖帷子製造師　Sarwürke（Panzer-
hemdmacher） …………………………82
鎖製造　Kettenschmiede………………82
草分市民　Erbbürger …………………72
草分人　Erbmannen …………………72
薬　Arznei ……………………………271
果物　Obst ……………………………169
靴　Schuhe ……………………………159
屈辱　Leiden …………………………280
屈辱を伴う質問　Tortur ……………280
靴屋　Schuster ………………79, 96, 192
クトロルフェ（飲料器）　Kutrolfe …171
組合館　Gesellschaftshäuser ………129
汲み井戸　Schöpfbrunnen …………127
クラブ（トランプ）　Treff……………176
グランソンの戦い　Granson-Schlacht
……………………………………………135
クランツライテン　Kranzreiten ……141
クリスタルガラス　Bergkristall ……171
クリスマス　Weihnachten ……113, 157
グルートビール（大麦ビール）
Grutbier ………………………………170
クルゼン（毛皮の上着）　Kursen …162
車裂きの刑（死刑）　Rädern ………281
くるみ　Nüsse …………………………96
クルム法　Kulmer Recht ……………66
クルレ（こてをあてて縮れさせた髪）
Krulle …………………………………161
クレーヴェ伯領　Cleve …………58, 326
クレーシの戦い　Crecy-Schlacht …134
クレーン船　Kranschiffe ……………250
グレゴーリウスミサ　Gregoriusmesse
……………………………………………322
グレゴリオ暦　Gregorische Kalen-
derreform……………………………111
軍役義務　Heerespflicht ………………25
軍役義務（防衛義務）　Wehrpflicht
…………………………………53, 131, 146
軍役権　Wehrrecht ……………………53
軍役服従の義務　Heeresfolge…………60
軍事　Heereswesen ………………8, 131
軍事訓練　Wehrübung………………137
軍需品　Kriegsgeräte ………………139
軍勢　Kriegsheere ……………………120
軍務　Kriegsdienst ……………………58
敬虔　Frömmigkeit …………327, 338
経済政策　Wirtschaftspolitik …………32
警察　Polizei ………………47, 64, 139

キャッチボール　Fangball …………142
求愛ダンス　Werbungstanz…………144
球技　Ballspiele ……………………142
『救済　Erlösung』 …………………207
給水　Wasserversorgung ……………126
旧地（西部）　Altland …49,55,61,119
九柱戯　Kegelspiel……………………142
宮廷　Hof………………………………172
宮廷金融業者　Hoffinanziers …………97
宮廷顧問官　Hofrat ……………………46
宮廷裁判所　Hofgericht ……23,31,97
宮廷道化師　Hofnarr…………………145
宮廷仲買人　Hoffaktoren ……………97
宮廷の祭り　Hoffeste ……………42,101
宮殿（居館）　Schlösser（Paläste）…115
救難聖人　Nothelfer ……319,321,324
救貧院　Armenhaus……………130,155
弓兵隊　Bogenschützen ……………133
臼砲　Mörser …………………………251
教育と授業　Erziehung und Unterricht ……………………………178
饗宴　Gastmähler ……………………243
教皇選挙会議　Konklave ……………129
教皇庁分裂（シスマ）　Schisma ……………………………6,20,185
教皇の派遣使節　Legat …………15,166
教会（諸機関）Kirche（Institution） ……………………303,323,343
教会会議　Synoden …154,164,166,175,179,306,312
教会区　Diözesen ……………………304
教会城塞　Kirchenburg ……………120
『教会諸侯との協約　Confoederatio cum principibus ecclesiasticis』……24
教会所有の農地　Pfarräcker ………120
教会堂　Kirchen………………5,32,114
教会の刑罰　Kirchenstrafen ………108
教会の塔　Kirchturm ………………297
教会塔のラッパ吹きや鐘つき Kirchturmbläster ……………………106
教会法　Kirchenrecht ………………186
教科書　Lehrbücher …………………222
教区学校　Pfarrschulen ……………181
教区教会システム　Pfarrkirchensystem ……………………………306
教区司祭　Pfarrer ………102,306,312
凶作　Mißernten ………………………32
教師　Schulmeister …………………180
教授　Akademiker ……………………188
教授　Professor ………………………161
教授大学　Professorenuniversität …183
行政　Verwaltung ……………………274
強制洗礼　Zwankstaufe ………………94
兄弟団　Bruderschaften ……………………193,319,327,339
共通ドイツ語　Gemeines Deutsch…217
共同生活を営む同胞　Brüder vom gemeinsamen Leben……………8,351
共同相続人　Ganerben …………………42
共同代弁者　Zusammensprecher …150
教父　Kirchenväter ……………180,332
教養　Bildung ……………………6,179
居館　Residenz ……………29,57,60
漁業権　Fischrecht ……………………47
曲芸師　Jongleure ……………………101
錐鍛冶　Ahlenschmiede ………………82
ギリシャワイン　Griechenwein………89
ギリシャ銃砲　Griechisches Feuer…135
キリスト教　Christenheit…………6,120
キリスト教徒　Christen …………91,94
キリスト降誕劇　Weihnachtsspiele 193
キリスト受難劇　Passionsspiele ……193
キリスト受難神秘主義　Passionsmystik ………………………………………334
キリスト昇天　Christi Himmelfahrt ……………………………………112,113
『キリストに倣いて　Über die Nachfolge Christi』（トマス・ハンメルケン）………………………………348
ギルド　Gilden …………83,89,97,129
ギルド親方　Gildenmeister……………85
キルトスカート　Schottenkilt ………159
ギロチン　Guillptine …………………280
金　Gold ……99,162,171,220,239,250,258
銀　Silber ……………………162,171,256

schaften ……………………………325
『ガルガンチュワとパンタグリュエル Gargantua』（フランソワ・ラブレー）……………………………173
カルトゥジア会修道院　Karthäuser 311
カルニュッフェルゲーム Karnüeffelspiel ……………………177
カルメル会修道士　Karmeliter ……311
軽業師　Akrobaten …………………101
『カロリナ刑事法典　Carolina』 ……274
カロリング王家の人々　Karolinger …91
皮　Leder ……………………………81
革製の男子胴着　Lederwams ………132
皮剝業　Abdeckerei …………………106
皮剝場　Schindanger …………148, 283
皮を剝ぐ　Schinden …………………283
岩塩鉱山　Salzbergwerke ……………253
岩塩柱　Salzlagerung ………………253
玩具　Spielzeug ………………………152
看護　Krankenpflege …………34, 130, 147, 264, 265, 347
慣習法　Gewohnheitsrecht, Weistümer ……………………………………45, 287
環状帷子　Ringpanzerhemden ……………………………………132, 160
官職貴族　Amtsadel……………………35
関税　Zoll ……………………24, 26, 304
関税徴収人　Zolleinnehmer …………75
関税の建物　Mauthäuser……………129
姦通　Ehebruch ………………………138
カンテラ　Windlichter ………………128
乾杯　Zutrinken………………………172
官房（王侯・都市の）　Kanzleien …221
官房書記　Kanzlisten ………………221
官用語　Amtssprache ………………217
管吏組織　Beamtenordnung …………24
幾何　Geometrie ………………179, 180
機械　Maschinen………………………87
祈願行列　Bittprozession ……………113
飢饉　Hungersnot ……………………32
貴金属　Edelmetall …………………74
騎士　Ritter …………………………35
騎士位　Ritterwürde …………………40
儀式　Zeremonien ……………………280
儀式殺人　Ritualmorde …………92, 282
『騎士規定　Ritterspiegel』(ヨハネス・ローテ) ……………………………143
生地蔵　Gewandhäuser ……………129
騎士　Rittertum …23, 30, 33, 34, 35, 40, 41, 131, 276
騎士軍　Ritterheere ……134, 135, 136
騎士市民　Ritterbürger ………………75
騎士修道会管区長　Komtur …………33
騎士修道会大管区長　Großkomtur …34
騎士小説　Ritterromane ……………125
騎士叙任式　Ritterschlag ……………40
騎士層の少年　Edelknaben …………178
騎士団　Ritterorden ……………33, 42
騎士団最高官職者　Ordensgebietiger 33
気質　Temperamente ………………272
騎士農場　Rittergüter…………………42
騎士農民　Ritterbauern ………………42
騎士の剣　Ritterschwert ……………132
騎士の誓約　Rittergeblübde …………40
騎士の武器　Ritterwaffen……………132
騎士文学　Ritterdichtung ……199, 224
起重機　Kranhäuser…………………249
技術　Technik ………………112, 246
奇術師　Gaukler………………………101
奇蹟を起こした記録がのっている本 Mirakelbücher ……………………324
基礎学校　Elementarschulen ………182
貴族　Adel ……………6, 27, 30, 35, 44, 200, 241
貴族出の従者　Edelknechte …………41
貴族の地位授与　Nobilitierungen ……………………………………39, 97
貴族の領地/貴族の居城　Edelsitze …77
忌中の家　Trauerhaus ………………156
祈禱　Andacht ………………………235
祈禱書　Gebetbücher ………………225
絹　Seide ……………………………162
騎馬兵士　Reiterkrieger ………………35
キビ　Hirse …………………………47
騎兵隊長　Konstabler…………………76
起毛工　Wollschläger …………………83

学生　Vaganten ……………………………102
学生服　Studententracht ……………164
拡大鏡　Vergrößerungsglas …………248
学長　Rektoren ……………………………165
家具調度品　Möbel …………………123
格闘技　Ringen ……………………………143
角杯　Trinkhörner ……………………240
書く人　Schreiber ……………………222
学部　Fakultäten ………………………186
学問　Studium ……………………………102
火刑　Verbrennen ………………………282
掛時計　Wanduhren ……………………115
陰をつける破線　Schattenstrichelung
　………………………………………………244
花崗岩　Granit ……………………………251
家財道具　Hausgeräte ………………167
火災の危険　Feuergefahr ……………122
鍛冶　Schmiede ……………………82, 86
果実圧搾機　Keltern …………………121
貸付け　Darlehnen ……………98, 100
果実酒　Obstwein ………………………170
菓子パン　Zuckerbrot …………………96
火審　Feuerprobe ………………………278
カストネル　Kastner …………………120
河川名　Gewässernamen ……………253
仮装　Maskerade ………………………191
家族　Familie ……………………………146
家族間の政策　Familienpolitik ………38
肩衣　Skapulier …………………………165
刀鍛冶　Schwertfeger …………………82
カタリ派　Katharer ……………………341
家畜　Haustiere ………………122, 169
家畜小屋　Ställe ………………………122
家畜小屋兼住居　Wohnstallhaus …122
楽器　Musikinstrumente ……………261
学校　Schule ……………178, 182, 311
学校規定　Schulordnung ………………18
活字　Lettern ……………………………228
活字鋳造機　Gießinstrument für
　Buchlettern ……………………………228
活字鋳造の父型　Patrizen zum
　Letternguß ……………………………228
活字鋳造の母型　Matrize zum
　Letternguß ……………………………228
活字箱　Setzkasten ……………………229
滑車　Flaschenzug ……………………126
甲冑　Panzer ……………………………132
甲冑師　Harnischmacher ………………82
カッツェ（移動式屋根）　Katzen
　(fahrbare Dächer) …………………136
カッパ・クラウザ　Cappa clausa …164
ガッフェル　Gaffeln ……………………83
カヌッカ祭　Chanukka-Fest …………96
鐘　Glocken ………………………………240
カノン法　Kanonisches Recht
　(教会法 Kirchliches Recht)
　……………………………180, 183, 276
寡婦　Witwen ……………………………146
兜　Helm ……………………………82, 131
兜鍛冶　Helmschmiede …………………82
貨幣　Geld …………………………………76
貨幣経済　Geldwirtschaft ………………98
貨幣鋳造請負人　Münzerhausgeno-
　ssen ……………………………………74, 75
貨幣鋳造人　Münzmeister ……………91
壁掛絨毯　Wandteppiche ……241, 242
壁にとりつけられたベンチ　Wand-
　bänke ……………………………………123
竈　Herd …………………………67, 167
竈の神聖化　Herdheiligkeit …………167
紙　Papier ……………181, 228, 229, 242
『神の降臨について　Von Gottes Zu-
　kunft』（ハインリヒ・フォン・
　ノイシュタット） ……………………207
髪を切り取る　Haarschneiden ……285
カメリーラー　Kamerierer …………104
鴨　Enten …………………………………124
貨物計量長　Waagemeister …………129
火薬　Schießpulver
　……………………8, 135, 248, 250, 251
歌謡格言詩　Sangspruchdichtung …210
芥子　Senf …………………………………169
ガラス　Glas ………241, 248, 253, 289
ガラス絵　Glasmalerei …………236, 254
ガラス工業　Glasindustrie …………254
カランド兄弟団　Kalandsbruder-

『黄金の鍛冶師
Die goldene Schmiede』(コンラート・フォン・ヴュルツブルク)………202
『黄金のゲーム Das Goldene Spiel』(マイスター・インゴル・ヴィルト)
……………………………143,314,316
王選出 Königswahl………………19,28
殴打の清め Prügelweihe……………149
凹版印刷 Tiefdruckverfahren 242,258
大型本 Folianten ……………………164
大鎌 Sense ……………………………48
『大きなバラの庭 Der große Rosengarten』…………………………………205
オーケストラ Orchester ……………73
『オーストリア韻文年代記 Österreichische Reimchronik』(オットカル)
……………………………………………206
オーベルンドルフ修道院 Oberndorf-Kloster…………………………153
大麦 Gerste …………………………170
屋内聖歌隊 Hallenchor ……………234
桶屋踊り(ミュンヒェンの桶屋組合の) Schäfflertanz ………………144
オコジョの毛皮 Hermelin …………162
おさげ髪 Zöpfe………………………162
オスターモーナト Ostermonat ……112
母屋組屋根 Pfettendach ……………122
親方資格作品 Meisterstück …………87
親指剝ぎ取り Daumenschrauben…280
オランダ式風車 Holländermühle …249
オランダ人 Holländer ………………50
オランダ人権 Holländerrecht ………50
オリエント貿易 Orienthandel ………91
織物工芸 Textilkunst ………………241
織物蔵 Tuchhäuser ……………87,129
オルミュッツ法 Olmützer Recht …66
音楽 Musik …………………………261
温泉 Thermalbäder…………………263
女主人 Schankwirtinnen……………147

● カ行

カーニヴァル Karneval ……………196
カールシュタイン城塞 Karstein-Burg …………………………21,322
『カールマイネット Karlmeinet』…204
『カーレンベルクの坊主 Pfaffe von Kalenberg』……………………308
絵画 Malerei…………………………236
改革ならびに査察の権利 Jus reformandi et visitandi ………………33
海魚 Seefische ………………………169
外国人 Ausländer ……………276,279
骸骨踊り絵草紙 Totentanzbilderbogen ………………………………245
開墾自由民 Rodungsfreiheit…………50
改宗 Bekehrung ………………………94
芸術家 Künstler ………………23,67
悔悛 Buße ……………………………310
海水が蒸発して塩のたまった浅い窪地や塩湖 Salzpfänner …………74
下位聖職者 Niederer Klerus ………309
会葬 Totengeleit ……………………156
外套仕立屋 Mantelmacher …………79
街灯 Straßenbeleuchtung …………128
懐中日時計 Taschensonnenuhren 252
街路型村落 Straßendorf ……………119
解剖 Anatomie ………………………272
ガウ伯 Gaugrafen …………………125
化学 Chemie …………………………250
鏡 Spiegel ……………………………253
花冠状頭飾り Schapel………………162
書方教師 Schreibmeister……………222
鉤形犂 Hakenpflug …………………50
鍵の支配権 Schlüsselgewalt ………146
下級貴族 Niederer Adel ………39,41
下級裁判所 Niedergericht …………276
下級裁判所 Rugamt …………………84
家禽 Vieh ……………………………170
角型頭巾 Hörnerhaube ……………162
学芸学部 Artisten……………………183
格言詩人 Spruchdichter…………7,200
書くこと Schreiben …………179,220
学者 Gelehrte ………………………187
学者の服装 Gelehrtentracht ………164
学術論争会 Disputationen …………165
学生 Studenten………………………164

『ヴィレハルム　Willehalm』（ヴォルフラム・フォン・エシェンバッハ）……221, 224
『ヴィルヘルム・フォン・オーストリア　Wilhelm von Österreich』（ヨハン・フォン・ヴュルツブルク）……214
『ヴィルヘルム・フォン・オルレアンス　Wilhelm von Orleans』（ルードルフ・フォン・エムス）……224
ヴィンターモーナト　Wintermonat 111
ヴィンデスハイム修道院会　Windesheimer Kongregation ……347
ヴィンドゥメモーナト　Windumemonat ……112
ヴィンネモーナト　Winnemonat …112
ヴォーダンの日　Wodanstag ……111
ヴォルムスの協約　Wormser Konkordat ……304
浮彫（レリーフ）　Relief……129
牛　Rinder……124, 170
牛（羊）飼い　Hirten ……106
歌　Gesang ……191
歌うこと　Singen ……179
馬　Pferde ……47, ……99, 122, 124, 128, 129, 292, 294
馬轡工　Bisser（Pferdegebißschmied）……82
馬の役畜　Pferdebespannung ……47
占師　Wahrsager ……101
ヴルツァッハ祭壇　Wurzacher Altar ……237
ウルムの箱　Ulmer Schachteln ……296
運命の車の輪　Glücksrad……116
エアフルト大学　Universität Erfurt 186
『永遠の知恵の書　Büchlein der ewigen Weisheit』（ハインリヒ・ゾイセ）……334
永久ラント平和令　Ewiger Landfriede ……23
永久暦　Kalender, ewiger ……114
営業の自由　Gewerbefreiheit……32
衛生　Körperpflege ……262
永代借地　Erbpacht……46
永代使用　Erbleihe ……46, 50
英雄時代の歌謡　Heldenzeitlieder …204
英雄叙事詩　Heldenepos ……204
絵入書職人　Briefmaler……225
エガー法　Egerer Recht ……66
疫病　Seuchen ……32
絵草紙　Bilderbogen ……225
『エックハルトの困窮　Eckharts Not』……101
『エッケの歌　Eckenlied』……205
『エッケの死　Eckes Tod』……101
『エッダ　Edda』……205, 257
エッタール修道院　Ettal-Kloster …202
エナメル細工品　Emailschmelztafeln ……239
エルゲの日　Erge-Tag ……111
エルツ山地　Erzgebirge ……240, 255
エルツ城塞　Eltz-Burg……38
『エルメンリケの死　Ermenrikes Dot』……205
塩化アンモニウム　Salmiak……250
遠隔地商業（貿易）都市　Fernhandelsstädte……62, 74
遠隔地商人　Fernkaufleute ……49, 55, 62, 72, 73, 74, 78, 79, 84
遠隔地貿易（商業）　Fernhandel ……52, 55, 62, 63, 71, 73, 75, 84, 97
演歌師　Bänkelsänger ……101
塩化第一水銀　Kalomel ……250
『エンゲルハルト　Engelhard』（コンラート・フォン・ヴュルツブルク）…200
円頭石　Kopfsteinpflaster ……128
燕麦　Hafer……168
鉛筆　Bleistift ……182
追い剝ぎ　Straßenräuber……281
王　Könige ……5, 15, 17, 26
『横溢する恩恵の書　Vision von der Gnaden Überlast』（クリスティーネ・エーブナー）……335
『黄金聖人伝　Legenda aurea』（ヤコーブス・ド・ヴォラギネ）…207, 223
黄金の糸繰り女　Goldspinnerinnen 148

医術　Heilkunst ……………………262
弩術　Armbrustschießen ……………133
遺体　Leichnahm ……………………156
遺体安置　Aufbahrung………………156
板壁　Bretterwände …………………265
イタリア遠征　Italienfahrt……………49
イタリア人　Italiener …………………14
異端　Häretiker …………335, 336, 338
異端裁判　Ketzergericht ……………108
異端信仰　Ketzerer …………………339
異端審問　Inquisition ………………107
一日の聖人　Tagesheilige……………111
偽りの宣誓行為　Meineidige ………279
糸　Garn…………………63, 80, 83, 248
井戸　Brunnen………76, 127, 129, 240
糸繰車　Haspel…………………………80
糸つむぎ室　Spinnstube ……………173
糸紡ぎ女　Garnmacherinnnen ……249
井戸に毒を入れること　Brunnen-vergiftung……………………………282
糸女　Radspinnerinnen ……………249
糸繰り女　Spinnerinnen ……………148
糸縒車　Spinnrad ……………………249
糸枠　Spulen …………………………249
稲妻や落雷警報を知らせる鐘 Wetterläuten ………………………120
犬皮なめし工　Hundshautgerber …106
犬を抱く刑　Hundetragen …………285
猪　Wildschwein ……………………169
生命の木　Lebensbaum ……………117
衣服　Kleidung ………………………159
衣服規定　Kleiderordnungen ………159
衣服の流行　Kleidermoden …159–166
移民　Siedler ……………………………50
移民請負人　Lokatoren …………50, 62
イラスト　Illustration ………………259
入江塩　Baiensalz ……………………299
イリリア人　Illyrer …………………254
色つけ　Kolorierung …………244, 254
インキュナブラ　Inkunabeln ………228
インク　Tinte …………………………220
インゴルシュタット大学 Universität Ingolstadt ……………274
印刷インク　Druckfarbe ……………229
印刷業　Buchdruck …………………220
印刷工　Drucker ……………227, 228
印刷工の仕事場　Buchdruckerwerk-statt ……………………………………228
隠者　Eremiten ………………………311
印章　Siegel ……………………………76
『インスブルックの復活祭劇　Inns-brucker Osterspiel』 ………………192
インヌング　Innungen …………………83
インフルエンザ　Grippe ……………197
韻文小説　Versroman ………………201
韻文叙事詩　Versepos ………………203
韻文年代記　Reimchroniken ………206
韻文物語　Verserzählungen…………204
飲用容器　Trinkgefäße ………………171
飲用療法　Trinkkuren ………………264
韻律論　Verslehre ……………………180
飲料水　Trinkwasser …………………126
飲料瓶　Trinkflaschen…………………82
『ヴァーレンティーンとナーメンロス Valentin und Namenlos』 ………204
ヴァイエンシュテファン Weihenstephan ……………………170
ヴァルス人　Walser ……………………48
ヴァルド派　Waldenser ……………341
『ヴィーガロイス　Wigalois』（ヴィルント・フォン・グラーフェンベルク） ……………………125, 213
ヴィーク（商人の休息地）　Wiken …55
ウィーン公会議　Wienkonzil ………166
『ウィーン人の航海　Wiener Meer-fahrt』（フロイデンレーレ）………206
『ウィーン人の本　Buch der Wie-ner』（ミヒャエル・ベーハイム） ……………………………………………206
ウィーン大学　Universität Wien ……………………………56, 185, 316
ウィーン法　Wiener Recht………61, 66
ヴィエンヌ公会議　Viennekonzil ……………………………98, 312, 338
ヴィクリフ派　Wicliften ……………343
ヴィトゥモーナト　Withumonat …112

事項索引

●ア行

アーサー王物語　Artusromane ……202
アーベル劇　Abele-Spiele……………198
アーモンド　Mandeln…………………96
アイススケート　Eislauf ……………143
アイヌング　Einungen ………………83
『アウクスブルク市年代記
　Augsburger Chronik』（ジークムント・
　マイステリン）………………………115
『アキレスの規則　Dispositio Achillea』
　（アルブレヒト・アキレス）…………28
悪魔　Teufel …………………………107
『悪魔の網　Des Teufels Netz』
　（作者不詳）…………………………147
麻　Hanf ……………………47,246,297
麻屑　Werg …………………………297
朝の祈禱(聖務日課の第一時課)
　Primzeit ……………………………113
朝の話し合い　Morgensprachen ……85
アザンクールの戦い
　Azincourt-Schlacht ………………134
『悪しき家庭　Der böse Rauch』(ハン
　ス・ホルツ）…………………………247
アスカニアー家　Askanier……………55
アストロラーブ　Astrolabium………251
頭のおしゃれ　Gebände ……………162
新しい敬虔　Devotio moderna
　……………………………8,344,346
圧搾ローラー　Gautschpresse………247
穴あけ針（穿孔器）鍛冶　Näbersch-
　miede(Bohrer-) ……………………82
アハト　Acht…………………………12
アフターモンターク　Aftermontag
　……………………………………111
あぶみの製造業者　Steigbügel ………82
あぶみ造り　Stegreifer………………82
油絵　Ölmalerei ……………………259
アヘン　Opium………………107,270
『阿呆船　Narrenschiff』
　（セバスティアン・ブラント）
　……7,127,164,165,212,244,350
『アポローニウス・フォン・テュールラン
　ト　Apollonius von Tyrland』（ハイ
　ンリヒ・フォン・ノイシュタット）…203
亜麻　Flachs ……………………47,63,297
亜麻布　Leinwand ……………………63
亜麻布蔵　Leinwandhäuser…………129
亜麻布の職工　Leineweberinnen …148
雨水　Regenwasser …………………128
編み細工　Flechtarbeit ………………48
網目丸天井　Netzgewölbe……………125
アラブ人　Araber………………246,250
アランモーナト　Aranmonat ………112
『アレクサンダー　Alexandereis』
　（ウルリヒ・フォン・エツェン
　バッハ）……………………………201
アレクサンダー文芸　Alexander-
　ormane ……………………………201
アンガー型村落　Angerdorf …119,128
アングスター（容器の形）　Angsten
　……………………………………171
アントニウスの火　Antoniusfeuer…267
『アンブラスの英雄叙事詩集
　Ambraser Heldenbuch』
　（ハンス・リート）………………23,224
アンモニア　Ammoniak ……………250
『イーヴァン　Iwein』（ハルトマン・
　フォン・アウエ）……………………224
硫黄　Schwefel ………………………250
医学　Medizin ………………………270
鋳掛屋　Kesselflicker………………103
筏　Flöße ……………………………296
異教徒　Heiden ………………33,200
異教徒　Ungläubige…………………33
居酒屋　Destillation…………………88
遺産目録　Verlassenschaftsinventare
　……………………………………123
医師　Arzt ………………………91,97
石臼　Mahlsteine ……………………285
石を担ぐ女　Steinträgerinnen………285
石弾　Steinkugeln……………136,251
石投げ　Steinstoßen …………………141

図版出典一覧

Athenaion Archiv: 43, 70
Bayerische Staatsbibliothek, München: 12, 77, 99, 102, 105, 107, 117, 126, 127, 152, 156, 162, 164, 180, 201, 218, 227 (unten), 245, 263, 266, 271, 280, 298, 307, 329, 334, 340
Bodleian Library, Oxford: 260
British Library, London: 227 (oben), 247
Deutsche Fotothek, Dresden: 120
ehem. Deutsches Spielkartenmuseum, Bielefeld: 145
Foto Marburg: 38, 80, 81, 196, 222, 228,237, 238, 239, 292, 324, 351
Germanisches Nationalmuseum, Nürnberg: 112, 129
Graphische Sammlung (Albertina), Wien: 223
Graphische Sammlung der Staatsgalerie, Stuttgart: 74, 83
Herzog-August-Bibliothek, Wolfenbüttel: 149
Knihovna Nãrodníha Muzea, Praha: 216
Konrad Kölbl Reprint Verlag, Grünwald bei München: 56, 59, 92, 289
Landesbibliothek Stuttgart: 292
Musée de Strasbourg: 161
Österreichische Nationalbibliothek, Wien: 18, 19, 140, 309, 313, 343
Photo Verfasser: 104
Rheinisches Bildarchiv, Köln: 16, 93
Staatliche Graphische Sammlung, München: 168
Staatsarchiv Hamburg: 278
Staatsarchiv Koblenz: 16, 93
Staatsbibliothek Preußischer Kulturbesitz: 205
Staats- und Universitätsbibliothek, Hamburg: 213
Städtische Kunstsammlungen, Augsburg: 73
Universitätsbibliothek Heidelberg: 42, 160
Universitätsbibliothek Innsbruck: 209

訳者あとがき

本書は、Professor Dr. Hans-Friedrich Rosenfeld・Professor Dr. Hellmut Rosenfeld著、„Deutsche Kultur im Spätmittelalter 1250-1500"（一九七二年）の全訳である。

原著は、„Handbuch der Kulturgeschichte（文化史事典）" (Begründet von Professor Dr. Heinz Kindermann, Neu herausgegeben von Dr. Eugen Thurnher, Professor an der Universität Innsbruck) のうちの„Zeitalter deutscher Kultur（ドイツ文化の時代）"中の一冊である。目次を見れば一目瞭然であるが、本書には中世後期の世界が描写されている。ここでは社会を歴史・政治面と宗教（キリスト教）面からだけでなく、衣食住をはじめ、技術・学問・芸術・道徳などの生活様式からも見ているので、読者にはその時代に生きていた人々の姿が鮮明に浮かんでくる。また、そこには近世への足音も聞こえている。時代の移り変わりは突如としてあらわれるのでなく、準備され、熟して、自然の成り行きで生じるのだとわかる。

ドイツ人独特の心理や発想の形成は中世にあった気がする。百科全書的に書かれている本書は、ドイツ人気質を理解するのにも大いに役立つものであろう。学識者だけでなく、世界にはばたく若人にも是非一読していただきたい。

本書の立案と資料収集はゲルマン学・民俗学の大家ハンス・フリードリヒ・ローゼンフェルト（元ミュンヒェン大学教授、故人）が為し、また「序文」、第一章の「皇帝と帝国」「諸侯と領邦」「貴族と騎士」「農民と東方植民」「都市と市民」、第二章の「文芸作品、著作・文献、言葉」を執筆している。それ以外の本文および図版説明は弟のヘルムート・ローゼンフェルト（元バイエルン国立図書館長、元ミュンヒェン大学教授、故人）の執筆である。

原著には、図版は合計一八三点ある。紙面に限りがあるので、出版社にお願いして適当と思われる図版を選択してもらった。挿入された図版の説明も原著の翻訳である。

本書の翻訳に初めて取り組んだのは二〇年前である。ミュンヒェン大学留学四年間のうち、原著の著者、ハンス・フリードリヒ・ローゼンフェルト教授のハウプトゼミナールで一年、主に言語史を研究した。また、オーバーゼミナールでは一年半中世のドイツ文化史の研究の一環として、民衆本『ファウスト博士』とゲーテの『ファウスト』を比較研究した。帰国後に、先生から日本で翻訳するようにと原著が贈られてきた。嬉しさのあまり、翻訳し始めたが失敗した。その内容は多岐にわたり、一つの項目を訳すごとに勉強しなければならなかった。勉強しても追いつくものではなく、わたしの翻訳作業は中断した。多忙に任せて翻訳のことは疎かになってしまった。「諸君の祖国で私の著書を翻訳してくれる頃には、私はこの世にはいないでしょうが、版権を取る時があれば、かつての私の教え子だったと言ってくださ い」と言われたが、まさにその通りとなってしまった。

一九九二年に大阪国際大学政経学部に就任して以来、同学部の「ドイツ問題研究会」で、高名な先生方の研究発表を拝聴しているあいだに、もう一度翻訳に取り組んでみようという力が湧いてきた。そして、再び本書の翻訳に取り組んでから、三年の年月が夢の如くに流れた。未熟すぎるところを諸先生方に丁寧に指導してもらえる機会に恵まれたからこそ、一応の完成もみられたのであろう。ここに改めて感謝する次第である。

この翻訳が陽の目を見れたのは三修社のおかげである。三修社の澤井啓允氏に出会え、編集部の菊池暁氏の熱心な指導のおかげでここまでこれた。三修社という出版社に恵まれたればこそ、お二人に支援していただけたればこそと感謝の念でいっぱいである。

また、この三年間雨の日も風の日も、夏の日も冬の日も、隔週おきに拙宅に足を運んでこの翻訳に付き合ってくれた、貝塚市役所の福田安伸氏にありがとうを言いたい。

訳者が未熟であるのはもちろんだが、内容があまりに多岐にわたるため、各分野で、誤訳や軽率な誤りがあるかもしれない。訳者のこれからのためにも、多方面からのご指摘、ご教示をいただければと願っている。

一九九九年九月

鎌野多美子

第二版への訳者あとがき

この本が二〇世紀末に三修社の澤井啓允氏と編集部の菊池暁氏のおかげで世に出てから早七年が過ぎてしまった。翻訳完了までに長い年月を費やしたが、出版後もこの分野の研究を続け、知識がふえるにつれ、見つけた間違いもある。そういうところは今回訂正した。また、たとえば「『対立派の合致』は『反対の一致』だよ」と、その分野の専門家から指摘されたことなどもここに反映することができた。

私自身この本に学んだことが大きい。学部で「地図で見る世界の歴史」や「ヨーロッパ統合」、研究科で「ヨーロッパ社会文化論」を講義できるのも、近世における多数の領邦(ラント)の興亡と変遷、家紋の系譜などの重要な事実を網羅する『ドイツのラント(領邦)の歴史事典』の翻訳に取り組んでいるのも、この本の出版がもたらした成果だと思っている。

ヨーロッパ理解は「温故知新」の姿勢の上に立ってこそ深まるもので、ヨーロッパは「欧州高等教育圏」創設を掲げ、バチェラー・マスター制度や学位の共通性、学ぶ者・教える者の国境を越えての流動などをみているだけでも、ヨーロッパの基盤は中世後期にあったのだと思える。

深化・拡大そして激動するヨーロッパ理解のためにも、この一冊が読者の皆様のお役に立てれることを願って止まない。

二〇〇六年四月

鎌野多美子

訳者紹介

鎌野多美子（かまの　たみこ）

1949年生まれ
1972年　帝塚山大学教養学部卒業
1979年　ドイツ連邦共和国功労勲章受章
現　在　大阪国際大学教授

中世後期《ちゅうせいこうき》のドイツ文化《ぶんか》
——一二五〇年《ねん》から一五〇〇年《ねん》まで（第二版）

二〇〇六年六月二〇日　第一刷発行

著　者　ハンス・フリードリヒ・ローゼンフェルト
　　　　ヘルムート・ローゼンフェルト
訳　者　鎌野多美子
発行者　前田俊秀
発行所　株式会社 三修社
〒一一〇―〇〇〇四　東京都台東区下谷一―五―三四
電話〇三―三八四二―一七一一（営業）
　　〇三―三八四二―一六三一（編集）
振替〇〇一九〇―九―七二七五八
http://www.sanshusha.co.jp/
編集担当　菊池　暁

印刷所　壮光舎印刷株式会社
製本所　牧製本印刷株式会社

ISBN4-384-02452-5 C0098

装丁　阿部順子